本书为中国人民大学科学研究基金项目成果
（项目批准号：23XNLG07）

《吴玉章全集》
编纂课题工作组

（以姓氏笔画为序）

于　波　马秀芹　王　丹　王宏霞　王学军　吕鹏军
刘春荣　李　珣　李贞实　李家福　杨　默　张立波
陈　卓　周　石　蒋利华　楚艳红

"中国人民大学校史文库"总序
致敬这所以"中国人民"命名的大学

2022 年 4 月 25 日，习近平总书记在中国人民大学考察调研时强调，中国人民大学在抗日烽火中诞生，在党的关怀下发展壮大，具有光荣的革命传统和鲜明的红色基因。一定要把这一光荣传统和红色基因传承好，守好党的这块重要阵地。要加强校史资料的挖掘、整理和研究，讲好中国共产党的故事，讲好党创办人民大学的故事，激励广大师生继承优良传统，赓续红色血脉。

为深入贯彻落实习近平总书记在学校考察调研时重要讲话精神，学校全面实施"'走出一条建设中国特色、世界一流大学的新路'十大工程"。其中，编写出版"中国人民大学校史文库"项目作为高等教育红色基因传承和精神品格弘扬工程的重要组成部分，包括校史编研专题、校史人物专题、学科史和院史专题等，将以正史、口述史、文集等形式，全方位、多角度展现中国共产党创办的第一所新型正规大学的艰辛与辉煌，生动再现几代人大人为中国革命、建设和改革开放事业，为中国新型高等教育的建立和发展，为新时代探索走出一条建设中国特色、世界一流大学新路所作出的独特贡献。

这是一所具有光荣革命传统和鲜明红色基因，与党和国家同呼吸、共命运的大学。中国人民大学的前身是 1937 年诞生于抗日战争烽火中的陕北公学，以及后来的华北联合大学和北方大学、华北大学。学校自陕北公学创办之始就探索建立了党团领导下的校长负责制，全面加强党的领导，履行"为党育人、为国育才"的初心使命。毛泽东曾深情地说："中国不会亡，因为有陕公。"爱国人士李公朴称赞华北联合大学是"插在敌人心脏上的一把剑"。很多校友用青春和热血诠释了"为有牺牲多壮志，敢教日月换新天"的凌云壮志。从陕北公学学员孔迈一句"妈，把我献给祖国吧"，到众多踊跃参军、南下或去西北奔赴解放战场的华北大学毕业生，这所来自战火中的大学所独有的革命传统和牺牲精神，已成为日后"万千建国干部"和"国民表率、社会栋梁"的鲜亮底色，化作全面建设社会主义现代化国家新征程中"勇当开路先锋、争当事业闯将"的勇气与信念。

这是一所在党的几代领导集体的关怀下发展壮大，担负着特殊使命的大学。毛泽东同志曾先后十次到陕北公学授课，先后六次为陕北公学题词，要求造就"革命的先锋队"。刘少奇同志出席中国人民大学开学典礼并发表讲话，指出中国人民大学"是我们中国第一个办起来的新式的大学……中国将来的许多大学都要学习我们中国人民大学的经验"。1977 年秋，在人民大学复校的关键时刻，邓小平同志给予了特别关怀，并强调了中国人民大学的定位："主要培养财贸、经济管理干部和马列主义理论工作者"。江泽民同志于 2002 年来校考察调研，强调发展繁荣哲学社会科学与自然科学同样重要，勉励学校努力成为以人文社会科学为主的世界知名的一流大学。胡锦涛同志于 2008 年、2010 年来校出席活动、考察学校，要求学校弘扬光荣传统，"办出特色、办出水平"，努力创建"人民满意、世界一流"大学。习近平同志曾于 2005 年、2006 年、2009 年、2012 年、2022 年先后五次到学校出席活动、考察工作。2017 年，习近平总书记致信祝贺学校建校 80 周年，充分肯定学校的办学成绩，明确指出中国人民大学在"我国人文社会科学领域独树一帜"，并殷切希望学校"围绕解决好为谁培养人、培养什么样的人、怎样培养人这个根本问题，坚持立德树人，遵循教育规律，弘扬优良传统，扎根中国大地办大学，努力建设世界一流大学和一流学科"。2022 年 4 月 25 日，习近平总书记专程到学校考察调研并发表重要讲话，充分肯定学校 85 年的办学成绩，对学校未来发展提出了重要的政治嘱托，要求学校坚持党的领导，坚持马克思主义指导地位，坚持为党和人民事业服务，落实立德树人根本任务，传承红色基因，扎根中国大地办大学，走出一条建设中国特色、世界一流大学的新路。

这是一所为中国革命、建设和改革开放事业作出突出贡献，在我国人文社会科学领域"独树一帜"的大学。中国人民大学在长期的办学实践中形成了"人民共和国建设者"的摇篮、人文社会科学高等教育的重镇、马克思主义教学与研究的高地的办学特色，为我国人文社会科学繁荣发展作出了奠基性、引领性贡献，新中国的经济学、法学、新闻学、马克思主义理论等诸多学科由中国人民大学首先创立并走向全国。从1950 年至今，国家历次确立重点大学，中国人民大学始终位居其中；在国家历次重点学科和一级学科评估中，学校都取得了骄人的成绩。学校是国家"985 工程""211 工程"重点建设大学，2017 年入选国家"双一流"建设高校，14 个学科入选"双一流"建设学科。从陕北公学时期至今，学校共培养了 37 万余名高水平建设者和各行各业优秀人才，成为中国共产党探索创办新型高等教育、扎根中国大地办大学的典范和缩影。

这是一所一代代革命教育家、红色教育家、人民教育家筚路蓝缕、接续奋斗，"人师""经师"云集的大学。吴玉章、成仿吾、郭影秋等老一辈无产阶级革命家为学校的创立、发展殚精竭虑、夙兴夜寐，范文澜、李景汉、何思敬、吴景超、尚钺、许孟雄、何干之、戴世光、艾思奇、缪朗山、庞景仁、何洛、陈余年、宋涛、袁宝华、甘惜分、石峻、吴大琨、苗力田、吴宝康、佟柔、高鸿业、胡华、刘佩弦、王传纶、邬沧萍、萨师煊、孟氧、塞风、萧前、彭明、徐禾、黄达、孙国华、查瑞传、黄顺基、方生、卫兴华、钟契夫、刘再兴、彦奇、钟宇人、戴逸、方汉奇、高放、陈共、阎金锷、许征帆、周诚、何沁、罗国杰、李占祥、周升业、高铭暄、王作富、胡均、阎达五、许崇德、庄福龄、蓝鸿文、赵中孚、严瑞珍、林茂生、王思治、刘铮、赵履宽、林文益、陈先达、李秀林、夏甄陶、李文海、吴易风、方立天、胡乃武、周新城、张立文、曾宪义、郑杭生等一大批"经师"与"人师"相统一的"大先生"为党和人民的教育事业，为学校的学科发展、学术繁荣和人才培养作出了重大贡献。他们无论是在革命的战壕中，还是在教育战线上，所有的牺牲与奋斗的出发点与最终目标，都是为了祖国和人民，这是中国人民大学的鲜明特色和优良治学传统。进入新时代，全国高等教育领域仅有的两位"人民教育家"国家荣誉称号获得者卫兴华教授和高铭暄教授均出自中国人民大学。

"党办的大学让党放心、人民的大学不负人民"。如果不了解中国人民大学独特的办学历史与光荣传统，就不会理解人大人的忠诚、艰苦奋斗与实事求是的价值取向和精神追求。如果不了解中国人民大学在中国高等教育史上的独特地位和开创性贡献，就不会理解今天学校培养"复兴栋梁、强国先锋"、走出"一条建设中国特色、世界一流大学的新路"的底气与担当。

翻开人大校史，迎面而来的不单单是一所学校的发展历史和一段段感人至深的文字，还有在中国历史发生翻天覆地变化的百年间，感应时代之变、回应时代之问的一个特殊群体的贡献和一所学校所铸就的功勋。在这里，珍藏着不同时代的鲜活印记，矗立着一座座须仰视的丰碑，引人思考，催人奋进，带给我们坚定前行的力量。

校党委书记 张东刚　　校长 林尚立

2023 年 6 月 1 日

《吴玉章全集》序言
"一辈子做好事"

高山仰止，景行行止。

在中国近现代史上，有一位立德、立功、立言"三不朽"，近乎完人的人，即"延安五老"之一的吴玉章。1940年1月15日，毛泽东同志在中共中央为吴玉章补办的六十寿辰庆祝会上有感而发讲了这样一段话，对吴玉章作了高度评价："一个人做点好事并不难，难的是一辈子做好事，不做坏事，一贯的有益于广大群众，一贯的有益于青年，一贯的有益于革命，艰苦奋斗几十年如一日，这才是最难最难的啊！""我们的吴玉章老同志就是这样一个几十年如一日的人。"

吴玉章，原名永珊，字树人，1878年12月30日出生，四川荣县人，我国杰出的无产阶级革命家、教育家、历史学家和语言文字学家。他一生追求真理、献身革命，为中国人民的解放事业、为共产主义伟大理想，始终不渝、奋斗不止，贡献了自己的全部精力。从早年追随孙中山先生开展旧民主主义革命，到后来加入中国共产党，投身于伟大的新民主主义革命和社会主义革命与建设，吴玉章在中国近现代史上每一个转折关头，都站在革命的进步的一面，始终奋进在时代的最前列，被誉为"一部活的中国革命史的缩影"。

吴玉章是民主革命的伟大"先驱者"。生于外忧内患的年代，吴玉章从小对国家前途、民族命运忧心如焚，积极寻找救亡图存的道路。1903年东渡日本，1905年加入孙中山领导的中国同盟会，积极组织反抗清政府的武装起义。1911年，他奉命回四川领导四川人民的保路运动，发动了荣县独立和内江起义，建立了中国第一个县级革命政权，这也是同盟会真正组织和领导的第一次成功的起义，比武昌起义还早15天。

吴玉章是共产主义事业的忠诚"奋斗者"。他于1925年加入中国共产党，在中国共产党领导下，为争取民主主义和社会主义革命的胜利、为实现共产主义而不懈斗争。他参加过南昌起义并担任革命委员会委员兼前敌委员会秘书厅秘书长，起义失败后被派往苏联、法国等欧洲国家工作，参加过共产国际第七次代表大会等。1938年回国后，担任陕甘宁边区文化工作委员会主任、鲁迅艺术学院院长等职。1945年12月，随周恩来去重庆，参加政治协商会议，为新民主主义革命作出了卓越的贡献。1938年底在一次与蒋介石的会面中，蒋介石对他说：你是老同盟会、国民党的老前辈，还是回到国民党来吧。吴玉章明确表示："我加入共产党是相信马克思列宁主义的科学真理，深知只有共产主义才是社会发展的唯一正确道路，对于这一点，我是不动摇的，决不会二三其德，毫无气节的！"

吴玉章是新型文教事业的坚定"开拓者"。他笃信教育振兴中华的理念，曾表示"我一生都乐于办学校，愿为国家培养人才作贡献"。他早年倡导并组织留法俭学会，后在法国发起创办勤工俭学会和华法教育会。吴玉章青年时代就立志于文字改革，在苏联期间认真研究中国文字拼音化方案，在延安时期积极研究和推行新文字运动，新中国成立后，他领导全国的文字改革工作，制定并实施了《汉字简化方案》《汉语拼音方案》，推广普通话，成为我国文字改革的先驱，为新中国文字改革作出了开创性贡献。

吴玉章是中国人民大学的卓越"缔造者"。1937年，党中央决定创办陕北公学，专门培养抗战人才，吴玉章深以为然并积极为其奔走筹备，是陕北公学筹备委员会的重要成员，对如何办好陕北公学提了许多宝贵意见。1948 年，华北大学组建成立，周恩来致信商请吴玉章担任校长。新中国成立后，中央人民政府以华北大学为基础创办中国人民大学，毛泽东同志签发任命书请吴玉章担任校长。吴玉章担任中国人民大学首任校长达 17 年之久，为中国人民大学奠定的坚实基础、留下的光荣传统、形成的优良校风、塑造的办学风格，始终激励着一代又一代的人大师生不断砥砺奋进。1960 年 5 月他以 80 多岁的高龄，写下一首"自励诗"："春蚕到死丝方尽，人至期颐亦不休。一息尚存须努力，留作青年好范畴。"他是这样说的，也是这样做的。88 岁高龄的他还时常登上讲台给中国人民大学师生讲党史。

2022 年 4 月 25 日，习近平总书记在中国人民大学考察调研并发表重要讲话，强调"要加强校史资料的挖掘、整理和研究，讲好中国共产党的故事，讲好党创办人民大学的故事，激励广大师生继承优良传统，赓续红色血脉"。今年是吴玉章同志诞辰 145 周年，我们特组织力量，以时为序，分类编排，广泛搜集，辑为《吴玉章全集》。所收资料起自吴玉章留学日本时期，迄止 1966 年去世，包括吴玉章所撰写的著述，以及由别人代笔而经他或修改、或寓目、或署名之文，乃至别人记录的演说词和谈话等，分为论著、往来函电、诗词歌赋、对联题词挽幛等。对存在不同版本的论著，予以辨析。出版《吴玉章全集》，全面反映吴玉章老校长一生追求革命、追求光明、追求真理的奋斗实践，建设新型高等教育的探索实践，领导新中国语言文字改革的创新实践，对于推进党史和校史研究，传承红色基因、赓续红色血脉，走好建设中国特色世界一流大学新路具有重要的意义。

《吴玉章全集》分 6 卷，分期和专题如下：第 1 卷，从 1904 年至 1938 年完成《救国时报》工作任务回国前（1904 年 5 月 14 日—1938 年）；第 2 卷，从 1938 年到武汉新华日报社工作至 1946 年底（1939 年 8 月

23 日—1946 年）；第 3 卷，从 1947 年初至 1954 年出席党的七届四中全会（1947 年 1 月 1 日—1954 年 2 月 6 日）；第 4 卷，从纪念《中苏友好同盟互助条约》四周年至撰文回忆"五四"前后（1954 年 2 月 14 日—1959 年 4 月 3 日）；第 5 卷，从出席中国人民大学第七次科学讨论会至去世前的谈话（1959 年 5 月 4 日—1966 年 10 月底）；第 6 卷，往来函电、诗词歌赋、对联题词挽幛卷。

吴玉章的文稿，很多是在他的革命实践和教育实践中创作的。战争年代，吴玉章为革命事业而辗转各地，文稿亦随之散落于各处，由于漫长的时间和各种历史原因，许多已经散佚。此次中国人民大学启动编纂《吴玉章全集》后，编纂组尽最大可能广泛搜集了各个时期的材料，并充分参考前人整理研究成果，但是仍有待进一步发掘，尤其是吴玉章早期在苏联期间的文稿，不免还有遗漏。目前，学校正在通过多种方式积极征集，如吴玉章老校长亲友、战友、同事、学生等相关人士手中仍保存有吴玉章文稿，恳请赐赠原件或复印件，以便后续补充修订。

"文章合为时而著，歌诗合为事而作"，《全集》所收内容，突出表现了吴玉章"一贯的有益于广大群众，一贯的有益于青年，一贯的有益于革命"，"始终是站在时代的前面奋斗着"，代表了老一辈无产阶级革命家心系百姓、关注现实、服务国家社会的优良传统，具有其独特的史料研究价值。

吴玉章曾说，"能够献身于自己祖国的事业，为实现理想而斗争，这是最光荣不过的事情了"。让我们重温吴玉章的光辉思想，传承发扬红色教育家、人民教育家精神，"树雄心，立大志"，为强国建设、民族复兴而努力奋斗。

《吴玉章全集》编纂课题工作组

2023 年 5 月

代序
一辈子做好事　一贯的有益于革命 *
——缅怀吴玉章同志

吴玉章同志在我们党的历史以至中国近百年的历史上，是一位重要人物，他对祖国对人民有突出的功劳和卓越的贡献。他革命一生的光辉榜样，他的革命精神和高尚品德，永远是我们建设精神文明的师表。

毛泽东同志在吴玉章同志六十寿辰的祝词中说："一个人做点好事并不难，难的是一辈子做好事，不做坏事，一贯的有益于广大群众，一贯的有益于青年，一贯的有益于革命，艰苦奋斗几十年如一日，……我们的吴玉章老同志就是这样一个几十年如一日的人。"吴老一辈子做好事，一贯的有益于革命，是我们党的光荣、革命的光荣！我有幸从少年时代起，就受到他的亲切教导。几十年来，他的身传言教，他的崇高形象，我目染耳濡，深深印在脑海里。他热爱人民，热爱青年，广大人民和青年将永远纪念他。

吴老从真诚的爱国主义者，发展成为坚定的革命民主主义者，进而转变成为忠诚的共产主义者，这是我国许多杰出的老一辈无产阶级革命家所走过的共同道路。

吴老是革命的先驱者，又是著名的马克思主义教育家、历史学家和

---

* 录自《人民日报》1984 年 4 月 4 日，第 5 版。

中国文字改革的倡导者。

　　吴老从青少年时代起，就是一位深切关心祖国兴亡的爱国主义者。吴老少年时代在四川自贡市读书时，出于强烈的爱国心，曾热烈拥护和宣传康、梁维新变法运动，被称为"时务大家"。吴老是孙中山领导的民主革命的积极参与者和领导骨干之一。在日本留学时，他结识了孙中山先生，成为真诚的革命民主主义者，被选为中国革命同盟会的评议员。他奋不顾身地参与了谋炸两江总督端方、谋炸珠江口水师提督李准和谋刺清朝摄政王载沣的活动，并策划和参与了 1911 年 3 月 29 日^①的广州起义（黄花岗之役）。起义失败后，他潜回四川，参与领导了四川人民保路同志会的斗争。在武昌起义前两个月，他领导了四川荣县起义，宣布荣县独立。在 10 月 10 日武昌起义后，他领导了四川内江起义，成立内江军政府，任行政部长。随后到重庆，参与创建了蜀军政府。

　　1912 年，孙中山在南京成立中华民国临时政府，就任临时大总统，吴老受孙中山邀请，在总统府秘书处工作。

　　南北议和后，他拒绝了袁世凯许诺给他的高官厚禄，1913 年参加了孙中山领导的倒袁的二次革命。失败后，袁世凯下令通缉，他被迫流亡法国。1914 年，他进巴黎法科大学学习。同时，他同蔡元培、李石曾等发起组织华法教育会，积极倡导和推动留法勤工俭学运动，组织华工教育，争取华工权利，并继续进行反袁斗争。

　　袁世凯倒台后，吴老于 1916 年回国，随后参加孙中山组织的护法运动。1918 年受孙中山委派，作为孙中山的代表，到广州参加护法军政府的工作，同军政府中的南方地方军阀作不懈的斗争。

　　1920 年底，为了反对北洋军阀的"武力统一"的狂妄野心，他回四川组织和领导了四川"自治运动"。

_____

　　① 此日期为农历。

　　从 1922 年开始，吴老从革命民主主义者开始转变为共产主义者。

　　1922 年，吴老担任成都高等师范学校校长。这时，他先后受到王维舟、恽代英的影响，拥护俄国的十月革命，开始信仰马克思主义，与杨闇公等二十多人，秘密创建"中国青年共产党"（即 YC 团），并创办了《赤心评论》，宣传革命思想。

　　那时，我在成都高师附中读书。当时高师是四川的高等学府，高师的校长有很高的社会地位，吴老也已经是一位德高望重的革命家和教育家了。但吴老却平易近人，积极支持进步师生的革命活动，把高师变成为一个革命中心。吴老经常到我家中找杨闇公商量工作。那时，他和杨闇公、王右木领导着成都地区的革命活动。我很尊敬他，称他"吴老伯"。他常常很和蔼亲切地给我讲一些革命道理，介绍一些革命书刊给我读，并让我为他们传书送信，当一个革命交通员。他是我的老师和革命的启蒙者。

　　1925 年初，中国共产党和国民党发动促成国民会议运动，孙中山为此北上。吴老和刘伯承同志也于 2 月间从四川到了北京，经赵世炎介绍正式加入了中国共产党。从此，他完成了由彻底的革命民主主义者向坚定的共产主义者的转变，成为老一辈的无产阶级革命家，对争取中国新民主主义革命的胜利，对社会主义革命和建设都作出了重要贡献。吴老入党后，成为中国共产党四川党组织的一位创建人，同时也是国共合作的中国国民党四川省党部的创建人，在第一次大革命中，他作为中国国民党中央的一位负责人，发挥了重大作用。

　　1925 年五卅运动后，党中央派他回四川重庆，创建、扩大四川党组织，并着手整顿四川国民党组织。他在重庆创办中法大学，作为我党的活动基地，又在莲花池组建了国民党四川省党部。这时，杨闇公和我也到了重庆，吴老和重庆的党团组织也常在我家开会，他们让我作会议的记录员，并参加文件的刻蜡版和油印等工作。吴老主持的中法大学，聘请杨闇公、漆树芬（南薰）、萧华清、杨伯恺等同志担任教职员，在师生中发展和培养了一批党团员。在四川我党的创建中，吴老、杨闇公、王右木都是创始人，杨闇公担任了第一任省委书记。吴老以他的声望和社会地位，对四川党的创建，功绩卓著。

1925年秋，吴老和杨闇公等被选为四川省出席中国国民党第二次全国代表大会的代表，11月到广州。1926年1月，在国民党二大上，他被选为大会秘书长和中央执行委员，同国民党右派作了尖锐的斗争。吴老在延安时，曾对我讲起这段往事：国民党二大前夕，来广州开会的各省代表，稀稀拉拉到的不全，大会有开不成的样子。苏联顾问鲍罗廷同陈独秀商量，决定发挥我党的力量，把大会开起来，以发展国共合作。他们决定派吴老去筹办。吴老到国民党中央党部主持筹备工作后，依靠各省、市的共产党和国民党左派组织积极活动，很快选出了出席国民党二大的代表，大会得以胜利召开。这次大会，国民党左派占优势，战胜了西山会议派及戴季陶等右派，国共合作得到加强。

国民党二大后，他回四川。为准备北伐战争，他策动争取了川军两个旅、黔军两个师，后来编为国民革命军第九、十两军，攻下宜昌。

北伐出师后，吴老于1926年7月从四川经上海去广州。在上海逗留期间，他经常抽空到我党领导的上海大学看望师生们，对正在上海大学社会科学系学习的我和同志们多所鼓励，并带来闇公的嘱咐。吴老8月到广州，联合何香凝等左派同蒋介石的独裁倾向作斗争。他旋即随军到武汉。在武汉国民政府时期，他在国民党中央处于中枢地位，继续领导国共合作的北伐战争。他先是担任了国民党中央代替孙中山总理制的五人行动委员会成员。1927年3月，在中国国民党二届三中全会上，他被选为中国国民党中央常委兼中央党部秘书长。在这次会议上，吴老执行我党中央意图，使这次会议通过决议，剥夺了蒋介石的中央执行委员会主席和军事委员会主席的职权。以后，他曾到宜昌为武汉国民政府筹款400万元，并保护贺龙部队开到武汉。他协助朱德、刘伯承同志发动了四川泸顺起义。这次起义是我党较早地由自己掌握一批军队的重要尝试。他在武汉截获在重庆制造"三三一"惨案同蒋介石勾结的凶手杨引之，交付革命法院处死。他在国民党中央党部，紧密联合国民党左派，为反对蒋介石和汪精卫的反动倾向和反动活动，作了坚持不懈的斗争。

在第二次国内革命战争时期，吴老参加了英雄的八一南昌起义，致力于国际共产主义运动和国际反法西斯斗争的宣传。

"七一五"汪精卫"分共"后，吴老奉党中央之命，赴九江，转南昌，参加八一南昌起义，在周恩来同志领导下，担任革命委员会委员兼秘书长。溽暑之中，千里转战，备极辛苦。起义军在潮、汕失利后，吴老等出走流沙，驾一叶之扁舟，渡浩渺之大海，漂流到香港，辗转到上海找党中央。

到上海后，党中央派吴老到苏联学习。他和林老、徐老等在莫斯科中山大学特别班学习。吴老勤奋攻读马列著作，进一步从思想上理论上武装自己。我那时也正在莫斯科中山大学学习，同吴老经常见面，继续得到他的教益。这时，他开始用马列主义观点研究中国历史，同托派展开关于中国社会性质和革命性质的论战。

1930年10月，吴老从特别班毕业，与林老等分配到海参崴远东工人列宁主义学校任教。他开始从事汉语拉丁化新文字的研究，与瞿秋白等同志对创制新文字方案作出了重要贡献。1933年夏，他调任莫斯科东方大学中国部主任，并参加驻共产国际中国代表团的工作。他在中国部讲授中国历史，编写《中国历史教程》等讲义，对中国史有许多独到的见解，对中国历史科学作出了许多贡献。

1935 年 8 月，共产国际举行第七次代表大会，吴老是中国代表团成员。在这期间，他参与起草了"八一宣言"，并在大会上作了长篇发言，报告了毛泽东同志领导的中国红军长征的英雄业绩和党的抗日民族统一战线政策。

共产国际第七次大会之后，他到巴黎创办中文的《救国时报》，宣传党的抗日民族统一战线政策。这个报纸利用国内《新生》周刊订户名单和地址，广泛寄到国内，推动了抗日统一战线，扩大了党的影响。当时上海和许多地方地下党的同志，同党中央失去联系，就是通过《救国时报》看到了我党抗日民族统一战线的纲领，才开始宣传的。

在抗日战争和解放战争时期，吴老在重庆、在武汉、在延安，为中国的民主革命事业同国民党反动派斗争，并在延安、在华北，从事党的培养干部的教育事业，积极从事文字改革工作。

七七事变爆发、国共第二次合作后，他与国民党政府代表张冲，作为中国政府代表在欧洲的巴黎、布鲁塞尔、伦敦等地，进行抗日反法西斯的国际宣传，使西欧各国支援中国抗战的运动有明显的发展。中国的抗日运动之所以能在国际上取得重大影响和热情支持，是与吴老的积极宣传分不开的。他在欧洲的演讲词，1938 年在武汉广为印行，书名是《吴玉章抗战言论选集》。

1938 年 4 月，他回到武汉，在周恩来同志领导下，先后在武汉、重庆、成都，从事抗日统一战线工作。同年 7 月，他是国民参政会的我党七名参政员之一。在 1938 和 1939 年，他先后在武汉和重庆与董必武同志等一起，同蒋介石的片面抗战路线和反共反人民的阴谋作斗争，同汪精卫的投降妥协阴谋作斗争。

1938 年 10 月，他参加了在延安召开的党的六届六中全会，被选为中央委员。

1939 年 11 月，吴老任延安宪政促进会会长。1940 年 1 月，党中央为他的六十寿辰补行盛大的庆祝会，上面讲过毛泽东同志在祝词中称赞他"一辈子做好事，不做坏事"，指出"特别要学习他对于革命的坚持性"。就在这时，我同吴老在延安再次相见，杨闇公等早已牺牲，中国革命历尽艰险，终于在毛泽东同志领导下胜利前进。在延安，我常去吴老住的窑洞里长谈，倍增亲切。

1940 年 11 月，他被选为陕甘宁边区新文字协会会长。

在延安期间，他还先后担任了鲁迅艺术学院院长、延安大学校长，为党的教育事业尽力，培养了大批干部。

延安整风期间，康生干了许多坏事。康生在莫斯科拥戴王明最积极，到延安后又摇身一变，把自己打扮成反王明的英雄。康生为了掩盖自己而恶意中伤吴老。吴老为人忠厚朴实，因在莫斯科时曾在王明领导下工作，感到说不清楚，背了黑锅，内心痛苦。在整风中，他还对这件事作过检查。建国后，1958 年中国人民大学反教条主义，也是康生挑起的，其目的还是为了打击吴老。

1945 年 4 月，吴老参加了党的第七次全国代表大会，被选为中央委员。

日本投降后，1945 年 12 月，吴老去重庆，与周恩来等同志参加政治协商会议，参与党的南方局的领导工作。以后，又担任了中共四川省委书记，在国民党反动派的心脏地区进行战斗，领导川、康、滇、黔人民的解放斗争。

1947 年 2 月 28 日，国民党反动派派兵包围了曾家岩中共四川省委驻地和红岩村新华日报社，吴老临危不惧，团结全体同志同反动派坚决斗争。他大义凛然地痛斥国民党反动派卖国内战的罪行，表现了无产阶级的浩然正气和英勇不屈的崇高气节。他的严正斗争，迫使反动派不得不有所收敛。他终于率中共驻渝全体同志胜利返回延安。

吴老撤回延安后，旋即到山西临县组织领导了四川干部训练班的工作，为解放大西南培养了大批骨干队伍。

1948 年，吴老到了党中央所在地河北平山西柏坡。1949 年 3 月，参加了党的七届二中全会。这时，吴老已是七十高龄，他还写信给毛主席"请缨杀敌"，要求中央军委允许他带一支队伍参加解放大西南的战斗！

1948 年 5 月，吴老担任了华北大学校长。12 月 30 日，当他七十寿辰时，党中央发来贺信，说："中国人民都敬爱你……这是你的光荣，也是中国人民的光荣。"华北大学召开了盛大的庆祝会。北平解放后，他参加了人民政治协商会议，参与创建新中国。以后他是历届政协的常委。

建国以后，1949 年底，吴老担任中国人民大学校长，直到 1966 年 12 月 12 日他 88 岁逝世。吴老作为人民教育家，是留法勤工俭学运动的倡导者和组织者，从中培养了一大批党的干部，蔡和森、赵世炎、邓小平、陈毅、聂荣臻等老一辈革命家都是留法勤工俭学的学生。这以后，吴老在成都高师、重庆中法大学、海参崴远东工人学校和莫斯科东方大学、延安鲁迅艺术学院、延安大学，到华北大学和中国人民大学，又为革命培养了数以万计的学生，为党输送了好几代干部，真是桃李满天下。吴老确实是当代中国文化教育事业的杰出代表。吴老作为老一辈革命家、教育家、语言文字学家、历史学家，他的著述甚丰。建国以后，吴老在党的第八次全国代表大会上当选为中央委员，一、二、三届全国人民代表大会代表和常务委员。他又是全国文字改革委员会主任。他在二十年代末，就在苏联远东地区，试用北方话拉丁化新文字为中国华侨扫盲。四十年代，他在延安又主持并亲自用拼音文字在农村进行扫盲试验。建国后，他到各省积极试验，推行文字改革工作，不遗余力。

吴老为革命立下那么大的功劳，但却始终那样谦逊谨慎，艰苦朴素。

吴老是一个勤于思索而又慎于言行的人。在延安和北京参加中央各种会议时，他都是经过深思熟虑才发表意见。他爱同刘伯承等同志谈心。有时也同我谈一些，交流思想。他在生活上艰苦俭朴，进北京后依然保持着艰苦奋斗的作风。他对人民大学的师生无比关心，不顾自己高龄，还亲自去听课、讲课、查铺。我觉得他自奉太薄，过于辛劳，曾劝他说："您年岁太高，身体又不好，有些事可以少管些。"可是，他说："不去不行啊！心里放不下！"这是一位多么好的长者、师长啊！

吴老从参加辛亥革命起，一生坚持革命，总是站在革命斗争的最前列，不断跟着时代前进。他一生勤奋工作和学习，孜孜不倦，从不松懈。他作风民主，和蔼可亲，十分关心爱护干部。他全心全意为人民服务，一贯有益于革命，是我们的光辉榜样，是建设社会主义精神文明的楷模。他的名字将与人民同在。

杨尚昆

1984 年 4 月 4 日

凡　例

一、本全集所收，起吴玉章留学日本时期，迄 1966 年吴玉章去世，涵括迄今所见的吴玉章所撰写的著述，以及由别人代笔而经他或修改、或寓目、或署名之文，乃至别人记录的演说词和谈话等。

二、本全集包括论著、往来函电、诗词歌赋、对联题词挽幛等内容。

三、本全集所收，或录自手稿（含复印、影印件），或录自吴玉章手订、手校的较早出版品，或录自最早刊载其著作的书籍报刊，亦有录自后人所编结集。

四、本全集所收，一般依所据底本的标题，底本无标题的，则由编者根据内容酌加。

五、本全集所收，按时排序。首为撰写时间，凡有撰写时日可稽，或经查考大体可以确定的，以撰写时间为序。次为出版时间，发表在报刊上、公开出版的，按照出版时间编次。不能确定撰写、出版时间的，列于各部分之末。

六、本全集所收，一般不做他校；引文明显舛误影响句意的，校勘注明；无法辨认或缺字，以□标出。

七、本全集所收，均分段、标点。原文的繁体、古体和异体字，除有特殊含义者保留外，皆依通用规范汉字处理。

八、本全集内的外国国名、地名、人名及其他外来语的翻译，皆依所据底本照录。

目　录

就一届四次国民参政会的谈话*

（1939 年 8 月 23 日）

　　第四届国民参政会，举行于抗战最艰苦困难的、走上相持阶段的过渡阶段，有许多重要的问题，有关争取胜利迅速达到的问题，是必须讨论和解决的。

　　加强团结，是极端重要的问题。这，已经不是原则的讨论和决议所能解决，必须有切实具体的办法才行。最中心的，当然是认真肃清"反共"的言行，肃清汪派、托派和一切公开暗藏的挑拨离间国共关系，制造和扩大摩擦的阴谋诡计。只有这样，才能巩固团结、坚持抗战。

　　关于民众运动，也要认真努力展开。到了今天，不容否认的，还有不少人不相信四万万五千万同胞，有其不可侮不可克的伟大力量。可是，要使这个力量能尽情发挥，就非有民众组织不可！扫除民运发展的阻碍，使民众有组织地参加抗战，与巩固团结、保证胜利是分不开的。

　　此外，关于力求政治进步，剔除贪污及发国难财等等，都应有具体办法，严格执行。敷衍因循，只有误事——误抗战建国大事。而川康建设问题，尤应根据李璜、黄炎培、莫德惠等参议员辛苦亲访的宝贵材料，有具体的方案，庶川康能成为抗战的最巩固可靠的后方，成为建国中各省的模范。

---

　　* 录自《吴玉章文集》上，重庆出版社 1987 年版，第 172～173 页。

　　特别是关于外交政策，应根据抗战两年余事实上的经验教训，站在自力更生、争取外援的基本原则上，重新检讨。我们已经完全清楚，谁是最可靠的朋友了，谁是敌是友了。所以，更进一步的紧密中苏关系，多做国际宣传，和全世界反侵略的人民，密切握手，打击敌人，是今天要确立和力行的。

论民族解放与社会主义革命底相互关系 *

——为纪念十月革命二十二周年而作

（1939 年 11 月 7 日）

"社会主义革命不是一次的动作，不是在一条战线上的一战，而是各种激烈的阶级冲突底整个时代，是在一切战线上，即在经济和政治底一切问题上的很多的战斗。"（列宁）十月革命的光辉胜利与苏联社会主义建设的伟大成功，依靠布尔什维克党的正确领导，科学的马列主义理论的坚强武器，俄国劳动阶级艰苦卓绝的奋斗，同时还有赖于资本主义发展的先进国家中无产阶级与殖民地和半殖民地被压迫民族反对帝国主义的斗争的有力配合。苏联无产阶级的力量是强大的，因为它的友军分布在打击每个敌人的各条战线上，而全世界的被压迫者，也庆幸着终于获得了一个真正可以依靠的伟大力量。这正是为什么各国的工人阶级及被压迫的弱小民族那样热烈的注视着苏联的强大与发展，为什么把苏联的力量与胜利看作与自己血肉相关的，为什么为争取民族解放斗争的被压迫民族与社会主义的国家永远是缔结着伟大的友谊。

民族解放运动随着帝国主义矛盾日益尖锐，成为全世界反帝国主义斗争中的一个重要组成部分，许多被压迫民族得一层层挣脱那压在自己身上的重重枷锁，中国不过是其中的一个。这种斗争再不是孤立的了，

它是与社会主义革命联结着。民族是上升资本主义时代中的历史范畴，在这个时代中，许多民族发展成为现代的民族国家，形成了资本主义发展的有利条件。但是今天民族问题的内容改变了，在资本主义发展到帝国主义的阶段的时期，尤其是在十月革命伟大的胜利以后，过去那个世纪为新兴的资本主义开辟道路的民族解放运动，已经由殖民地和半殖民地国家被压迫民族反对帝国主义的斗争代替它的地位了。十月革命的伟大的国际意义，就在它在落后的东方和先进的西方同时掀起了反帝国主义的斗争，正像斯大林同志论到十月革命与民族问题时所说的那样：

第一，它扩大了民族问题的范围，把它从欧洲反对民族压迫的斗争的局部问题，变为各被压迫民族、各殖民地及半殖民地从帝国主义之下解放出来的总问题。

第二，它给这一解放开辟了广大的可能性和现实的道路，这就大大地促进了西方和东方的被压迫民族的解放事业，把它们吸收到胜利的反帝国主义斗争的巨流中去。

第三，它从而在社会主义的西方和被奴役的东方之间架起了一道桥梁，建立了一条从西方无产者经过俄国革命到东方被压迫民族的新的反对世界帝国主义的革命战线。

十月革命是社会主义革命，它推翻了地主和资产阶级的政权，建立了握在工农手里的苏维埃政权，停止了参加以掠夺为目的的帝国主义战争，宣布被压迫民族得有民族自决权，承认它们的独立——这些是苏维埃在革命过程中的光辉成绩。从革命胜利那天起，苏联就正确地执行了民族政策，把国内的少数民族从沙俄的"民族牢狱"里解放出来，给予它们自决权并帮助它们发展自己民族的文化，同时援助弱小民族的民族解放斗争，使得它们从帝国主义的压迫下解放出来。这是一个建筑在社会主义精神上的国家底基本立场，因为社会主义最终的目的是共产主义，它最后是要解放全世界人类的，因而它就不能不有伟大的国际主义的精神，不能不热烈地去参加一切足以产生社会主义革命和打击帝国主义的各种运动。苏联赞助弱小民族的解放战争，一方面因为它是正义的、进步的、反侵略的战争，另一方面是因为这种民族解放战争是社会主义革命另一条战线上的战斗，是国际反帝国主义斗争中一个主要的环节。离开了殖民地与半殖民地国家被压迫民族的解放斗争，就谈不到世界革命。

苏联最近在国际形势变化中所采取的一些行动，引起一部分人对它一向所坚持的立场发生怀疑，事实上苏联并没有改变它原来的政策。拿苏联出兵波兰来说吧。它是为了解放波兰境内一千多万被波兰统治者所抛弃的西白俄罗斯和西乌克兰民族的，这些人民处在无政府状态中，苏联自然有权利去拯救自己同族的兄弟。这种行动的本身就是革命，不能和侵略混为一谈。

中国的抗日民族革命战争，是争取中华民族的独立解放，也是打击国际法西斯蒂的一个强大的力量。完成了社会主义革命的苏联，和中国站在一起共同反对日本帝国主义。尽管国际形势会发生变化，苏联对被压迫民族的民族解放战争是不会放弃它的积极援助政策的，中国从苏联获得更多的援助，就是最明显不过的事实。在这里，再一次表现了民族解放和社会主义国家底密切联系。

俄国十月革命经历了艰苦的路程，它走过许多崎岖曲折的途径，备尝失败与牺牲，终于克服一切困难，在世界上首先建立了社会主义的国家。苏联建国的困难与所遇的危机，比今天中国的抗战严重多了，然而摆在它面前的难关都安稳地渡过了。中国现在是全民族团结一致进行民族解放战争，但当时的俄国在帝国主义战争漩涡之中，还要与内部反革命的力量进行斗争。列宁并不是不知道迅速顺利走向胜利的道路的，远在二月革命以后的著名的《四月提纲》中，他还只是希望在群众中进行忍耐坚毅的工作，以便把全国政权交给工人代表苏维埃，解脱资产阶级的影响来完成社会主义的革命。然而反动的临时政府，仍然执行帝俄时代的政策，坚持继续参加帝国主义战争，出卖全国人民利益，镇压革命力量，进而至于逮捕布尔什维克党的领袖及封闭它的报纸，这样迫得俄国的劳动群众不得不用武装起义来推翻临时政府，结果爆发了十月革命。中国到底是幸运多了，它的情形也和俄国不同，中国抗战是得着广大人民的拥护和支持的，因为战争是正义的进步的革命的民族解放战争，我们是多援的而敌人是孤立的。最重要的是我们内部是精诚团结，提供了我们胜利的保证。

经过了两年多英勇斗争的中华民族，正在顽强地进行着人类历史上空前的最大规模的民族解放战争，这个战争要把四万万人口的一个民族从奴隶状态中解放出来，它的胜利特别是全世界被压迫人群获得解放的前奏曲。因为中国地是这样大，人是这样多，一个解放了的中国一定会在全世界的革命运动中起着重大的作用。然而今天中国所要走的还是段很长的艰苦的路程，压在我们身上最迫切的任务是把日本帝国主义驱逐到鸭绿江边，争取民族解放战争的彻底胜利。这就要求各个阶层服从抗战的利益，本着同舟共济的精神，互相帮助扶持，彼此尊重爱护，把别人的损失看作自己的损失，把别人的胜利看作自己的胜利。尤其是需要依靠群众的力量来推动全国政治的改进，采用全国人才，惩办贪污腐化，早日召集真正代表民意的国民大会，制定全国人民所要求的宪法。只有不怕正视现实，克服缺点，以发扬民主和改善民生来调剂各阶层的关系，以坚持抗战力求进步来团结全民族，我们的民族解放战争才有胜利的把握。

值此纪念十月革命二十二周年的时候，我们要学习苏联革命的经验，把握着目前的迫切任务，推动历史的事业前进！

抗日初期的国际宣传工作 *

（1939 年 11 月）

　　1937 年，资本主义世界在 1932 年刚刚结束的经济危机之后又爆发了新的经济危机。社会主义苏联的经济则一直是无危机地高速度发展着。资本主义世界新的经济危机，加速了它们用军事推动重新分割世界市场和势力范围的斗争。1937 年 7 月日本侵入了中国的北部和中部；1939 年意大利侵占了阿尔巴尼亚；德国从 1938 年开始先后侵占了奥地利和捷克，接着进攻波兰。因为德意日三个侵略国损害了英法美的所谓民主国，英法首先对德宣战。于是，以反对民族解放运动，损害英法美利益，反对苏联的第二次世界大战开始了。

　　英法美三国，对于日本侵略采取了"坐山观虎斗"的政策，企图待中日两败俱伤后，出来收拾残局。而苏联则完全相反。它一方面坚决反对侵略战争，维护和平，援助被侵略的民族；另一方面巩固自己的国防，准备迎击任何敢于侵犯苏联的侵略者。

　　1937 年 7 月 7 日，日本军队在芦沟桥向中国发动了进攻，8 月 13 日又进攻上海，接着又向华中进攻，各地驻军纷起抗击，全国抗日战争开始了。日寇所到之处，奸淫、烧杀，残酷至极。日寇极端野蛮的政策，促使全国各阶层卷入抗日浪潮中。全国抗日救亡运动重新大规模地开展

---

　　* 录自荣县吴玉章故居陈列展档案，原文为手稿。

起来，形成了抗日救亡的新高潮。

7月15日，中国共产党发表了《为公布国共合作宣言》。8月22日，蒋介石政府宣布红军改称为国民革命军第八路军。9月下旬，国民党才把中国共产党早已交给国民党的关于国共合作的宣言正式公布，蒋介石也被迫承认中国共产党的合法地位。于是，由中国共产党倡导的抗日民族统一战线正式宣告成立了。

中国的抗战一开始就得到广泛的国际援助。伟大的苏联，在1937年8月就和中国签订了《中苏互不侵犯条约》；苏联在精神上或物质上都给了中国很大的援助，不仅把大量军需物资运往中国，而且派航空兵直接参加了保卫中国的战争。苏联人民的援助大大鼓舞了中国人民的抗日战争。这种伟大的友谊，中国人民将永志不忘。此外，帝国主义国家的人民，也都同情和支援中国抗战。只是，帝国主义国家的政府特别是英美政府只给中国极少的援助，却大量供给日本军需物资，力求缓和与日本在东方的矛盾，甚至纵容、鼓励日本侵略者。它们的终极目的，是企图防止中国人民力量的兴起，把战争引向苏联，消灭社会主义制度。

为了争取国际支援，中共驻共产国际代表团决定派遣我到西欧去作国际宣传工作。当时蒋介石的代表张冲到了莫斯科，代表团介绍我与张见面后，我请他打电报给蒋介石，蒋介石虽然内心里不同意中共代表到外国去宣传，但也不好不同意。张冲就在中国驻苏大使馆给我办理了出国护照。于是我就于十月革命节前夕，偕震寰一同从莫斯科启程，11月12日到达了法国巴黎。我到巴黎后，即与当时在法国的吴克坚等同志共同商量，展开工作。当时李石曾也在巴黎，我即与他约见，他极为高兴。我们谈话时，比京布鲁塞尔正在开九国公约参加国的国际会议，讨论日本侵略中国问题，他说明天他就要到比京，然后要去莫斯科，并且要我与他同去，一面作翻译，一面介绍他去见苏联领导人。还说现在国内妥协空气很高，只有苏联出兵帮助，才能稳定局势。我说我刚来到，工作刚刚开始，不便回去，且回去也须得到我代表团的许可，恐难办到。他要求我发电请示代表团，我同意了，经我请示代表团，很快得到复电同意。于是，我便与他同赴比京。当时参加九国公约参加国会议的中国代表团中有一些是我旧日的熟人，如胡世泽、钱泰就是以前我在巴黎的同学。胡世泽听说我来到比京，当晚即邀我谈话，他说消息不好，国内要和日本议和的说法很厉害。这时正是南京吃紧，德国驻中国大使陶德曼提出"和平条件"，中国政府有妥协的趋势。我便说断不能议和妥协，中国抗战必胜，无论如何要抗战到底，并请他们联合驻外使节电蒋介石反对议和。胡以旧日同学的关系，更说出了真实消息，说恐怕不能挽回了，以前主战的人现在也主和了。我再三问他是谁，他说是孔祥熙。其实主和的何止孔一人，就是蒋介石也在动摇呢！为了挽救时局，我便对代表团的顾维钧等说抗战刚才团结了全国力量，振奋了全国人心，提高了国际地位，如果此时言和，中国将不能免于灭亡；并要他们联名打电报回南京，要求无论如何不能和。我也要李石曾打电报给蒋介石，希望他抗战到底。后来由于全国人民坚持抗战反对妥协的呼声，又由于英美与日本的矛盾，也不愿意蒋介石对日媾和，蒋介石才发表了不愿和谈的消息。我这才放心了。中国代表团在这次会议上也才更有力量了。会议结果，总算在表面上支持中国的抗日战争。

回到巴黎后，我就找顾维钧商谈国际宣传工作，他说此事由杨光泩负责，要我与他接洽。我和杨谈了好几回，总觉意见不合，并且各执行着两种根本不同的路线。杨的办法是向法国上层人士和官府进行宣传。他为此竟不惜化了十多万法郎印了一本宣传册子，上面印有许多北京天坛、前门之类的古迹，和一些所谓中国领袖人物的照片，根本没有把中国人民英勇抗战的事实和团结一致的精神表现出来。他说这本宣传册子印好后通过《巴黎时报》附送给它的订户，而这些订户大多都是法国的上层人物，根本对中国抗战没有兴趣。因此，他们的宣传没有什么效果。我则与他们不同。我是向法国同情中国抗日的广大人民作宣传，尤其是向工人群众进行宣传，收到了良好的效果。因此，法国的广大人民，尤其是工人群众是热烈同情和支持中国抗战的，例如：日本的军火商人到法国飞机厂参观时，遭到工人的罢工抗议，弄得那些日本人狼狈而去；英法轮船工人拒绝为日本人运送军火；等等。这些事实证明，宣传工作如果不走群众路线，将一事无成；反之，道理一被群众理解和掌握，就会产生巨大的力量。

1937 年 12 月 11 日，法国反战反法西斯委员会会长朗之万特为我召集了一次新闻记者招待会，我作了《中国能战胜日本》的讲演。这个讲演分为三部分：第一部分是日本法西斯军阀侵略中国的目的与手段。第二部分是讲中国抗战的意义与前途。其中又分为五个小部分：用全国统一而促成抗战，用抗战而完成全国统一；抗战到底，英勇坚决为国牺牲之精神是中国这一抗战中之特色；中国的人力物力可以供长期战争之应用；在战略上中国占有种种之优势；就国际环境看来也是十分于我有利而对日本不利的。第三部分是讲最后的胜利是属于中国。这个讲演的主要精神是指出了日本帝国主义侵略中国的目的，"是在占领东三省和热河以后，更进一步地实现占领田中奏折所早已拟定的完全灭亡中国，准备占领印度、安南（即越南）、菲律宾群岛、澳洲以及准备进行反对苏联、美国和英国的'大战'，以便夺取大日本帝国在全世界的统治的计划"。历数了中国战胜日本的种种有利条件；指出了中国抗战的前途是中国必胜日本必败。

我的这个讲演，到会的四五十名记者，都热烈地表示赞同，并愿意援助中国抗战。但很可怪的：有几个国民党的坏分子却反而故意提出许多怪问题，说上海、南京都已失守，中国没有海军，武器不够，等等，怎么办。他们的意思是想反驳我，说抗战没有胜利的可能。我立即有力地回答了他们，说战争主要的不是靠武器而是靠人民。这些替日寇宣传的坏分子也就哑口无言了。

1938年2月，我作为世界反侵略大会中国分会的代表会同陶行知、李石曾等出席伦敦世界反侵略大会。在会上我作了题为《中国抗日战争的新阶段》的讲演。这个讲演，主要是讲了自抗战以来在军事上、政治上、社会上、经济上、国际上，许多有利于抗战的新变化，说明"只要我们能够坚固保持抗日民族统一战线，与日寇坚决抗战到底……最后的胜利一定是我们的"。我的讲演，受到了与会代表的热烈欢迎。在伦敦期间，我曾与陶行知先生一同去瞻拜马克思墓。在一个很大的公共坟场中找了许久，后来从墓碑上恩格斯题的几句话才找到了，它原来和普通坟墓没有什么不同，一样朴素地躺在这广漠的坟场上。对着这个巨人的坟墓，使我很感叹地想起了中国某些人却要修一座皇陵一样的陵来埋葬孙中山先生，这也许并非一个人民的革命家所希望的吧。

3月，我动身回国，路经新加坡，4月初到西贡。沿途很多华侨和华侨团体来邀我讲演。我尽量满足了他们的要求，进行了多次抗日民族统一战线的宣传工作，因为我办的《救国时报》在华侨中有很大影响，所以这些地方的华侨对抗日战争非常热烈。我于4月底到达武汉，即奉我党之命参加了当时我党的国内统一战线工作，并作了国民参政会的参政员。

1939年11月，由重庆回到延安。

青年与民主运动 *

（1939 年 12 月 5 日）

　　我全国的青年同胞们！你们今天最感到痛苦的不是没有自由吗？你们痛心于我锦绣河山已被倭寇占去了大半，想拿起武器来和日本鬼子拚命，可是你们没有组织游击队来救国的自由。你们想深入民众鼓动同胞爱国的热忱，以发动全国民众一致起来抗日救国，可是你们没有宣传爱国的自由。你们想指陈时弊，贡献国计民生的意见，可是没有言论的自由。你们想发行抗战救国的刊物，可是没有出版的自由。你们想组织救亡团体，可是没有结社的自由。你们想向群众演讲或讨论时事问题，可是没有集会的自由。甚至，你们想求得你们所愿学的学问，而求学没有自由。你们想崇信你们所能信的学说或主义，而信仰没有自由。你们想进你们所愿入的学校，而在中途横被扣留、拘禁，甚至于失踪、被暗杀活埋或抛入劳动营，这是走路都没有自由了。你们的通信会被特务机关检查或没收，这是通信也没有自由了。你们爱读的书报或被没收或被查禁，这是读书看报也没有自由了。尤可怪的是：青年的思想也不得自由。青年的行动也不得自由。……总之，我国青年的一切自由都被剥夺净尽。西欧有句名言说："不自由，毋宁死。"难道我们这些天真烂漫、纯洁无疵的现代大有为的青年，能忍受这种不自由的非人的痛苦吗？我想你们

---

　　* 录自《中国青年》1939 年第 2 卷第 2 期，第 3～7 页。

的答覆一定是：不能！不能！万不能！

但是，当现在我们必须要巩固抗日民族统一战线来坚持抗战到底的时候，所谓"国难当前"，则不可"同室操戈"，然而"人非木石"，又岂能"束手待毙"。那末我们，特别是我们的青年们应该怎样办呢？我以为争取民权、实行民主政治，是现在抗日救国困难环境中的唯一出路。因为民主政治首先就要保障人权。民主宪法中，一定要规定公民的基本权利：第一是言论的自由。第二是出版的自由。第三是集会的自由。第四是结社的自由。第五是街道游行及示威的自由。第六是信仰的自由。第七是身体有不受侵犯的自由。第八是住宅及通信的秘密有不可侵犯的保障。第九是有劳动权。第十是有休息权。第十一是有社会保障权。特别是对青年与妇女规定他们有受教育权，凡青年男女要受普遍的义务的初级教育，以及各级的免费教育。妇女在经济生活、国家生活、文化生活、社会及政治生活各方面，皆享有与男子平等的权利。假如我国实行了宪政，那末人民的一切自由，就能得到保障。

我现在很高兴地要向我全国青年报告一个好消息，就是国民参政会九月所开的第四届大会，通过了请政府明令定期召开国民大会、制定宪法、实行宪政的决议案。最近几天国民党六中全会，又决定了于明年十一月十二日召开国民大会，这是值得我们全国同胞庆幸的一件大事。但是国民大会的几个必要的先决条件，不能不先弄清楚，才不至于像从前政府在南京时代所开的所谓"国民会议"和"国难会议"一样，毫无补于时局。什么是国民大会的先决条件呢？

第一是要确定国民大会的性质。国民大会的任务是甚么呢？他的主要任务就在于制定宪法来实行宪政。宪政是甚么呢？宪政就是民主政治。那末国民大会就是建成民主的现代国家的初步阶梯。他必须是真正由全国人民选举出来的代表所组织的代表民意底国民大会，而不是由政府或当政的政党所"指派""圈定""限制选举"所产生出来的国民大会。因此民国二十五、六年由国民党一党包办所起草的宪法及"指派""圈定""限制选举"的国民大会代表是违反民主的，必须取消，而代以真正民选的国民大会代表，制定真正代表民意的民主宪法。

第二是制定国民大会的选举法和组织法。为得要使国民大会成为建立民主政治的机关，那就必须要有真正能选出代表民意的代表底选举法和组织法。根据以前国民党所定的国民大会代表选举法，大会代表名额定为一千二百人。按区域派选的代表有六百六十五人。按职业团体派选的代表有三百八十人。特种代表有一百五十五人。所谓特种代表是指东北等省的代表，这些代表由政府完全指定，固不必说，就是号称选举的代表，因为要先由各省政府圈定，再由国民政府圈定，然后发交选民"选举"，所以这种选举的代表与指派的代表并无多大分别。至于各团体代表也要经政府圈定后再选，就是各团体本身也要经国民党核准立案的才能预选。因为不经国民党审核准过，政府就可根本否认其存在。而且事实上国民党已经把许多民众团体、救国团体解散了，如学生联合会、救国会等等。这样一来，有许多民众团体、救国团体都当然没有选举权了。一般人民也要经过国民党的核准才能参预选举，因为不经过该选举法所定的公民宣誓手续，便不能取得公民资格，便不能有选举权。至于从前曾经反对过南京国民政府的，一律褫夺其选举权和被选举权。这种违背民主的选举法，不但舆论莫不反对，即国民党贤达的党员也感觉不安。于是才有前年（民国二十六年）四月二十二日的修正案。修正案关于国民大会代表的产生，有下面几点的修正：（一）取消区域选举中之圈定候选人办法；（二）增加指派代表二百四十人；（三）特种选举无法举行选举者其代选得由政府指定；（四）确定中央执监委员及后补委员为当然代表。这还是换汤不换药，而且更加多指定代表、当然代表。关于国民大会职权，则修正为"制定宪法并决定宪法施行日期"，"会期完毕，任务终了"。所谓制定宪法不过将立法院起草的宪法通过，只有修改字句权，没有变更原意权。国民党不愿实行宪政则罢，如果愿意实行宪政，则孙中山先生从历史教训中说出来的遗教不能不遵守。孙中山先生在民国十三年北上时说过："夫四十年来，会议之开屡矣，其最大者有六年之督军会议，八年之南北会议，而皆无良果。揆其原因，实由于构成份子皆为政府所指派，而国民对会议无过问之权。"难道信奉中山先生的人还能容许指派代表的选举法有存在的余地吗？现在的问题是用甚么方法和甚么机关来制定国民大会的选举法和组织法的问题。我个人的意见，认为可由各地方人民所组成的宪政促成会选派代表，会同国民参政会员、宪政期成会人员及其他参政员成立一个国民大会筹备会来筹备国民大会的一切事宜。首先是制定国民大会的选举法和组织法，提交下次国民参政会通过后，即日施行。这是一个顾到法理和事实的办法。希望全国人士加以讨论。如果有更好的办法，我自然不固执己见。选举法应该规定全中国国民除汉奸外都有参加国民大会选举的权利。孙中山先生所说的国民会议组织方法，我们也应该采用。据孙先生说，国民会议是以：一、实业团体，二、商会，三、教育会，四、大学，五、各省学生联合会，六、工会，七、农会，八、反对曹吴各军队，九、各政党，做产生国民会议底团体基础的。我以为除第八项反对曹吴各军队应改为抗日救国各军队，和第九项各政党应改为抗日的各党各派，并加上青年团体、妇女团体及海外华侨救国团体外，其余均可大致仍旧。

第三是国民大会职权的规定。照国民党前年四月二十二日所修改的国民大会组织法，则国民大会只有"制定宪法并决定宪法施行日期"之权，并且对于宪法草案只有可否之权而无修改之权。这不仅违背民主原则，而且违背孙中山先生的遗教。按照孙中山先生建国大纲，国民大会制定和颁布宪法以后，"中央统治权则归于国民大会行使之，即国民大会对于中央政府官员，有选举权有罢免权，对于中央法律有创制权有复决权"。而"宪法颁布之日，即为宪政告成之时，而全国国民则依宪法举行全国大选举。国民政府则于选举完成之后，三个月解职，而授政于民选之政府，是为建国之大功告成"（见孙先生《建国大纲》）。由此我们可以看出结束国民党一党专政，还政于民，制定宪法，产生民选政府，都是国民大会本身主要的职权。我以为国民大会有全权起草和制定宪法外，还应有世界各民主国家底国会底一切权利，这就是说有国家法律的立法权、议决权，有中央政府官员的□□权、弹劾权、罢免权，通过预算决算，决定国家对外宣战媾和，宣布与取消戒严法令，议决对内对外的一切施政方针及其他等等职权。他的一切议案经多数通过后即须施行，不能像国民参政会仅为一种谘询机关一样，所有决议案还要经政府机关的最高国防会议批准才能有效，以致有许多议决案有决等于未决的决而不行之弊。国民大会应在宪法颁布，全国国民依宪法举行全国大选举，成立宪法所规定的代表民意机关以后，职权才算终了。在职期间，每年应有一次定期大会。大会闭会期间，应有常设的驻会委员会，以监督政府施行庶政。

第四是保障各党各派各群众团体及人民的一切权利□进行民主运动的自由。召集国民大会最急切最必须立刻实行的先决条件，应是□国民党开放党禁，还给人民一切民主自由。保障各党各派各群众团体及人民的一切自由和进行民主运动的□□权利。像现在国民党及国民政府的许多大小官吏这样压迫、解散、摧残异党异派及各种群众团体，剥夺青年及人民的一切自由，是使人民及其他□党派没有可能来参加选举的。那么所谓"还政于民""实行宪政"，也不过是骗人的话。因此，必须要求政府明白给各党各派各群众团体，如共产党、青年党、国社党、第三党、社会民主党、救国会、学生会、妇女会等等，以及农、工、商、学等等职业团体、学术团体、文化团体、救国团体、慈善团体等等在选举前和选举时有向群众召集会议、出版刊物、宣传他们自己政纲和竞选的自由，使人民得自由加以选择。要切实保障一切民主自由，才能使国民大会不是国民党一党包办，而是各党派各□□团体各职业团体参加，才能不是国民党少数人垄断，而是真正广大人民参加，这样才能成为真正代表民意的机关。

第五是各地方要立刻成立宪政促成会，来最大地□□□取民主，□□宪政的运动。人类历史上争得自由民主都不是容易得来的，我希望我中华民国的民主宪政是得来比较容易，但是我全国国民如果不会利用时机及时奋起，则好机会一定会错过。因此我希望各地方的各政党、各政派、各群众团体、各职业团体、各文化团体、各学术团体、各青年团体、各妇女团体、各名流学者、各地方士绅，一起发动起来，一致团结起来，立刻成立国民大会促成会。一面真正发动民众的民主运动来准备国民大会的真正基础，一面放宽讨论宪政问题，贡献各方面意见，以备国民大会的抉择。并须于最短期间选派代表到□□去组成国民大会筹备会。民主是要人民有力量才会实现的，只要民众有了组织，就是力量。

当此抗日□□革命战争还未获得胜利时期，我们又要发展几个民主政治的运动，是不是违背了"抗日高于一切，一切服从抗日"的口号呢？不，决不！只有国内力量增加巩固团结，抗战才更有力量。实行民主政治，就是巩固一切的最好方法。因为只有实行民主政治才能巩固各党各派，特别是国共两党的合作，□□□抗战到底。只有实行民主政治，才能肃清贪污腐化□□政府的机关。只有实行民主政治后才能免除一党专政，广用全国各党各派及无党无派的真正人才。只有实行民主政治，才能使人民生活安定，发动全国人民力量，参加抗战。只有实行民主政治，才能保障人民的自由权利，发扬人民的爱国热忱为民族解放而奋斗。只有实行民主政治，方才能保证全国经济、政治、军事、教育、文化各方面的进步，不断的生长出新鲜生动的抗战力量。国民党口抗战建国纲领也是以抗战建国同时并进相号召，所以实行民主政治正是加强抗战的力量。切望我全国同胞，特别是青年同胞们为实现民主政治，以获得抗战胜利，以建立三民主义的民主共和国而奋斗。

在陕甘宁边区党的第二次代表大会上的报告 *

（1939 年 12 月 5—6 日）

同志们：

今天我的讲话是没有系统的，我只把外面的情形给大家说一说。

（一）

首先说军事情形。中国的抗战是非常伟大的事情，全中国的人民都团结起来抵抗外来的侵略者。我们的仗已经打了二年多，在某种程度上说我们是获得了胜利，我们的军队是越打越强。但是不是这样就可以打退日本？当然是不能的。为什么？因为国民党对于军事上还没有估计到我们有打退日本军队的力量，不相信群众。所以他们常常想把战争结束，譬如汪精卫的逃跑；他们又常常希望英法来调停中日的战争。这些困难就妨碍着我们把日本帝国主义打出去。

参政会上每次都提出要改善征兵的办法，但结果还是没有改善。国民党政府用保甲制度到处拉人，这些保甲专制与贪污，你只要给他钱，他就不拉你当兵，没有钱的便一定要当兵。有许多人因为害怕当兵逃跑了，跑到山上。比如去年五月间自流井乱拉工人当兵，便激起了工人的罢工。四川新都也因为征兵曾引起一场农民的暴动。所以国民党的军队不好，的确与征兵问题有很大的关系。

---

　　* 录自《四川党史月刊》1988 年第 12 期，第 5～10 页。

国民党的军队之间又是非常不团结的。中央军不单反对共产党，与各省的军队也不团结，想用整顿的办法消灭地方部队。结果没有把各方面的力量团结起来，去打日本，反而出现了许多的磨擦。当然他对我们八路军，对我们共产党，对我们边区的磨擦是不用说的。

第二，政治情形。我们抗战，就是要全国各党派团结起来共打日本。因为有国共的合作才有了今天，今天是民族统一战线的时代。在这里，我们既要看到国民党与我们合作，有进步，譬如他的临时代表大会、抗日救国纲领以及他召集的国民参政会。但也要看到他们在倒退，大家知道，在去年准备各省参议会的时候，本来应该每个地方有几个人参加，我们想国民党会同意的，结果他就不允许。这就是他在政治上向后退的表现。这对于真正把全国团结起来抗日的目的，是相反的。

第三，财政上怎么样？财政的问题在这样大的抗战中非常的严重。国家的钱怎么用的？用到什么地方去了？财政部长的报告一年用了24亿，现在手里还有5亿，那十八九亿他也不说究竟怎么样用的。我们只知道向美国、英国借了一点钱，这些钱是由他们管理的，也不知道怎么在用。现在外汇跌了一二毛钱，纸币非常多，可是纸币拿到外面买不到什么东西，法币也跌价了。像从前买粮一块钱可以买一石，现在一块钱只能买一二升。像报纸上所载的，西安的低级工作人员要求加薪，就是因为生活程度提高了，人们要吃饭。抗战中的工业本来是有发展的，如四川的自流井，如四川的丝业。因为国民党在四川经济上的统制，使人民生活困苦，也使工业得不到发展。民族资产阶级想赚钱，也对国民党的统制不满意。

第四，国民党在教育上、在文化上是想方设法使人都变成国民党。国民党召集学生集中受训，想把他们统统变成国民党员，学生想看进步的书是看不到的，而且训育主任还常常在学生中做特务工作。所以很多的学生都想到陕北来。

国民党的计划，是要把全国都搞成他的力量，把中年人小孩子都弄去集体受训，这事情国民党做得非常的彻底。国民党下命令，在明年三月底，所有的在官在职的人统统都要入国民党，不是国民党员便要请你出来，许多教员便恐慌起来。国家青年党的党员中教员很多，公务人员也有一些，所以对国民党也很反对。

文化上，生活书店是和我们接近的，他出了许多的好书，国民党便封他的店，捉他的人。今年四、五月份是生活书店最受压迫的时候，被禁止的书很多。西安等处大家知道，压迫文化界，使他们不能继续下去。

这样下去，对中国抗战当然是非常不好的。

第五，对群众团体也是这样。抗战初期的时候，组织团体还有些自由，像青年或妇女救国会等。今年把许多团体解散，或者派人到你这个团体里来，这个团体便放在他的手中，以后，这个团体便没有了；或者要求团体去登记，不然便不行，登记又不准。办会的自由也没有了，你办一个座谈会他们都要干涉。现在群众团体很少，有些也是他们官办的。所以从这个方面来说，也是非常的退步。

第六，国际形势方面。我只简单讲一讲苏联的和平政策。苏联是反对德国法西斯蒂的，现在他同资本主义国家的英、德拉拢，是不是能说苏联与德国能够真正的合作？这不能够说，因为资本主义国家与社会主义国家有根本矛盾。世界上像英国是最凶的资本主义国家，表面上与苏联搞得好，实际上是时时在反对苏联，想办法进攻苏联、消灭社会主义的国家、消灭共产主义。英国去年为什么同苏联谈判几个月没有成功？就是英国要德国去打苏联，表面上他与苏联好，可是谈判并不是诚心诚意的，结果就老搞不好，于是德外长里宾特诺甫很快地就与苏联订了互不侵犯条约。德国过去反对苏联，猛然地能与苏联订约，这个原因就是希特勒知道了英国的阴谋是要德国去打苏联，英国好坐山观虎斗，使苏德两方面都失败，好于他有好处。可是德国看清了英国的诡计，知道在苏联手里夺东西不容易，现在只有向英德去抢东西，所以与苏联合起来了。这里可以看到，英国法国以前反对共产党、反对苏联，现在又与苏联合作，这是他们帝国主义内部矛盾所致。因为帝国主义发展的不平衡，因为德国拼命搞起来他们会冲突，因为德国技术的进步赶上了老的资本主义的英国，他们之间的战争是不可避免的。苏联是利用帝国主义的矛盾来反对帝国主义，从而造成今天这样的局面。英国张伯伦是世界上最狡猾的人，拉拢各国反对苏联，但是斯大林能够调动全世界反对帝国主义力量和各国的工人们参加斗争，反对世界上资本主义的国家。今天站在斗争的中间，我们相信，社会主义国家一定可以战胜他们。这是因为，科学的理论能指导我们战胜一切。我们要让世界看出，他们没有方法超出世界历史前进的规律。列宁说，帝国主义时代是资本主义衰亡的时代。斯大林又把马克思主义更发展了，在各方面运用许多战术作统一战线，利用各方面的力量。他的策略同盟者都可以领略。

所以，苏联的和平政策是胜利的。

（二）

现在，我讲一讲国民参政会中的斗争，尽管它还不是真正的民意机关，而且我们共产党方面的参政员只有七人，由于我们站在正义立场上，人民信任我们，只要有讲台，给我们说话，就有好处。

我给大家举几个例子。

比如在武汉那次参政会上，李圣五提出一个议案，说中国人不懂外交，天天骂德、意，而实际上德、意是帮助我们的，卖给我们军火，所以我们应该奉行加强德、意的外交。这意思就是反对我们的路线。我是在外交审查会这一组的，当时我就反对这个提案，与他们斗争了好久，才把这个提案的字句修改了一下。但到第二天大会上，李圣五又站起来讲话，说了半天，还是说德、意好，我们要加强德、意的外交。大家都听得非常讨厌。王明同志就站起来，把他反驳得很厉害，说他怎样怎样的不对。王明讲话后，马乘风又站起来讲话，说我们这里不是苏联，没有列宁，没有斯大林；我们是中国人，不要苏联化；等等。王明同志马上站起来抗议，说他这种说法是侮辱人。到这个会散后，我们共产党这六个人，马上上了主席台，一定要汪精卫处罚这个马乘风。当时把汪精卫吓呆了，不敢动，并且很多国民党员也主张处罚，大家要求汪精卫来解决这个问题，结果汪答应了处罚马乘风，这样我们就给汪精卫一个大的打击。因为我们是站在正确的立场上，我们反对投降，他们提出要加强德意路线，也就是想投降，借诸与之国名^①，行投降反共之实。

再就是在重庆开参议会时，有五个议案都是拥护政府抗战的，都通过了。但最后有一个议案，是一个华侨打来的电报，写得很简单，就是"日寇未退出我国土之前，凡公务员对任何人谈和平，概以汉奸国贼论"。汪精卫讲了话，说这个电报不对，说我们要和平，总理临死的时候不是也讲和平，我们的外交部长也讲和平，我们驻国联大使也讲我们不放弃和平。于是有些人就反对这个提案。还有一些人说，我们拥护蒋委员长，蒋委员长讲抗战我们就讲抗战，蒋委员长讲和平我们也就讲和平（笑）。我们支持这议案，反对汪精卫，于是又大闹一场。为什么和平不好说？因为这时说和平不是一般的和平，我们要揭穿他们。问他们：你究竟是主张抗战？还是主张和日本和好呢？把和平与抗战对立起来。结果还是把它通过了，打击了妥协投降势力。

还有一次讨论一致抗日到底的议案，大家一致举手说全体通过的时

_____
① 原文如此。

候，梁实秋站起来说不是全体通过，我不赞成，我就没有举手。有一个不赞成就不能说是全体通过。当记录宣读记录，不说一致通过，改为大多数通过时，我们的博古同志站起来反对说，应该是除掉梁实秋一个人以外完全通过。同时又问梁实秋为什么不赞成抗战。他没有话说。第二天，张君劢也提了一个案子，大意说蒋委员长劳苦功高，应该去掉行政院长之职，以便于领导，便于修养。汪精卫要他说明这个提案，因为国民参政会的每一个提案都要经过审查的。他要说明的时候，王明同志就站起来了，汪精卫不让他说，他一定要说。王明同志说，昨天刚通过拥护蒋委员长的决议，今天为什么要反对？如果蒋委员长真正是劳苦功高，你可以直接和蒋委员长说，为什么要提出来呢？为什么要经过参议会呢？这样就把这个案子给他撤销了。

国民参政会中，斗争最尖锐的是关于宪政运动。许多人觉得国民党这样下去，抗战胜利是不可能，国民党不但和我们磨擦，而且和地方政府磨擦。今年政府派了几个人去云南收税，龙云召集他的部下开欢迎会说："云南是非常穷的，民国到现在，国家都要帮助我们。"不但抵制蒋介石插手云南，甚至说搞厉害了他一是上山，一是和汪精卫去投降日本。这样一表示，中央的人便跑了。所以中央和云南的磨擦很厉害。中央和四川的冲突也很大，武汉失守以后，蒋介石退到四川，便想把四川放在自己手里。四川的人以前以为中央来了要好一些，但事实不然，使地方和中央有了很大的冲突。四川的七个师长要求撤销王缵绪的省主席，弄得只好蒋介石自己兼任。现在四川大部地方的势力还在军阀手中，蒋的势力只在重庆。

国民党这些现象，对国家民族一点好处也没有，所以到现在人民反对他了，许多地方反对国民党的情绪比以前高，有许多以前对国民党抱有希望的人现在也失望了。这些情形使全国人民想找出路。在第四次参政会上，许多老先生老绅士们都出来提意见，都站起来讲话，一致的提出要实行宪政，取销国民党的一党专政。关于这一个提案大家斗争很厉害，我们是坚决主张通过的。国民党颁布过一个宪法草案。它的表面说的是民主的，是大多数人来决定而且是表决出来的，但实际上是指派的代表，他们根本不能代表人民利益，像这样的宪法我们不要。我们要的是真正人民选举出来的代表，能真正代表人民利益的、真正民选出来的宪法。要能替国家做事，要能解决重要的问题，国家大事要在国民大会来做。

关于这个问题，既是政治斗争，也是理论的斗争。我们党对此有一个指示：党部、各地方，大家都要努力，各方面的发动起来，促进宪法的实行。最近，我们延安也准备开一个宪政促进会，大家讨论研究，这个事情怎么样做，我们要什么样的宪法。要为实现好的宪法而斗争，并且在斗争时争取中间阶层。中间阶层感觉到国民党不好，而且自己又常常找不到一个方向，我们就可以在斗争中帮助他们找出路，他们帮助了革命很大的力量。争取好宪法是团结中间力量的好办法；同时，也只有实行真正的宪法，才可以团结广大人民。

由于我们共产党在全国影响很大，全国人民对我们非常信任，在国民参政会许多问题上我们都可以讲话，使群众都吸收我们的意见。在斗争中，其他党派对我们很好，有些无党派人士虽认为我们的党派观点太重了，但也承认我们党里面真正有人才、有学问、有本事。如王明同志、博古同志，他们几个人很能够讲话，非常聪明，有才能，话讲得少，但非常厉害。黄炎培已经是国民参政会里的出色分子，他就对我们共产党的参政员非常佩服。他说："你们共产党真厉害，能发也能收，能软也能硬，能进也能退，任何人也没有法子来对付你们的。"我们确实是这样，这是值得我们党员同志们为之一乐的事情。

（三）

　　我今天说了国民党、国民党政府蒋介石腐败，在抗战上想妥协投降，内政上更加官僚化，成为腐化的剥削人的东西。比如去年武汉失守以后，蒋委员长到重庆，见他下面有很多人吃酒，曾下令禁酒，说要把重庆整理一下。哪知过了几天，大家照样吃。大家都知道四川、云南的鸦片，这是他们最大的收入。二三十年来，国民党表面上禁止他们卖鸦片，实际上自己也卖鸦片赚钱，卖很高的价钱。这事情使他们间的冲突很大。在四川有这样的对联："官吸民膏，民吸官膏，官民何能长处；党革国命，国革党命，党国难以并存。"另外还有一副："官有特业，民有特业，何分南北；总而言之，统而言之，不是东西。"国民党现在有一个办法，就是天天专门注意社会上那些好人，看谁的事情做得好谁就是共产党，国民党天天从这方面去找共产党。如果某学校好，某件事情做得好就是共产党，他就要抓人。去年我们那里有一个县知事工作做得好，那县的志愿兵比别县特别多。省政府派了几个人来查工作，看这个县的志愿兵多便要想处罚他，但又没有借口，因为工作好要处罚是不对的。结果把这个县长骂一顿，说他"赤化"。在国民党的地方，事情做好了还要处罚，这种情况表现国民党的倒退。现在国民党中还有一些好的人，他们爱国，像邵力子、于右任之类，可是现在国民党不用他们，要的是 CC、复兴社、蓝衣社的人。他们向外国的侦探特务学，再加上海的流氓，是些最坏的人。蒋做坏事，只有这些人能接近他。就是蒋要做好事下面也不能执行，他被 CC、复兴社之流坏人包围了。他的儿子蒋经国给他说如何办便好，蒋介石说，这样一做他的部下便要反对他了。比如边区，蒋本来是承认的，陕西谷正鼎向他说这不行，边区便不能合法了，还搞了很多反动分子进攻我们。

　　我们想：他们为什么会这个样子？为什么蒋介石开初抗战，今年又表现得不好？这种事情有很多原因，主要的还是阶级的关系。国民党蒋介石天天讲没有阶级斗争，有阶级斗争都是共产党造成的，说本来就没有，孙中山的《三民主义》里也讲中国没有阶级。我们是马克思主义者，我们共产党相信马克思的科学社会主义。自从有国家、有剥削、有私有制度以来就有阶级的，所以阶级斗争并不是我们创造的。他们今天表面上反对阶级斗争，说没有阶级斗争，但他们实际上真正的是进行阶级斗争，以保持他们的阶级专制来反对我们，反对人民。

　　在抗战的时候，在民族生死存亡的关头，大家应该努力抗战，国民党人假使不跟着进步走，要把抗战拉向后退，那么他自己就站不住。所以这个时期是民族统一战线发展的时期。一方面为的是民族的利益，一方面为的是国家的利益，统治阶级不来跟着我们统一战线走就会失去他们的统治地位，所以他某个时期抗战渐渐的好转。但是在某一时期又会出现不好的现象，要来反对我们，出现倒退，这不是偶然的而是必然要发生的现象。主要因为蒋代表的是没落阶级，用中国旧官僚、旧政府压制人民的办法，他就是"国家"，他的话就是命令。他们完全是倒退，却又天天讲什么礼义廉耻，讲道德，讲复古。甚至公事上不准写罗马字，因为罗马字不是中国的东西。实际上他们就不廉，到处贪污。他们的腐化更加使我们国家衰弱，使中国人民没有一点权力。

　　在"七七"以后，国民党的表现曾经是向上的，所以那时候我们都希望蒋介石能真正好起来。但到现在我们知道，因为阶级的关系他不能真正的好起来，不能真正的做一个民族英雄。但我们今天是不是说与他破裂，是不是要明白的反对他？当然是不行的。因为国民党有军队、有政权，如果破裂了一定要起内战，所以我们不能与他们破裂，只能逼迫他们往好地方走。譬如他们想妥协投降，而今天还存在着困难，因为汪精卫已走到日本那边去了，假若蒋现在要投降，他的条件当然不如汪精卫；如果他的条件比汪精卫高，日本一定不愿意。现在他又希望英、法出来帮助他实现投降，但现在英、法又没有力量来调停这个战争。所以中国这个抗战的情形，使蒋委员长不能妥协，因为不抗战不行，全国人民都知道抗战是为了救国，今天没有把国救起来，要投降，当然全国人民都不愿意，所以他要投降一定会使他垮台。尤其我们共产党在全国的影响很大，全国人民对我们非常信任，我们要坚持抗战，全国人民都以为很对。所以国民党要投降，这是给他一个大困难；虽然这困难不是绝对的。但这就给我们很多的好处，只要他们今天不投降，能把这个局面延迟下去，我们就可以在这个时期内来扩大我们的政治影响。比方我们在这几年内发展了八十万的党员和军队，这样就能在全国人民内实现我们的路线，使全国人民能跟着我们走，我们的力量一天天的大起来，这就是领导权，把全国人民团结到我们周围。而我们对于国民党的统一战线，无论怎么样，只要他肯抗战，我们还和他维持下去。但这里面就有很多困难的问题。我们知道统一战线工作不是简单的事情，有很多问题我们要与他迁就。我们还要学会和他合作，学习斯大林利用英、法、德的矛盾反对他们。现在，我们要发展统一战线。我们有马列主义的理论，我们能真正了解社会，我们的立场是对的。我们想了很多方法，用了很多力量，才有今天团结抗战的局面。全国人民拥护我们党的主张，蒋怕这一点，处处同我们争领导权，以为拥护抗战天下就是他的了。现在毛主席提抗战三阶段，蒋故意改为三时期。这样的争只是表示他们没有力量。其实领导是政治方向的指出，我们发表了"八一宣言""十二月决议"，提出了团结抗战的主张，在全国人民拥护下才实现了这个局面。我们不必普遍地和他争，实在的团结抗战是共产党的力量，人民的力量。只要能抗战下去便好。

（四）

最后，我想讲讲我们自身的建设和发展。

从国内国外几方面说，无论什么事情都需要自己有力量。苏联的社会主义建设是自己的力量，第一个第二个第三个五年计划，把苏联建成了世界上最先进的国家，特别是重工业有很大的发展，掌握了现代化的科学技术。有这样的一个堡垒，然后用国外环境，所以能够得到很好的结果。我们中国同样可以学习他们，我们要不怕蒋介石国民党。他们虽然没有什么理论，反共却是非常厉害的，但只要我们增强力量，就使他们没有办法、没有本事来战胜我们。

我们的力量首先在有一个战斗的党——共产党，我们有真正科学的理论，在革命斗争中有很好的策略，有很好的领导，我们中国真正很好很优秀的人都团结起来了。如王明就是共产国际书记处的一位同志，国际以季米特洛夫为首，书记处一共有七八个人，他为其中之一。我们党里还有许多人才，如毛主席、朱总司令都是全世界出名的领导人物。我们有这样好的人才，我们党是真正布尔什维克化起来了，所以有这样伟大的成绩与光辉的历史，这是很可宝贵的。我们有马列主义的领导，我们党就有伟大的成绩与前途。

现在，我们陕甘宁边区并不是很小的地方，在全国看起来，边区有很大的作用，特别是我们党中央所在的地方——延安是一个红色的首都，边区是红色的地区，是全国的一个中心，非常重要。只要我们做好，就能推动全国，我们做不好，当然影响就不好。在今天我们感到有很多的困难，我们还有未来的重担。我们党的优秀分子现在聚集一堂，许多事情我们都要研究一下。最主要的是要提高边区、发展边区，建立工业，发展农业，发明新方式新方法。那么，边区现在这许多事情要如何做呢?

农业的问题。我们边区人力很少,粮食明年就是比今年多这还不够,农业要用什么办法呢?要改良种子、肥料,要改进耕作方法,提高效率。我从延安来到这里,看见有许多平地,生产一定比山地多的,我们能用新机器去耕种就更好了。我们可以想法将一个汽车头上面安几把锄头来耕地,这是可能的。华北八路军打坏了敌人许多汽车,可以想办法把马达搬回来。我和汽车司机谈,他说我们办的不好,今天要多一些人学会装机器才好。彭德怀说前线几十匹马力的机器多得很,小机器我们山地可用的。用种种方法来改良耕种,另外我们还可以种别的东西。

工业。边区的煤还没有好好的开发,陕北还有铁,也可以开一个工厂,工厂不一定很大,一天能出几吨铁便可以做很多的机器和武器。四川的铁价格很高,以前200元一吨的现在要1 000元左右才买得到。钢也可以炼。边区的盐很多,能制造一下便更好了,像"久大"精盐可以卖很多的钱。毛皮已经有了。工厂要大大的发展,毛皮在四川贵得很,毛线也可以卖很多的钱,这些并不困难的。我们的东西出口便可以卖很多的钱,希望党政工作人员注意这工作。

经济的问题。随着经济的发展,边区在近两三年以来生活大大的改善了,这是我们的成绩。以后还须努力工作,发展经济,生活一定能够再改善好。现在农民的生活好了,有人以为要向资本主义发展,我们让它发展下去,资本主义发展也不怕。现在边区发展资本主义,我们用马列主义看这不足为奇,人类发展的一个时期是资本主义发展的阶段,资本主义并不一贯是坏的,它在开始时期是进步的、好的。中国资本主义的发展是不容易的,资本主义要好的工厂,很多的机器。我们需要改良技术,我们不怕资本主义,我们倒是怕农民生活好了便自足保守,减轻对国家的观念,不愿意出来斗争了。马克思说,中国经济是家庭工业和小农生产的结合，这种经济很顽强，它抵抗外来的商品；家庭工业用不了许多钱，成本低，可以把外来的商品打下去。马克思这种分析是对的。大家自足，各人管各人，这样的人民便没有爱国心。日本人便常讥笑我们，以前义和团的时候，许多人插顺民旗，插日本旗的更多。马克思在《马恩论中国》这本书上说，印度的家庭经济被外来的商品打破了，我们一方面同情印度，另一方面要看到这也是进步的。我们中国换了许多朝代，但经济的基础是一样的，封建社会是人类进步的阻碍，打破了才能进步，旧经济打破了，用新经济代替。我们要发展边区的生产，我们这样多的人，要领导他们斗争，不要保守，要他们进步，不只发展个人的经济，还要完成资产阶级民主革命，要打倒封建残余。在今天还没有社会主义的经济，因为我们今天的革命还是资产阶级民主革命，还没有打破那封建的经济生产，今天说不到什么社会主义经济，因为基本的性质还没有改变。但我们内部经济的发展和外部是不同的，同时我们现在还要利用这个经济的发展来改善人民的生活，使他们能真正的在技术上面改良，使工业和农业都进一步的发展。但是这样不是会发展到资本主义的危机？不会发生这样的危机。我们可以在这方面多给农民们教育，使他们知道，现在处的是战斗的环境、抗日的环境，为了抗战要发展经济，但他们今后的经济不是封建保守的个人经济，今天还是民主革命，今后，我们领导他们向社会主义发展。我想这一点是可以做到的，因为我们党有很好的理论，有很多的经验，这就是很好的条件。

今天，保护我们的边区是很重要的一个问题，日本帝国主义和顽固分子是时时刻刻的准备向我们进攻。我们在政治方面多教育人民，我们的政府在这方面要负责任，同时我们的政府同人民不要有一种隔阂，要使我们政府的人、军人和人民都打成一片。假使我们边区能做得好，那么也可以推动全国。

我们要做到这一点，必须要加强教育，首先就要加强文化水准，虽然中国这个汉文是非常难学的，但是我们可以采取进步的办法，例如新文字和拉丁字拼音，我们可以利用它来扫除文盲，提高他们的政治文化水准，使每一个人都有战斗的精神。

在这抗战时期，时局的变化很快，我们准备接受新的事变，他们推测，在明年的二、三月欧洲大战就可以打起来。这个变化，就需要我们的同志到外面去工作，所以我们预先要有战斗的精神，加强学习，使我们在理论上策略上能把握自己的立场。我党虽然有许多干部，有许多精明能干的干部，但是在今天还不够，还需要培养大批的干部。特别是边区这个地方是我们中央所在区，在中央直接领导下，加强我们的工作学习，完成我们抗战的任务，在马列主义的旗帜下巩固起来，团结起来，把中国的革命事业完成进而转到世界上去，这是大家很光荣的事情。重大的任务使我们大家一天天的进步，使党的光辉发挥出来，向全国、全世界表示，我中华民族是最光荣最优秀的模范。（热烈鼓掌）

斯大林传 *

（1939 年 12 月）

　　斯大林这一名字是现在世界上最令人惊奇的第一个人，从目前世界惊天动地的事变来看，他是全世界人类大灾难的救星。他以灵活的手腕拯救了国内白俄罗斯人和乌克兰人在国外将陷于德波战争底一千一百余万同胞，出于水深火热之中。他以和平的政策制止或缩小欧洲的帝国主义大战。他以社会主义的民族政策援助了中国的抗日民族解放战争。从人类社会发展的过程来看，他是我们这一伟大时代历史前进车头底掌舵人。他和马克思、恩格斯、列宁为人类历史上最伟大的四大人物。他集马克思、恩格斯、列宁学说的大成。他和恩格斯完成了马克思创造的学说一样，完成了列宁缔造的社会主义国家的社会主义建设。他和列宁发展了马克思主义一样，发展了列宁主义。他是执行列宁的民族政策并且是世界民族问题的理论与实践底专家。他粉碎了社会主义叛徒托洛茨基及一切机会主义的邪说和阴谋。他创造了没有人压迫人、人剥削人的，社会主义的新世界。今年正在当他生辰六十周年的时候。世界人类社会生活将要起一巨大变化，斯大林实成了世界巨大事变底中心人物，有举足轻重底雄伟魄力。拿中国旧话来说，六十生辰是所谓"花甲重周"，是新生活的又重新开始。近来世界风起云涌的革命突变的事实，显示出不

* 录自《中苏文化斯大林先生六十寿辰专号》1939 年 12 月，第 8～13 页。

仅斯大林同志个人的生活要来一个新纪元，就是全世界人类的生活也要来一个新纪元。斯大林他已经为一万万八千万——即全世界十分之一的人民建成了社会主义的新世界，并正为全世界人类社会的解放而奋斗。全世界每一个人都热心注视着他的言论与行动，如同注意自己生命攸关底事情一样，因此我们认为在今天来叙述他的历史和知道他的历史，不但为时代所必须而且为人人所渴望。

斯大林（原姓周加西菲里）于一八七九年十二月二十一日，生于俄国第夫里斯省的哥里城。他是格鲁金民族的人。他的父亲是一个皮鞋工厂的工人。但在户册上他的父亲却登记为第夫里斯县，里罗村的农民。

斯大林十四岁时（一八九三年）就在哥里教会小学校内毕了业，同年又进了第夫里斯的正教学校。这个学校是当时青年中散布各种解放思想，如民粹派，民族主义，马克思主义，国际主义等等思潮的一个策源地。一八九七年斯大林为该校马克思主义研究组的组长，同时他已和第夫里斯的秘密的社会民主党的组织，发生了联系，他参加了当地铁路修理处工人们的会议。一八九八年他正式加入了"俄国社会民主工党"底第夫里斯的组织。

斯大林这时期，担任铁路工人小组的宣传工作。因当时这学校极反动，十分严密的检查"可疑分子"，他就被以"不可靠"的罪名开除了学籍。

从一八九九到一九〇二年，斯大林在第夫里斯，巴东都组织了"俄国社会民主工党"的委员会，领导了罢工及政治示威游行。一九〇二年三月斯大林在巴东被捕，监禁一年多以后，充军到西伯利亚，到充军地点一月以后（一九〇四年一月）便脱逃了。一九〇三年斯大林还在牢里时，知道了在第二次党代表大会上有了布尔塞维克和孟塞维克的分歧，他就坚决的赞成布尔塞维克。他逃回第夫里斯之后，便充当高加索州党部委员，领导秘密机关报《无产阶级的斗争》与孟塞维克作了无情的斗争。一九〇五年底，斯大林充当后高加索代表，前往坦末尔法斯（芬兰）参加布尔塞维克的全俄代表会议，在这会议上，他与列宁完全有了联系。

从一九〇六年到一九一一年斯大林在后高加索做了反对一切反无产阶级派别斗争的中心。特别在巴库进行了热烈的工作来团结巴库组织，他领导秘密机关报《巴库工人》排斥工人区域中的孟塞维克，结果使布尔塞维克主义得到了完全胜利。从这时起，巴库就变成了布尔塞维克主义底一个要塞。一九〇八年，一九一〇年，斯大林两次被捕，两次充军，都被逃脱。

一九一一年，斯大林又从充军地逃回后，党中央委派他在彼得堡担任秘密组织中的领导工作。这就开始了斯大林革命活动中的彼得堡时期。一九一二年，斯大林被著名的巴拉加党代表会议，选举为党中央委员会委员。同年四月又被捕充军，夏季又逃出充军地，回到彼得堡，担任领导国会党团中布尔塞维克派底工作，并领导布尔塞维克的机关报——《明星报》和《真理报》。他的小册子《马克思主义与民族问题》就是在这个时期写的。他这有名的小册子把第二国际机会主义者巴威尔等的唯心论驳得痛快淋漓。斯大林说：

> 巴威尔说：犹太人是一个民族，虽然"他们并没有共同的言语"（巴威尔著：《民族问题和社会民主主义》，二页）；但是，比方在乔治亚，达格斯坦，俄罗斯，以及美洲等地的犹太人，他们彼此完全隔离，居于不同的领土之上，而且操不同的言语，试问他们有什么"共同的命运"和民族的联系呢？……巴威尔的观点，是把民族和民族性格看作相等的东西，他把民族和它的基础隔离起来，使民族成为一个视而不见的独立存在的力量，于是乎，他所说的民族，不是一个活的行动的东西，而是一种神秘的，不可捉摸的，和死气沉沉

的东西了。……民族是个历史的范畴，部落是个人种学上的范畴，显然的，巴威尔把两者混为一谈了。……民族并不是简单地是个历史的范畴，而是一个一定时代的，即向上发展的资本主义时代的历史范畴。封建制度消灭与资本主义发展的过程，同时也是人们结合而为一个民族的过程。（斯大林著：《论民族问题》，一四至一九页）他给民族下一个定义说：

　　所谓民族者，这首先是个人们的集团，一定的人们的集团。这一集团不是种族的，也不是部落的。今日意大利的民族，是由罗马人，日尔曼人，爱特鲁利亚人，希腊人，阿拉伯人等等所组织成的。法兰西民族，是由高卢人，罗马人，布里特人，日尔曼人等构成的。其他如英人，德人等等，亦是如此。所以民族不是种族的集团，也不是部落的集团，而是历史上形成起来的人们的集团。……总而言之，民族是历史上结合而成的一个有共同言语，有共同领土，有共同经济联系，以及有表现于共同文化的共同心理状态的固定集团。……只有一切的特征完全具备的时候，才算是一个民族。（同上，四——一页）

这就是说：民族不是拿血统、种族、部落或宗教来作它的特征，而是要拿有共同的言语，共同的领土，共同的经济联系，及表现于共同文化的共同心理状态等四个必具的条件来作它的特征。而且民族是资本主义发展时代的产物，和陈旧的民族概念是大不相同的。

一九一三年春，斯大林又被捕，经过几月之后，充军到土鲁罕边区。一九一三，一九一四，一九一五，一九一六各年，斯大林处在该充军地——库热加村。

一九一七年二月革命以后，斯大林回到彼得堡，并以中央委员资格，参加党的领导工作。在布尔塞维克全俄四月代表会议底时候，党内发生了两种意见，斯大林坚决赞成列宁的主张。一九一七年五月，在代表会议以后，组织了党中央委员会政治局；斯大林被选为政治局的委员。从这时起，直到现在，他始终是中央委员会政治局的委员。在准备十月革命起义的整个时期内，他进行工作，完全与列宁一致。在郭尼洛夫暴动时期一直到准备十月革命以及十月革命胜利第二天争论组织"清一色的社会主义政府"等等问题的时期，一部份党员（加米业夫、季诺维也夫）发生动摇，有破坏全部事业的危险，而斯大林则始终不变地是列宁最亲近的助手和意见相同的人。在七月示威以后一直到十月革命时期内，列宁处于秘密地位，此时斯大林是党中央各机关报（《工人与兵士》《无产者》《工人》《工人之路》等等）底实际领导人。斯大林与斯维德洛夫共同领导了在半秘密条件下举行的第六次党代表大会的工作。在十月革命时期内，党中央选定斯大林为"五人团"（在政治上领导起义的集体）底委员，和七人团（在组织上领导起义的集体）底委员。

伟大的十月革命胜利了，后来斯大林指出十月革命底国际性质说：

十月革命并不是单单"一国范围内的"革命。它首先是带着国际性质的，带着世界性质的革命，因为这个革命是全世界人类历史中由旧的资本主义世界进到新的社会主义世界的一个根本的转变。（斯大林著：《列宁主义问题》，三三五页）

他特别指出十月革命有巨大影响于中国等半殖民地与殖民地国家说：

十月革命展开了一个新时代，殖民地革命底时代，而这种殖民地革命，在世界各被压迫国家里，是在与无产阶级联盟中，在无产阶级领导之下进行的。……在中国，南洋群岛，印度等等国家里被压迫民族革命运动底发展，这些民族对苏联的同情日益增长——这些事实无疑义地证明上述这一点。平安无事地剥削和压迫殖民地及附属国底纪元，已经过去了。殖民地和附属国里的解放革命底纪元，

这些国家里的无产阶级觉醒的纪元，无产阶级领导革命底纪元，已经到来了。（同上，三四〇页）

十月革命后各国及各殖民地半殖民地革命的风起云涌，特别是中国所受的影响最大，从新文化运动产生了一九一九年的"五四"运动，产生了中国共产党，产生了国共合作，产生了一九二五——一九二七年的大革命。这些都证明十月革命有伟大的国际意义。

从一九一七年起，斯大林是苏维埃中央执行委员会底委员。从一九二二年起，他是党中央委员会书记之一，直到现在他还是担任此职。从一九二五年起，他是共产国际执行委员会主席团主席之一。

从一九一八到一九二〇年在国内战争及波兰军进攻时期，斯大林的工作，大部份在前线上。消灭了反革命的白党军队，粉碎了波兰军的进攻。从一九二〇年至一九二三年，斯大林是革命军事委员会的委员。因作战有功而得到了红旗勋章。

一九二三到一九二四年，斯大林领导了联共党进行反对托洛茨基匪徒的所谓反对派的斗争，一九二五到一九二七年又进行反对所谓"列宁格勒的"（加米业夫和季诺维也夫）联合反对派的斗争。他曾揭破他们反列宁主义的机会主义的实质。他阐发了列宁主义的基本思想，打击了季诺维也夫把列宁主义从国际的无产阶级的学说，变为俄国特殊情况底产物，和揭破托洛茨基的"不断革命论"等等的谬论。他为列宁主义下一定义说：

列宁主义是在帝国主义与无产阶级革命时代的马克思主义，更确切些说，列宁主义一般地是无产阶级革命底理论和策略，特别是无产阶级专政底理论和策略。（斯大林著：《列宁主义问题》，一七一页）

斯大林在一九二五到一九二七年中国大革命中，不仅给中国以物质上和精神上的帮助，而且在理论上发表了许多精深的殖民地半殖民地反帝革命的理论。他反对托洛茨基说中国没有封建残余，和中国革命性质是社会主义革命，以及中国共产党不应该加入国民党等等荒谬的言论。斯大林说：

> 反对派（拉狄克及其伙伴们）主要的错误，是在于他们不懂得中国革命底性质，不懂得中国革命现在处在什么样的阶段，不懂得中国革命目前的国际环境。反对派要求中国革命，要以与十月革命相仿佛的速度来发展。反对派不满意上海工人没有采取决死的战斗，来反对帝国主义者及其帮手，但是，他们不懂得，中国革命不能很快的发展的一部份原因，是因为目前国际环境比一九一七年要不顺利些……反对派认为共产党加入国民党是不适宜的。因此，反对派认为退出国民党是很合宜的，但是，在现在当一切帝国主义者及其走狗，竭力要求把共产党员赶出国民党的时候，他们却要求退出国民党，这究竟是什么意思呢？
>
> 这就是：要放弃自己的战垒，抛弃自己在国民党内的同盟者，以取得革命敌人底欢心。（斯大林著：《中国革命的前途》）

斯大林指出托洛茨基的错误说：

> 这里摆着有两条基本路线：
>
> （1）共产国际底路线——是认定现时中国的封建残余为主要的压迫形式，认定雄壮汹涌的农民运动有左右全局的意义，认定封建残余与帝国主义中间有密切的联系，认定中国革命带着反帝国主义斗争的资产阶级性民主革命。
>
> （2）托洛茨基的路线——是否认封建军阀压迫有主要的意义，看不见中国土地革命运动底左右全局的意义，仅以中国资本主义要求收回中国海关的利益，解释中国革命之反帝国主义的性质。（斯大

林著:《论反对派》，二八六页）

一九二五年，在第十四次党代表大会上，斯大林曾阐发了列宁底基本原理，并提出了国家工业化的口号，驳斥了托洛茨基一个国家不能建设社会主义的谬论。

斯大林认为殖民地半殖民地的解放运动是苏联建设社会主义必需的国际条件之一，因此他非常重视和援助中国的民族解放运动。斯大林说：

我们能够而且应该在苏联建设社会主义，但是，为了建设社会主义，首先就应该生存。要从战争中得到一个"休养"的机会，使帝国主义不敢进行干涉，要获得一些为生存与建设社会主义所必需的最低限度的国际条件。……目前这个"休养"时期，至少是根据下列四个基本事实来决定。

第一，在于帝国主义营垒里的冲突，这些冲突是不减弱反苏联的同谋，可是能使这个同谋困难起来。

第二，在于帝国主义与殖民地各国之间的矛盾，在于殖民地与半殖民地各国解放运动底发展。

第三，在于资本主义各国内部革命运动底发展，在于全世界无产阶级对苏联底同情日益增高。……

第四，在于苏联无产阶级底力量及英勇，在于社会主义建设胜利，在于红军的组织力量。（斯大林著:《再论联共党内社会民主主义的倾向》）

在改造时期中，在第十五次党代表大会时（一九二七年），党在斯大林的领导之下完成了坚决的转变，转向农业集体化，以及向城市与农村中资本主义的成份作扩大的社会主义的进攻，很快地就使苏联国民经济社会主义改造底各个基本方面，得到许多可以决定一切的成绩。一九二八年，斯大林及时地发动党和工人阶级进行反对右倾（布哈林、李可夫、汤姆斯基）的斗争，结果右倾反对派完全失败并完全破产。在党内两条战线上进行这些斗争的一切阶段上，斯大林澈底的以铁一般的坚定性，极精明的透澈性，坚持党底列宁主义的政策，使之不受修正和攻击，对于修正主义和机会主义，不作丝毫的让步，不管它们在党内以及在共产国际内打起任何旗帜。

从一九二九年起，在斯大林领导之下苏联开始实行第一个五年计划，由于党路线的正确，发动了劳动群众的热情，胜利地完成了著名的"五年计划四年完成"的口号。所谓苏联第一个五年经济计划并不是普通的寻常的发展国民经济，而是要改造私有的无政府状态的资本主义经济为公有的，有计划的社会主义的经济。斯大林说：

> 五年计划是什么呢？五年计划的基本任务曾在什么地方？五年计划底基本任务曾在于：把我们的具有落后的，往往是中世纪的技术的国家转移到新的现代的技术底轨道上。五年计划底基本任务曾在于：把苏联由农业的和不强有力的，由资本主义国家任意支配的国家变为工业的，强有力的，完全独立的，不为世界资本主义任意支配的国家。五年计划底基本任务曾在于：把苏联变为工业的国家。这样来澈底排除资本主义份子，来扩大社会主义经济形式的战线，来造成经济的基础，去消灭苏联内部的阶级，去建成社会主义的社会。五年计划底基本任务曾在于：在我们的国家内建立这样一种工业，这种工业能在社会主义底基本上来改组不仅整个工业，而且运输，而且农业，并改变它们的武装。五年计划底基本任务曾在于：把小的和分散的农村经济转移到大集体经济的轨道上，这样来保证社会主义在乡村中的经济基础，并这样来消灭在苏联国内资本主义恢复的可能。末了，五年计划底任务曾在于：在国内造成一切必要的技术上和经济上的前提，来尽量提高国家底防御能力，以便

能够组织坚决的抵抗，以对付由国外来的军事干涉底一切和各种企图，以对付由国外来的军事进攻底一切和各种企图。（斯大林著：《第一个五年计划的总结》）

一九三二年，苏联第一个五年计划完成后接着就进行第二个五年计划。一九三七年第二个五年计划顺利的完成了。因此，在苏联就解决了第二个五年计划的基本历史任务——最终的肃清了一切剥削阶级，完全地消灭了产生人剥削人及将社会分为剥削者与被剥削者的各种因素。解决了社会主义革命的最困难的任务：完成了农业集体化，集体的农业制度也终于牢固。在苏联国家里，"基本上已实现了共产主义的第一阶段——社会主义"（斯大林语）。社会主义的胜利，已用立法的手续，在苏联的最新的斯大林宪法中巩固起来。在苏联建成了社会主义社会，实行了真正的民主的宪法，这是斯大林在人类历史上建立了空前的伟大的功绩。他为人类幸福的生活开一新纪元。他痛心于法西斯蒂强盗对于弱小民族的侵略。他痛恨帝国主义战争。他在今年（一九三九年）三月十日联共党第十八次大会上的报告说：

同志们！自从党的第十七次代表大会的时候起，已经过了五年了。大家知道，这个时期并不算小。在这个时期中，世界经历了许多重大的变化。各个国家和它们间的相互关系，在许多方面，都变得和以前完全不相同了。在这个时期内，国际形势究竟发生了些什么变化呢？我们国家的国际的和国内的形势，究竟有了些什么变化呢？

对于资本主义国家，这个时期无论在经济方面，以及在政治方面，都是一个最严重的震动的时期。在经济方面，这几个年头是萧条的年头，继而从一九三七年的下半年起，又是新的经济危机的年头，是美国、英国、法国的工业重新跌落的年头——因此，也就是说，这是新的经济纠纷的年头。在政治方面，这几个年头是严重的政治冲突和震动的年头。新的帝国主义战争已经到了第二年，这个战争在从上海到直布罗陀海峡的广大的领土上进行着，并卷入了五万万多的人口。欧洲，非洲和亚洲的地图，已被用暴力变更着。战后的所谓和平制度的整个体系，已被根本动摇了。

对于苏联，正相反的，这几个年头是它生长和繁荣的年头，是它的经济和文化更进一步高涨的年头，是它的政治和军事力量更进一步增长的年头，是它为了保卫全世界和平而斗争的年头。

两年来中国抗日的民族解放战争，苏联是极力援助中国的，斯大林认为中国的民族解放战争是有胜利的前途的。斯大林说：

第二种人认为，应当组织战争来反对军事力量薄弱而市场广大的国家之一，譬如说，反对中国；而且照他们说来，中国并不能称为真正的一个国家，而只是一块需要强国来占领的"无组织的领土"。显然的，他们想把中国完全瓜分掉，并想靠掠夺它来补救自己的事业。假如说，他们组织了这样的战争罢。那末，将会得到什么结果呢？大家都知道，在十九世纪初叶，人们看待意大利和德意志，也完全和现在人们看待中国一样，即曾把意大利和德意志当作是"无组织的领土"而不把他们当作国家，并奴役了他们。但结果怎样呢？大家都知道，结果就是：德意志和意大利进行了谋独立的战争，并且这些国家统一成了独立的国家。结果就是：这些国家的人民对于奴役者的仇恨加强了，而这种仇恨的结果，到现在还没消灭，而且大概也不会很快就能消灭的。试问：有什么保障能保证帝国主义者反对中国的战争就不会产生同样的结果呢？（斯大林著：《联共（布）中央在第十七次代表大会的政治报告》）

现在中国抗日民族革命战争和欧洲帝国主义战争尚在进行中，而苏联正是更积极实行斯大林今年宣布的"我们帮助那些被侵略者所侵略，及为它们自己祖国的独立而战争的国家"与"我们维护和平加强与所有国家的业务关系"底外交政策。

斯大林现在成了全世界人类所希望的平等、自由、和平、幸福底创造者和保护者。他的名字震动了全世界，他为全世界所爱戴。

纪念七七抗战二周年对于抗战的检讨 *

（1939 年）

当前年七七我国开始实行抵抗日寇新进攻，发动神圣的民族自卫战争的时候，人们未必相信：中国抗战能够支持很久的时间。反之，许多人曾经相信：中国抗战不过能够支持三个月，或多至六个月，至多也不过一年。这不仅疯狂的日寇法西斯军阀三月灭亡中国论，及我国恐日病者有这样论调，即世界同情我们抗战人士及国内民族自信心不坚强的一部份人们，也都抱此意见。

然而，历史已经证明：中国抗战不仅能够支持三个月、六个月或一年，而且已经能够支持两年了，并且还能够长久支持下去。

一、日本帝国主义成了帝国主义矛盾的交点

日本帝国主义也和十月革命前的沙俄帝国主义一样，成了帝国主义矛盾的交点，他的这些矛盾的性质特别丑恶与难堪和最易发露。第一，日本是半封建与资本主义结合的帝国主义，对于人民的自由、民主是没有的，尤其是近年来军阀法西斯的横暴丑恶（五一五—二二六），达于极点。这个日益加强的凶横剥削与压迫，必然要使得其本国的工农劳苦大众日益增长其革命运动。我们常常看见日本国内革命运动与其国内外反战风潮的勃兴，这就使日寇不能安心如意作战。这矛盾就不能不削弱

* 录自《群众周刊》1939 年第 3 卷第 6、7 期合刊，第 188～194 页。

其军事力量。第二，日本帝国主义压迫殖民地是极其残酷野蛮的。琉球、台湾的人民，几乎完全被其消灭，而其灭亡朝鲜的卑劣手段，尤为凡有人道正义感的人所痛恨。近年霸占我东北各省及战争中被其占领区域内的凶残、屠杀、奸淫、掳掠、焚毁、毒化等等，尤不能不激起在其后方的民众，猛烈起来，作革命解放的武装斗争、游击战争。这就分散消耗了他的兵力。第三，日本帝国主义有独占中国称霸全球的野心。拼命扩张军备，制造战争。从九一八开始军事占领中国以来，撕毁国际条约，破坏国际联盟，时时以从新重分世界的战争，及驱逐欧美势力出东亚来威胁各帝国主义。这就不能不使其与愿保持现状反对战争的，及在中国有特殊利益的英、美、法等帝国主义间的矛盾，日益尖锐起来，并使世界爱好和平反对侵略的国家与人士，都成了中国抗战的同情者与支持者。除上面三个帝国主义基本矛盾而外，还有第四个更重要的矛盾。就是新兴的苏联社会主义国家与垂死的日本帝国主义的矛盾。日本法西斯军阀，自告奋勇地要消灭新发展起来的人类新社会制度——共产主义初期的社会主义制度，来挽救垂死的资本主义。姑勿论日本法西斯军阀，有多大本领能倒转历史前进的车轮，或者借口"反共"来掩盖其所谓"大陆政策"，吞灭中国之野心。而他这一冒险行动，总是与苏联为敌，这是事实，苏联社会主义建设伟大的胜利，红陆海空军的强大无比，而又与中国和日本壤地相连。苏联本其反对人压迫人，反对侵略，帮助弱小民族解放运动的主张，以及实行国际联盟援助中国抗日的决议：实际援助中国。这就使日阀不敢以其全部精兵来与中国作战。

二、中国经过两次革命与在新时代中的极大的进步

中国是有五千年历史的国家，不幸近数十年来陷于半殖民地的地位。

这种社会生活，生产关系，阻碍了中国资本主义的发展，以致成为积弱的落后的国家。我们自来都认为：要打破这种阻碍前进的东西，只有革命行动才能够达到。这就是一九〇五年以来，孙中山先生领导的革命党人（同盟会），坚决反对康梁等保皇立宪党的改良妥协主张而实行革命斗争，因而获得了辛亥（一九一一）革命的胜利，推翻了满清政权，成立了中华民国。这是中国的一大进步。但是，要脱离半封建半殖民地的地位，是不容易的。这就是说：要扫除封建余孽，推翻帝国主义势力，是一个极困难的事业。第一次帝国主义大战争时期（一九一四——一九一八）中国资本主义有更大的发展，根据新旧生产关系之冲突，根据社会的新的经济要求而产生了新的社会思想，新的思想组织与动员群众，群众团结为新的的政治军队，建立起新的革命政权，并运用他以清除生产关系中的旧秩序的力量和创立新秩序。这就是民国十三年孙中山先生改组国民党，充实并发展了三民主义的内容，定出了联俄、容共、扶助农工的三大政策。因而北伐获得胜利，成立国民政府。由此看来，中国近三十年来经过了两次革命，实际上已有很大的改变。虽然在变革中有许多不能令人满意，然而在新时代的社会思想方面，达到了最高的空前的进步，超过了日本及一些所谓文明的国家，这只须一看我国出版界近十余年来的刊物，就可以得到事实的证明。

可是日本法西斯军阀却看不见这一点，以为中国仍是满清、北洋军阀统治时代的腐朽颓败，看见北平受了多年压迫的驯服无知人民，就认为中国的军队不堪一击，中国的官僚可以收买，中国的人民可以威服，甚至说：中国并不能称为一个真正的国家，而只是一块需要强国来占领的"无组织的领土"。自九一八日寇占我东北以来，得寸进尺，肆无忌惮。我们看土肥原这小鬼及其同伙们的狂妄无耻，真令人欲食其肉而寝其皮。他们连年不断的制造事变，我举国上下已忍无可忍，所以前年七七日寇在芦沟桥的新进攻，就遇到了我军坚强的抵抗。这里使我们回想到十九世纪初叶，人们看待意大利和德意志，也完全和现在日寇看待中国一样。就是说：曾把意大利和德意志当作是"无组织的领土"而不把他们当作国家，并奴役了他们。但结果是：德意志和意大利进行了谋独立的战争，并且这些国家统一起来成了独立的国家。这是历史给我们极好的教训。

三、我全国精诚团结英勇抗战的精神

首先我们要说到的是：中国已有丰富的革命理论。不仅有孙中山先生的三民主义的理论，而且有马克思主义，列宁主义精深的社会科学的理论。这种理论之所以有力量，就在于他给我们以可能来在任何环境中确定方针，来了解周围事变底内部联系，来预见事变底进程，来不仅知道事变在目前是如何发展和向那里发展，而且知道事变在将来应当如何发展和向那里发展。第二是：中国已有领导革命的政党。不仅有多年领导革命的国民党，而且有崭新的工人阶级的共产党。这两个党都是曾经为革命而奋斗多年的党，是战斗的革命党，与世界各国国会式的腐化的政党完全不同。有这种党来组织和动员群众，其力量是不可限量的。

当七七抗战以前，中国没有完全统一，这是不可讳言的事实。国家分崩离析，自然难御外侮。所以我们自九一八日寇开始进攻中国以来，就主张停止内战，一致对外，只有全国各党各派团结起来，结成抗日民族统一战线，才可以拯救中国的危亡。这个号召，深为同胞所赞许。日寇的进攻益急，这个呼声的传播益广。我执政的国民党，特别是国民党领袖蒋总裁，很聪明地看到，解决时局的关键，就在于及时地满足全国人民之渴望，进行民族解放的神圣革命战争。这不独能够使全国统一起来，而且能够使国家独立自强。于是就毅然决然与各党各派合作，决定

抗战到底的国策。这个抗日民族统一战线的完成，就奠定了我抗战必胜的伟大基础。

二年来抗战的过程中，前方将士的英勇杀敌、壮烈牺牲，是空前的。后方民众的踊跃输将、同仇敌忾，是空前的。敌占领区域的后方，我军民游击战争的艰苦卓绝、猛烈奋斗建立了许多抗日根据地，是空前的。海外侨胞援助抗战的热心努力，是空前的。全民团结如一个人一样，是空前的。人无分男女老少，地无分南北东西，全国动员，全面抗战，都是空前的。惊天动地的行为，可歌可泣的事迹，书不胜书，为人类历史写下了光荣的不知若干页。

抗战的能够长久支持，其主要的条件，就在于完成并巩固了抗日民族统一战线，及我全国精诚团结、英勇奋斗的精神。

四、世界各国在精神上和物质上的援助

日寇的侵入中国中部，仍旧是用盗窃的方法，用撞骗式的利用那些由日本人自己所造成的各种所谓"地方事件"的方法，用事实上破坏一切任何"国际公法"条约、协定等等的方法而进行的。日本既占领天津、上海、广州，就把持着外界与市场广阔的中国通商的锁钥了。这就是说：只要日本还掌握着这些地方时，那末，他在任何时候，都能把中国投有巨量资本的英、美、法等从中国赶出去。因此，日寇所进行的侵略中国的战争，实质上是对英、美、法利益的最严重的打击。同时，日本侵略中国是与德、意法西斯武装干涉西班牙，强占奥大利，威胁法兰西，并吞捷克等等暴行，互相配合的。这就是说：第二次帝国主义大战，实际上已经开始了，他是暗地里开始的，是不宣而战的。三个侵略国——日、德、意法西斯当局，在世界几个不同的地方，开始了战争。战争是在广阔地面上进行着，西起直布罗陀海峡，东至上海、天津。战争已把

五万万多居民卷入自己的漩涡。战争归根到底是反对英、美、法底资本主义利益的，因为这战争的目的，就是要重分世界领土和势力范围，以利于侵略国而取偿于这些所谓民主国。但是这些所谓民主国家，既害怕战争，又不能联合起来作有力的制裁侵略者，反而向侵略者讲让步，求妥协，这就更鼓励了侵略者。因而这战争就具有很奇怪的片面性。正因为战争的锋芒是指向这些民主国家，正因为这些民主国家害怕战争而事事退避，故对于中国抗日的民族解放战争，虽然衷心未必愿意中国完全胜利，而为防制日阀的狂暴凶焰，正可借中国抗战给侵略者破坏现状者一个打击。因此，中国抗战，在国际意义上说来，也可以说：是爱好和平的国家与人士反战反法西斯的前卫战争，是为着全体进步的人类底利益而战争。现在这个时代也只有中国才有这个资格来担负这个责任，因为所谓民主国家不是为私利而放任侵略，就是被第一次世界大战所吓倒而害怕牺牲。所以我们可以自负说：抗日是为世界和平正义而战。固然，过于期望这些所谓民主国家之援助，是很难的。但是在相当的程度内是帮助我们的，这只要看国际联盟决议，一方面要各国援助中国，使不至减低抗战力量，而一方面却不肯执行盟约第十六条集体制裁日本，就是一个明证。但国际在精神上和物质上这些援助，是很可宝贵的，尤其是群众及舆论方面的广大声援，更兴奋我们抗战的勇气。

五、苏俄打破帝国主义的武装干涉与建设社会主义的伟大胜利给予中国的兴奋与教训

从俄国十月革命胜利以后最初几天起，所有敌视俄国苏维埃政权的份子，便异口同声地叫喊道：苏维埃政权在俄国是没有根基的，他一定要失败的，他经过一两个星期，经过一个月，或者至多是经过两三个月就一定会灭亡的。然而，因为苏维埃政权竟不顾其敌人如何诅咒而继续

存在着和巩固着，于是苏俄国内外的敌人就不得不承认：苏维埃政权是比他们以前所想象的要更强大得多；为要推翻苏维埃政权，就必需要有一切反革命势力底严重努力和残酷斗争。因此，他们就决定在国内组织了大规模的反革命叛乱，在国外组织了十四国的帝国主义的围攻。在这个时期，苏俄的情形是很困难的。粮食不够，军械不备，旧军队已解体，新组织的红军尚年轻。然而工人、波尔什维克党并不灰心丧气。党宣布全国为军营，并按作战需要来改造全国经济的和文化政治的生活。列宁提出"一切都为前线"的口号，于是就有几十万工人和农民以志愿兵资格加入红军，奔赴前线作战。党把人民发动起来进行救护祖国的战争，反对国内外的敌人。由于波尔什维克党，苦心孤诣领导工农劳苦大众，经过了二年多的艰苦奋斗，终于把国内外敌人粉碎驱逐出境了。这一历史教训与法国大革命后打败各国的武装干涉一样，给了我们抗战以莫大的兴奋。至于苏联社会主义建设伟大的胜利，国力的富强，红军的英勇，民生的幸福，尤其是他反对法西斯蒂反对侵略，援助弱小民族解放运动，主张集体安全，励行和平政策，对于日寇暴行屡屡仗义执言，全苏联民众深厚的同情以及给中国抗战以物质上与精神上的援助等等，这就给与我国民众无限的兴奋与鼓励。

以上就是我们能够持久抗战的几个主要原因。

我国经历了多年革命的、艰苦的、血的教训与经验，积蓄了许多新颖的，革命的潜势力，幸而得此内外环境千载一时的机会，提高了中国的国际地位。已经能够把号称世界一等强国的日本，打得他降到二等国的地位。日寇愈战愈弱，我则愈战愈强，在这种意义上说：中国是有了胜利。但是战争还只是在敌我相持的第二期，我们不仅要争得相持阶段的胜利，还要争得第三期反攻的完全胜利。以这次战争的长期性，以敌人还占据我中心城市，寇深国危的恐惧，还未能丝毫放松，民众虽然动员起来而组织民众的工作尤迫切须要，故现在还应该向我全国同胞说：

同胞们！你们已在抗日战争第一第二期中显出了全国人民英勇的奇迹，你们还应该显出全民的组织奇迹，以便准备自己在战争第二和第三期中的完全胜利。

我抗日民族革命战争，无论在本国历史上无论在世界历史上，都是最伟大的事业，也是最艰难的事业。因为日本终究曾经是世界帝国主义列强之一，他的力量是不容轻视的。虽然我们坚决相信，我国抗战必胜，日寇侵略必败，但这个必胜，并不是轻易得来，安坐而至的。他必须要我全国军民以大无畏的精神，极坚强的意志，不怕任何困难，忍受一切艰辛，在艰苦中锻炼我们自己成为崭新的，光明磊落的，精干有为的，新时代的人物，来百折不挠地去坚决奋斗，才能达到。如果因被初步的胜利所熏醉而开始骄傲起来，看不见自己的弱点和工作的缺点，如果害怕承认自己的错误，害怕及时来公开和诚恳地纠正这些错误，那末，我们就不能完成我们伟大事业的使命，甚至于自取灭亡。

当纪念七七抗战二周年，我们用自我批评的精神来检查我们的缺点与错误，以资警惕而谋及时改正，我以为这样的纪念更有意义。因为不掩盖自己的错误与缺点，善于及时改正自己的错误与缺点，才是不可战胜的要诀。孟子曰：子路，人告之以有过则喜。禹闻善言则拜。殷忧所以启圣，多难所以兴邦。人恒过，然后能改。正以多忧患促其觉悟而复得以生存。这是我先圣先贤昭示于我们的真理。古人说：忠言逆耳利于行。又说：惟善人能受尽言。又说：言之者无罪，闻之者足以戒。我愿以这些意义，向我当局和全国同胞，供献一些意见。

一、政治 当战争开始转入第二期，我们南岳会议时，最高统帅即指示我们说："二期抗战，政治重于军事"。这是很正确的指示。

抗战最重要的政治问题是什么呢？

　　首先就是全国统一团结。换句话说：就是巩固抗日民族统一战线。更具体地说：就是巩固各党各派抗日的统一战线，其重心尤在于巩固国民党与共产党的合作。因为有了统一战线，才能够抗日，因为抗日必需要有统一战线，而且因为抗日才促成了统一的战线，两者互为因果，这是无须说明的。那么很明显的，破坏统一战线就会破坏抗日。因此日寇汉奸是千方百计要来破坏我们的统一战线，如汪逆精卫与日人异口同声的要"反共"就是很好的说明。而我们就应该苦心孤诣地来巩固我们统一战线，以达到抗日的完全胜利，这才不会中敌人的奸计。然而不幸得很，数月以来，党派间的磨擦，特别是国共两党间的磨擦反而加剧，这是使内而全国人民，外而友邦人士，都感觉不安的。

　　这种磨擦的进行，往往在两种时机：一种是在我战事顺利的时候。这时，或许有些人以为：抗日必胜已不成问题，只恐胜利后国内各党各派的势力发展得不可侮，故不如预先防止异己势力的发展，或甚至消灭其势力。但是这种想法是大错而特错，因为破坏统一战线，就是破坏抗战的基础，削弱各党各派的势力，就等于削弱自己的力量，因为统一阵线的力量削弱，就是自己力量的削弱。力量削弱就不会有胜利，而国家就不免于危亡。皮之不存，毛将焉附。聪明人当不出这种下策。一种是在和议空气浓厚的时候。日寇此时既望速和速结，一定要打击坚决反对中途妥协的共产党。又因为汪逆精卫始而主和，既而作投降卖国的勾当，受了全国人民致命的打击，于是日寇要使汉奸主和派就不得不改变策略以掩盖其鬼蜮面貌。因此，特别散布谣言，制造磨擦，说共产党捣乱，来表示不能长久抗战下去，是因为共产党不顾大局，以便把自己妥协投降的罪恶归之于共产党。这种阴谋，尤为狠毒。我希望我各党领袖，开诚布公，以国家民族为前提，互相谅解，互相退让，不为邪说及日寇汉奸所利用。希望我全国人民，不为这些奸计所迷惑，坚持统一战线，全国团结，抗战到底的国策。

其次是人民自由民主的权利。在二年抗战的过程中，我前方将士的英勇杀敌、后方民众的踊跃输将，虽受尽困苦艰难，牺牲生命财产，毫无怨尤，绝不退缩。政府给与人民的奖励，应当是多年要求的自由民主，所以我国民政府和国民党中央，屡次申明保障人民言论、出版、集会、结社的自由，召集国民参政会与各省参议会，这是很好的。但可惜执行的机关与官吏未能切实遵行，以致不利于抗战利益之事时有所闻，使人民不胜惶惑。各县参议会还未设立，使地方人民对于自己切身利益不能参与意见，以致未能使政府与人民打成一片。这些都是急待改进的。

至于贪污腐化之弊仍旧深重，保甲殃民之事，仍未铲除，一切的一切，都急需治理，才能安定人心，培植抗战力量。

二、军事　军事有我最高统帅的硕画尽筹，军事当局的深谋远虑，固不待多所陈述，但愿我当局随时检查其执行屡次决议的成绩，以免有决而不行之弊，如南岳会议，决议以几分之几部队任敌后方游击，以几分之几部队进行改造工作，加深军事训练，以备反攻之用。这些都必须及时完成任务，才能应付战略。或者有人以为：敌既无力进攻，只须长久相持下去，不必我之反攻，敌就会失败。或者以为：敌既与英、美、法、苏为敌，则只须等待这些国家出而干涉，战事就可结束，不须要我国反攻，更谈何容易说到反攻。这些意见，都会根本放弃相持阶段中极重要的改造军队，准备反攻的工作，都是最有害的。

我们以为，战争的结束有三种可能的形式：第一种是我坚决抗战极力反攻，敌困难日益加多，国内反战风潮酿成革命，推翻法西斯军阀政府与封建残余的"天皇"制度，成立民主共和国家，与我国成立和议，自愿退兵，保持彼此领土之完整，归还我台湾而让朝鲜独立，以奠定东亚和平的真正基础。第二种是我坚决抗战，反攻胜利，将日寇完全逐出中国领土以结束战事。第三种是由英美出面调解，而由太平洋有关各国，开和平会议来结束中日战争问题。这三种可能以第一种为最好，因为推翻了军阀法西，改变日本好战国家的性质，这不仅能保证中日两国永久的和平，而且能保证东亚以至于全世界的和平。第二种可能若不能使日本民众推翻其军阀法西专政，则战祸仍未根本铲除，但是，中国能以全力保全其领土的完整，可成为独立自由幸福的新共和国家。第三种可能就是要丧失我领土主权之完整。英、美为顾其利益而牺牲中国的利益，玩弄些手腕再来一个慕尼黑会议那就更糟了。第一种可能虽很好，但不是完全由我主动，第二种可能则胜利全由于自己的力量，而可能变为实际的全权也完全操至于我们自己，因此我们必须争取第二种可能。第三种可能那是最坏的，必须坚决的反对。最高统帅提出"军事第一，胜利第一"的口号，是十分正确的。我们必须以非常速度来整军以健强我们的军队。

至于兵役问题，伤兵医药问题，优待军人家属问题，抚恤伤亡将士问题，都还办理得不善，这都是对于前方士兵有极大的影响，不可不注意的。

三、经济　关于政府财政方面，首先要指出法币信用的巩固，战胜了日寇以伪币破坏法币的狡谋。统制外汇，统制对外贸易都有不少的成绩。但可惜有些人利用其黑市汇价去发其国难财，借公营私以遂其贪污之欲，这是最可痛心的。

现在最重要的是国内经济建设以配合抗战的问题，首先是军事工业、交通工业及一般的轻重工业问题。固然在政府当局及国内实业家科学家的努力，一年来已有不少成绩，并有许多代用品的发明与制造，足见我虽被敌人封锁，而造成自力更生的局面，并不是不可能的。然而经济建设的基本方向究竟是什么呢？其主要的目的是什么呢？如果不弄清楚而盲目地去进行，决不能有最好的效果。

最近政府召集之生产会议发表宣言说："抗战建国，兼筹并进，为中央既定的国策。现代国家以经济、教育、武力三者为基础，战争之胜负，决定于经济力量之（能否）持久供给，又为总裁之明训。军兴以来，我国之军事实力，愈战愈强，今日之要政，端在发展全国生产，使国家经济实力日益充实，能与此强大之民族武力相配合以争取抗战之胜利，与树立建国之基础，……今后中国经济政策自应以民生主义为依归，以解决国民生活之正常需要为鹄的，尤须发展国家资本，扶植私人企业，提倡合作运动，同时防止资本集中，使生产事业国家化，民生化，合理化，以奠定新中国之建设基础。"云云。

当然现在我们要建立一个三民主义的新国家，经济建设自应以民生主义为依归，而且一面抗战，一面建国是已定的国策。这就是说三民主义是整个的不可分离的，不是做完了一个再做其他，而是同时并进的。所以民族主义现正以抗战来实行，而民权、民生主义也必须同时实行。因此，现在必须把民生主义的本质是什么，其实行的目的和方法应该怎么样，弄个明白，才不会背道而驰。

我以为中山先生民生主义的本质，是发展资本主义，而有非资本主义（即社会主义）的前途。因为中国的积弱落后，是由于半封建及国际帝国主义经济势力的束缚，阻碍了资本主义的发展。要发展资本主义：对外必须求得民族的独立，打破帝国主义经济的束缚；对内必须肃清封建残余。而肃清封建最主要的是解决土地问题，中山先生看到这一点，所以提出"平均地权""耕者有其田""土地国有"等等口号，都是为肃清封建经济的口号，也就是发展资本主义的口号。中山先生又看到帝国主义时代是资本主义死亡而社会主义诞生的时代，故他想防止资本主义的弊害，而使其向非资本主义的前途发展，则向社会主义的前途发展，于是有"节制资本"的口号。但我们必须要了解：发展资本主义是今天的事。向非资本主义的前途发展是明天的事。这就是说在肃清封建，发展资本主义的阶段，就不能去阻碍资本主义的发展。否则不是肃清封建而是替封建加上一件新外衣，添上一层新保障。名为实行民生主义，而实际上是大反民生主义。

有些人（托派）主张"不断革命""阶段革命""一次革命"，硬说民生主义就是社会主义。如叶青先生的主张说："中国一面要走上资本主义道路，一面要走向社会主义道路，把中国的历史发展和社会的历史发展统一起来"（见《前途》三四期合刊），他急于要完成他伟大的"一次革命"，所以一步要当两步跨，结果他把中国历史上"由封建主义到资本主义的阶段"和世界历史上"从资本主义到社会主义的阶段"一脚踏成了平面，再像孩子捏泥娃娃一样，把他们捏成一团。这个光明的一团便是叶青先生所说的"资本主义与社会主义之统一"。（这几句话是录钱俊瑞先生的。见《理论与现实》三二页。）叶青先生这种主张我们是不能赞同的。虽然我们不能说"节制资本"要待资本主义发展以后才去实行，但如果资本主义正须用尽全力去排斥障碍时，而政权方面或经济政策方面反妨害他的发展。结果一定是障碍也不能排除，自身也不得发展。今日之事不幸正陷于这种状态。

我想凡是三民主义的信徒，谁也不会害怕资本主义的发展，而所行的政策，竟等于害怕资本主义发展，其原因在什么地方呢？原因在于不肯澈底去肃清封建残余。不注重肃清封建残余，而冒然实行新的经济政策，不但不能发展资本主义，甚至于还要破坏旧的生产。例如最近某处（似乎是嘉定）本是产蚕桑最多的区域，因为政府推行统制政策，该地一二土劣就借故勾结当局，实行统制，大肆剥削农民。结果农民与政府双方都大受其害。因为该地蚕桑都是农民的副业，每家树墙以下的桑，农妇即以养蚕，桑叶不足时，才在邻居和市上采买，不是完全依靠在市上买卖桑叶，桑树在自己屋边和邻近，采取易而又新鲜适用。迨统制后，每家桑叶必卖于统制局，每家养蚕需要桑叶又必到统制局去买。自然统制局是贱买贵卖，无理地剥削了双方一次。而且出茧后又要贱卖与统制局，这样一来，不但农民可怜的微利被剥夺，而且他们的人工血本都被剥夺了，就等于白白替他人出力，甚至还要赔钱。所以原来养蚕之家，都不愿养。甚至已养的幼虫，都弃掉了。于是统制局所收的桑叶卖不出去，才又下命令叫人养蚕。但是时间已过，也无人愿养。往年极大的产丝区，今年就以统制而把它危害了。又如自流井的盐水燃料被统制了。煮盐者要买水买煤都不得自由，而最需要的铁丝则竟至无数十倍的涨价。这种片面的无计划的统制，结果使他们都无利可获。现在各处需盐甚多甚急，盐业生产本应有极大的发展，而生意反萎缩下去，以致政府要他们一年增加二百万担盐竟办不到。久大精盐公司本是新式的资本雄厚的盐业公司，但现在在自流井已设备的七口锅只能用三口，因为水与煤都受限制的原故。有一些开煤矿的人（如荣威等县的）因燃料统制局不买他们的煤，到处托人情，行贿赂，这真是令人扼腕而太息痛恨的事情。

大家都知道资本主义的发展是需要自由民主的。要有开明的民主政权，才能扫除封建专制的黑暗。要有自由竞争才能推动新技术的发明。要有资本积累才能有大规模的固定资本作生产的有机构去经营较大的机器生产[①]。如果国家限制他只能得百分之几的利息，则现在农村高利贷动辄是百分之二十三十以至于一百的利息，那么，人们纵有资本，又何必去冒险受统制来经营实业，费力又赔钱呢？如果不让他自由经营自由竞争，怎能发挥资本主义的效能呢？这样看来现在我们的政策，应该扶助资本主义□肃清封建残余，要放任资本主义去发展，不应横加干涉。

---

① 原文如此。

或者有人说：现在是统制经济与有计划的经济发展时代，不能用资本主义初期的自由主义。诚然统制经济与有计划的经济是目前世界两种经济制度在两种完全不同的国家内推行。一种是资本主义已发展到最高的最后的阶段——帝国主义的国家，资本极端集中，强大的资本家联合（如托拉斯、卡特尔等垄断公司）和银行，在国民经济生活中已具有决定的作用。全国经济经过了多年资本主义的改造和组织，统计与调查已十分周密，交通与运输已十分灵便，施行统制经济。一种是新兴的社会主义的国家，那现在世界上就只有一国苏联。当苏维埃政权在十月革命胜利后，立即把国民经济底命脉（工厂、银行、铁路、对外贸易、商船等等）集中到自己手中，打毁资产阶级的国家政权机关，就开始进到实行社会主义建设，进到有组织地巩固既得胜利，建设苏维埃的国民经济，施行有计划的经济，然而波尔什维克党，用他几千几万极好的党员和青年团员，到生产中去，按新方式来组织生产和管理生产。而他们与恶劣习惯的贪污腐化、官僚主义、不守纪律、不服从统治、不服从监督的份子，及从事投机生意和奸商事业，以及利用人民困苦以自肥的人们作了无情的斗争，才能使有计划的经济发生效能。而中国现在既不是资本主义已大发展的国家，又不是无产阶级专政，推翻资本主义，建设社会主义的国家，而是官僚主义最深，封建余孽最盛，涣散的、自私自利的、个人主义的、还没有受过资本主义组织洗礼的半封建的国家。稍一不慎，则往往极好的政策，徒为封建势力所利用。因为统制就无异于官办，中国自前清以来，所谓官办事业，无一不是国家与人民交受其害，只是为贪官污吏多开一些门路。所以凡是官办事业，莫有不赔本，使人一提及就头痛，更加以近年军阀割据，防区制的包捐包税等五花八门的余毒未去。不但统制经济，即最好的合作社制度，也会被土劣利用来作握款不报，借公营私，通融公款等弊，如《群众》（第三卷三期）所登的通信一样。因此，虽然在这抗战时期，不能集中力量去反对封建势力，而国难当前，人人当自觉自悟，以悔祸自新，一洗旧染之污的精神，毅然改正自己的缺点与错误。以廉洁的政府，以民主自由的资本主义，去洗刷腐朽的封建残余，不仅是可能而且是必需的。

我希望我执政的国民党党员及三民主义青年团员，以艰苦卓绝、忍苦耐劳的精神，大批地到生产中去，到民间去，与工农直接生产者，同甘苦，共患难，去和贪污腐化、官僚主义、投机份子、奸商工贼、土劣高利盘剥者等等，作无情的斗争，则其功烈不亚于到前方杀敌。这才是真正实行一面抗战一面建国的国策。

四、教育与文化 我文化界和青年学生，在日寇侵略中国的每一事变中，都是站在战斗的最前线。抗战未实现以前，他们是不避艰险，奔走呼号唤起全民，一致救国。战争开始以后，他们是出生入死，或在前线杀敌或在前线及后方作宣传救护与动员民众等工作，最可感的是妇女儿童都活跃起来，作歌咏、看护、宣传，以至于作战杀敌等等极艰巨的工作。这些蓬勃活泼的有生力量，真是我国家民族的精华。世界人士，一见我青年的英勇果决，莫有不坚决地说："中国不会亡。"如果善于应用这些先进的文化青年在广大群众中去动员、组织和教育群众，则其力量当不可限量。很可惜的是青年的活动与组织都受到限制，使青年活生生的勇气，沉沦在苦闷之中，这是多么大的损失呀！至于战时教育，我们认为应该改订学制，废除不急需与不必要的课程，改变管理制度，以教授战争所必需之课程及发扬学生的学习积极性为原则。创设并扩大增强各种干部学校，培养大批的抗日干部。广泛地发展民众教育，组织各种补习学校、识字运动、戏剧运动、歌咏运动、体育运动，创办前线和敌后方各种地方通俗报纸，提高人民的民族文化与民族觉悟。办理义务的小学教育，以民族精神教育新后代。这些主要的设施，我当局虽很努力，而未办到的还很多，特别是学校课程及教材方面没有多大变更，这就使学校与现实脱离，不能发扬学生的积极性。

现在我们文化界的战士感觉我神圣抗战的激流，推着他们在自己的奋斗过程中，为着要适应这激变着的现实，日益急迫地企图加深自己的认识，武装自己的头脑。于是学习理论，就成为他们眼前迫切的要求。这一运动将成为历史车轮前进的推动力。

虽然在这民主对法西，和平对侵略，正义对暴力，光明对黑暗——这一全世界范围的总搏斗中，我全国文化界战士，我全国革命青年，必然要遇到无数的险阻艰难，然而我敢确定地向你们保证：胜利一定是你们的。未来的世界一定是你们的。

五、群众 我国抗战必胜条件之一，就是我有广大的群众，就是我有四万万五千万人民的有生力量。但是如果有这样广大的群众而只是一盘散沙，毫无组织，那末还是没有力量，只有把广大的群众动员起来，组织起来，那他就有神通广大、不可思议的力量，这是历史上屡屡告诉我们的。怎样才能把群众动员得起来呢？只有国家存亡问题和其自身生存问题，才能够发动群众。群众动员起来了就必须去组织他，使群众团结成为新的政治军队，这就是伟大的力量。组织群众的方法在各种生产中的职业团体，如工会、农会、商会及各种社会团体，如学生会、妇女会，以及各种学术团体、文化团体、宗教团体、慈善团体、救国团体等等，都是组织民众的方法，而军队也是组织群众的好工具，特别是政党更是组织群众的核心。凡是革命的有力量的党，都是不怕群众而与群众融成一片。因此，他的力量就是不可侮的。因此，他必赞助各种团体的成立，扶持他们，领导他们以便广泛的同群众联系起来，不但不怕各团体的发展，而是惟恐其不发展；不是怕活动份子作工作，而是要社会上一切活动份子都作工作；不是要一党包办而是要多吸收党外的人才来作工；不是要取消他人已有成绩的团体，而代以空招牌的团体；不是欺骗群众而是真诚爱护群众。如果党和群众没有广泛的联系，如果党不去巩固这些联系，如果党不善于倾听群众的呼声和了解他们的迫切需要，如果党没有不仅去教导群众，而且去向群众学习的决心，那末，党就不能成为真正群众的党——有能力领导千百万群众的党。

党如果在自己狭隘的党范围内，闭户幽居，如果他与群众隔绝，如果他用官僚主义的灰尘掩盖着自己，那末，他就会陷于灭亡。我特引斯大林同志一段有趣的话来作我的结论。

斯大林同志说：

只要波尔什维克是保持着与广大民众的联系，那他们就会是不可被战胜的——这可以说是一个定律。反之，波尔什维克只要是一脱离群众，一失掉自己与群众的联系，一染上官僚主义的毛病，那他们就会丧失任何力量，而变成空架子。

在古代希腊人的神话中，曾有一个著名英雄，他名叫安泰，据神话所说，他的父亲是海神波赛东，他的母亲是地神盖娅，他非常爱慕自己这生育抚养和教导了他的母亲。这安泰很有力量，任何英雄都战他不过，因此大家都叫他是无敌英雄。他的力量在什么地方呢？他的力量就在于每当他与敌人决斗而遇到困难时，他总是在地身上，就是说在生育抚养了他的母亲身上靠一靠，于是就得到新的力量。可是，他终究还有自己的弱点，就是害怕人家用某种方法使他脱离地面，敌人因为知道他这个弱点，所以，就时刻暗中窥伺他。有一次他碰到了一个敌人，这敌人利用了他这个弱点，并战胜了他，这敌人名叫盖尔枯里斯，可是，这敌人是怎样战胜他的呢？原来，这敌人设法使他离开了地面，把他举在空中，使他失去了与地面接触的可能，于是就在空中把他扼死了。

　　我认为，波尔什维克也好似这个希腊神话中的英雄安泰一样。也正好似安泰一样，波尔什维克之所以强有力，就是因为他们与自己那生育、抚养和教导了他们的母亲，即群众，保持着联系。而只要是他们与自己的母亲，与人民保持着联系，则他们就有一切可能依旧是不可被战胜者。

　　波尔什维克领导之所以是不可被战胜的，其关键就在这里。（斯大林：《论党工作缺点》）

六十自述 *

（1940 年 1 月 15 日以后）

　　一九四〇年一月十五日承我党中央为我六十生辰开盛大的宴会，并赐以祝辞。我党领袖毛泽东同志及中央诸同志，国民党代表高仲谦同志，我革命老战友林伯渠同志，及边区政府、马列学院、党校、抗大、女大、陕公、妇委、青联、青委、文协、鲁艺，各机关，各法团的同志赐以演说、诗篇，宠以文章、祝辞，使我十分感激。我以为我党此举实以我四十年始终无间断地从事于革命，始终忠实不变，有一长足述，并非寻常应酬可比，故在席间略述平生之经过以表谢意。解放社、新中华报社、中国青年社、中国妇女社诸同志嘱将所说记出登诸报端，因将演词略加补充写成此稿。

玉章附记

　　盛会难逢，辱承我党中央为我六十生日开此盛宴，心中无限感激。我党领袖毛泽东同志说我难能可贵的是四十年如一日，经过各时代的革命而始终忠实于革命的精神，足以使有心人兴起、变节者愧怍。我四十年革命老战友林伯渠同志宠以美文，锡以诗篇，以马克思、恩格斯的友谊相比拟，其他许多同志的祝辞中都以我意志坚定，始终站在各时代革

---

* 录自《重庆文史资料》1983 年第 16 辑，第 1～33 页。

命的最前线艰苦奋斗，可以作革命职业家的模范。回顾我六十年的生涯，今天还能蒙诸同志和知交的见爱，特别是受人类最先进、最优秀的我布尔什维克党的同志见爱，这是我无限的光荣和莫大的幸福。我想我所以能有此幸福的原因有二：

第一，把旧道德和新道德结合起来坚强了我的操守，也可以说以共产主义的道德来发扬光大了中国的旧道德；第二，在革命斗争的过程中寻得了革命的正确道路，也可以说以无产阶级革命的理论与方法来实行中国资产阶级民主革命。

原来我弟兄姐妹五人，我是最小的一个。我出世时父母年龄俱在四十以上，身体十分羸弱，人人都以为此子未必能养得活，而年近八旬的祖母及我父母却非常钟爱，十分注意来抚养，时时以戒慎恐惧之心来看护，并时时申儆之曰："从艰难困苦中长成的人才更有用处。"我因此就受了很大影响，不敢自暴自弃。我祖母是一有名的节孝者，爱整齐严肃、清洁勤俭，极讲究卫生，极恨烟赌，不许妄取人物，尝戒童孩曰："小来偷针大来偷金，不义之物宁饿死不接受。"我父母也极孝顺，中农的家庭，衣食勉强足以自给，世世以耕读传家。我父极爱书，但以务农管家，不能遂其求学之愿，故亟望其子学有成就。他尝说："汝等必须立身行道以扬名于后世。"我二哥十九岁即入学为秀才，使我家老人稍慰。我小时颇聪明沉静、老实可靠，家庭儿童应作之事，如洒扫庭除、整理什物等等都能负责完成任务。不偷懒，不苟且，不半途而废，不需大人督责；不放肆，不轻浮，循规蹈矩，有大人气慨。亲朋见着必誉之曰："此子必能有成！"我八旬余的祖母稍慰之余尝戒亲朋曰："不要过于夸奖他，锅盖子揭早了会出气。"（乡间用大锅烧开水，如水未真开，锅盖揭早了水就难开。这是一种毋使骄满的警语。）而我倾听之余内心常自矢曰："必不负你们之望！"我作事必有始有卒，以求贯彻，偶觉疲劳欲辍，则心中自儆惕曰："这不会贻笑于人吗？"于是又忍耐下去必使事之完成而后已，虽有时也不免困难，觉得毅力终能克服一切，于是提高了我的自信心。我六岁开始念书，记忆力甚强，了解也不坏，怡怡然颇算一幸福之家庭。不幸七八岁时我父就去世，十一岁又丧我八十六上寿、清明在躬、气志如神的祖母，十三岁又失我的慈母，母以急病死，我随仲兄应试在二百余里外之嘉定，奔丧回家，哀痛几绝。我两兄以我少无父母，苦心担任教养。我长兄务农理家，仲兄读书求学（后来他们都到过日本加入同盟会），他服膺宋儒理学，性至孝，母死庐墓三年，不茹荤酒。他喜购书籍，一到大都市，总买盈箧之新书归来。每至负债累累，家贫至不能偿，然而长兄为之筹措绝无怨言。母死后家居，我与仲兄二人常于夜间对坐共读通鉴辑览，仲兄圈点，我则对看，一灯荧然，每至更深。看到古人忠义节烈、至诚感人之言行，未尝不废书相与咨嗟太息，甚至痛哭流涕。如诸葛亮《出师表》说："亲贤臣，远小人，此先汉所以兴隆也；亲小人，远贤臣，此后汉所以倾颓也。先帝在时，每与臣论此事，未尝不叹息痛恨于桓灵也！"岳飞之《满江红》，文天祥的《正气歌》及其就义前所作的诗"孔曰成仁，孟曰取义，惟其义尽，是以仁至。读圣贤书，所学何事？而今而后，庶几无愧"，以及史可法的《复多尔衮书》，义正词严，未尝不反复咏叹仰慕古人之高风亮节。我这时极喜读《三国演义》，深庆诸葛亮的足谋、关云长之义勇。我家雇一伙房，他虽不识字而极爱看戏，他锄地时，我就在旁听他讲三国的戏情，二人极相得友好。当时正是甲午我国与日寇战败求和之际，我与仲兄接读光绪乞和之诏时，不禁相抱痛哭一场。因为我们极喜欢读明末烈士黄淳耀所作《见义不为无勇也》一文，中有"一则放之须臾而已与草木同腐矣；一则忍之须臾而已与日月增光矣"。又知道他在满清兵入北京崇祯帝在煤山殉国时，先把亲爱的妻子缢死，再把其十三岁极聪明的爱弟上吊，然后说：

"兄弟！你先走一步，我随后就来。"遂从容自缢而死。所谓一门死节，不愿苟且偷生作亡国奴。他在文章上说得出，他在行动上做得到。这种模范的人格，真要愧死无数汉奸卖国贼。所以吴梅村是当时极有名的诗人，投满清后只得入贰臣传，临死时作可怜的最后悔恨的哀鸣。他说："故人慷慨多奇节，恨当年沉吟不断，草间偷活，……竟一钱不值。何须说，思往事，倍咽噫。"一则流芳千古，一则遗臭万年，稍有心肝的人自然知所选择。我们弟兄当时之所以痛哭，因为有感于国事之阽危，正志士仁人杀身成仁、舍生取义之时。我弟兄都很老实，又加以有宋儒重实践的理学，胸中有了许多动人的史实。因而尝以"富贵不能淫，贫贱不能移，威武不能屈"相期许，想做点有益于人、有益于国的事情。我尝想以坚忍沉毅四个字来作我行动的指南。

甲午战事以后，列强瓜分中国之说流传极盛，而变法维新之说亦到处流行。我们爱读新书报，如《时务报》、《万国公报》、《蜀学报》、《经世文》正续新各编、《天演论》及康梁的言论等等。到了戊戌变法推行新政，废科举、办学校时，我就眉飞色舞异常高兴，实际上我成了我邻封各县的一个新政的宣传者。不久政变起，而谭嗣同等六君子被杀，乡间顽固份子有嘲笑者，我仍不屈不挠，力说不久新政仍要实行，并将谭嗣同在被捕时，英使馆派人劝其到使馆避难，他谢绝并慷慨的说"万国变法未有不流血者，中国变法流血之人，请自谭嗣同始"的这一段英勇的事迹来答复他们。我俨然成了新政的辩护人维新派。

随后庚子义和团之变，八国联军入京，四川也有余蛮子之乱，到处打教堂、杀教士，但同时却把教堂内的许多地图及一些新的、奇怪的、科学的器具书籍散布在民间，使民间更添了新知识，知道一些世界情形，而要听我讲故事、说国内外情形的人越多，我就乘此时机把梁启超的《新民丛报》及《新小说》、《选报》等广为宣传。这时候我附近各县的青年学生都叫我作讲时务的人。一般先进青年对我极好，都围绕在我周围，后来到日本留学，许多都成了同盟会会员。我也极爱读曾国藩家书和他的言论与事迹。有人说他捉得李秀成后秘密一人审问了三天，李曾力言能辅其称帝推倒满清，曾曾深思三日，终决其不可，因为他怕后世在历史上书他为叛逆。我也曾误认为他能保持旧道德。戊戌政变后，西太后欲废光绪帝，闻曾电询两江总督刘坤一，他答复说："君臣之义已定，中外之口难逃，臣所敢言者在此，臣所不忍言者亦在此。"我也觉得为人臣者当如此。但又因为太平天国的石达开在四川失败，他的文章与英勇事迹也使我佩服。我读了黄梨洲的《明夷待访录》、王船山的《黄书》、谭嗣同的《仁学》，更读到"扬州十日""嘉定屠城"，觉得洪秀全等的造反是对的。看见梁启超有不少革命的言论，以为他也是一个革命者；他之所以要保皇，是因为他受了光绪的厚恩，如曾国藩、刘坤一等一样。士为知己死、忠臣不事二主等的道德观念，使我发生许多矛盾的意见，也曾认为他们也未可厚非还是对的。

　　一九〇三年我同仲兄到日本留学，刚到就遇着拒俄学生会的风潮。这会派代表到北京请政府出兵迫俄国沙皇退还旅顺口，清廷不仅不采纳反要捕人。不久这个团体就变成了带革命性的军国民教育会，我是热心参加这个运动的。我又看了许多欧洲革命史及卢梭天赋人权之《民约论》，就感觉到中国的旧道德，特别是所谓君臣之义、大义名分等道德观念是重私情而忘公益，只看局部而不看全体所谓见树不见林的片面的道理。如满清以异族统治压迫汉族者二百余年，其入关时之残暴及其压迫手段之阴险，汉族子孙即使不讲新的民主主义只讲旧的民族主义，也应为祖宗报仇才能算尽忠孝之道，如章太炎等的排满复仇主义都比曾国藩、康、梁等觍颜事仇、认贼作父高出万倍。所以当时我的道德观念一变，认为推倒满清的革命主张是对的，不仅为光复我汉族的国家应革命，即为争天赋人权、民主主义也应革命。法国革命之杀路易十六与孟子诛独夫民贼相合。我同行赴日的邓孝可，他是最崇拜梁启超的人，他沿途与我甚相得，本来相约到日本后即去见梁，因我思想变迁，又以当时革命派正同梁之保皇思想斗争，故不愿去见梁，而邓则到不数日即赴横滨拜梁为师，终成为梁之信徒，主张君主立宪反对革命。他认为他是尊崇旧道德，我认为他是毁损旧道德，不能把旧道德和新道德联系起来。当时念书稍多的人所谓士大夫之流多鄙视孙中山先生，认为他是下流盗匪之徒，杀人放火不讲道德，如现在有些人之诬蔑共产党一样，且说他未念书不识字，满清通缉他，把"文"字加上三点水作"汶"，以表示他非人类、是贼匪，人人得而诛之。然而我们革命的人却非常欢迎他，一九○五年他到东京，我们就组成了同盟会，大家听了他的三民主义讲演之后，就以"驱除鞑虏，恢复中华，建立民国，平均地权，矢信矢忠，有始有卒"相誓约。这个三民主义的纲领是能把国家社会的新道德即资产阶级民主革命的道德建立起来，把旧道德发扬光大，因此就团结了广大的平民知识分子、革命青年到同盟会来进行革命。在这几年革命运动中，我是以革命必胜的自信心进行了许多艰苦的工作。

一九○五年所谓留日学生反对"取缔规则"大风潮失败后，对于团结学生的一个群众组织"留学生会馆"无人过问，我一人支持了九个多月，终于感动了他们，大家又热心来恢复了组织。一九○七年以后革命起义到处失败，革命低落时代叛变的、灰心失望的、变节以求个人出路的颇不乏人。东京所留革命者已无几，当时我办《四川》杂志，章太炎维持《民报》，其困苦艰难，常至断炊，我竭力奔走筹措，得以勉强支持。一九○八年《四川》杂志与《民报》同时被封闭，且判我半年监禁之罪，以学生故犹豫执行。这时革命低落和各国一样，发生了暗杀之企图。自徐锡麟刺恩铭后，许多暗杀计划在党中颇逐渐实行，如把守长江口之端方与把守西江口之李准，皆在铲除之列。这时汪精卫在南洋香港一带，我忽得他一函要我给他寄炸弹去。我去信说："征诸历史，各国革命失败时则暗杀之风必盛。诚以志士仁人知大势已去，惟有一死以报国，其行可嘉，其志亦可悯矣。今我革命非无希望，敌人正造谣说革命处处失败，以图涣散我革命之人心，兄为吾党有名而能文之士，如果也随吾党勇壮之士去实行暗杀，即使有成也徒使敌人造谣，志士灰心，而党也受莫大的损失。弟不赞成此举，故不能寄药品来。"他回信说："来信爱弟深挚，令人感激。但弟以为革命之事譬如煮饭，煮饭之要具有二：一曰釜，二曰薪。釜之为德在一恒字，水不能蚀，火不能融，水火交煎，皆能忍受，此正如我革命党人百折不挠，再接再厉；薪之为德在一烈字，炬火熊熊，光焰万丈，顾体质虽毁，借其余热可以熟饭，此正如我革命党人一往独前，舍生取义。二者之为德孰轻孰重颇难轩轾，要在各视其性之所近择一而行之耳。弟自顾素鲜恒德，故不愿为釜而愿为薪，兄如爱我，望即赐寄各物。"我见他如此坚决，也就与他寄些炸弹去。但他在香港谋炸李准不成又到东京来，我又为炸摄政王布置一切，派喻云纪、黄复生到北京开守真照相馆筹备了半年之久。一九一○年汪与陈璧君到北京，不久而汪与黄被捕，汪此时尚能慷慨供陈革命大义，使满清不敢杀而监禁之。因而汪之革命声誉也震动一时，提高了他的政治地位。谁知他今日竟成了日寇走狗、汉奸国贼，《三国演义》上有一首诗骂曹操的奸诈，现在拿来骂汪精卫很是恰当。诗说："周公恐惧流言日，王莽谦恭下士时。若是当年身便死，一生真伪有谁知。"现在汪逆精卫比秦桧的卖国求和尤为无耻，他必死于万人痛骂之下，他的巧言令色已不能欺骗任何人了。

我觉得我有许多药石之言可为教训。当民国二年（一九一三年）四月第一次国会开幕时，袁世凯花了许多金钱来收买议员，以致国民党本有大多数议员而不能选出一个议长。在选举争斗过程中，国民党也用一点金钱来收买，我一听说就非常反对。我说："国民党的金钱必不如袁世凯多，与其因钱少而失败，毋宁不用一钱以保持正义。如果我们初行民主国会制即用金钱收买，民主政治就根本垮台，袁世凯钱多，外国人钱更多，将来整个国会会被人收买。"他们不听，空花了二三十万，议长仍未争得，以致随后有曹锟贿选总统，现在有汪精卫出卖祖国的痛心之事出现，真是不幸而言中。

我也好打抱不平。一九一八年政学会杨永泰等与广东军阀莫荣新设计推倒孙中山大元帅的护法政府而改为七总裁的广东军政府，为假借中山先生的革命名义，虽拥岑春煊为首而不能不分一席总裁的位置与孙中山，政府成立时我为四川代表，他们以我为中山所信任，派我去说中山就职。我到上海见中山先生时，他正病在床上，我为叙述成立政府及要他就总裁职并派代表等情，中山先生很愤激的说："我不愿与他们为伍。"我说："我们作革命运动的人，不能脱离群众，也不能脱离政治舞台。现在他们不得已勉强表示与你合作，如你谢绝，正如他们所愿。他们还假护法的招牌，群众还不知他们的坏处，故必和他们合作以表示巩固反对北洋军阀的统一战线之苦心，不要看岑春煊今天烜赫一时，如不好好作去，不久受人奚落时，恐怕有甚于先生今日的恶劣环境百倍。"中山先生感我此言，泫然泣下曰："我听你的话，派精卫去作代表。"当然①中山先生仅存的武力只有被排在漳州的陈炯明的队伍，他们千方百计想要限制他、消灭他，我在政务会议上总是和他们力争，卒能保存其势力为后来中山先生返广东之用。

我深受了"临财毋苟得，临难毋苟免"的教训，对于金钱十分慎重。当我到日本一年多以后欠学校学食费很多，其时我同县到日留学者颇

---

① 疑应为"当时"。

多，大家想为我一人请公费，以为我为资格老而请一人之费较易，我不愿一人独享权利，主张家贫须补助者联合起来去请求，因人多固然无结果。我做事以克己为主义，常愿多尽义务少享权利，赴义争先，分利居后，因而常常引起正义感的人注意，反而都为我争或群相告诫为我留一份，结果常常所得更优。礼让之风可以感人，此为我民族的美德。我对于名利都看得很轻，以争名夺利为可耻。民元正月，我由四川到南京时，中华民国临时政府已经成立，内务部次长居正、秘书长田桐一见我就说："可惜你来迟了，各部次长位置已经没有了，内部的司长、参事随你选择一个。"我说："我们革命不是为做官，请不要提这个。"随着他们就送了疆理局（土地局）局长的委任状来，不收，又送参事的委任状，我都璧还了。南北和议成后，四川成渝两个军政府犹在对立，袁世凯托人向我说，要我作宣慰使到四川去调停。我答复说："我不做官，且对故乡父老何来此种名义？！"后袁以派往四川慰问，不用任何官职的名义，强我为国家统一而努力，我才同朱芾煌前往四川一行。我们每人的薪水是六十元一月。有人问我，以都督及全城官员十里郊迎来看，你们好像钦差大臣，以你们轻车简从到处亲切地和老百姓谈话、讲演革命的意义，你们又像是传教士，你们到底是什么官职？我说："我们不是官是革命者。要劝老百姓剪辫子、不吃鸦片烟、不赌钱、不缠脚，要读书识字、要办学校、要到外国留学。"特别是我们办了一个留法俭学会，有志青年用很少的钱，就可到法国留学。果然此行的效果就是送了几十个学生到法国去。随后留法俭学会发展为勤工俭学会，只须一百元就可到法国。四川、湖南、广东、河北、江、浙及各省以勤工俭学到法国的有几千人，并培养出许多有名的共产党员，如我们的周恩来、罗迈、王若飞、何肇绪等同志及已经英勇牺牲了的如赵世炎、陈延年、陈乔年、穆青等同志。

　　我幼小时很佩服孔明的小心谨慎，尤以他"淡泊以明志，宁静以致远"感人最深。我的镇静沉毅的功夫就从他学来。我从不张皇失措，这对于革命秘密工作很有益处。当我为"三月廿九"购运军火时，有一次我左右两腋下各挂一千发手枪子弹，外面穿一日本和服，天又下雨，穿一双约四寸高的高底木屐，因为全身再加上二千发子弹就十分沉重，稍一不慎屐齿就会折，上面打一雨伞，刚一出了秘密住所的小街到一大街时，就遇到一个警察。他在前面慢慢的走，我也只好小心谨慎的保存相当的距离跟着走，因为又静无其他行人，如果走到他前面去了，恐怕他看见我沉重的情形见怪。好容易走了半里之遥，右面横街又走出一个警察，他出街口就走在我后面，我在中间走着，真是提心吊胆，而又丝毫不敢露出破绽。好在我十分镇静安然走着，约走了一里之后，我才转弯到别条街去，到目的地卸下东西，出了一身大汗，又庆幸，又有趣，真是我们在演戏或者在做小说，有时比小说还做得出色些。以我的经验看来，作秘密工作要胆大心细，举止要大方，气度要严肃而镇静。一九三五年冬我在巴黎办报时代，我非法的居住在旅馆内约一年之久，主人是同情者，掩护我，但我的谨慎行动也足以保持秘密。店主人非常喜欢我，前年过巴黎时我去访他，告以我们统一战线成立，抗日胜利有望，他家人皆异乎寻常的欢喜。当我初到巴黎不几日，我们的报馆就被法政府封闭，我因无合法的居留证，同志们都不要我到报馆去，但我每天总要设法去一次。我常于咖啡馆中约同志谈话或开会，有些时候风声甚紧，使同志们异常耽心，然而幸得无事，或者也可说天幸，然而孔明空城计之所以能成功，亦正为其一生谨慎耳。

　　关于男女婚姻的道德问题，可以说我是最清楚的，最能以身作则把旧道德和新道德联系起来，使它发扬光大合乎共产主义的道德。许多造谣的人说共产党共产共妻，讲这种话的人，根本就没有把女子当成人，把她看作私有财产一样，以为产可以共有，妻也可以共有。他们是把女子当成玩物，当成囊中之物，好比好看的花，我爱它就要折在我手里来，这是不以平等的人格待女子。他们随便摧残女子、蹂躏女子，多妻多妾不足还要狂嫖，而要强迫女子为他守贞。这种最不讲人道的社会恶习，他们反自夸为讲道德。共产党把男女看作平等的人格，反对任何人压迫人、人剥削人的制度，这是很正当的。至于婚姻问题是男女的自由，任何人不能压迫它，也不应受人压迫。我们主张自由结婚、自由离婚，正是顾到个人环境有时变迁，情感有时不合，不必强迫人，如封建社会所谓"忠臣不事二主，烈女不嫁二夫"一样，把妻子当成奴隶，所谓嫁猪随猪、嫁狗随狗，这还有点人气吗？我初读梁启超的著作很佩服他，到日本后见他有两句诗说"君王若问妾颜色，大不如前宫里时"，如此卑贱令我作呕。但是有些人却以为这是道德，这真是侮辱道德了。我认为共产党对于男女关系的道德才是真道德，婚姻自由，不强迫人结婚以后就不许离婚，也不是说照那些糊涂人所想像的一样，婚姻可以朝结夕解，如所谓"共妻"之说法一样。马克思、列宁都没有说明共产主义时代的婚姻是如何一种形式，但马克思与燕妮结婚同偕到老，不仅是亲爱的夫妇，而且是同心同德的知己；列宁与克鲁普思卡娅结婚也是同偕到老，不仅是亲爱的夫妇而且是革命的战友。这两个伟大人物的婚姻，就是共产党人的活的模范。我的婚姻是父母代定的、旧式的，我从十八岁结婚以后，真正同居不到五年，到日本留学以来，少则八九年回家一次，多则十四五年回家一次，我是对得住我的妻子的。我之所以这样做，第一，是因为我既从事革命，不能顾及家庭。我有一儿一女，家里又穷，全仗她为我教养儿女。我在日本留学时，家曾断炊数日，终赖她勤俭得以使儿女长成。古人说"贫贱之交不可忘，糟糠之妻不下堂"，何忍负之?！第二，乡里贫贱之人一到都市，或稍有地位，则狂嫖滥赌，抛弃妻子，另纳新人，往往使可怜的原配孤苦零丁或饮恨而死，为世诟病。我为挽救此种恶风气，以免青年人受到家庭的阻碍而不让其远行，故以身作则，以塞顽固者之借口。到了我相信共产主义，并听到以共妻来诬蔑共产党以后，我更以共产党的道德，坚强我的操守，以打破敌人无稽的谰言。第三，真正要以共产主义打破人压迫人的制度，除了消灭财产私有而外，还有男子压迫女子、欺负女子的问题。这是一个道德问题，这是数千年习惯的问题，不是空言解放女子、男女平等就可以转移风气，必须有一种坚忍不变、人所难能的毅力以移风易俗才会有效。我觉得我生在这新旧过渡时代，以我个人的苦痛来结束旧的道德，过渡到新的道德，使在我以后的人不至再受这种苦痛，就要建立共产主义的婚姻道德如马克思、列宁的婚姻道德一样，以解放今后世界的女子。我很庆幸的是我的妻子比我年龄稍大一点，现在健在。世人所羡慕的是"富贵双双到白头"，而我们所宝贵的是"贫贱双双到白头"。我一儿一女，已有外孙女四个、外孙两个，也可算一幸福的家庭。我们不敢妄自比拟马克思、列宁两大伟人的夫妇于万一，而夫妇同偕到老这一点是堪与同庆的。

至于忠实于主义、忠实于党、不自欺欺人，则我们共产党员比中国任何古圣先贤所说的正心诚意、慎独、毋自欺等修身之学更为彻底。一九三二年我在海参崴任教授时，远东出版处曾要我编一本中文教科书，我因事忙，摘录了斯大林及一些名人讲演和沈泽民同志在莫斯科编的一本中文教本上的几篇文章加上我作的几篇文章，编成一本中文选集。当时托洛茨基派在远东的很多，同我们斗争得很激烈。此书刚出版不久，他们就在远东边疆党部告我，说我犯了机会主义的错误。我一听大惊，急忙把他们所说的错误，细细检查，果然在我自己作的文章里有一个错误，就是简单地说苏联消灭富农，而没有说在农业集体化的基础上来消灭富农。这是很大的错误，而且在沈泽民所选的几篇文章中关于中国革命问题、国家问题、道德问题等等都有许多错误。因为我认为沈泽民同志是深于理论、立场正确，他所选的东西没有问题，故并未去考究他的内容，这自然是我的大错。于是我就花了半月工夫，把马克思、列宁、斯大林关于这些问题的理论，夜以继日地加紧研究，使我深刻地了解了这些问题。托派所指谪的不必说，就是他们没有看出而我认为错误的地方都把它排列出来，作为我的死敌，用马列的理论作武器向他们作无情的进攻，比托派肤浅的指谪要深刻得多。因为我认为党员个人的错误就是党的一部分缺点，每个党员无论错误是自己的或他人的都应该当作党的一样地深恶痛绝，万不能以自己之故而加以隐蔽辩护。我把我的错误来源极坦白、极忠实地说出来，把错误之点极明确地指出，引证许多马列的文章来证明这些错误，并愿和这些错误观点作斗争等等，写成一篇很长的声明书，向党的支部提出，并声明无论我自作的文章或选别人的文章上底错误，我都愿完全负责，且誓必和这些错误作斗争以保持波尔什维克党理论的纯洁，请党给我以严重的处罚，以作党员不加深学习理论和作事轻率与疏忽的教训。随后党召开支部会议讨论此问题，我诚恳说明我的错误并不仅要改正错误，重要的还要同它斗争，请党给我处罚。许多同志都说我对党忠实的态度和了解错误的深刻、承认错误的坦白诚恳、改正错误的勇决，是波尔什维克党员的真实态度，处罚应从轻，有说应予以轻微的警告，有说予以劝告已足，最后林伯渠同志说："我认为不必予以处罚。因为党之处罚党员，是以其犯了错误以后，或回护，或掩饰，或不坦白承认自己错误，或勉强承认而不了解他的错误，种种都是对党不够忠实。玉章同志素来是对党忠实的党员，此次所犯理论上的错误，或为他自己写的文章，或为他选录别人写的文章，无论何项他都坦白诚恳地承认错误，并且加深理论来了解错误，并把错误不仅当作自家个人的污点而当为党之污点要无情地向它进攻，以后还要和这种不正确的理论作斗争，这是我波尔什维克党员之光明磊落态度。党之所以给党员一种处罚，正是望他成一个好党员，今玉章同志自己自动地已能做到，我认为不必给予处罚，只须作一决议，指出他的错误，嘉许他诚恳地承认错误、加深研究理论来了解错误，并愿和错误作斗争是合乎党员之风度，末后希望他加深理论研究以完成他愿与不正确理论作斗争的任务就够了。"大家一致赞成这个提议，照林老之意作一决议以作党员的教训。从此我在党员群众中、党的负责同志中，不仅不以我的犯了错误而轻视我，反而更加信任我、信仰我、尊敬我，以为我对党的忠诚可作党员模范。我觉得无产阶级的道德，才是大公无私的、人类的真道德，他可以发扬光大我们中华民族为人的道德。

上面所讲是我幼时所学的所谓正心诚意修身的功夫及其演变的情形，还有所谓齐家治国平天下之道，也起了很大的变化。当戊戌政变前后，我看了康有为一些著作，如他讲《春秋公羊传》有所谓春秋三世，就是说有据乱世、升平世，以至于太平世。康又有所谓"大同世界未来现象记"等等，有许多离奇的幻想。梁启超还有《新中国未来记》描写黄兴建国之伟绩。但康梁实际所表现的不过是保皇，至多不过是君主立宪，在一九〇〇年全国尚处在闭塞时代，固然能欺骗一些乡村幼稚青年及薰心于利禄的人士。到一九〇三年邹容的《革命军》一出，打出了革命的旗帜。留日学生中所出的《浙江潮》《江苏》等杂志都有许多革命的文字。上海《苏报》案一出，章炳麟、邹容被捕，蔡元培等爱国社、南洋公学被解散，这时东京与上海造成了两个革命中心，革命排满之书报到处流行。同时国际帝国主义加紧压迫中国，各在其势力范围内横行无忌，而收回利权的运动也发展起来，加以满清西太后那拉氏"宁赠友邦，不与家奴"的横蛮说法，更如火上加油推动了革命前进。一九〇四年日俄战争，更激动了全中国民众，留日学生不到二年工夫由三百人骤增到二万余人，这都是全国优秀青年。当我和仲兄及同县黄芝叔侄等数人自费到日留学，于一九〇三年正月到东京时，四川留学生不过二十余人，且多是由官场送去，全国留学生不过三百人，我们在同乡欢迎会上就提议发布劝游学书，劝青年自费留学，并给公函与四川提学使方旭，要他令四川各县以公费派一二人到日学速成师范，这一运动收到了良好的效果。因为当时清廷已废科举，学校还未兴办起来，一般青年正无出路，故一得先进的提倡、政府的奖励，不到一年各省所派的速成师范生不下数千而自费生不下二万，这就培植了大批革命干部。当时国际的情形是：世界殖民地已被帝国主义分割殆尽，中国被他们划分成各帝国主义的势力范围，各在其势力范围内开矿山、筑铁路，加紧剥削和压迫人民，使中国成了半殖民地。甲午赔款二万万两，庚子赔款九亿八千余万两，其他还有许多赔款与借款，一切重担都加在人民身上，使全国经济恐慌、农村破产。国内的情形是：一切都落后，保存着半封建的黑暗势力。清廷以满洲的少数民族统治中国，纯以武力和欺骗手段压迫人民，因他执政者的昏庸腐化，对外则丧权辱国、割地赔款，献媚求和与帝国主义勾结来鱼肉人民；对内则残酷地压迫革命思潮，官吏必用满人，用汉人亦必以满人为督，把全国当作他的一家私产，"宁赠友邦，不与家奴"。基本的农民既苦得不堪，资本主义又未能发展，平民知识分子及开明的官僚士绅，见着内忧外患，不趋于革命也必主张变法维新、施行宪政，这就造成了革命与反革命的两个营垒。反革命的营垒是满清政府依靠黑暗的封建势力，以帝国主义为后盾；革命营垒以平民知识分子组成的同盟会为中坚，此处围绕着广大的受苦受难的阶层，当时因为资本主义不发达，阶级分化不十分明显。工人阶级还没成为有力的一个阶级，资产阶级更薄弱。因为铁路矿山是帝国主义开办的，中国虽有些工厂，但大都是官办的军事工业，纵有一些实业如湖北的纺纱织布四局、招商局、轮船公司等都是官办，只是供官僚刮钱之用，私人办实业的也是官僚，如盛宣怀、张謇等，所以像欧洲资产阶级革命时的资产阶级势力中国还没有。因此当时革命的中心力量，是动摇不定的中间阶层的知识分子，简直可以说就是青年学生。同盟会是以孙中山以三合会为基础的兴中会、黄兴以哥老会为基础的华兴会、陶成章以青红帮为基础的光复会合成的。一九〇五年同盟会成立，以孙中山为总理，以三民主义为纲领。在当时看来，这是急进的资产阶级民主革命纲领，因为他不仅讲民族民权主义，而且讲民生主义，孙中山说他的民生主义就是社会主义。这就把排满复仇主义的民族主义者、自由民主的民权主义者，以及更新的社会主义者都网罗在一个革命联盟中，虽然各人所作的梦不同，然而推倒满清、建立中华民国是一致的。这就建立了革命的理论，确定了革命的目标，革命的动力已经不属于旧式的秘密结社而属于青年学生，革命的潮流高涨起来，而党的组织则异常松懈，不过有这样一个组织以维系人心，团结力量。其实党也没有切实的计划去指示党员，党员也不受党的拘束，只是凭个人的革命热忱拚命去做，真是人自为战、不供给、不要党给与经费，有时自己拿出钱来作革命事业，只要是革命党人，知与不知都非常亲爱团结。正因为有这一点结合力，所以辛亥革命能够成功，就革命的行动来说，不外军事投机，各地去组织暴动，没有把广大农民的力量看作革命的力量，就是说革命脱离了群众。例如，一九〇六年萍乡起义失败牺牲了干部刘道一同志，此后镇南关起义、钦廉起义、河口起义、成都起义、广安熊克武起义、安庆熊成基新军暴动、广州倪映典新军暴动都归于失败。一九〇八年我已感觉到要有广大的群众来参加革命才有成功之望。同盟会虽然原是以各秘密结社作基础，等到同盟会一成立就成了知识分子垄断的机关，反而会党与群众隔离，虽然四川有谢伟颣、熊克武等作会党工作，但都遭到失败。因此，我就和湖北的孙武，湖南的焦达峰，广东的熊越山，四川的唐洁、张百祥和我大哥等组织共进会，把各省的哥老会、孝友会、三合会等等联合起来，照他们的山堂组织，以他们为领袖，因为他们都是内地各处的"龙头大爷"，他们推我大哥为"坐堂大爷"，我作"管事"，即书记之意。这会有广大的群众，后来在四川保路同志会及武昌新军中都起了很大的作用。

同盟会以各地蜂起分别起义的办法既都归于失败，乃谋集中各省优秀干部于广州三月廿九日大举，结果也失败了。我最痛心的是牺牲了我亲密而忠实、有技术的优秀党员喻云纪。他是在日本千叶学医的学生，初很浪漫，人极聪明，唱歌、音乐及照相等艺术都有天才，衣服装饰等都喜欢漂亮，我初见面时以为这是一纨绔公子，只因我对于他的弟弟喻华伟做了使他惊奇感佩的救济，他就变成了一个献身于革命的炸弹技术家、发明家。原来他的弟喻华伟是一十七八岁的革命青年。一九〇八年河口起义，他在日本东斌学校闻之急欲与同志数人前往，我壮其志，为之布画一切，使其与同志们前往，临话别时大有"荆轲饮燕市，酒酣气益震"之慨，及抵安南而河口事败，乃辗转赴腾越干崖等处，谋举事亦不成，因染病甚危转移到新加坡，来函告以病重急需三百元请为筹寄。当时云纪正来东京与我同住，见其弟函又见我典衣借债急急凑得三百元为其弟兑去，才知道革命党人对于同志比父子弟兄还要亲切，遂要求入党，并朝夕同我研究炸药。从此他就与前判若两人，改变了他以前的生活，成了刻苦耐劳、简朴诚实的革命者。他发明了炸弹自动发火的方法，他能造世界最新式的炸药，他的颜色照相技术非常高明，他是南京、汉口炸端方的工程师，他同黄复生冒险埋置炸摄政王的炸弹，只因电线药品不够同陈璧君再回日本购运而北京机关就被破获。陈逆当时因与汪逆秘密结婚，对于汪逆被捕发狂，硬说喻同志怕死，使喻异常痛心。当时我们对于陈逆以为是非常难得的革命女子，都特别优待她，而她之骄横态度，对于喻的诬蔑真是使他难受。因此，喻苦心孤诣地准备广州暴动，作成了许多炸弹，当胡毅生以军火未全运到强迫黄克强撤退时，他同林时爽同志力争不能撤退。暴动出发时，他只着衬衣背一箩炸弹，逢敌即炸，所向披靡，转战一夜，终以各方失败而被捕。在被敌人审问时，他慷慨直陈革命大义及炸弹之威力，并说革命一定不久会成功。他的"不成功则成仁"的坚决行动，感动了满清的官僚，不敢不佩服革命党人格之高尚。喻烈士之受陈逆璧君之气，曾涕泣为我陈述过，他的表示是看谁怕死；果然今日陈逆夫妇作了比秦桧夫妇尤可耻的汉奸卖国贼，真是狗彘不食的贱货，而喻烈士则与日月同光了。

一九一一年三月廿九广州起义失败后，在极端白色恐怖之下，当同盟会设立秘密暗杀部时方君瑛（方声涛之姊）为部长，一切组织工作由我担任。方的嫂嫂曾醒（曾仲鸣之姐）及汪精卫、陈璧君、喻云纪、黄复生、黎仲实、但怒刚、朱执信等都参与其事。当时我们是以俄国小说《铁假面》作我们的教本，人人逞英雄，个个做志士，在南京、汉口炸端方未成，在北京炸摄政王又失败，汪与黄等因于狱中。一九一〇年夏我为营救他们，秘密到了北京，因曾醒之弟曾季友在京经营小商业，由他为我秘密探消息共同计划劫狱等事，约有月余之久尚未有头绪。因我住在我姐夫寄寓之家，他见我行踪可疑，且素知我加入了革命党，他恐出事，遂将车票买好，骗我上车，一直挽我到上海。不得已又同熊克武、但懋辛、井勿幕（陕北人，同盟会员，是我最好的同志）四人到香港见黄兴、胡汉民、喻云纪、林时爽等，一面实验炸弹，一面商讨广州三月廿九起义之事。决策已定，我回日本购运军火。当时黎仲实携陈璧君的信来向我说："照例买军火是有百分之五的回扣，请你把这次的回扣通通交与我们，拿去作救汪精卫之用。"我说："我绝对不要这个回扣，买货时扣起来也仍要归回党，既是你们要拿去救汪、黄等同志，那就将这笔钱交给你们。"现在汪、陈二逆清夜自思能不愧死?！在这次购运军火之中，我有一件惊人之事：我们每次装箱时，我都必要亲手去经理，到了三四次出发以后，因为太忙就叫卖东西的人替我装。谁知他把一百廿支手枪装在一个长不到二尺、厚不到五寸的皮箱里，看箱子不大，而一提则几乎要使人跌倒，这就使火车站的人怀疑，故意将交运的牌子弄错，以图检查箱内的东西。我派的运输人在横滨去取箱子以便上船，车站的人说牌子不对，照例一定要说明箱子内有些什么东西，并且开看后不错才能取箱子。我们这个违禁的、秘密的东西如何开看得？如果一发觉是运到香港的军火，风声一出，不仅我们已在途中的几百支军火要损失，而且广州起事之密谋也要破坏。我得到这一电报非常着急，立刻到横滨去，想了许多方法，花了整天整夜的时间，居然把这箱子安全地取出来，毫无一点破绽。这就使宫崎（别号白浪滔天，有名的无政府主义者，与中山先生一同到菲律宾帮助其独立）一家人及军火商（萱野长知）等非常佩服我之镇静英勇、足智多谋。因为他们一听说车上扣了军火，如果当晚取不出来，一开看后，连他们都有被捕及被搜查之危险，宫崎兄弟二人及其夫人异常耽心，因为他们家中还有与俄国虚无党来往之文件与密码。他们吓得将秘密文件都藏在其夫人所背的、日本妇人所特有长带里，提心吊胆的警戒了一整天。我回到他们家里时，他们狂喜得流出眼泪来。次年南京政府成立，孙中山先生作总统时，宫崎夫人到南京，每见中山先生时必说："你不要忘记了吴永珊。"因我在日本时是用吴永珊的名字，可见此事感人之深。萱野长知在辛亥革命胜利时，再三要我的相片，因为他将写中国革命史，我未能给他。中山先生素来对我都特别的好，在民国二年国会开会时，袁世凯既暗杀宋教仁，又不经国会许可就擅借了二万万五千万外债，并用钱收买议员，种种违法之事层见迭出。其时取消国民党粤、赣、皖、湘四个都督的传说甚盛，我主张四督联名通电指斥袁世凯之违法，并申明在合法内阁未成立以前不能受违法政府之命以先发制人，中山先生赞成此议，而黄兴不允。等到袁免四督之命令发后，迟之又久，李烈钧才在湖口起事，以致师出无名，南京、上海、广东、重庆起事皆失败，所谓二次革命不到三月完全失败。这是没有正确的立场、鲜明的旗帜，使人认为国民党与袁争权利，所以不能得到群众的拥护。

我在内江一星期，诸事已布置妥当后即连夜赶到重庆，因重庆同志函电催我前去。到重庆那一天，就遇到林畏生持枪在都督府肆闹，声言要与副都督夏之时拚命。因夏未在，得免于难。原来林为夏之连长，夏反正时恐林不从，曾枪击之，仅伤腿，林急曰："我亦革命党人，愿同举事。"重庆独立后，张培爵被举为正都督，夏付之，给林以总司令名义。当时以成都尚未下，派林与但懋辛各率一支队进取成都，林以支队长名义太小，故向夏寻衅。林当时极端跋扈，目中无人，且与匪徒勾结，不法的行动很多，市民咸惴惴于事变之将至。我到时张培爵即问此事应如何处理。我说："应立刻严肃军纪，执行革命纪律。要开一会议来讨论今天发生的问题，并同时开军事裁判会议执行军纪。"张深以为然。时已夜深，立刻下命召集军政人员开全体会议，不许携带武装，令守备妥为戒备。会议开时，夏说明不幸事件之发生，应由全体同志讨论以求解决。林昂然大言曰："我林畏生砍官防其罪一也；撕委状其罪二也；辱骂都督其罪三也；肆闹军政府其罪四也，看你们敢把我怎么样?!"其气焰之凶横，有无人敢撄其锋之势，迟迟又久无人发言，当时我想如此会就由他强横致无结果，则重庆必大乱。故我遂从容起立说明我们在日本和中山先生建立三民主义革命之宗旨，是在推倒满清之专制，实行政治民主以解人民倒悬，并不是以暴易暴。我革命党人是不侮鳏寡、不畏强暴，是扶正义、打不平，如果我们今天刚一胜利就横霸尤甚于满清官吏，则有悖革命初志。侃侃陈述我们革命党人光明磊落之精神，英勇斗争的魄力，历二小时之久，末了我主张执行革命的纪律，把这会议变成军事裁判，全场热烈欢迎我的提议。林向我注视，以为何来此人，心折服而头为之低下，盖此等武人从未听过这种痛切的言论，我初到还未见过面，故使彼惊异。随着夏即提议：因都督本身就是局中人不便来主持裁判，我们特请近由日本回来的中山先生亲信的、我们革命的老前辈玉章同志作裁判长。众又赞成此议。我这时心里一惊，我是主张严行军纪的，这不是杀人之事叫我来作吗？但如我一推则事情就会混乱起来，不得已只得见义勇为，勉为其难。我就向众以四个条件相约，我说这个裁判是群众公意的裁判，判决必须执行，所以第一，我说明犯罪的行为时必须得众人的同意；第二，我判决的处罚也必须得众人的同意；第三，判决后罪人得申诉或声明不服，并说明其不服的理由；第四，判决后一定要遵照执行。如果赞成这四个条件我才能就职。众人皆说：这是最公平、最民主的裁判法，我们无不赞成。数十人的裁判会为之肃然。我细细说明这种犯罪行为危害国家民族，违背革命宗旨，贻害人民，无异推翻革命军政府等等，应照军政府所公布的法律处以枪毙之刑。询之众人皆同意，我要林表示意见是否服罪，限三分钟①让其讲话，他默默无言，又延长五分钟让其细思后申说，他也不讲话，再四催促，林始说："说我想推倒军政府，我没有这个心意。"我说是不是有这样心我不能知道，但犯罪是以行动为标准，你的行动是危害军政府的。他无异议，结果我就请都督执行判决。夏嗫嚅起立说："应该特设……"他的意思是说裁判既是特设，制裁、执行也应特设来执行。于是引起胆小的人误会，以为是"特赦"。他就以林也是起义之人应特别从宽，赦免罪过。这就引起我坚决的反对。我说未就职之先曾以四条件相要约，都得你们同意，事情做到中途，你们就要退缩变卦，无论如何不行。我坚持辩论一小时之久，得不

---

① "三分钟"，《从甲午战争到辛亥革命的回忆》作"二分钟"。

到结果，有激烈同志说："你们这般懦弱畏葸的人，我就把炸弹大家一齐炸死算了。"众哗然曰不可。我说：不必性急，我试问林畏生这样横暴不讲理的人，谁能保他不作乱事呢？话到此时，有一舒团长起立说："我保他，我们四团人保他。"他话犹未了，卫队中数士兵齐声曰："就是这东西最坏！"同时房之四周人挤枪剑有磨擦声，该团长以为兵士打他，头往下一碰，正碰在桌角上鲜血长流。群以为士兵打枪，各急逃避，石青阳尤惊惶失措，顶茶几在头，鼠窜而出。场中只余我及张、夏两都督及林共四人。林也同我们一起劝卫兵安静，卫兵向我诉说就是那舒团长唆使林司令为乱。我说现在暂把该团长扣下，另案来审，今夜仍要把此案了结。于是又将大家请回来。好在军政府早已戒备很严，并无一人逃出。大家坐齐后，我看林并未乘机逃避或乘扰乱而有不好表现，就有从轻处罚的意见，我于是说："有人说要特赦他，是否有人能负责保证他不为乱呢？"当即有谢持、朱之洪二同志愿担保他不再为乱。于是大家决定立刻解除他的职务，即日派妥人送回湖北原籍。这问题解决后，重庆人民无不额手称庆，蜀军政府才得以巩固。时南京已成立中央政府，选中山先生为总统，数电要四川派代表，蜀军政府就派我与杨庶堪同志二人为代表。到南京后，中山先生要我在总统府秘书处帮助，我于是就任秘书处总务科的职务。这时是正月底，南北和议将成的时候，很明显地和议一成，总统府秘书处就要取消的，所以从前秘书处是许多人来钻营，现在是冷落了，有许多人都另寻出路，甚至已在袁世凯方面去找位职，如程明远就是一个。他是旧官僚，在秘书处得了一个高位置，现在是不来办事而急图脱走，许多人都有五日京兆的心，只有我死心塌地支持残局。这点是我的习惯，也是人所难能的。所谓残筵无人过问。当我小时，家里有冠婚丧祭的事，我不仅在事前有毅力去布置一切，而且客去后一切收拾善后的工作，我必作完始放手。俗话说："作饭不难洗碗才难。"人

都喜欢作热闹事不愿作冷背事。我以为前一事的善后作得好，后一事的
发展才有望，所谓历史事件有连续性。只看见事的表面，而不考究其根
基，是不能了解事之所以荣枯的根源。所以我认为：前事之结束，是后
事的开始，特别更要重视。

辛亥革命是因为全国民众不愿意照旧生活下去，统治阶级不能照旧
统治下去。所以四川这一大闹，武汉中心再一爆发革命，清政府在全国
的地方政权立即瓦解。但这革命虽然推倒了满清而革命并未成功，其原
因：一是因为没有强有力的革命阶级。无产阶级固弱，资产阶级更弱，
平民知识分子革命意见不能一致，有些只是排满复仇，有的想实现欧美
的民主议会政治，有的主张无政府主义，故革命稍有点胜利，革命党人
就分成无数派。章太炎高唱"革命军起革命党消"的论调，拥黎元洪来
反对孙中山；汪精卫受了袁世凯收买，强迫南京政府与袁议和以解除革
命武装。孙中山初不愿和，汪逆曰："你舍不得总统吗？"中山因此不敢
固执己见。其次是没有巩固的、革命党的组织。三是没有知道革命的力
量是在广大的群众，根本看不起群众，更说不上组织群众，往往利用群
众而结果反压迫群众。如四川成都始而利用哥老会，后来压迫他，甚至
屠杀他们的领袖。国民党与洪门致公党闹翻也是因为这个缘故。四是利
用旧官僚、封建腐朽的政治机构。当和议成孙中山到北京与袁见面后回
到上海时曾宣言：我们利用袁的政治经验让他去作政治，我们专心来作
实业，故后来作成他的实业计划，没有认清封建官僚的弊害。五是没有
认清帝国主义在中国的作用。袁世凯本来是英公使朱尔典压满清要他出
来破坏革命以挽救他垂危的儿皇帝的，而一般人还以为满清既倒革命就
算成功。失败还有其他许多原因，这不过举其重要者罢了。

民国二年所谓讨袁的二次革命，失败得更可怜，既没有正确的政治
立场，又没有群众的拥护。陈英士在上海所恃的青红帮也被袁收买，为

应夔丞使武士英来杀宋教仁，郑汝成在上海与陈之对抗。这些流氓无产阶级，有奶便是娘，不知人间有羞耻事。如现在汪逆精卫的特务丁默邨所属之一班人，就是被收买来对付其他部分作特务侦探工作的。这些下流无耻之徒，受了德、日法西斯警犬的熏陶，在中国特别在上海是集了中外各国最卑污龌龊、无恶不作、花样翻新的大成，真是表现出资本主义垂死和封建残余将灭的最后余毒，是非人的社会阶层，是中国半殖民地半封建的特别产物。

二次革命失败后，我还在上海各处奔走，妄想革命高潮或不久要到来。袁之机关报说重庆熊克武起义是我策动的，因此袁就通缉我，许多同志劝我出国，为我购船票，不得已于一九一三年冬月赴法国巴黎。我在日本是学的电气工业，而我日日从事的又是政治，使我感到所学非所用，故到法后我就改入巴黎法科大学，专研究政治经济学。一九一四年欧战爆发，日本占领山东青岛提出"二十一条"，袁氏以日本保证他作皇帝来交换，签了这个卖国条约。一九一五年末袁氏称帝，云南起义，我曾到伦敦见社会党议员，请其在国会内提议勿借款与袁氏，时英不满日人之"二十一条"，颇为有效。我看见日美的矛盾，写成了一篇《日美战争未来记》。一九一六年六月袁氏死，黎元洪代总统，恢复国会。十月我同蔡子民回国。一九一七年二月我到北京住了八九个月，在这里我又得了许多教训，就是我亲自看见了中国官僚的贪污腐化现象。我留法时和李石曾等组织了一个华法教育会，法国人方面以大学教授欧乐为会长、便讷为书记、宣壬为会计；中国方面则以蔡元培为会长、李石曾为书记、我为会计。主要的是办理留法勤工俭学会事务。当欧战起，法国急需华工，曾由陆军部派人到中国与梁士诒订约招华工五万人，而梁所订之约最坏，规定华工每日工资为五佛郎，在当时货币价格，固然和法国工人差不多，但我们知道物价是会高涨的，如果把工资订死了，将来会饿死。梁士诒这些官僚恶棍，只是把中国工人卖与外国人作牛马奴隶，而企图在其中赚一笔大钱，那顾工人死活?！我们在法国听见这事，就非常气愤。李石曾就以华法教育会名义同法国工人部交涉，得了法国人士的帮助，订立了一个和法国工人同工同酬、平等待遇的条约。当时李石曾曾很欣喜地说："如果我们有二十万青年工人到法国作工，且得学习，将来的影响很大。"在袁世凯当政，此条约自然无法批准。好在袁殁而又建立了共和新政府，故我回国的任务是在求北京政府批准这个条约。这时伍廷芳为外交部长，高尔谦为次长，都是较好的人，且与蔡、李等私交甚好，经他们的介绍，伍、高都表示立刻叫部里批准这条约。但是我足足等了四个月还没有批准消息，我这时一面等待这条约批准，一面筹办勤工俭学的学校。我催促外交部多次，并由蔡、李等几次向伍、高提出，伍等也严命立刻批准，而事情总是搁置不动。有一日天下大雨时，有一素不相识的人来访我，他问我："听说你请求外交部批准一条约，近来如何？"我说："还未批准。"同时，我为详说条约内容的好处。他问我："你没有在北京住过吗？"我说："这次稍久住。"他说："你真是外国留学生、迂夫子，中国官场的事情连一点也不懂得。我告诉你，中国官场非钱不行，如果有钱，再坏的条约也可批准；如果没有钱，无论你为何有利于国、有利于民也不能批准。你这件事至少也要赚几百万，你就拿一二百万来花也不算什么。"我说："我们正为反对以招工来赚钱的罪恶行为，才辛辛苦苦和法国人订这条约。我们是为正义、人道来做事，我们绝不赚工人的钱。我们没有钱，不但不愿拿钱去运动，即使人家拿钱来运动我也不行。"他说："你真是可怜，天下都像你这样，还有饭吃吗？北京的衙门，就靠这些来吃饭、来撑架子。你没有钱，难道你同来的法国人也没有钱吗？我劝你还是随乡入乡，不要太古板罢。"两人说得大闹起来，他临行说："看你用什么方法可以成功罢！"我听了这一席话后，痛心地说："北京官场就黑暗到这步田地，我到要同这恶势力斗一斗。"我就同蔡、李再向伍、高说，他们立刻下了条子，然而也是无效。随后才知道，向我游说的人，就是部里的官僚们派来的。遇到我这硬骨汉，他们也无办法，只有拖。不久张勋复辟，国会南迁，南北分立，这事也就无结果了。这就使我亲尝了中国官厅的苦味。

张勋复辟，伍廷芳率国会议员、程璧光率海军南迁到广东，以孙中山为大元帅，组织护法政府。此时，熊克武已驱逐刘存厚统一四川，他是同盟会员，自然拥护孙中山。云南唐继尧、广西陆荣廷、贵州刘显世，表面也拥孙，湖南谭延闿也与孙合作。所以这时南方有川、滇、黔、湘、粤、桂六省联合与北方段祺瑞对立。可是人各有心、各自为政，特别是陆荣廷部下莫荣新想独霸广东，不喜欢孙中山在广东发展势力，千方百计要赶走他。杨永泰为之计划，一九一八年二月果然把孙中山赶到上海去了。于是他们才组织所谓七总裁的护法政府，以岑春煊为领袖，与直系吴佩孚勾结来反对皖系段祺瑞。段祺瑞做一个"仙人跳"引张勋来复辟，把国会及黎元洪赶走后，他和梁启超等又假惺惺地来打走张勋，所谓再造共和，向日本大借外债来练兵以参加欧战，实际上是借参战名义来扩充个人兵力，所谓宣而不战的滑稽戏，段氏早演了一场，现在的张伯伦还是他的徒弟。岑春煊挑动直系反段，结果徐世昌出台。一九一九年又有所谓南北和议，北方的总代表就是现在日本傀儡王逆克敏；南方的总代表也是汉奸、已被杀的唐绍仪。当时他们各率南北代表数十人在上海狂嫖滥赌，浪费之惊人为从前所未有，有花三十万元买一妓女者，社会之腐化至于如此，真令人太息痛恨。但同时中国社会却也出现了从来未有之光明，这就是俄国十月革命的影响。

十月革命能在中国起伟大的作用，一是由于欧战起后，中国资本主义得了猛烈发展的机会，如上海中国人自立的纱厂年年增加，南洋烟草公司与英美烟公司抗衡，民族资产阶级有了势力。如穆藕初、简照南等大有新兴资本家的气魂。同时工人阶级更加有力起来，他的罢工斗争，不仅有反对资本家的性质，而且有重大的反帝意义。民族资产阶级为要与外资竞争，常有赞助工人反对外国资本家的现象。因此，工人罢工运动常常是政治意义重于经济意义。这时工人中起领导作用的思潮常常是急进的、俄国十月革命的影响。二是中国新文化运动，开始时虽然是由于一九一七年一月胡适发表的"文学革命"主张白话文及提倡美国资本主义的实验主义起了很大的作用，但一九一九年"五四"运动时，已经是社会主义思想占了主导地位，这是由于中国半殖民地半封建的地位一般爱国青年急需要一种新的东西来解决种种问题，加以封建的旧文化崩溃，气象方新，素无资产阶级陈腐成见的纯洁青年，最容易接受进步的、崭新的思想与理论。三是中国政治混乱到了极点，南北军阀的纷争，南与南争，北与北争，五花八门使人痛恨，革命情绪高涨。四是日本军阀灭亡中国之"二十一条"激起了全国的愤怒，急需有一新方法来救亡图存，故最易接受布尔什维克的革命，反资本主义的方法。当我在一九一九年初得读日文的《过激派》（布尔什维克）时，使我非常高兴的是解决我多年来不能解决的三个问题：第一是我常感觉中国直接生产者只有乡村中蠢蠢无知的农民，知识分子即所谓士大夫之流都是坐而论道、不事生产，这且不用说，而社会中稍聪明一点的人，都不愿从事田间作业，情愿游手好闲作都市的无业游民，因而造成了广大的流氓无产阶层。如何能使这些人绝迹，使我常常未能想出一办法，看到布尔什维克主张"不作工者不得食"的原则，这就解决了我第一个问题。第二是中国官僚政治之腐坏几乎令人不能想像。民国以来，情形更坏，口仁义而心盗跖，把先民一点仅存的道德都抛弃无遗，如前面我遇到的就是一个例子。即使有一二好处也不能挽救数十年来一天一天变本加厉的恶习，如胡适所说的"好人政府"在这社会中终究是废话。我看到布尔什维克主张必须粉碎旧政治机器代以新机器才能铲除一切污秽，这真是治疗中国官僚痼疾的圣药。第三是我在一九〇三年看了日本幸德秋水的《社会主义神髓》一书，非常喜欢社会主义。辛亥革命后我同李石曾等喜欢克鲁泡特金的科学的无政府主义，在法国时对于法国的合作主义也认为是到社会主义之路。我常同李石曾说："我们应该有一个有力的组织。"李说："无政府主义是不要组织的，只须从教育方面多感化一些人就好了。"但我总是怀疑这样是很难有成效的。我看到了布尔什维克要以革命职业家来组织坚强的、战斗的党来消灭人类的敌人，改造成没有人压迫人的社会，这就解答了我多年对无数主义对于组织问题的疑问。一九二〇年中国军阀南北对峙不足，甚至南与南战，如滇对粤桂、滇黔对川，北与北战，如直系对皖系等等。一省、各省革命势力也分裂，如四川谢持、杨庶堪联合滇黔军与熊克武作战。各据一方，举国混乱，真是比唐末五代藩镇之祸尤烈。于是有联省自治的理论发生，湖南自制省宪，划疆自守，颇为有效。各省制宪自治之风轰动一时，除湖南省宪最先制成而外，浙江、广东、四川、福建等省都制成了省宪。我是参加四川制定省宪之一，我要略说四川自治运动的情形。辛亥革命时，四川的同盟会党员最多最团结也最有力量，因为其中有小组织与派别的发生，后来就发生分裂以至于武装斗争。以熊克武曾任督军形成熊派，杨庶堪曾任省长形成杨派。其实所谓杨派，实即谢持很早在党中结成一小组织所谓"实业团"而来。这种小组织是最不利于党内团结，换帖拜把小手工业、帮口朋党的残余我是素来都反对的。虽然我当时没有知道布尔什维克党不许有小组织存在的原则，无法来阻止他们，但我绝不加入那一派，我以党的利益为前提，主持公道，双方同志对我都很好。一九二〇年初，我为调解双方意见到成都无结果。二月杨与滇黔军合攻熊，熊退保宁。九月熊联合川军刘湘、杨森、刘成勋等反攻，驱逐滇黔军出境。此时四川东有北洋军阀为敌，南有滇黔为敌，成了孤立局面，而熊与二刘三足鼎峙。战胜滇黔后，熊不愿复职，又不愿受南北各派之支配，联省自治之说正盛行，邓懋修在重庆发起自治期成会。十二月底我到重庆，邓请我为之计划，我就草成《全川自治联合会宣言》登于《新蜀报》，以建设平民政治、改造社会经济为总目标，提出下面十二纲领：（一）创立联省制度，实行职业的全民政治；（二）主张男女平权，实行直接的普选；（三）废除现有军制，实行划一的编练民军；（四）扫除司法弊害，实行切实保障民权；（五）力谋教育普及，实行免费的强迫教育；（六）制定累进税率，实行公平的分配负担；（七）力图发展实业，实行协社的平民银行；（八）组织各种协社，实行经济的互相扶助；（九）减少无业游民，实行适宜的强迫劳动；（十）制定保工法律，实行公共的保险抚恤；（十一）设立劳动机关，实行农工的改良补助；（十二）组织职业团体，实行坚牢的职业组合。各项附以说明，强调民主，反对军阀专政，以“不作工不得食”来消灭游民，以民众武装来解除军阀武装，以合作互助来改善工农生活，很沉痛地陈述了人民的痛苦，指出人民团结自救的前途，有了许多新奇的意见。这不但鼓动了各县进步的青年，而且许多有正义感的老先生如张表方、张森楷等都极赞许。章程规定每大县派三个代表，小县一个至两个代表。一九二一年四月一日在渝开第一次大会时得到各界热烈的拥护，开了盛大的成立大会，当时张森楷向我说：“你领导的这个自治会各县均有代表，比省议会完备得多，可以作为全省民意机关。”我说：“我们只作为推动促进省宪之用，不能代替省议会。”因当时省议会国民党占多数，对于刘湘等军阀不满意，故我怕刘湘利用此会来与省议会对立，而取得民选省长的地位。果然开会十余日，杨森等即派人示意要我将此会作为制省宪、选省长的机关，如果同意，他们以金钱来支持此会。我说："选举省长应由省宪制定后，依法选出选举机关来产生，不能以此会来选举省长。"他们看我不能为他用，就用金钱来收买这些代表，有一二最卑鄙的人已经被他们收买，事事和我捣乱，我就和省议会商议，把选举起草宪法委员会之权，由自治会议决交由省议会迅速执行，即将此会解散，以免为军阀所利用。刘湘因此极恨我以至于通缉我。这事又给我一教训，使我知道没有革命的理论，没有铁的纪律的政党组织，临时结合的团体是不可靠，而军阀统治下的地方，是没有任何民主自由可以实现的。因此，我就有组织共产党的企图。一九二二年我被聘为成都高等师范学校校长，在这里能乐育英才，又有秘密的社会主义青年团的组织，因我年龄不合不能加入青年团。当时李硕勋、余泽鸿两同志在第一中学，童庸生同志在高师，恽代英同志在泸州为杨森办学校。杨给以数千元到省外去购买新书及仪器，待其买得归来，杨森已失败出川。当其在途中时，有人劝代英：杨已不在，或运往他处，或据为己有，何必再运往泸州？恽代英同志说："我为地方人民作事，不是与个人作事，必须运到学校去。"这种高尚的道德思想，表示了我们共产党员的纯洁。代英同志到泸州后，地方军队把他关在监牢里，我大为愤激，严电斥责驻军，并请代英即日来成都任高校教授，驻军与我相识即让他来成都。代英同志极受青年欢迎，其在川中的影响极大，约一年后代英同志出川。当时四川与外边交通断绝，不知道中国共产党已经成立，我就与杨闇公同志等二十余人秘密组织"中国青年共产党"，发行《赤心评论》杂志，组织工会、农会。一九二四年一月杨森军队入成都，首先派人接收高师。"五一"成都有大示威游行，始而杨本同意，到临时有顽固分子向他说，这运动是我秘密组织来夺取政权的。杨大怒，一面派兵到会场，一面派人捕我。幸而当时陈毅同志及黎纯一两人极力解说，有正义感的川东道尹叶秉诚老先生力言其不可，始得免于难。随后我同刘伯承、熊小岩间道由贵州、湖南到上海。一九二五年一月我到北京，见到童庸生与赵世炎同志我就加入中国共产党，同时我去信四川要他们把"中国青年共产党"取消，个别的加入中国共产党，我认为中国只能有一个统一的共产党，外边已有更大的全国的组织，我们就该立刻取消以保持党的统一。但是有些同志不赞成我这个办法，他们认为即合并也须有合并的条件，而我们的组织也不应完全解散，应该作为小团体的一致行动。我坚决反对这个意见，认为不应用一个团体加入并要求条件，在党内也不应有小组织的存在。四川这个组织虽然还有些没加入我党，但有许多英勇忠实的同志是这个组织出来的，如"三三一"惨案牺牲的杨闇公同志就是一例。

在陕甘宁边区第二届农工展览会开幕典礼上的讲话*

（1940 年 1 月 16 日）

同志们：

今天我们农工展会开幕了，我在边区不久，对边区不大熟悉，但我看到边区的一切都使我非常兴奋，我是刚从外回来的，边区与那个地方不同，我们知道现在我们同日本打仗，各地都进行征兵，在四川，老百姓青年人被当地政府捆了去当兵但当官的人将钱放在自己腰包里，不给当兵的饭吃，所以那地方老百姓很可怜。在我们边区就不同了，我们老百姓都能自愿的当兵去打日本，边区政府是人民的政府，他是为人民作事的，所以他说什么人民也很拥护，去年边区的生产运动，增加了许多的生产，过去吃的不好的，现在也吃得好多了。在四川，虽然地方比边区富足，生产丰富，但被官吏军队，刮刮刮得穷了，在四川，一年征三四年的粮。在边区我们是看不见叫花子，大家都有事作，没有闲人，但在四川，可以看到满街是乞丐的，四川虽比边区土地好，但有很多人被饿死，边区虽穷，但大家都快乐有饭吃。至于说到当兵，许多人不是不愿意去打日本，是一些不好的官吏们，他们太混蛋了，去年蒋委员长曾号召各地士绅动员志愿兵上前线，我回到家里去，群众们向我们说：大家不是不愿意打日本，但政府将他们当强盗待。我说："自己去当志愿

---

　　* 原载于《新中华报》1940 年 2 月 3 日，第 6 版，录自《新中华报》综合版（整理本），江西人民出版社 2016 年版，第 2153～2154 页。

兵就更好，政府是会优待的。"于是我县就有了二千多志愿兵，但结果有一个检查团到了，说为什么能动员这么多志愿兵，一定是赤化，陕北化了，他们更欲将县长记大过一次，但又没有理由，于是索性的将县长大骂一顿，并将他撤换了。你们大家看，这是什么东西，当这国家危急存亡之秋，政治仍然如此，这是必须改良的，更当学习我们陕甘宁边区。我们边区的官，他们不喝老百姓的血，边区政府的官吏是为了国家，为老百姓作事，没有一个为钱的，他们同你们吃的穿的一样。但外面一些官吏，他们更坐汽车更刮老百姓喝老百姓的血，他们只知道投机赚大钱，并且还想消灭边区，说它"赤化"，这是别有一付心肠，所以这些人不是好的官吏。我们要国家好，我们要作到：（一）不作工的不得食，我们边区便已作到这点。（二）要将官僚打倒，不让他们来管理我们，我们要自己来管，这就是民主的问题，这是我们边区也已作到，边区一切官吏，都是由民众中选举出来的，他真正是为群众作事的。（三）但什么人作领导呢？什么人团结组织民众呢？就是要有一个老百姓的党，一个代表工农大众的党，在边区就是共产党。我们边区因为有共产党领导，方才有这么大的成绩，今后我们更要大大努力，我们要开更多的荒，开更多的地，我们要大量发展工农，来增加物资生产，供给抗战需要，将日本帝国主义打出中国去。

在陕甘宁边区文化协会致开幕词（摘要）*

（1940 年 1 月 20 日）

　　"五四"新文化运动的兴起，引起了中国广大群众的觉醒，而产生了一九二五—二七的大革命，这个文化运动走在革命的前头做了先导。处在这帝国主义时代的半殖民地的中国资产阶级，由于他的妥协性不彻底性，在中国"五四"所谓新文化运动之后，很快就变成了进步的障碍，他们不愿意前进，因而也就不能完成他们的任务。同时，由于中国共产党的产生，并受当时苏联十月革命的影响，中国新文化运动很快便过渡到另一个新的阶段，这时就产生了无产阶级的文化运动。一九二五—二七大革命时代是中国一般新思潮高涨的时代，西欧的新思想，马克思的唯物主义，传布到中国，在中国社会内部起着非常大的作用。

　　十年苏维埃运动给中国人民思想理论上的进步以很大的影响，当时资产阶级的文化运动没有完成它反帝反封建的任务；一些资产阶级的代表者走向反动，这时便又产生一批新的文化人，如同"左联"，他们从诞生以后一直是处在与反动势力斗争中，他们不屈不挠的工作着，在文化界中起了领导的作用。在抗战中，文化运动更走上了一个激烈的阶段，他们是反法西斯，反对日本帝国主义的，在抗战以来，

---

　　* 原载于《新中华报》1940 年 1 月 20 日，第 4 版，录自《新中华报》综合版（整理本），江西人民出版社 2016 年版，第 2057~2058 页。

文化界尽了很大的力量，现在的抗战，可以看到政治上文化上有很大的进步，一般的文化人都在极力要求更进步的，更深入的东西，和更明确的指导，因之我们今天要开辟出一条新的道路，要打下一个新的基础。

在延安反汪拥蒋大会上的讲话 *

（1940 年 2 月 7 日）

今天延安各界开讨汪拥蒋大会，就是要反对汪逆精卫和日寇勾结，签定所谓"日支新关系调整要纲"的卖国条约。自从汪逆出奔降日以来，对日寇极尽其奴颜婢膝的丑态，不惜将我大好的锦绣河山双手奉与日寇，忍心出卖四万万五千万的同胞，做日寇的奴隶。若是中华儿女，哪一个能不痛恨？不过或许还有人大感不解，何以不久以前汪逆还曾窃据要津冒充党国要人，而现在居然会堕落到叛卖祖国，甘作汉奸、日寇走狗、民族公敌的地步呢？这是一点也不奇怪的，因为汪逆的危害革命有他的历史根源在，是他一贯的动摇性妥协性发展的必然结果，而并不是偶然的。在中国近几十年革命运动的各个阶段上，每当革命最紧急的关头，汪逆精卫就利用他革命的假面具实行他国贼的欺骗手段，这一次公开爬到日寇脚下，去舔日寇的臭脚，显出露骨的丑态，真不知人间有羞耻事，真不是人类。从辛亥革命时代和大革命武汉政府时代以及现在抗日民族革命战争中，大事的败坏都和他是分不开的，他就是这样的不祥之物，他就是破坏团结分裂革命力量的祸首，他的方向就是□□历史向后退的方向，他的名字也就是投降叛变的可耻标志。

当满清末年，由于统治阶级的腐化，不但人民已不能照旧生活下去，

---

　　* 原载于《新中华报》1940 年 2 月 7 日，第 6 版，录自《新中华报》综合版（整理本），江西人民出版社 2016 年版，第 2175～2177 页。

则统治者也不能照旧统治下去，革命的危机日益深刻化。光绪皇帝、西太后死了之后，载沣当国，他深恨袁世凯发动戊戌政变危害光绪并掌握大权，就立刻把他解职遣送回籍。到了四川铁路□□转成革命军士在武汉起□，革命军各地蜂起，满清势力土崩瓦解，大江南北到处树立了革命政权，南方建立了中华民国临时政府，满清的统治危在旦夕。英帝国主义看到这样情□，深恐一旦革命成功，英国在华的统治就要遭受破坏，于是命他的驻华大使朱尔典压迫清廷起用袁世凯来镇压革命的力量。袁世凯出山后，利用他小站练得军队，勉强阻止革命军的进攻而提出停战议和的要求。他想利用满清的余存力量来恫吓革命政权，逼它让步；一面又利用新兴革命势力来威胁清廷，逼他退位，他个人好坐收渔人之利，长享革命的果实——夺取政权，自做大总统乃至于皇帝。但是他知道革命党人不肯妥协，所以他极力想在革命党中找适当的人来促成这个出卖革命的交易，于是他就找到汪精卫。当时汪正以炸摄政王的案□身狱中，汪这时革命的名声还是有一些，而革命的□操不见坚强，正是袁氏所百觅不得的好对象。于是袁氏就将汪精卫从狱中释放出来，要他斡旋南北和议，而汪精卫也就□恩知己，慷慨担负起□个出卖革命的任务。他回到南京，就力主议和，要孙中山先生把总统让给袁世凯。中山先生认为和旧官僚袁氏妥协，出让革命政权，结果旧的反动势力仍不能彻底清除，终不免是将来的祸根，现在只要革命党人再能坚持一下，革命的成功就指日可待了。汪见说中山先生不动，就力逼中山先生说："你不肯议和是不是因为舍不得你的总统位子？"他这样备有用心的污蔑，使中山先生感到非常的痛心，只好说："这不是我个人的问题，和议是国家大事，还要请大家来□决。"当时真正的革命党人都不主张议和，但革命阵营中还有许多目光如豆苟且偷安的投降妥协派，和一些听到革命成功就跑到南京政府伪充革命实际上钻营职位的旧官僚，他们却赞成议和。结果议和的意见被大多数通过，南方的代表是伍廷芳，北方的代表是唐绍仪，南北代表在上海谈判，而汪逆则居□拉拢，极尽其□和事佬的丑态。和议成功，中山先生辞职，政府北迁，袁世凯当权，这就造成了此后中国分争割据的局面。辛亥革命是失败了，这次革命就断送在汪逆手里。他摧毁了无数志士仁人艰辛缔造的革命果实，他延缓了中国革命的胜利，他这种罪恶早就该受全国人民的唾弃。辛亥革命是以妥协旧势力来结束的，民主革命的任务没有完成，因此又有一九二五—二七大革命的爆发。这次革命是更广泛更深入到工农群众中的，而在革命的进程中□分解出那些不坚决不彻底的分子，但革命仍在向着更新的阶段开展着，在武汉政府的领导之下组织了广大的工农，取得了军事上节节的胜利。当时汪逆正以政见不合逃居国外，武汉政府以他还是国民政府主席仍请即速回国，共同领导革命。对于他可说是仁至义尽了，谁知道汪逆精卫丧尽天良反过来祸害革命。当他回国路过上海时，就□当时反革命势力进行出卖。□政府的协商，但在表面上还伪装成革命者来参加武汉政府的工作，暗地里去极力压制革命的发展，削弱革命的力量，挑拨国共的团结合作，作他二次出卖革命的准备。汪逆□四月回国的，在他三个月暗藏的危害革命之后，就召集了七月十四夜的国共分家的秘密会议。孙夫人事先得到消息，不禁痛哭革命的前途又要被汪逆断送了，就派了代表去出席会议力争国共不能分裂，因为凡是中山先生的真正信徒，都不忍见中山先生亲自领导的第一次国共合作的破裂，不忍见当时蓬蓬勃勃革命的运动再受挫折。会议上争论很激烈，但终由于汪逆的坚持和一些投降妥协分子的赞同而通过了国共分裂的决定。从此就开始了极端的恐怖。汪逆就是刽子手，他的口号是："宁可枉杀千人，不可使一人漏网。"他的手上曾染了我们无数优秀革命家的血。他夺去了人民奋斗争来的权利而给他们以新的锁链，在汪逆的疯狂的反动之下，汹涌的革命高潮是消失了，这是第二次汪逆断送了中国革命的前途。

"九一八"以来日寇进攻更加紧急，全国国民都□感国亡无日，各地救亡运动大大发展起来，要求政府抗日，而汪逆当权反坚持不抵抗主义，并喊出所谓"一面交涉，一面抵抗"的口号，实际上放弃抵抗，进行他出卖民族献媚日寇的阴谋，同时他残酷地镇压各种抗日救亡运动，屠杀爱国青年，造成"爱国有罪，卖国有赏"的痛心现象。他在南京遇刺未中即逃往欧洲，在德国与希特勒商谈共同反共问题，并学习压迫革命的新方法，一听到西安事变他就急急到新加坡——并在新加坡发表反对统一战线和反共的谬论，企图回国，窃取蒋委员长的位置，但是出乎他的意料之外的是，我们党内国内明达之□□大敌当前团结为重，使蒋委员长又安然回到南京，使汪逆感到莫名的沮丧。"七七"抗战以后，汪逆虽然□身革命阵营，却同日寇暗通声气，专门挑拨离间团结阻碍进步，反对抗战到底，要想中□妥协。在第二次参政会上他公然主张和平，受到了无情的痛击，不能再混。前年年底，他索性亲自逃奔到日寇那里，企图在日寇羽翼下组织傀儡政权，学他人的特务侦探暗杀的勾当来危害革命。现在他又签定这种出卖国家民族的条约，妄想第三次来断送中国革命的前途。但是这次全国人民是不会允许他的，现在中国已不是三十年前的中国了，也不是十四五年前的中国了。中国有了广大的觉悟青年与革命民众，特别是有了崭新的进步的无产阶级，有了强大的无产阶级的政党——中国共产党，有了最进步的军队——八路军、新四军及其他坚持抗日的军队，有了以国共合作为中心的抗日民族统一战线。"七七"以来全中国人都从他切身的经历明白了抗战才是出路，妥协只有灭亡的真理。今天广大□□已经觉醒，他们再不是无知的群氓，可以随便听人摆布、捉弄、出卖。日本人倘若因为现在还可以□以前那样，收买几个无耻的"头子"，就可以□□□取得中国，那是白天做梦。□看汪逆投降出奔结果如何呢？不是全中国人□着汪逆去当亡国奴，□是汪逆自己受到全国人一致的唾弃和声讨。这次汪逆□和日寇签定了这种出卖民族的条约，□有更加□□地□露出日寇□华的企图和汪逆的叛卖□国的阴谋，更加使全国人警惕到投降妥协就会灭亡，□□了自身的生存和解放就非□□这些投降妥协的败类坚持抗战到底不可，他们再不会□□革命前途又□□被汪逆断送了，汪逆这种妄想只有自取灭亡而已。他今天连宋时秦桧的地位都不如，他没有秦桧□资本去和敌人去作交易，只有把那投奔敌营认贼作父以子礼事金的刘□才能略相比拟。刘□结果还是被逮捕幽禁，以至于死。这是汉奸下场，也是汪逆将来的写照。今日抗日阵营中还暗藏着一些秦桧和想做秦桧的人，他们都可以好好体□一下这些历史上的殷鉴。至于我们大家呢？我们仍要前进，肃清这些无耻的民族败类，坚持团结和进步，抗战到底，把日寇驱逐到鸭绿江边，建立三民主义的新中国。

中国工人阶级的特点及其在中国资产阶级民主革命中的作用 *

（1940 年 2 月 7 日）

资本主义创造了资产阶级，同时也创造了无产阶级。随着资产阶级，也就是说随着资本主义发展的增进，无产阶级也同样发展起来，从一切穷苦的阶层中、从一切中等阶层中的没落分解中不断地补充了壮大了自己的队伍，它是作为一个阶级逐年在增长着。工人们被剥夺尽一切生产工具，他们没有财产，只有找到工做才能生存，而且只有在他们的劳动为资本家创造剩余价值的时候，他们才能找到工做，因此对于他们或者是去受剥削，或者去饿死，两者必择其一，如果想要得到澈底解放，除了打破资本主义制度之外再没有其他的出路。所以无产阶级由于它自己无产者地位的关系，乃是最革命的阶级。

无产阶级是与最先进的经济生产形式联系着——是与大生产联系着，它用自己的劳动创造了空前未有的伟大生产力，它用自己的劳动创造了社会的一切财富和建设，因此他们不但能破坏资本主义的旧社会，而且能在它的废墟上建立自由幸福的社会主义新社会。

无产阶级随着大生产的发展，不但数量增加，而且被集合为大的群；同时机器的发达又一步一步地消灭劳动的差别，一步一步地代替了多余

---

* 录自《中国工人》（月刊）1940 年 2 月 7 日创刊号，第 13～16 页。

的劳动力，这就使得无产阶级内部的利益和生活状况日趋平均化，日趋恶化，他们内部的竞争冲突日减，为共同的利益一致团结起来和阶级敌人作斗争。因此无产阶级由于它在大生产中劳动条件的关系，最容易组织起来，而变自己为强固的社会力量。这种有组织的力量就足以担负起打破旧社会的历史任务。

在资本主义制度之下，无产阶级的利益和广大小资产阶级的利益最相接近，农民、手工业者、一切劳苦群众，他们和无产阶级一样受剥削受压迫，但因为随着产业的发展，社会的进化，他们是在不断地没落着，分解着。而且他们的生活条件又造成了他们的保守性，就使得他们虽然必须和压迫者剥削者作斗争，却不能够自己领导自己，只有和无产阶级一起在它的领导之下才能得到最终的解放，这就使无产阶级能够充分准备了自己对被压迫劳苦群众的领导作用。

最后，无产阶级是现代社会中的最下层，它如果不把压在它上面的上层社会全部推翻，它就不能站立起来，如果他不把整个社会永远从剥削和压迫中解放出来，他就不能把自己从剥削和压迫中解放出来。因此，他是反对剥削和压迫的最坚决最激底的战士。他不仅反对资本主义的剥削和压迫，而且反对资本主义前期封建剥削和民族压迫。

总而言之，无产阶级是现社会中最革命最进步的阶级，它在人类历史进程中负有特殊的使命，它要领导人民大众走到没有剥削没有压迫的新社会。

无产阶级是顺着历史发展生长起来的，而它又推动历史前进。世界革命运动历史告诉我们：从无产者产生之日起，它就在不息的战斗着，在资产阶级革命中，无论在英国、法国、美国或者德国，谁最坚持革命推动革命呢？只有无产阶级！无产阶级对革命贡献了最大力量，而资产阶级却安享革命的全部果实，他们将新的剥削和压迫来代替了旧的剥削和压迫。但是全世界的无产阶级数量上在增加着，政治上在发展着，他们已经组织起来，他们已经造就了自己强大的战争的党，他们已经高举起马列主义的光荣旗帜，准备和敌人作最后的斗争，他们是一定要胜利的，这一点毫无再加疑虑的余地。试看苏联的例子吧！在全世界六分之一的国土上已经实现了古今中外许多伟大的思想家所长期梦想的真正平等幸福的新社会，这铁一般的事实无可争辩地说明着无产阶级的伟大的将来和不可战胜的力量。

自从帝国主义侵略中国以来，他们在中国设工厂、开矿山、建筑铁路，尽力强大自己在中国工业上的地位；同时又刺激了中国民族工业的相当发展，因此，就创造了三百万以上中国真正的无产阶级。他们受着三重的压迫：帝国主义的，资产阶级的，再加上半封建的剥削压迫。他们过着骇人听闻的惨苦生活，因此他们也就最容易接受革命的思想，他们有着最强烈的革命性。中国无产阶级的又一个特点就是当它由自在阶级的斗争转到自为阶级的斗争时，就在中国共产党的领导之下，在马列主义的指导之下。所以中国无产阶级一跃登政治舞台，就形成中国政治生活上的决定因素。此外又由于中国半殖民地的地位，帝国主义掌握了中国的经济命脉，中国资产阶级特别软弱无力，所以中国无产阶级的力量比资产阶级的力量更来得大。

中国工人具备了这些优点，就使他们足以担负起中国革命中的领导任务。因为中国是半封建半殖民地的国家，资本主义不能顺利发展，资产阶级特别软弱无力，又处于世界资本主义腐化、没落、垂死的时期，再加上十月革命无产阶级的伟大胜利已在历史上树下了一道划时代的分界碑，从此殖民地半殖民地国家的民主革命已不复是资产阶级民主运动的一部份，而是无产阶级革命运动的一个重要组成部份了。这种种原因，就使得中国软弱的资产阶级对资产阶级民主革命缺乏坚定性和澈底性，无力领导中国资产阶级民主革命的澈底完成，于是这个任务就不能不落在中国无产阶级的肩上，需要中国无产阶级领导一切被压迫的人民大众，首先推翻帝国主义和封建势力，再进而领导他们去为没有剥削压迫的新社会而奋斗。

我们中国无产阶级能否担任这种重大任务呢？我们说：能够的。我们觉悟的中国无产阶级是充满着自尊心和自信心来完成它的。我们不仅善于为我们的惨酷的命运而哭泣，更善于为改造我们的命运而斗争。我们所最目击心伤的，就是暴虐无道的帝国主义、封建势力和资产者公然摧残压迫和侮辱我们千百万的工友；我们所引为自夸的，就是这种剥削压迫已引起了我们英勇的反抗，我们庆幸我们有自己的伟大的领袖，如刘华、苏兆征和毛泽东等优秀的工人领导者，我们已造成了我们强大的中国共产党。我们引为自夸的，就是我们中国工人短短二十年的斗争史已充满着震动中外雄壮伟烈的光荣事迹，如海员罢工，二七罢工，五卅运动，省港罢工，收回汉浔租界，上海三次武装起义，广州公社退兵时的一战，以及十年苏维埃的斗争，二万五千里的长征，这一切都铁一样的证明着中国工人威武不屈英勇前进的革命精神和顽强坚忍无敌不克的斗争力量。

二年余抗战以来，国内许多中心工业城市相继沦陷，我们无数工友，或者在日本帝国主义铁蹄下惨遭蹂躏，或者流离转徙，失业贫困。我们工人空前的浩劫是铁石人也要感泣的，然而我们丝毫也不会因为压迫和困难而放弃了战争，正相反，我们是愈挫愈坚百折不挠的苦斗着。我们对驱逐日寇建立三民主义新中国的艰巨的光荣的事业是贡献了我们所能贡献的一切。在团结上，我们是模范，为了共同抗日，我们尽可能避免用罢工的方式提出我们最不得已的要求，我们以无限的忍耐在最艰苦的条件下劳动着。在抗战上，我们也是模范，唐山七千工人的武装起义就是最好的例证，香港工友反汪大罢工更表现了工人威武不屈见义勇为的精神，从各方面我们都用事实证明给广大人民看，无产阶级对民族解放事业是最坚决最忠诚的。

为了我们民族解放人类解放的光辉事业，我们要紧紧团结在中国无产阶级的先锋——中国共产党的周围，更加努力地在各个方面准备我们自己，更坚强地把自己组织起来，用革命的精神和理论来教育我们自己，在各种各式的斗争中锻炼我们自己，将我们自己造成真正的布尔塞维克的战士。我们要解放我们自己，我们要解放整个人类，我们一定要完成这个光荣的历史任务，我们也一定能完成它，我们要把我们的锁链锻炼成武器，我们要用它来击碎黑暗腐朽的旧社会，创造光明灿烂自由幸福的新世界！

为争取人民的宪法和民主权利而斗争 *

（1940 年 2 月 23 日）

　　我准备结合中国的政治情况，谈谈宪政运动之产生以及现在为什么要促进宪政。

　　中国的情形与历史发展，有许多旧东西。在古时，有所谓大同世界。《礼记》中的《礼运篇》就有大同与小康之说："大道之行也，天下为公。选贤与能，讲信修睦，故人不独亲其亲，不独子其子，使老有所终，壮有所用，幼有所长，鳏寡孤独废疾者皆有所养，男有分，女有归。货恶其弃于地也，不必藏于己；力恶其不出于身也，不必为己。是故谋闭而不兴，盗窃乱贼而不作，故外户而不闭，是谓大同"。这里说的大同世界，或者就是对中国原始共产社会的描述：大家劳动，收入归大家，人人各得其所，孤寡老人和有残疾的都能得到照顾。《礼记》这部书，有的说成于汉，有的说成于周，但能作这样的描写，一定有过这样的时代——原始共产公社时代，也就是史书上说的尧舜之世，或尧舜以前吧。这种大同世界的思想，对近代的康有为和孙中山都很有影响。康有为著《大同书》，有大同三世之说，孙中山的理想是"天下为公"。

　　但就在《礼记》出书的时候，大同早就没有了。"今大道既隐，天下为家。各亲其亲，各子其子，货力为己，大人世及以为礼。城郭沟池

　　* 录自《重庆社会科学》1985 年第 2 期，第 112～116 页。

以为固，礼义以为纪，以正君臣，以笃父子，以睦兄弟，以和夫妇，以设制度，以立田里，以贤智勇，以功为己。故谋用是作，而兵由此起。禹、汤、文、武、成王、周王，由此其选也。此六君子者，未有不谨于礼者也。以著其义，以致其信，著有过，刑仁讲义，示民有常。如有不由此者，在势者去，众以为殃，是为小康"。尧舜之世生产低下，大家一家人，没有什么争斗。到了禹汤文武时代，有了私有财产和小家族，社会内部斗争也发展了。所以这个时代的领导人只好尊礼讲义，也就是中国人常常自讲的礼义之邦。据书上看，春秋时代小康局面都维持不住了。所以孔孟之徒要周游列国，请诸侯们讲仁政。讲礼也讲法，"礼禁未然之前，法施已然之后"。

中国的政治思想发展上有这样一些特点：

一是天命思想。《诗经》上讲的"天生蒸民""立我蒸民"都是说的政治要由天或天生的好人来管。所以，中国的每一朝开国皇帝，都说他出生就不同于凡人，或者从什么奇特的自然现象受孕，或者梦见什么怪东西才生他。近代的曾国藩生癣疥，吹捧他的人说他脱下的皮屑有似龙鳞。日本人也利用这些天命王道的说法，来巩固他们的天皇制。《易经》说"圣人以神道设教"，就是利用天来害老百姓，欺骗人民，说皇帝是天子下凡，代天管民，他能仁人爱物，做好事，即所谓的王道，这固然好；要是他做坏事呢？好象也没有法，因为那也是天意，人民遭劫，是天命他下凡来惩罚人民的。

再是愚民政策。孔子说："民可使由之，不可使知之。"孟子说："劳心者治人，劳力者治于人；治于人者食人，治人者食于人：此天下之通义也！"所以封建时代的官都是"人牧"，人民如牛羊，州官县令就是看守羊群的牧人，好象他们就是社会中的蜂王，没有他们社会就要解体。尽管孔孟的书中也有"民为邦本""民为贵，社稷次之"这样的话，但他们的思想并不是主张民治，不过说没有老百姓也就没有国家，因而应该对人民仁爱一些而已。他们把人民视作群氓、阿斗，并不主张给人民以权。今天我们都懂得，真正聪明、有力量的是老百姓。即使有人因经济文化的落后显得蠢，那也不是生来如此，而是政府的愚民政策所造成的。

　　还有黄老一派提倡清静无为。汉有文景之治，汉文帝垂拱而治，老百姓任他生产去，不要管他，最好少抽点税，管多了倒害了他们，"日出而作，日没而息，凿井而饮，耕田而食，帝力于我何有哉"！这是无政府思想。实际是随着社会的进步，私有财产发生了，商品经济发达了，伴同着也就有口蜜腹剑等等狡诈行为发生。黄老一派只看到消极的一面。如庄子说："为之斗斛以量之，则并与斗斛而窃之；为之权衡以称之，则并与权衡而窃之；为之符玺以信之，则并与符玺而窃之；为之仁义以矫之，则并与仁义而窃之。"也就是说，你要防止偷而把东西锁起来，把钥匙藏好，可有人却连箱子一齐抢。进而还会"窃国者侯"，无法管。因而主张"焚符剖玺，而民朴鄙；掊斗折衡，而民不争"。总之，认为世界上没有公道，要恢复大同世界只有倒退，退回到封闭的小农生产上去，各守一块地，自耕自织，不买东西，除一家一身之外，各不相涉。路人大家不管，即使饿成路殍却不去管，至多可怜一下而已。

　　春秋时代人才多，诸子百家。秦始皇当政时焚书坑儒；汉兴，又独尊儒家。有一些思想派别就渐渐湮没了。但无论是孔孟或是黄老，都是封建帝王所喜欢、所需要的。特别是孔孟一派，把帝王抬得很高，把老百姓压得很低，以孝作宗，用以维持巩固封建宗法社会。小农经济、小手工业和儒家思想结合一起，就使得中国的宗法社会残余非常难破，长期阻碍资本主义的发展，在这样的社会里，无所谓法律，更无所谓宪政。秦用商鞅立法，当时的儒家就极力反对。他们认为只要皇帝心好，天下就会太平。

欧洲地方小，交易频繁，商品生产比较发达，宪政运动也就产生得早一些。希腊罗马时代就有宪章，如罗马的十二金牌法，就是一切要依之而定的根本法。到了近二三百年来，随着资本主义的发展，欧洲的宪政运动也逐步进展。平民争民主，要求参政。英国在三百年前就开了国会，当时国内有许多小诸侯王国，比较富，皇帝要他们出钱、出兵，他们就以不出代议士、不纳租税为条件，利用国会和君主斗争。由限制君主勒索和乱捉人，逐渐发展到争民主权利。后来卢骚写了《民约论》宣扬人权，主张人生而平等，个个都要自由。这是因为资本主义势力进一步发展了，金钱的力量更大了，国王要向资产阶级要钱，那就得给他们以权。在资本主义经济基础上，产生了国为民有的思想，他们控制了国会，主张一切重要事情要经国会通过。那时又有笛卡儿的理论：一切要经过我的理智，要民权、要民主。宪政运动就是这样随着资本主义的发达而发展起来了。

欧美这些国家的宪政运动，也是经过许多波折的。如英国杀过国王，成立过共和国，以后又发生复辟，现在还有皇帝，但皇帝只是摆摆样子，国会是由资产阶级的政党领袖在召集和负责。法国大革命是在四面反动国家的包围中进行的，但革命者杀退了一切反动力量，资产阶级革命比较彻底。根据他们的宪法，国家主要负责的不在总统，而是国务总理，当总理的也就是一党领袖。再就是美国独立，搞了三权分立，不相干涉。英法美三国是资产阶级民主国家的代表，比德国、日本这些国家的钦定宪法要显得民主一些。当然，他们的民主也是表面的，所谓选举，实际为金钱所操纵，比如英国要当选议员就有许多限制，要有地位、有文化、有财产，至少要有多少多少英磅。选举在这些国家无非是经过某种民主形式，敷衍民众，让资产阶级的这一派或那一派去执政。实质还是在民主的形式下搞资产阶级专政，实现少数剥削者对多数人的压迫。和今天中国作比较，他们的议员在国会里，除了骂皇帝而外，几乎是什么话都可以说。不象在我们重庆那些地方，出版、集会都没有自由，甚至行路都行不得。英国资产阶级在这些地方是聪明的，知道控制太紧终会爆发，不如给个讲坛让你说话，气出了也就算了。但也有不如的，如妇女参政运动，欧美这些国家就闹了很久，象英国，直到欧战后的 1928 年才争取到，还要限制年龄在三十岁以上等等。这一点国民党还好一些，国民参政会就有几个女参政员，虽然多是恩赐的。

至于德、意、日这些国家就不说它了。德国和日本原都是钦定宪法，和清朝末年的中国一样，一点一点争，又一点一点由皇上恩准，随着阶级斗争的尖锐，他们又认为资产阶级民主太软弱，就赤裸裸地搞法西斯专政。这些国家的法西斯化，暴露了他们对多数人专政的反动实质，也宣告了资产阶级民主的破产。

真正实行民主宪法的国家，在今天只有苏联。苏联宪法是社会主义经济的产物。国家权力机构是把行政、立法、司法合而为一的最高苏维埃。宪法保障工农群众的劳动权、休息权和受教育权，比如言论出版，苏联不象西方只是口头给予自由，且积极以物质保证之。它并不讳言专政，但无产阶级专政只是要压迫那些极少数的"压迫者"。在阶级未消灭以前，只有保障最多数人的最高利益才是真正的民主。真到了实现共产主义的时候，国家消亡了，现在形式的民主也就不必要了。

我国宪政运动，也是近代才提出并逐渐开展起来的。康、梁搞变法维新的时候，只要光绪听话，能学日本的样子就很好了，结果才推行了一百天的新政就发生了戊戌政变。康、梁才进而宣扬君主立宪。1900 年庚子之变以后，清廷才始被迫做出预备立宪的样子。这时在海外发生了革命派与君主立宪的斗争，清廷派五大臣出国考察宪政，在车站就被吴樾打了个炸弹。清朝本没有立宪的诚意，但为了维持残局，被迫宣布了九年预备立宪和钦定"宪法大纲"，人民不受其欺骗，又闹，清政府又渐次地改，到颁布所谓"十九条"，即《宪法重大信条十九条》时，离它灭亡已不数日了。辛亥革命发生，到1912年初孙中山先生才回到上海，然后赶到南京组织政府，他在临时参议会中，以代表全国各省的十七票当选为总统。这时袁世凯利用武力和清廷残余势力相威胁，南京政府就在上海与之议和。这时汪精卫从监狱中出来了，极力主和，要孙中山将大权让与袁世凯，对于取消南京政府，革命党人都反对，可是有批官僚却闻讯大喜，相继投奔北方。孙中山恐人以为自己欲做总统，也就让了权，和议才得告成。但南京政府时以林森作议长的参议会，所制定的几条约法精神还是好的，以为能依法对袁世凯有所限制，实际一点没有。他们随意可以立法，民国三年（1914年），袁氏篡权后就搞了部骗人的约法；其后曹锟用一千五百万元尽贿议员，当上总统，也搞过一部"中华民国宪法"。从袁世凯到曹锟都是臭名彰著的军阀，他们颁布的"约法"和"宪法"都是欺骗人民借以维持其反动统治的遮羞布，今天国民党的"五五宪草"，大体就是这么沿袭而来的。

对于"五五宪草"及其选举法，全国广大人民和各党派都是不满意、不赞成的。听说国民党内部对宪政问题也意见不同，我对内情不十分清楚，不好多讲。在进行民族民主革命战争的今天，我们希望给人民的民主权利更多一些。孙科是立法院长、国民政府的宪法起草人，对宪政促进运动，想必赞同吧。

我们今天要什么样的宪法？我们所希望的宪法与西欧有何不同呢？

（一）我们打日本为什么？是为了保卫国家主权、民族独立，同时也是为人民争民主。孙中山在《建国大纲》上说，要先把地方自治弄好才好进行宪政。我为抗日从海外归来，见四川正在办什么县政人员训练班，据说国民党一年中要花二万万五千万元来办训练，要求区长是大学生，保甲长是中学生。训练是为了一切国民党化，先把基层政权人员培植成国民党员，再放下去搞党化，据说到四月一号以后，国民党政府就不准非国民党员做官了。

国民党人自己也说抗战和建国是不能分离的，坚持抗战必须建国，非建国无以抗战。今年的宪法，就应该是团结全国人民抗战建国的宪法。这部法象欧洲不可，象苏联也不行。还是要求在抗战建国的大前提下求共同发展。这样才能减少矛盾，对执政的国民党也是好的，才能得到大家的拥护。不准非国民党员做官，我看不好，国民参政会有一条：要网罗全国的好人材，用强迫入党的办法是收不到好党员、网罗不到好人材的。我们中国共产党是工人阶级的先锋队，要团结全国人民抗战，并不要把所有的人都收到党内来。国民党如果使全国都国民党化，那也就没有什么国民党了。其实，越这样作有些好人越不愿入党，还是不要采取独裁专制，把别人都压倒的蠢办法。你有力压，人家也有力反抗，十年内战中血的教训就是如此。还是为了坚持抗战建国，让抗敌的各阶级皆能发展，这才是真正的民主宪政。

（二）抗日战争已经打了两年半。我们相信前途一定是中国人民胜利，但也指出：现在也存在着投降危险。国民党方面说，这是共产党造谣。但无风不起浪，有人在同日本私下勾结，这也是事实，是人们担心的问题。

宪法是一组条文。宪政运动的开始发展就是人民要管理国家，要定出根本法，规定我们的国家是怎样的国家，国事要怎么办，特别是宣战议和这样的大事，应该经过什么程序得到人民的许可。有了根本法，授权执政的人就有了制约，一人随便不得，办事就得依法，即使君主立宪国的君主亦不得违法。一切本着根本法作，不能凭一个领袖的脑壳办事，今天他想这个就来这个，明天他想那个又来那个，就象法国路易十四说的"朕即国家"。他说如何就如何，就是法。这是独裁。今天的宪政运动就是针对着这一点来的。制定了抗战宪法，施行了抗日宪政，一切宣战、媾和的大事，由人民机关来掌握，人民就不会为少数败类的投降妥协活动而恐慌了。宪法保障了人民选出的代表作主办事，很多摩擦误会都不会再有了，抗日战争就能更好地打下去。

二、中国最大的毛病是官僚腐化。尽管前方战士在拼命流血，可是在国民党统治的大后方，却有许多人天天在作坏事，发国难财。这些官僚机构坏极了，非打碎不可。促进宪政，民意机关就一定要有罢官权。用真正的好人去代替腐化的官僚。要把污秽的搞倒，创造出新的来。可是现在我们的一切自由都被剥夺了，人民如何团结起来呢？大家不管，坏人会更猖狂。忍气是不能了事的，这就要给人民以权，使人民团结起来，活跃起来。这样才能扫除污秽，把新鲜的力量创造出来，发挥起来。

为此，我们要做些什么呢？

（一）我们要在促进宪政运动中，宣传群众，把各党各派团结起来。要深入城镇乡村，使人民了解，我们是为抗战胜利的目标而奋斗，有民主才能抗战，动员大家为了这个伟大的目标争权。

（二）陕甘宁边区是发扬民主的模范地区。各国的选举是政党选举，我们的选举不是资产阶级的伪选举，而是直接普选。我们边区有民主和自由。边区的同志到其它地方去工作，也要发扬这种作风，战胜困难，作民主办事的模范。

（三）我们要为争得人民的宪法和民主权利而斗争，尽管我们国家还比较落后，是半殖民地半封建社会，但时代是非常进步的。我们要准备为宪政而斗争，各国宪政运动没有不斗争的。汪精卫卖国贼的破坏手段不用说了，国内还有人散布，说我们不抗战，游而不击。中国共产党是代表人民的，是有前途的政党。为了人民我们不畏惧斗争的艰巨残酷。我们不但要促进宪政运动，还要使将来的宪法成为最好最进步的宪法。要改革政治机构使之成为人民执政的机关。要真正实行孙中山倡导的选举、罢免、创制、复决四权。不但要为人民争选举权，还要有罢免权，谁不好，不能为人民办事，就罢免他。中国宪政运动中，妇女要起很大作用，因为他们占到选民的半数，发挥出来是很大的力量。对此一定要有明文规定。为了制定一部好宪法，还得要有人搜集资料，作专门的研究。

世界各国的宪政运动，从没有不经过斗争就能成功的。共产党人更要自觉地为人民的宪政而斗争！

在延安各界宪政促进会成立大会上的讲话 *

（1940 年 3 月 31 日）

　　同志们！今天我们开延安各界宪政促进会成立大会，得到了各界热烈踊跃地参加，这是非常可庆幸的。为什么我们要这样郑重地成立宪政促进会呢？他的意义在什么地方，有些什么任务呢？现在我来谈一谈这个问题并说一说宪政和目前时局的关系。

　　第一，宪政与抗战的关系。有些人说："各国在战争时期即最民主的国家都要把民主范围缩小，因此，抗战时期根本就不应该谈宪政的。"这是因为他们不懂得反抗帝国主义侵略的正义的民族自卫战争与帝国主义的掠夺战争根本不同，因为他们忘记了中国是半殖民地的国家和我们的抗日民族革命战争是怎样发动起来的这两个具体的事实。大家都知道在"七七"抗战以前，中国是四分五裂没有统一的；而且国内战争连年不断，日本帝国主义乘此时机，从"九一八"以来，一次又一次的武装进攻，侵占了东三省不足，又占领热河，吞蚀了平津冀察还不足，又要占领北五省；而国民党国民政府则以不抵抗为主义，高唱其"攘外必先安内"的政策，极力从事内战并"围剿"苏区和红军。全国人民痛心于亡国灭种之祸迫在眉睫，莫不有停止内战一致对外之要求。一九三三年正月中国共产党苏维埃中央政府红军军事委员会曾经通电，愿意在三个条

---

　　* 录自《解放》1940 年第 102 期，第 6～10 页。

件之下（即一、停止进攻苏区与红军；二、给人民以民主自由；三、给人民武装抗日自由），同任何国民党军队停止内战，一致抗日。

当一九三五年华北危急万分，中国共产党又发表了有名的"八一宣言"，号召全中国人民不分阶级、不分党派、不分民族，凡是不愿当亡国奴的人都团结起来创立抗日民族统一战线，反对日本帝国主义侵略中国，收复东北失地。一九三六年八月中共又发表了《致国民党书》，要求在抗日救国的总目标下，实行"国共合作"，并于九月提出为统一的民主共和国而奋斗的任务。无论当时国民党国民政府对于我们的提议，怎样置之不理，怎样不断地向中共、苏维埃、红军实行残酷的进攻与"围剿"，然而我们并不因此改变我们的基本方针，并且为了实现自己的主张而坚决奋斗。

但在西安事变以前，中共抗日民族统一战线的新政策，虽得到了全国广大群众的同情与拥护，然而在国民党中间，在社会上层份子中间，一般的还表示怀疑态度。直到西安事变，我党不仅没有利用政治危机来希图报复，扩大内战，反而利用自己的地位，坚持对双方冲突实行和平调解的方针，使当时内战危机得以避免，国内和平获得最后胜利。接着中共于一九三七年二月十日给国民党三中全会的电报，对国民党提出五项要求与四项保证，更取得了国内外广大人士的同情与赞助。中共对于国家民族的忠诚，至此更大白于天下。

随着国民党一部份贤达之士有了联合共产党实行抗战之要求，国共合作有了初步的成功，"七七"战事既发生而开始了中国空前未有的举国一致的抗日的神圣的民族革命战争。这一战争是中华民族生死存亡的革命战争。其目的在争生存，就是全国民众所高叫的"要生存惟有战"的鲜明的口号。因为，有了这一战争才能够把全国团结起来，同时也要完成了民族统一战线就是完成国共合作才能够抗战。很明显的，要抗战非坚持团结不可，要团结非坚持抗战不可，二者不能偏废。抗战已经有二年半多了，由于我全国民众坚持抗战、坚持团结，由于我前后方数百万将士的英勇杀敌，后方与敌后方千百万民众的踊跃输将和艰苦奋斗，打破了敌人的"速战速决"与"速和速结"的迷梦，获得了很大的成绩。

现在抗战正处在相持阶段中，敌人用诱降分裂我们民族统一战线以实现其"以华灭华"的毒计，而我国内部不仅有公开的汪精卫等汉奸，而且有暗藏的汉奸，他们想以很巧妙的方法来分裂国共合作、分裂团结，以一面抗战、一面"反共"的幌子来准备投降的步骤，甚至以"反共"第一、抗战第二来配合敌人进攻八路军。湖南有平江惨案，河南有确山惨案，河北有张荫梧事件，山东有秦启荣的进攻，环边区的四周，更是处处进攻，没一日安宁。自去年三月以来有所谓"防制异党活动办法"之不足，继之以"对于异党问题处理办法"，又不足，再继之以"处理异党问题实施方案"，开训练班、上磨擦课，"限共""溶共""反共"之声，不绝于耳。这些以"反共"来破坏抗日统一战线的人，无论他主观上是不是想投降，而客观上是帮助日寇使中国抗战失败。因此我全国国民历尽艰辛争得来的团结与抗战是不能让少数顽固份子断送的，因此国民参政会才有保障各抗日党派合法地位、结束党治立施宪政和加紧团结以利抗战等等提议。因此，参政会才有请政府明令定期召集国民大会、制定宪法、实行宪政及保障人民在政治上有平等地位的决议。因此，我们说实行宪政给抗日的各党派及人民以民主自由正是保持全国团结、保证抗战胜利的必需条件。假如说帝国主义反动战争的战时政策是取消人民的自由民主，加重对人民的压迫，那末，我们神圣的正义的自卫的民族革命战争的战时政策恰恰要和它相反，应当是民主政治的，给人民以更多的民主自由来发挥民众自卫、民族战争的力量。

第二，宪政与建国的关系。前年国民党临代大会制定抗战建国纲领以抗战建国同时并进，这是很对的。因为中国是半封建的官僚主义的国家，非削除贪污腐化恶毒，不能建立一个现代的国家，也不能获得抗战的胜利。但是抗战二年半以来，人民尽了很大的努力，忍受了莫大的牺牲，为了抗战救国毫无怨言。而政府官吏反借抗战来鱼肉人民，征兵则上下舞弊，待壮丁如囚犯，迫人民为盗匪，统制则党官包办，危害民生，摧残实业；发国难财至万万元，讨小老婆至八九个；统制外汇则统制于一家妻子之手，管理贸易则垄断于少数党官之徒；动委会百事可为；三青团无恶不作；压迫青年则有集中营，制造磨擦则有训练班，暗杀起于陪都、特务遍于乡里，长安市上，鸡犬为之不宁，咸榆途中，行人为之裹足；一部份国军不攻敌而攻边区，枪口不对外而对自己；贩鸦片烟、造假符号，出自堂堂专员，组织暗杀、破坏边区，派来处处县长；排异己则有功不赏，植私党则有罪不罚；选官授职以党籍为标准，用人行政以爱憎为衡权；多出志愿兵则县官受罚，多成游击队则长官被惩；安徽财政厅以干练清廉而被撤职，好些政府机关以贪污腐化而不受惩；倒行逆施，徇私枉法之事，书不胜书。群众救国团体尽被解散。一切进步书报尽被没收；检查书报之苛求，封闭书店之残暴，令人不能想像。今年四月一号以后，非国民党员不能任政府官职，而新设机关之多又令人不可思议。重床叠屋的机构、滥竽充数的冗员，形成了整个庞大的官僚主义的行政体系。它不但保存了欧洲中世纪封建统治的一切罪恶，而且吸收了资本主义最后阶段——法西斯蒂的腐朽东西，旧的流氓、新的特务，两相结合造成了古今中外所罕见的黑暗政治。就是它招致了空前未有的国难，直到今天它还变本加厉地阻碍着进步的设施，抑压着民力的发展，延缓着胜利的到来。并且也就是这种统治才酿成目前时局中投降、分裂、倒退的严重危险。他们搜刮了无数民脂民膏，占据了国家的重要职位，到底他们对国家人民做了些什么事呢？除了扰民害民误国祸国以外，就再没有其他。像这般贪官污吏早已天良丧尽、人格扫地，如果还叫他们继续治国，显然的不但新中国建不成，就连现在的半壁河山都要被他们断送掉。因此，这个行政机构一定要打破，另建适合抗战建国需要的强有力的民主清廉的新政治机构。所以目前我们必须举国上下齐心协力促进民主宪政之实施，经过宪政的道路来达到改革行政机构的目的。只有实现民主政治，各抗日爱国的党派阶层都有了平等的合法地位，人民有了民主自由，成立了各级的民意机关，集中了全国人材，国家大事取决于人民，政府人员执行民意，他们由人民选举，对人民负责，受人民监督，听人民罢免，这样贪污腐化的份子自然绝迹于行政机构，徇私枉法的罪行也自然一扫而光，而民主共和国的基础才能奠定。所以，宪政又是建立三民主义新中国的必需条件。

第三，我们要实行新民主主义的宪政。现在我们处在什么环境中，要行什么样的宪政呢？

世界上有几种宪政。那些名为立宪国家，实系封建军阀专政，如日本等等且不去说他，就是欧美的所谓立宪民主国家根本就是资产阶级少数人的民主，现在更露骨地表现出极少数的财政资本家专政。因为资产阶级国家的宪法，都是从资本主义经济制度的信念出发。保护生产工具和生产资料的私有制度和人剥削人的两个极端对立阶级的存在，在一个极端上是生活毫无保障的大多数劳动群众，在另一极端上则是生活有保障的肆意挥霍的少数不劳而获的人以及其他等等。资本主义国家的宪法，就是反映资本主义制度，以经济私有制度为基础把它用立法的方法巩固起来，以保证少数资本家对于社会实行国家领导（专政）。宪法之所以需要，是为了巩固便利于有产阶级的社会秩序，以便他们用合法的手段去把持政权来压迫广大的人民。他们的选举是以财产、居住、学识等等来限制，使广大劳动群众不能参加。这是假民主，不是真民主，因此，我们不能采取这种宪政。

现在世界上另有一种唯一的真正民主主义的宪法，这就是苏联的宪法。苏联宪法是以建成了的社会主义社会为基础，把一切生产工具和生产资料作为社会主义公有制，消灭了人对人的剥削和剥削阶级，消灭了大多数人贫困和少数人挥霍的现象，消灭了失业现象，实行了"不劳动者不得食"的原则，劳动成为每个有工作能力的公民底义务和光荣职责。苏联宪法是反映社会主义经济制度，以社会主义公有制为基础，把它用立法的方法巩固起来。苏联的宪法是世界上极好的真正民主主义的宪法。这样真正的民主政治创造了新世界。但是中国现在还是半封建半殖民地的国家，没有社会主义的经济制度作基础。因此，苏联宪法虽好我们也不能采用。

现在我们要实行的宪政是新民主主义的宪政，是以我们二年半抗战中所得来的社会经济的真实基础为根据的宪政。这种新民主主义是与抗战建国相适应的。首先，他必是反帝的即抗日民族统一战线的民主。他不为一个阶级或少数资产阶级及一个政党所专有，而是各阶级、各党派、各民族除了汉奸卖国贼而外都有平等权利的"全民性的民主"。他是为了坚持团结反对分裂，以求得抗战胜利的基本条件的民主。其次，他必是反封建、反官僚、反贪污腐化、反一切专制黑暗势力的民主，他是为了反对倒退坚持进步以求得政治光明的民主。我们要求国民党实行孙中山先生的遗教，即民国十二年一月一日发表的《中国国民党宣言》上所说的：

> 现行代议制度已成民权之弩末，阶级选举，易为少数所操纵。欲践民权之真义爰有下列之主张：甲，实行普选制度，废除以资产为标准之阶级选举；乙，以人民集会或总投票之方式，直接行使创制、复决、罢免各权；丙，人民有集会、结社、言论、出版、居住、信仰之绝对自由权。

又国民党第一次代表大会的宣言说：

> 国民党之民权主义，于间接民权之外，复行直接民权，即为国民者，不但有选举权，且更有创制、复决、罢免诸权也。……近世各国，所谓民权制度，往往为资产阶级所专有，适成为压迫平民之工具。若国民党之民权主义，则为一般平民所共有，非少数人所得而私也，……民国之民权，惟民国之国民乃能享之，必不轻授此权于反对民国之人，使得借以破坏民国。详言之，则凡真正反对帝国主义之个人及团体，均得享有一切自由及权利；凡卖国罔民，以效忠于帝国主义及军阀者，无论其为团体或个人，皆不得享有此等权利。

这就是说，孙中山先生主张：第一，民权不能为少数资产阶级所专有；第二，直接民权是由人民经过集会或总投票方式直接行使创制、复决、罢免各权；第三，人民有集会、结社、言论、出版、居住、信仰之绝对自由；第四，剥夺卖国罔民的人们关于上述的权利。因此，我们主张新民主主义的宪政是不违背孙中山先生三民主义的遗教的。

第四，民主是不易得来的，要广大民众自下而上的努力争取。前面已经从宪政与抗战建国的关系中说明了它的重要性，又指明了这种宪政应该不是形式上代表多数实质上少数垄断的虚伪的资产阶级的民主，而应是广泛的代表一切抗日人民利益的新民主。

这种新民主是我们大家在抗战中创造了新的基础所产生的，是我们大家迫切需要的。但是能不能坐待上层自愿的把它交给我们呢？不能的。

今天我们的民主必须要靠群众自下而上的和一切反民主的顽固派展开坚决的斗争，克服他们才能得到。虽然中国要实施宪政已是不容争辩的真理，但仍有人企图假借各种毫无根据的理由，来延缓宪政的实施，不准人民参与政治。他们借口说老百姓都是愚蠢无知的，不能自治，必须等待政府调派好大批人员派下去领导他们，然后才可以谈自治，行民主；而却又迟迟不办地方自治，一延再延，直延到遥遥无期。况且这样的自治就是实行了，还是一切操之于政府。如传闻四川要花费二万万多金钱特别训练一批人员自上而下派来替人民办自治，如果自治落在这些自治人员手中，还不是挂自治的羊头卖官治的狗肉。在抗战过程中许多事实早已粉碎了他们的论据。如敌后方就有不少这样的例子，有些县长平日威风凛凛、欺民敛财，但听说敌人要来，立刻逃之夭夭；民众自己起来保卫乡里，打退敌人，建立新政权，人民自己选爱戴的人来做县长、乡长，这些人清廉民主、坚持抗战、保护老百姓的利益，比旧县长、乡长好过千万倍。这难道不足以驳斥那些人民无力自治的谬论吗？不过我们一定要了解所有这些实行民主的地方，都是顽固份子自己逃跑了凭老百姓用自己的力量在万分艰苦的情况下奋斗得来的，而不是什么人自上而下恩赐的。

我们还可以举一个例子，就像陕甘宁边区，过去军阀统治的时代，民不聊生，根本没有清明政治，更没有什么民主可言，但当共产党到了陕北，唤醒民众，让他们自己选乡长、县长以至于边区政府主席，真正实行了民主政治，现在已经是全国民主的模范地区了。如果这个僻处中国西北角，经济、文化都落后的地区，老百姓还能这样成功的实行民主政治，那末，我大后方的老百姓为什么就无力实施民主政治呢？我们说，完全能够的。抗战以后，全国许多青年为抗战救亡都热烈的动员起来了。他们是崭新的人物，不曾熏染官僚的恶习气，廉洁爱民，勇于负责，在城乡各地自动地作了许多救亡工作，而且他们受老百姓爱戴。如果由老百姓选出来，他们是和老百姓血肉相关的，比起那些高高在上欺压老百姓的油滑老吏，那真是天壤悬殊。

总而言之，问题的关键决不在于老百姓无力运用民主的权力，而在于有人硬要强夺去他们的民主权力。现在这般顽固派还很猖獗，我们决不能梦想民主可以容容易易的从上而下得到，而就要靠我们大家努力来争取。我们要用行动来教训这些反民主的顽固派，民众有能力运用民主权力，而且还有力量争取自己的人权。解放自己首先是自己的事情，争取我们自己的民主权力也首先要依靠我们广大下层民众自己的努力。

第五，我们希望宪政是由上下合作来完成的。我们中国今天一方面人民要求民主，国民参政会反映了这个要求，一致通过要结束党治的议案；另一方面国民党六中全会也决定了于今年十一月十二日召集国民大会，这是我举国上下能一致合作的一种表现，这是很可宝贵的。我们希望国民党以一个当政大政党，要有对人民负责的态度，言行要一致。既说是接纳人民要求就要真正诚心地执行民意，这样人民当然愿意竭诚拥护政府的。大家上下合作，团结为国，凡是中华国民都要额手称庆的。

但令人惋惜的是，最近国民党发表了它对宪政的解释。认为今天宪政不忘训政，宪政仍要训政，一切准备实施宪政的工作只有国民党党部和地方当局才可以包办，人民是不准许干预的。国民大会的旧选举法和组织法也不准改，旧"代表"仍要保留，旧宪法草案也不要修改。中国今天训政要结束，宪政要实施，这个道理，只要不是别有用心的投降派、反共派、顽固派，每个要求民族生存解放的中国人都要举两只手赞成的，凭你创造多少牛头不对马嘴的怪说法，也掩盖抹杀不了人民的公意。再说五五宪草早已不合时宜，抗战以来，国内情形大变，今天中国已不能还是一党家天下，而是各党各派团结抗日共同负责，一党专制的时代已成过去了；当年"御制"的宪法也要收起来，另由人民制定合乎抗战建国需要的新宪法；国民大会代表也要重新选，旧的那些"代表"是政府圈定的，自然能够代表政府的意志，但怎能代表人民的意志呢？我们当然不能说其中就没一些公正人士，但不可讳言的，也潜入了反对中华民族的份子，就像当年主持选举的褚民谊今天已经完全暴露了汉奸的原形，是个"投敌有据"的好例子。有谁能担保这些"代表"中就再没张民谊李民谊之流了呢？他们为了从内部来破坏团结，还没有公然出口，这些匿影藏形的汉奸，投敌无据，仍然要做代表了。试问这些敌寇汉奸的走狗有什么资格代表中国人呢？我们希望政府重新好好考虑，取消这种见解，不然我们虽愿相信政府施宪的诚意亦不可能，即实在有负人民对国民党的期望，违反国民参政会的决议。如果上层硬不愿合作，下层也只好单独起来力争或决然由自己的力量自动的来实行。压力愈大，反抗力也愈大，这是不易的真理。我们仍愿政府遵循遗教，审度情势，接纳民意，好好的同人民合作，共同从事伟大的民主主义的建设。那末国民党一定能得到人民的信任，保持他的领导。国民党中还不少革命先进及忠贞爱国之人，必能与我们大多数人民合作。至于少数顽固派反民主的暴行，必然要加速他们自身的灭亡，而人民到底还是要胜利的。

现在我们成立这个延安各界宪政促进会，就要对国民党旧的国民大会代表选举法、组织法及宪法草案等等提出修改的意见，同时还要团结广大的人民大家组织起来，实行民主。边区以及其他八路军、新四军驻防的区域尤其要起模范作用，做出样子来给全国人民看！使他们能照着我们的方向前进。这是一个改造社会的真正革命的伟大工作，因此也就须要我们加倍努力。总结今天大会的意义就是要成立这个宪政促进会来促进宪政早日实施以求抗战建国的成功。我们要求民主，力争其实行。我们希望上下合作，同时要自下而上的力行。即令政府不愿同人民合作，我们也要自动地把新民主主义创造出来以完成中国革命，这就是我们的任务。延安妇女、青年……各界宪政促进会已成立了，希望大家共同努力，我们是一定能战胜一切黑暗势力、战胜日本帝国主义而最终实现独立自由新民主主义的新中国。

关于"五四"运动的报告 *

（1940 年 5 月 7 日）

青年的男女同胞们和同志们：

"红色的五月又快到来了，加紧准备战斗吧！"□是一九二六年四月英帝国主义在上海的总□捕发来的呼声。不错，五月在中国是一个"革命之月"，除了"五一"是世界一般的工人战斗检阅日而外，"五四""五七""五九""五卅"都是中国革命斗争的纪念日，特别是"五四"和"五卅"在中国革命中有伟大的意义。今天我来报告"五四"运动之经过，我们完全有权可称"五四"运动为中国新民主主义革命运动的开始。

一九一九年五月四日，北京青年学生五千余人在天安门外集合举行盛大的游行示威，示威群众首先以惩办亲日派卖国贼曹汝霖、陆宗舆、章宗祥为目标，示威洪流拥至赵家楼，放火焚毁曹汝霖住宅，并痛□章宗祥，当日反动政府立即派大批军警镇压，拘捕大批学生，由此便引起了北京学生的总罢课，以示反抗。这一运动开始后，全国各地纷纷响应，天津、上海、南京、武汉、长沙、成都、重庆、郑州、两广、山西、陕西、浙江、江西以及东三省等地学生也动员起来了，全国青年学生都卷入反帝的怒潮中去了。而且北京女师等各地女学生及留日留法学生都卷入洪涛中去了。全国青年学生及爱国人民首先是北京学生发出通电，散

---

* 原载于《新中华报》1940 年 5 月 7 日，第 4 版，录自《新中华报》综合版（整理本），江西人民出版社 2016 年版，第 2680～2684 页。

发传单，并组织无数的讲演团四出讲演。讲演的学生都充满了爱国的热情，讲演时都"垂泪而道"，而听众则都"掩面而泣"，激发了广大人民对运动的同情援助与对卖国贼，卖国政府的切齿痛恨。这样"五四"运动就如燎原之火蔓延全国了，至六月初，"五四"运动转入了一个新阶段。由学生的罢课转到商人的罢市、工人的罢工。上海商人于六月五日罢市，其他各商埠也继续罢市，资产阶级开始卷入到运动中来了。工人的罢工，首先是上海铜锡业机器工人罢工，接着印刷、纺织、火车、电车工人亦举行罢工，其中以沪宁铁路工人的罢工影响最大，这说明无产阶级也进入到战斗中来了。这就使"五四"运动成为工商学联合的广大群众运动。

在广大群众运动的压力下，统治阶级不得不让步了，六月九日反动政府不得已乃罢免曹、陆、章的官职，并答应拒绝巴黎和约的签字。六月二十八日巴黎合约中国拒绝签字的电讯传到全世界，就给了世界一个大震动，在帝国主义者心目中，弱小无能的中国这种举动，是太惊人了，而这种惊人的举动，正是中国人民的力量所创造出来的，这是中国青年伟大光荣历史的一页。

"五四"运动的近因，是由于帝国主义世界大战结束，一九一九年各帝国主义举行巴黎和会，这一会议当然是帝国主义的分赃会议。当一九一七年英美力劝中国参战时，曾以将来在和会上帮助中国争取各种权利相约，特别为中国人民所迫切希望取消的是日本灭亡中国的"二十一条"。当时英美宣传说可以在和会提议取消"二十一条"，因此中国人民虽极不满意北京政府，但也赞成参战，当时，中国有北京政府和广东政府相对峙，因为对外有和议关系，两政府受国民压迫，曾表示互让，双方允许代表共同出席和会以争取国家权利。大家满拟在和会上中国以参战资格争回一些权利。中国人民本来还不知道中国政府提出这样可怜的条件，就是说中国政府在巴黎和会中提出下边的希望条件：一、希望列强放弃在中国的势力范围；二、撤退各国驻华军队；三、取消各国在华的邮政电报；四、取消领事裁判权；五、归还租借地；六、归还租界；七、关税自主。此外，并提出了取消"二十一条"的陈述书及请求归还欧战时在山东被日本夺去的各种权利。这些在我们看来是求得国际平等待遇的最低要求，然而在帝国主义看来，当然是不会答允这些要求的，所以和平会议也异常滑稽来解决中国提出的要求。帝国主义的强盗们说："二十一条"不在和平会议的讨论范围内，至于希望条件呢，现在不是希望时期，将来再说。反而对于山东问题在和平条约一五六条说："德国根据一八九八年三月六日的中德条约，及其他关于山东省一切协约，所获一切权利特权，胶州之领土，铁路矿山、海底电线等一概让与日本。""德国所有胶济铁路权其它支线权，及关于此项铁路一切财产、车站、店铺、车辆、不动产及矿山与开矿材料和附属一切权利利益让与日本"。"自青岛至台湾之海底电线及其附属一切财产无报值让与日本"。结果中国的要求，却没有得到丝毫的解决，和平会议所给予中国的利益，便是归还八国联军入京时被德国夺去的天文仪器，中国参战的代价，便是无用的天文仪器。巴黎和会中中国完全失败及失败原因是由于曹汝霖在合约中签了"欣然承诺"四个字的消息传到中国后，就掀起了中国人民的愤怒，"五四"运动就如火山的爆裂开始了。"五四"运动的远因则是国内国外两方面。

以国际环境来说：

第一，一九一四年帝国主义世界大战爆发，英、法、俄、德、美等帝国主义都忙于内部的战争，不能以政治经济的力量大规模向中国侵略，不仅无形中放松了对中国的侵略，且处处向中国表示好意，允诺修改关税税则，缓付口子赔款等，以便拉拢中国参加世界大战。

　　第二，但日本帝国主义却利用其接壤中国的特殊地位，利用欧美各帝国主义放松对中国侵略的时候，以对德宣战为名，借口扫除德国在山东的军事力量，大举向中国侵略。于一九一四年调海□军二万余人，占领胶州湾、青岛，及胶济铁路全线与附近矿区。一九一五年向中国政府提出了灭亡中国的"二十一条"。

　　第三，在欧战中和欧战后，世界革命运动对于中国的觉醒是有巨大的影响的。特别是俄国十月革命的影响。俄国十月革命胜利后，苏维埃政府曾发表一个宣言，取消帝俄时代与中国订立的一切不平等条约，放弃帝俄时代在中国的一切特权，主张援助中国民族独立解放运动。这一宣言发表后，使中国人民对苏联和帝国主义认识了谁为友，谁为敌，而知所采择，广大人民对苏联表示好感，在天津、北京方面更有部分工人学生，自动建立一种组织，宣传苏联的革命胜利；对苏联的胜利表示无限的欣喜与真诚的庆祝。的确，"十月革命，在世界是一次空前的大革命，它唤起了东方被压迫民族劳动群众的迷梦，而引起他们与帝国主义斗争，在波斯、中国、印度……"（斯大林）

　　第四，英国因于欧战中，随时需要有三十万印度兵在前线作战，而印度民族解放运动激烈□□□□，英国恐怕印度爆发革命，所以表面上允许印度将来的自治。

　　以国内的环境来说：

　　第一，因为在世界大战中欧美帝国主义放松了对中国的侵略，使中国资本主义得到进一步的发展。首先从小国进入的机器大大增加，可以看出资本主义发展情况，当时中国纺织工厂、面粉工业、丝业、火柴、银行业等等都空前的发展起来。

　　第二，在帝国主义世界大战中，中国的形势一方面是日本帝国主义的拼命侵略，另一方面便是中国内部的分裂。当时中国陷于一种混乱的内战局面，而这种内战局面，主要的是由于日本帝国主义者的阴谋所造成的。

辛亥革命失败后，袁世凯与日本帝国主义勾结以致于称帝，一九一六年袁氏死后，段祺瑞专政，一九一七年因对德宣战问题而引起国会与段祺瑞的争执，继而段利用督军团捣乱国会以至于张勋复辟，造成南北分裂局面，在南方爆发了孙岑唐□等等的斗争。当时中国不断的内战，一方面正反映了帝国主义对中国侵略中矛盾的加剧，另一方面也是军阀间争夺地盘扩张封建割据的势力，使中国人民陷入水深火热之中而不能自拔。

第三，当日本帝国主义者利用欧战□会在中国煽惑内乱，煽惑袁世凯称帝，煽惑张勋复辟——进行这种无耻勾当，在另一方面我们又看到中国反抗的黎明，中国历史上不朽的革命传人——李守常（大钊）在民国五年已做了这样的号召："吾族青年所当信誓旦旦，以昭示于来世者：不在龈龈辩证白首中国之不死，乃是在汲汲孕育青春中国之再生。吾族今后之能否立足于世界，不在白首中国之苟延残喘，而在青春中国之投胎复活。"从民国四五年开始，中国即活跃着新文化运动（启蒙运动）的洪流，当时大部分先进的知识分子，都投稿到《新青年》杂志上。新文化运动的开展，正是表现了中国人民爱国意识的开展，这种爱国意识的发展（基于物资力量的发展），到了相当时间，群众就惊天动地的行动起来。这就是"五四"运动当时国内国外的环境。

"五四"运动的意义与教训

第一，"五四"运动是中国走上新的资产阶级民主革命的推动力，当俄国一九一七年十月革命胜利后，苏维埃政府立刻就发布和平宣言，主张公正的或民主的和平，要□无并吞（即不掠夺别国土地，不以武力合并异族）毫无赔款的立刻实行和平。主张民族自决，取消秘密外交和沙俄侵占各国的一切权利。不久美国威尔逊总统发表十四条和平条件，也主张公平的和平及以国际和平会议来解决一切问题以消弥战争而谋世界永久之和平，也主张民族自决。这两个文件在中国人心里都起了极大的作用。这时中国资本主义稍有点发展，资产阶级及其思想之代表，如胡适等极力想把中国引向亲美的道路，杜威到中国，他们极力为之鼓吹，所谓实验主义风靡一时，以为美帝国主义和其他帝国主义不同，一定是能主张公理的。但在巴黎和会上就把他们牺牲弱小民族以谋帝国主义的利益，完全揭露了。这就教训了，现在还教训着那些不知道殖民地半殖民地是帝国主义的俎上肉，而想依靠帝国主义以求得国家民族独立自由平等的蠢□。"五四"运动是确定中国革命一定要站在反帝的战线上，就是说要站在无产阶级世界革命的战线上，才有出路，因此，"五四"运动是一个划时代的运动。

第二，转变了中国革命的方向，因为他是反帝的，所以就变中国革命为世界革命的一部分，开辟了中国新民主主义革命的新阶段，推动了知识分子向马列主义前进和探讨。建立了十月革命与中国革命关联的桥梁，"五四"以后不久就产生了中国共产党，并且推动了孙中山先生改组国民党，决定联俄、联共、扶助农工的三大政策。这一运动是一九二五——九二七年大革命的序幕。

第三，这运动是工商学自发的反日民族统一战线；这自发的民族统一战线对于当时反卖国贼和拒绝签字巴黎和约的胜利，起了决定的作用。

第四，表现了组织力量。发动了成千成万广大的群众高举反抗的旗帜在大街上游行示威，在全国组织了革命群众排斥日货，与反动势力奋斗，这是青年学生第一次的伟大运动。

第五，新文化运动和群众运动的合流。新文化运动是整个爱国运动的组成部分，是爱国运动意识上的表现，而又是爱国运动在狂流中开展起来，有动员广大民众的作用，甚至数千年被压迫的女子也加入这运动的洪流中，怒吼了女子解放的第一声，中国自有新文化运动以来到了这一次才表现了真正群众的性质，不是军阀官僚政治上层分子的活动。

第六，这运动推动和教育了中国民族崭新的人物——工人阶级开始在各方面团结自己的力量，推动他们准备以崭新的英姿，走上中国政治上的大舞台。

"五四"运动之所以伟大，就在于中国青年学生继承了中国历代青年奋斗的精神，发扬了民族的自尊心和自信心。当世界伟大事变和国内黑暗混乱时代，既无成熟的革命理论，又无健全政党领导而能冲破旧日网罗，造成惊人伟绩，所以值得我们热烈地来纪念它，并作为我们的青年节，现在我们的男女青年，又处在世界第二次帝国主义战争与中国民族革命战争的伟大时代，必不能让前辈的青年专美于前而不写下自己历史光荣之一页。

现在我们抗日的民族革命战争已进入了敌我相持阶段，也是最困难的阶段，因为现在的战争环境，已把广大人民动员起来了。必须把他们组织起来团结起来才能成为力量。但是我们要组织民众，要使民众进步，使他们坚固团结像一个人一样，必须要提高民众文化水平。我国民众有百分之八十不识字，因此扫除文盲就是一个急需做的事情。现在无论军队，工厂，农村每人都有多识几个字的需要，我想这一伟大工作就是你们这一辈青年的革命工作。我想从我们边区开始，定时期用新文字来试办扫除文盲的工作。我虽然六十岁了，但我愿作一个六十岁的青年同你们一起来作扫除文盲的工作（热烈鼓掌），从红色五月起，我就来教你们的新文字，我们要组成一支新文字的突击队，你们愿意不愿意？（大家齐呼愿意）我们要组成广大的新文字突击队，攻破那三万万六千万文盲的城堡，来增加"五四"运动光荣历史的一页。（长时间鼓掌）

用自我批评来纪念我党十九周年和抗战三周年 *

（1940 年 7 月 19 日）

当着纪念我们中国共产党成立十九周年和我国抗战三周年的时候，欧洲帝国主义大战有一新发展，因而国际形势产生了一个新局面。这个局面是从本年四月九日德国进占丹麦、挪威，五月十日又进攻荷、卢、比、法四国而产生。不到七十天的时间德国打败了六个国家，而且法、比、荷等还是世界第一二等的帝国主义国家，这就不能不改变整个欧洲甚至于全世界的局面。

这个新局面，对于我有利还是对于敌有利呢？

据蒋委员长六月十九日在纪念周上说：

　　无论欧战的变化如何，对于我们中国抗战无时无刻不皆向着有利方向演进，尤其是最近几周，因为欧战的紧张使美国扩军案在它的国会得以通过，同时禁运亦已开始进行，……美国的扩军与禁运各案的通过以后，可以说已经决定了远东的前途，亦已决定了我们抗战最后的胜利。

六月十八日敌国东京同盟社电说：

　　法国单独投降后，英国今后之态度将极堪吾人之严重注意，设英国继续作战，则世界经济更趋于混乱之一途。反之，英国亦被迫

---

* 录自《解放》1940 年第 111 期，第 16～23 页。

屈服，则世界和平出于意外之早日到来。以处理"中国事变"为中心任务之日本，或谓世界和平早日到来后，英美苏虽有余力注意远东问题，但德意在远东之地位将被提高，此于日本不为不利。然吾人绝不应如此设想，吾人所应为者，即将国内之经济体制与夫新东亚秩序之建设乘机早日完成之，乃吾人当前急不容缓之任务。

二十五日，同盟社东京电载敌陆相畑俊六演词说：

> 现国际形势对我国遂行国策非常有利，吾人不应错过此好机会。

这两个消息充分说明了日寇认为这个新局面是于它有利，它将乘欧洲局势急转直下、西欧帝国主义在远东势力削弱之际，一方面加紧进攻中国，一方面抢太平洋上的土地，特别是安南。敌国威迫法国断我安南交通，已达到目的；切断我与缅甸之国际路线亦正在与英交涉中；而天津租借问题英法已满足了敌寇之欲望，事实如其要求。这就为中国抗战造成了一些新的困难和新的危险。不错，我国正义的、神圣的抗日民族革命战争与非正义的帝国主义战争不同，一定能够得到世界各民主国家及各国广大民众的援助，特别是社会主义国家苏联的帮助，三年抗战中的事实都证明了这一点。所以我们常常说，国际援助中国抗战是中国抗战能够胜利的一个条件。但并不能说这是唯一的决定的条件。因为决定抗战的最后胜利，当取决于自己本身的力量，而不取决于外力的援助。最近美国底尽力援助英法而不能挽救法国底失败，就是一个证明。因此，我认为国际环境无论如何对我有利，而抗战建国的伟大事业都只有依靠自己的力量才能够获得胜利。孟子说："祸福无不自己求之者。诗云：'永言配命，自求多福。'"古训说："天助自助之人。"这些都是很好的教训。

什么武器才是锻炼自己成为不可被战胜的力量呢？就是自我批评。最善于战斗称为无坚不破的布尔塞维克党，在《联共党史》上有一段话告诉我们说：

其次，党史教训我们说：如果党内被成功所薰醉而开始骄傲起来，如果党已不复看见自己工作中的缺点，如果党害怕承认自己的错误，害怕及时来公开和诚恳纠正这些错误，那末党就不能实现其为工人阶级领导者的作用。

如果党不害怕批评和自我批评，如果党不掩盖自己工作中的错误和缺点，如果党是在党工作的错误中来教育和训练干部，如果党善于及时改正自己的错误，那末党就是不可被战胜的。

如果党隐瞒自己的错误，抹杀迫切困难的问题，用百事大吉的虚夸来掩盖自己的缺点，不能容忍批评和自我批评，浸透自满情绪，一味自高自大，并开始高枕而卧，那末，党就会不免于灭亡。

列宁说：

"政党对于自己的错误所抱的态度，就是最重要和最可靠的尺度之一，以考察这个党是否郑重和它是否在事实上执行自己对本阶级和劳动群众的义务。公开承认错误，揭露错误底原因，分析那产生错误的环境，仔细讨论改正错误的方法，——这就是郑重党底标志，这就是党执行自己的义务，这就是教育和训练阶级，以至于群众。"

其次：

"迄今以前一切革命党之所以陷于灭亡，就是由于他们自傲和不善于看出自己力量之所在，并害怕说出自己的弱点。而我们是不会灭亡的，因为我们不怕说出自己的弱点，而且学会克服弱点。"（《联共（布）党史简明教程》解放社版下册二八六—三八七页）

我认为当这世界巨变和国难严重时期，用自我批评来纪念我党十九周年和抗战三周年，是锻炼我们自己的力量以求得抗战最后胜利底最好方法。

首先我要批评我们中国共产党的弱点和工作中的缺点或错误。但我必须郑重声明，我党的政治主张政治路线和对于每一个时局的估计与策略都是完全正确的。这在抗战前后几年事变的实际经验中，都可以证明，不用我来细说。现在我只说到我们党员在执行党的路线和策略中间，个别的或一部份的同志在工作中、行动中和思想上所表现的缺点、弱点或错误。

第一，统一战线工作做得不够。我党中央所提出的抗日民族统一战线政策，是抗战建国的唯一出路，所以不仅绝大多数共产党员诚意实行，即全国各党派及无党派的先进人士，也都一致拥护。可惜的是，现在还有少数的我们同志对统一战线政策了解得不澈底，因而对统一战线工作做得不够。例如有少数同志不了解"三三制"政权的意义而不执行，不愿与国民党及其他抗日党派同志接近，不愿与友军进行友谊的联络工作，不实行保护一切抗日阶层利益的政策，不分别顽固份子与汉奸的不同，不分别中间力量与顽固势力的不同，因而不仅对顽固份子争取工作不够，即对争取中间力量的工作也做得不够。这些人总以为"'左'一点总比右一点好些"，其实，"左"的错误同样是违反党的政策和破坏革命利益。另外有些人，在统一战线中忘记了党在政治上组织上的独立性，事事迁就别人，处处听命对方，甚至对汉奸及反共顽固份子的各种罪行，也不给以及时的应有的反抗。这些人总以为这是他们顾到统一战线政策，其实，他们客观上是放任汉奸及反共顽固份子破坏共产党八路军新四军，因而也就是破坏统一战线政策。我希望这些少数同志认真地研究一下党的统一战线政策的真正内容，把统一战线政策当作革命现阶段一切工作的出发点。

第二，民主政治做得不够。边区是全国民主模范区，且已经是模范区，但我们不讳言还有好多没有做好，应该努力；个别不民主的现象还存在，应该警惕。这是谢觉哉老同志对于边区民主政治的自我批评。他指出官吏由人民选举；人民有言论、出版、集会、结社的自由；这些边区是做到了。但如果没有别的东西，那还不能算是新的民主。民主政治的支柱，在于广泛的乡村下层，即直接民主的单位是城市代表会议和村民大会。这种直接民主的下层组织，我们是建立了。有的做得很好，发扬了民众的积极性，提出了而且解决了许多上级政权机关没想到或没办法的问题。但是有些乡村的代表会议、群众会议，还只是形式。庆环某村村民大会，村长报告："今天开会，讨论两大任务：两个新兵，十二石公粮，请发表意见。"群众听了，莫明其妙。结果，还是新兵由指派，公粮由摊派。"大家有意见没有？""没有。村长讲的都对！"会就这样结束了。民主只有形式的原因：一是工作者不肯耐烦用种种方法去提高群众政治兴味，群众还存在着怕官的情绪；二是反映封建社会里的专制残余，一句说不通，就仗着官势，骂人押人；三是我们同志受的民主教育不够。我们工作者刚从官僚政治社会演化出来，存在着不少的官僚残余。强迫命令、官僚主义、贪污恶习，已经渐渐发生，损失我党官民一体廉洁政治的作风，使我们与群众隔离起来。这是应当警惕的。（详情请看二月十八、二十一《新中华报》谢觉哉作的《陕甘宁边区的民主政治》。）

第三，沾染了贪污和官僚主义的恶习。我党艰苦奋斗的作风，刻苦俭朴的生活，无论环境如何变化至今还坚决保持着，这是难能可贵的精神，为消灭中国数千年贪污腐朽痼疾的一种利器。但近年来有些党员或与恶劣社会的生活接触较多，或处于和平环境之下，或处在政权在手的地方，因而不免渐渐地放纵起来。更加以特务机关用金钱美女来诱惑，就有些意志不坚定的党员，由命令主义以至于官僚主义，由小贪污以至于较大的贪污，丧失了共产党员的资格。最近《新中华报》所载"党内批评"底《防止贪污与反对资本主义思想》一篇文章，很沉痛的指出了一部份党员的弱点与错误，我是非常赞同。而深望我们每个同志深自警惕，不要忘掉了我们党员许多可歌可泣的事迹：建立了人类有史以来最崇高的道德，和继承了我民族"富贵不能淫，贫贱不能移，威武不能屈"的优秀传统。

第四，职工运动的松懈。中国工人阶级是革命中的主要力量。这在一九二五—二七年的大革命中已经证明了的。共产党是工人阶级的政党，应该注重工人的工作。但有些同志以为在实行抗日民族统一战线时期，只要在部份工人中进行一些抗日活动就够了。而不知职工运动的基本任务，在于团结和组织整个工人阶级；在于切实普遍的进行阶级的、民族的、文化的、政治的教育，使中国工人在民族抗战中，以自己的觉悟性与组织性成为先锋的与领导的力量。有些同志以为重要工业城市大都沦陷，广大乡村中，工人少而农民多，只须在广大农民中加紧工作就够了。这种轻视职工运动的态度是有害的。我们抗战的后方和敌后方固然应当把工人组织起来，就是沦陷的大城市中也更应该把他们组织起来作为抗战的力量。有些同志以为职工运动不易马上生效，所以不愿去作，或者以为自己没有经验不敢去作。有这种种原因我们职工运动就感到十分消沉。因此，我党中央三番五次地向全党和全体同志提出要加紧职工运动的工作，我们必须努力实行中央这一号召。

第五，努力经济建设还不够。中国抗日是一个持久战，持久战不仅要靠军事力量来支持，还要靠经济力量来支持。何况沿海都市已失，内地经济更落后，敌人时时谋断我国际交通，机器输入已不可能，而简陋的生产工具，实不能应事实的要求，势非多方设法建立新式工业以图自力更生不可。边区原是贫苦落后的地方，新式工业是没有的，既无资本，又被封锁，实谈不上经济建设。但我们应该在十分困难环境中去想一些办法。小规模的进行实业也不是绝对不可能的，何况原料是有的，如煤、铁、煤油、皮革、硝、盐、棉花等都有。现在虽然有了几个小小工厂，但我感觉同志们对于这方面的注意力还太少。网罗科学专门人才开办科学研究院，党虽督促了而成绩还很少。特别是同志们讲打仗、讲群众工作是很提劲，一讲到经济工作则大都不愿意干，以为一个共产党员去作经济事务工作，未免大才小用。其实最实际、最能考验人才的就是这种工作。我们的革命与苏联的不同。列宁在十月革命成功以后，新经济政策开始时期，才提出党员要学习商业的口号；斯大林在第一个五年计划时期，才提出党员要夺取技术的口号。我们是持久的民族革命战争，不能等战争结束以后才讲建设。我们越能建设得好，则战争的胜利来得越快，因此我们必须更努力的来建设经济，对于工业生产运动也像我们的农业生产运动一样，要发动我们同志的积极性。

第六，党与群众联系的工作还做得不够。《联共党史》教训我们说：

> 工人阶级的党，如果和群众没有广泛的联系，如果不经常巩固这些联系，如果不善于倾听群众的呼声和了解他们的迫切需要，如果没有不仅去教导群众，而且去向群众学习的决心，那末，它就不能成为真正群众的党——有能力领导千百万工人阶级群众和全体劳动群众的党。（同上，二八七页）

我们党是非常注重群众工作的，它所领导的广大区域的农救会、工救会、青救会、妇救会等，在抗战与民主运动中起了空前的作用。但是有些地方，"我们的民众团体大部份只做了动员工作，而对于自己的经常工作没有认真建立；乡村民众团体，组织形式过于复杂，大半是形式多于内容"。有些只是抄名册，一个人的名字上几种册子，什么会，本人不大知道。这样的民众团体，虽然与"统制的"相反，但不能传达民意，而且往往我们很好的宣传教育大众的口号，一到大众中就走了样子，失了意义，甚至于错误了。这是因为我们广大的群众几乎是完全没有出过乡村的农民或手工业工人，百分之九十以上根本没有念过书、认过字，是一群文盲，即使有一二略识之无的人，因为中国文字艰深，不易了解，难怪群众随风揣测，闹出许多笑话来。现在我们所谓广大群众，可以说就是农民，农民僻处乡村，文化是最落后的，我党对于普及教育素来注意，边区学校及各种教育发达的速度，为任何地方所不能及。最近我党中央又发了《关于开展抗日民主地区的国民教育的指示》。除普及学校教育之外，又注重社会教育。特别注重通俗化、大众化，认为通俗的大众读物，今天特别需要。这是非常重要的指示，近来还要用新文字来试办扫除文盲工作。可见我党是如何在用尽一切方法，要迅速地提高大众文化水平，使党与群众的联系密切起来。可惜有些同志还没有十分注意这个工作。我们知道教育群众不易得到成绩，不易马上收效，有时会使人灰心的。但是这个重要而艰苦无味的工作，现在不去做还待什么时候？抗战三年了，国内任何一个角落的老百姓都动员起来，无论在军队上，无论在乡村中，他们都切望着人们给他们文化食粮和抗战的各种消息。这时候国内外的变化又太快，故事又很多，又有趣味，材料是何等丰富呵！群众热烈的要求知识，我们又有这样好的环境，不趁这个时机去教育群众，组织群众，不但对不起群众，也对不起党。我们边区乡村教员及文化工作者，大都是十六七岁的青年，学识经验都还浅薄，待遇又薄，地位又低，而工作则七八部门，都堆在他一人身上，煮饭也是他，上课也是他，每天还要跑几十里的乡村，工作做不好而且也把他累坏了，应该照党的指示，赶快改良。而且有能力工作的人，应该到民间去。

其余应该批评的还不少，我不必一一去细说。总之，只希望同志们以自我批评的精神来锻炼自己，训练群众。

其次我要批评中国国民党的弱点、缺点或错误。或许有人说批评友党不能算自我批评，如果引起误会以为有意攻击，则好的意思反生了恶的影响。我以为这是不会的：（一）因为国民党是革命的党，必能接受批评。（二）因为采纳忠言是我们中国优美的道德。如孟子说："子路人告之以有过则喜，禹闻善言则拜。"或许又有人说，自我批评，对于尚未当权的政党是很好的，但是对于已经执政的党，若揭露他的弱点与错误，一方面会被敌人利用来作攻击的口实，另方面会损失政府的威信。我以为这也不必过虑。斯大林曾告诉我们说：

> 人们有时说，自我批评，对于尚未执政而"无物可失"的党是很好的东西，但是对于已经执政而受敌人包围的党是有害的，因为敌人可以利用对于该党本身弱点的揭露来打击这个党。这是不对的，这是完全不对的。恰恰相反，正因为布尔塞维克已取得政权，正因为布尔塞维克也许会因我国建设胜利而自夸自大，正因为布尔塞维克党也许会看不见自己的弱点而助长敌人——正因为如此，所以自我批评在目前，在得到政权以后就特别必要。（斯大林：《反对把自我批评口号庸俗化》）

这些道理在中国历史上也常常表现得很明白。就是凡古来的大政治家，都是极力求直言敢谏之士，以图揭露自己的过失，而求得改正。因此有所谓天子有诤臣，士有诤友，国家特设监察御史，从来不敢加罪于骨鲠之臣、敢言之士。这是我国优美的政治遗风。所以中山先生极力推崇它，并欲发扬光大它，特设一监察院。至于说到威信，则只怕有过不自知，知而不能改。如果愈能改过就愈能提高威信。古训说："人孰无过，过而能改，善莫大焉。"又说："君子之过也，如日月之食焉，过也人皆见之，更也人皆仰之。"不怕敌人攻击我们的弱点，只怕我们自己怙恶不悛。我们在历史上只看见忠义之士揭露政府过失而敌人相戒不敢进攻，却没有见到相反之事实。俗语说："旁观者清。"现在我们国共两党亲密合作，提挈国人以与日寇作神圣的伟大的民族革命战争，已经满了三年，在历史上造成了不可磨灭的伟绩。但抗战的伟大而艰巨的事业，还待我两党同心协力才能完成。风雨同舟，患难与共，成败利钝，休戚相关。心所谓危，不敢缄默。因此，我自比于诤友之列，不避嫌怨，作此自我批评。国民党贤达之士，必能谅我而不至罪我。

第一，没有贯澈抗战建国纲领的国策。国民党临时代表大会制定了抗战建国纲领作为国策，国民参政会曾把它一致通过，这就证明了这个国策为人民所拥护。如果能贯澈这个国策，或者抗战的收获，比现在还要好些。我说这话，国民党同人或者会坚决不承认这一点，以为国民党是在努力求得抗战必胜、建国必成，反对汪精卫的投降卖国，坚持抗战到底，怎能说它不澈底实行国策呢？且莫着急，待我举出一些事实，说出理由来，大家就可以明白。我也相信国民党除了汪逆投降派和一些亲日派恐日病者外是决心抗战，且相信抗战必胜的。不过国民党一部份当局对于抗战必胜的自信心却和我们有点不同。我们可以说国民党一部份当局认为抗战必胜的希望有三个。那三个呢？第一个是外援，第二个是外援，第三个还是外援。一句话说，始终不相信自己的力量能够得到胜利而把胜利的信心依靠在外援上。这不有点令人惊奇吗？不，让我举出一些事实来证明。当我在开战那一年（一九三七）的十一月由莫斯科到巴黎的时候，凡是遇见的政府负责人或国民党的老友，头一个问题总是问我关于国际方面有没有人公开出来大大地帮中国忙，而对于自力更生一点，就很少谈到，无论到伦敦，到日内瓦，到布鲁塞尔，一直到香港都是这样。一九三八年四月我回到武汉，所遇到的朋友也都是这样。我刚到武汉不久，有我同盟会时代两个好朋友，一个是现在国民党很重要的人，一个是文化舆论界知名之士，他们特约我深谈。一个说：从军事上看来，日人想进攻我某一个地方，虽然日期未必能如他的预算，但迟早总是要被他占领的。日人占领一据点后，始终我就攻不下来，因为我们武器不如人，各种军事不如人。一个说：从经济上及一切准备来说，我们只有一年的准备，到今年八九月就没有办法了。他们的结论是：如果外国不赶快大大地援助我国，则抗战一定会失败。我想这些意见是能够代表当时的国民党一部份当局的意见的：希望国际联盟以压力制裁日本撤兵，希望英美制裁日本以九国公约方式来解决中日战事，希望美国出来干涉日本，希望重演"三国还辽"等。从开战时起，这些念头就存在于国民党一部份当局心目中，去年外交部长对美发表希望调解中日战争的谈话，便是依赖外援解决中日问题的最好例证之一。现在虽然欧洲帝国主义大战中法国遭受失败，英国处境甚危，美国苦于东西难于兼顾之时，然而依靠美国外援的希望仍没有变，例如上面所引蒋委员长最近所讲的话，也可以作为证明。至于说到我们相信抗战必胜的要诀，始终只有一个，就是加强全民众自己的力量。民众自己的力量用什么方法加强呢？至低限度要澈底实现抗战建国纲领使全国力量得以集中团结的办法。这就是说在军事上要整练新军，改良兵役，充实民众武力，发展游击战争；在政治上要捐弃成见，破除畛域，改善政治机构，严惩贪官污吏；在经济上要澈底改革财务行政，改善人民生活，严禁居奇垄断，巩固法币金融；在民众方面，要发动全民组织工农商学各职业团体，使有钱者出钱，有力者出力，对于言论、出版、集会、结社，当予以合法之充分保障。这些都是纲领上所规定。国民党作到了没有呢？可以说没有。因此就不能团结全国力量，增加抗战力量。这都是国民党一部份当局不相信民众自己的力量而只依赖外援这一念之错误。正因为有这一念之差，所以一部份人对于坚持抗战时常发生动摇，时时倾向于妥协投降。现在英法战败，英美主持的东方慕尼黑会议的危险，或者减弱了。而日寇因德意战胜之鼓励以全力企图逼诱中国的危险，却又加强着。而克服投降危险克服困难的最重要办法，便是实行抗战建国纲领所规定的自力更生的政策，国民党一部份当局因依赖外援而不去贯澈抗战建国纲领所规定的自力更生的国策是一个很大的错误。因而把抗战初期团结进步的现象失去了。这是一条引导抗战走到失败的政策，深望国民党当局同人迅速加以改变。

第二，精诚团结还没有澈底做到。停止内战，一致对外，精诚团结，共赴国难，这是九一八以来全国民众的呼声，国民党□接受这个要求，发动了七七的全民抗战，因此国民党也得到了全国人民的拥护，因此抗战能够支持三年。这一段团结御侮的历史过程，更确切、更具体的说就是国共合作的历史过程，实在有许多出人意外的、令人惊叹的历史奇迹。打了十年内战的两个党，居然能够携手合作起来，这种相忍为国的精神，不得不使人惊奇，使人羡慕，使人妒忌。这正足以表现我中华民族的伟大。造成这种伟大成绩的因素自然要归功于两党领袖人物底识大体、有远见，不愧为中华民族优秀儿女。这种可为人类模范的行动，不仅当局者应看作很宝贵，即一切人类都应当看作很尊重。当然我们的敌人一定是很痛恨，他们要想尽千方百计来破坏这一历史，并想消灭这一历史，因此，在我们艰苦而又要持久的抗战中就不能不遇到许多破坏我们这一团结的阴谋诡计。从日寇方面来的我们还容易觉察，而暗藏的从内部来的则往往受其欺骗而不自觉。例如托洛茨基匪帮等多年就作了日寇的奸细。他们倡出所谓一个主义、一个党的"理论"来硬要国民党消灭共产党。还有一些共产党的叛徒和国民党中反共成见很深、不愿和共产党合作的人，也倡出许多奇奇怪怪的谬论来，硬说共产党投降，不是国共合作，或说共产党用阴谋来企图消灭国民党。这些先生们为了要证明他们国共不能合作的谬见，不惜牺牲国家民族的利益，天天挑拨离间，造谣生事以至于制造磨擦、武装进攻，总要达到他们分裂的目的来证明他们"先见之明"，好像国家可以牺牲，他们的成见不可以牺牲。这就是年来造成分裂危险的原因。分裂只有利于敌人，这是谁都看得出的，不幸国民党有一部份人竟甘受他们愚弄，不但不防止他们，反而纵容他们。这里最重要的根源，是国民党采取了两面政治路线的错误，一面是前进的，一面是保守的，也可以说是后退的。为什么我要这样说呢？有许多事实可以证明，譬如说，七七抗战开始的前后时期，国民党认为抗战是必要的，不仅国亡了政权不能保，到了最后关头还不抗战，也必定为人民所唾弃，所以决心要抗战，要抗战必须要全国团结，主要的是要国共合作，所以也决心要同共产党合作。这是一面进步的路线，这是统一战线向上高涨的时期。但是一个主义、一个党和日寇的应声虫托派所叫"日本打胜了是日本人的天下，中国打胜了是共产党的天下"等谬说，马上就来拉住了腿。因而团结的工作总是作得不痛快，总不能达到精诚团结的程度。国民党认为抗战团结是必要的，但是国共合作的词句是不能拿出来的。各党各派合作也是可以的，但不能公开承认名义。牌子不准挂，甚至有些党在报上登出党的名字都要受罪。国民党以为尽管有合作之实，而不能承认合作之名。准有其实而不准有其名，这就不能不令人惶惑，这就是一个党的说法在作怪。因此团结就表现了趑趄不进的状态，以至于进一步退两步。甚至于有"溶共""防共""限共""反共"等计划发生。闹到捕人、杀人、磨擦、武装进攻，使抗战还在中途就有分裂之危险，这都是国民党中有进步与退步的两面不同的路线妨碍了精诚团结的澈底实现。我以为国民党应该以当权政党的态度为全国人民作事而不是为一党作事。以豁达大度，承认各党各派有公开合法的权利，然后才能做到澈底的精诚团结。海纳百川，有容乃大：只有这样才能造成抗战必胜的条件。

第三，民权主义没有能够实现。在武汉撤退以后的时期，蒋委员长曾说："第二期抗战政治重于军事。"国民党临代会制定抗战建国纲领也曾规定以三民主义为抗战建国最高的准绳。要设国民参政机关，团结全国力量，并为实施宪政之准备。国民参政会于前年成立了，各省市参议会亦于去年陆续成立，国民大会亦将在今年十一月召集，这些都是很好的、进步的现象。但同时也犯了进一步退两步的毛病。比方，参政会中多少还网罗了一些各党各派人士为参政员，而各省市参议会就不能容纳了，至于县市参议会之应从速成立，参政会虽然有多次决议，至今未能实现，尤其重大的是国民大会，既经参政会议决，又经国民党中央决定定期召开，这个全国渴望多年的实行宪政实现民权的伟业，就应该尊重民意，郑重地遵照中山先生的遗教来切实进行。可惜国民党始终一意孤行，不顾人民代表的意见，固执抗战以前圈定选出的代表依然有效，选举法、组织法都不允予以修改，五六年前制定的宪草仍为有效，不许变更，甚至于不许人民自由组织宪政讨论会，不给人民以言论、集会、出版、结社的自由，不给各党各派各人民团体以公开合法自由竞选的权利。人民向政府要求给予某些民权，和政府讲价钱，这正是表现人民信任政府。如果政府深闭固拒，逼得人民对于政府表示冷淡外视，或为生存而不得不另找出路，至少使人民与政府隔离，失掉了年来团结一致的人心，这为国家前途计固然可惜，即为国民党计也很可惜。我希望国民党贤达开诚接纳人民意见，切实实现中山先生的民权主义。这才能达到抗战必胜建国必成的目的。

第四，统制经济危害了人民生活。抗战建国纲领说："经济建设，以军事为中心，同时注意改善人民生活。本此目的以实行计划经济。……统制银行业务……统制外汇"。这都是对的。但是所说的只是统制银行外汇，而现在什么经济都归官厅统制了、包办了。这就大大地为贪官污吏开了方便之门。从前满清时代，官吏经商营业是被严禁的，因为中国自来官僚之贪污腐化是有名，所以设此禁律。现在官厅既可垄断一切，则百物腾贵是意中事。现在四川米价，从去年十二月到今年四月不到半年，由三元一斗涨到十五元一斗，增加了五倍。人民安得不为饿殍？而官吏囤积居奇尚未满足。本年三月成都当局借故枪毙《时事新刊》记者，就是因为该记者在平抑物价会议上，提议将某些巨大仓库之储米出卖来平价。而这些仓库正是某当局私人的，所以不久该记者就被横加罪名立予枪毙了。好大的威风啊！然而人民苦矣！志士冤矣！现在官僚的贪污与旧时的相比，真是小巫见大巫。统制经济不过造成发国难财、吃统制饭的几个或几十个万万富翁，于国计民生固然有害，于国民党也不会有利。所以必须以善法来解决这个关于人民生活的迫切问题。

第五，强迫入党助长了官僚主义。中国政治受了官僚主义很深的毒害是人人所知道的，不克服官僚主义，政治永远不会清明。执政的党应当以经过磨练、操守最坚定的党员和社会上有气节的人士，去改造政治机构，而不当把官吏都吸收到党内来，腐化了党。国民党规定今年四月以前，凡不加入国民党的在职官员都要免职。这样恰恰会把坏的官僚份子收入党内，而把较好的人排出各种机关以外去了。因为稍有气节的人，或不愿加入任何党派的人，不会因为贪恋官位而入党；那些醉心利禄的人，他正好钻进党内来多得一层保障。这就会官僚党化，而党也官僚化了。这就会腐化社会，而且也会腐化党。

第六，特务机关造成了社会的恐怖。国民党自从有了特务机关以来，党内起了许多纠纷，社会也受到许多恐怖。因为这些特务机关的人为了要显其工作积极，到处捕风捉影制造情报，甚至捏造谣言、惹事生非。结果弄得举国惶惶，互相疑忌。执政党的风度，应当是宽大为怀，恢宏志气。只要能开诚布公，人心自然悦服，用不着使人栗栗危惧，时时不知祸之将至。原来特务机关这种特殊组织，是日寇及俄皇，或法西斯国家的产物，这些专制而不民主的国家的作风本来用不着仿效。这种间谍的组织，主要的目的本来应当是刺探敌国的军事情报，而国民党的特务机关反而主要的是对内、对付人民，对于敌国却放松了。这是何等的错误呀！我看这种对内危害的组织还是以取消为妙。

第七，党化教育束缚了青年的思想。现代青年是现在伟大世界革命与战争的新时代中基本的、活跃的有生力量，应该让他们在自由的空气中寻找他们的食粮，而不能用死板的、固定的框子强迫他们要长得像自己一模一样。虽然传说养螟蛉之子只须用似我，似我就会成功，而人类则做不到，因为人类是有思想的动物。我们想起我们幼年时代受到了旧礼教思想的束缚，是何等烦闷，随后起来革命又是何等痛快。从自身的经验证明，束缚人的思想，不惟无益而且有害。因为思想是时代物质生活的反映，时代需要这种思想理论，你尽管千方百计压迫它，它仍然会不胫而走；时代不需要的东西，任你如何灌输，它总格格不入。倒不如让各种思想杂然并陈，听人选择，还比较妥当。至于三民主义为中国今日之必需，如果能像毛泽东同志在他的《新民主主义论》所解释得那样明白，那末进步的青年，一定会相信三民主义，且同我们一样为澈底实现三民主义而奋斗，一定成为三民主义的忠实信徒。可惜国民党听信了托派叶青等对于三民主义的曲解，硬说三民主义与共产主义不相容，竟把孙中山先生说"共产主义是三民主义的好朋友"的话不算数，而硬要把两种主义对立起来。这是很失策的。大概国民党以为不这样做就不能保持政权。其实如果国民党认清了这个时代必须为实行抗战民主，即实行新民主主义，也就是实行真三民主义，而就毅然决然大胆地开放政权，还政于民，则国民党就能保持政权。当然这政权不是一党专政的政权而是各阶级联合抗日的民主政权。毛泽东同志说：

> 在今日，谁能领导人民驱逐日本帝国主义，并实施民主政治，谁就是人民的救星。(《新民主主义论》)

所以国民党只要坚决抗战，真正实行民主政治，就是保持政权的最好方法，此外任何方法都是不中用的。因此，必须给青年以民主自由的权利，取消取缔思想、禁到陕北、劳动营、集中营等等办法。至于各处屠杀青年的行为，更应该严厉禁止。国民党同志和我们谈到十年以来牺牲了有不少的优秀青年，深为悔恨。前事不忘，后事之师，我望国民党贤达深自警惕，不要再犯错误。

第八，统制民众运动隔离了党与群众的联系。前面说过，革命的党不能脱离群众，一脱离群众就会没有力量。党与群众的联系必须要经过人民的组织才能实现。人民生活，利害各有不同！农民、工人、兵士、商人、自由职业者、青年、儿童、妇女，都有他们特殊的要求，因此必须有各别群众自己的组织，研究并满足他们的要求。人民直接感到有兴趣的是对于他切身有利害的应兴应革的事。所以各种民众都要有他自己的组织，来讨论并解决他自己的利与害问题。各种群众团体的领导者必须是他们用民主选出来的人，而他们又能直接参加各级政府机关，把他们的意见随时反映在实际政治中来。党只是从旁领导他们，帮助他们实现其要求。这样的群众团体才真有群众，才真有力量。如果由党来统制，来包办群众团体，那末它必定是一个有名无实的空招牌。国民党在各个地方，常常是解散真正人民的团体，而另外由党部派人组织起来代替它，或者解散后就不再组织。所以国民党所在地方的民众团体，都是官办的民众团体，只是一个空架子而无群众。真正群众团体去请立案、登记则又不准。所以这种统制办法，只是把党与群众隔离开来，那能说到联系。我希望国民党把这种统制办法取消，让人民自由的用民主方式组织自己的团体，党与政府领导这些团体来实现与民众的联系，才是最聪明的办法。

我把以上我见到的几点说出来，无论国共两党那一方的弱点，都是我全民统一战线的缺陷，为抗战建国前途计，都切望力加改正，以完成我们革命的共同的任务。

伟大时代的青年 *

（1940 年 11 月 5 日）

　　中国青年是每一个伟大变革时代的先锋队。从戊戌政变、辛亥革命、五四运动、一九二五—二七年的大革命一直到抗日的民族革命战争，我中华民族青年的优秀儿女总是站在时代先头英勇地斗争着。这个光荣的传统，我们这一代的青年必须来继承，而且我相信他们一定能继承而完成他们伟大的责任。中国抗战已经过了三年多，世界帝国主义大战正在扩大，战争与革命的伟大时代又到来了。这个斗争是持久的、艰苦的，而同时又是伟大的、光荣的。人类是否能迅速地谋得澈底解放，当由我们这一斗争来决定。我们为了不做时代的罪人，必须竭尽心力，各在他的斗争岗位上，完成他应负的任务。中国在进行着全人民抗战的斗争，它的胜利完全依赖于全国人民底努力。不仅前线将士及敌后方和大后方的人民应当一齐奋斗，而各阶层、各职业的每一个人都必须自力更生、自动奋起，才能战胜一切困难，争取最后胜利。更切实地来说，就是农民要努力生产粮食及各种农产物，工人要多生产各种工业品，学生要努力学习，商人要流通物品，总之各尽所能，使抗战能长久支持，而获得最后胜利。更重要地就是在艰苦抗战中同时要建立一个新民主主义的国家起来。新国家的人民必须是开明的而不是愚昧的顽固的，三年抗战的

　　* 录自《中国青年》1940 年第 3 卷第 1 期，第 4～5 页。

炮火惊醒了全国每一角落的人民，全国已经动员起来了，最切要的是去组织他们、教育他们。因而我们党与政府对于群众工作都特别注重，关于乡村中的国民教育、社会教育，曾有详细的指示。近来我们边区青联妇联都有乡村工作团，已获得了不少成绩。然而我认为扫除文盲问题，是现在乡村工作迫切问题之一。现在我党及边区政府决定今年冬学用新文字试办扫除文盲工作，这是一个有历史意义的决定。我自顾我在这一时期应在这一岗位上去尽力。我愿作一个六十岁的青年和年轻的青年们一起为这一工作来奋斗。末了我引列宁论青年学习问题的一段话来激励青年以结束我这一短文。

　　我们要联合起来到乡僻区域去扫除文盲。使我们正在生长起来的一代人，没有不识字的。我们要使正在生长起来的一代人，把他们底能力供献于这个工作。

《新文字报》发刊词 *

（1940 年）

　　我们中国和日本强盗打战，已经打了三年啦。欧洲帝国主义大战，正打得很闹热。这几年的战火真是替世界上的人开了很多眼界。你看！从前我们没有看见过飞机，现在我们差不多个个都看见过啦，还有许多人，尝过从飞机上丢炸弹下来这样可怕的味道。还有坦克车，你初初看见它，好象它是一个大乌龟一样，自己会在地上跑。它才跑得快嘞！一点钟要跑几百里。它真厉害，打出高热炮来，什么东西都会烧化。还有兵士用降落伞从飞机上跳下来，跳在敌人的后方去，你什么防线也防不住，这是苏联红军发明的。德国人学会了，用了这个方法，打败了法国、英国、比国、荷兰等几个大国家。总而言之，现在是一个新世界，奇奇怪怪的东西多得很。有无线电，世界上出了甚么军情，马上我们就可以知道；有收音机，几千几万里外的人讲话，我们也听得见，好像我们现在的人长了千里眼、顺风耳一样。这些都是因为有了新的科学的发明，才造得出这些东西来。我们是不是学得会呢？可以学得会。你看，我们中国的空军，常常把日本的飞机队伍打得落花流水。我们中国人很聪明，什么都学得会。可惜我们中国认识字、能学习的人太少了。特别是我们这些穷苦的老百姓，没有福气去学习。不要说学什么学问，连看报

---

　　* 录自《吴玉章教育文集》，四川教育出版社 1989 年版，第 61～62 页。

上的新闻还看不懂嘞！真是一群"瞎子"，又叫作文盲，不论你有多少好看的东西，老百姓总是看不见。这是多么可怜呵！可是，现在好啦，现在有一种新文字，就是一个字不识的人，只要几十天都可以学会。写法又简单，点几点，画几画，就可以把说的话，一模一样的写下来。从前老百姓多半不会写字，就是因为旧文字太难啦，又不容易写，又不容易认，还不容易记，所以有些人读了一辈子的书，还不会写信。如果你学新文字，包你几个月以后，什么都会写了。新文字认和记都很容易，只要把二十八个字母认得记得了以后，报也会看，书也会读，字也会写，信也会写，文章也会做。新文字真是我们劳动者的文字。现在我们出这个《新文字报》，就是从开头来教老百姓。从字母教起，每期都有教人学新文字的课程，一看就可以明白。还要登载一些讲学问的文章、有趣味的消息。这是要替我们三万万六千万不识字的男女同胞，打开一条到热闹的新世界底道路。同胞们！快来学习新文字吧！

大众教育底一个目前紧急任务 *

（1940 年）

　　大众是社会组成的基本。大众的进步或落后并不在于生性的聪明或愚蠢，而在于教育的好或坏。教育好的国家，那么人人都有力量而国家也有力量；教育坏的国家，那就人人都没有能力，或能力很小，因此国家也不能强盛起来。

　　人类的能力是从什么地方来的呢？是从我们祖先在劳动生活的过程中，得到了很多经验技术，把它发达起来，变成了很多科学。从原始社会一直到现在，世界上许多科学近年来都特别发达了，在海里有轮船潜艇，在陆上有火车飞机，还有很多惊人的机器电气等。这些惊人的发明，并不是什么神仙的传授，而是在研究前人的经验学术中间慢慢地去发明出来。只要我们肯去学习前人已经有了的技能，再加上我们经验的知识和深刻的思想，就会创造出很多新奇的东西出来。教育就是便利大众学习底最好的组织，它应当处处为大众着想，使大众拿很少的时间学得很多的学问，这才是对的。

　　可惜我们中国从前所讲的教育，只是教人一些空空洞洞的思想，毫没有一点科学实在的东西，甚至于只教人写几句无聊的文章就算完事，对于我们实际生活，一点没有用处，还不如学石匠、木匠，还可以学一

---

　　* 录自《吴玉章教育文集》，四川教育出版社 1989 年版，第 59～60 页。

点手艺。因此，大众也不愿意进学校去学习，而学校也只是教那些有钱的"上等人"，使他们好去做官来压迫老百姓。因此，中国的教育，多年来是和大众没有关系的，因此中国也才成了没有力量的国家，作了世界各强国的半殖民地。

现在中国大众的痛苦受够了，大众也明白要自己有力量，就要自己有能力，因此，近年来不只是革命的领导人们注重大众教育，而大众自己也要求要受教育。这自然是很好的一个革命前进的现象，但是求教育的工具——文字——如果不改变，那么前进是很困难的。中国的汉字太困难了，要学十年八年才学得会，学会了汉字才去学科学，花费的时间很多，大众因此就无法受到教育了。现在有了新文字的便利工具，它只要几个月就可以学会，就可马上去学习各种科学，因此，新文字是大众增加自己能力、提高自己学术的工具。热心大众教育的同志们，应该用全副力量来提倡新文字和推行新文字。

纪念蔡孑民先生 *

（1940 年）

　　蔡孑民先生以满清名翰林，组织爱国学社，创办爱国女学校，加入革命同盟会以实行革命运动，并以欧洲十八世纪自由、平等、博爱等革命哲学教育青年，这就打破了中国数千年来所谓纲常名教底封建的、奴隶的学说。一九〇三年上海爱国学社南洋公学等风潮，开始了中国学生的革命运动，虽然爱国学社及爱国女学校、南洋公学等被封禁或解散，《苏报》案且将章太炎、邹容等监禁，而中国革命运动从此蓬勃地发展起来。孑民先生实中国初期知识份子学生革命运动的重要发起人，此堪纪念者一。辛亥革命民国成立，南京临时政府任蔡先生为教育总长。他宣布民国的教育方针是以革命的世界观和人生观来教育国民，把自由、平等、博爱的学说，引古训来说明其不悖于中国的旧道德，并注重社会教育以图教育的普及。未几南北和议成，孙中山先生去大总统职。袁世凯继任为大总统，仍以孑民先生为教育部长，不数月先生以袁氏专横腐败，不愿与同流合污，遂高蹈远行，重到法国。在法国时，孑民先生会同李石曾先生及我和许多留法同学与法国政学界人士组织一华法教育会，目的在沟通中法两国文化，尤在便利国内许多无力出国求学青年，以半工半读的方法到法国留学，故发展留法勤工俭学会，实为该会主要的工作。

---

　　* 录自《中国文化》1940 年第 1 卷第 2 期，第 50 页。

当时为第一次欧洲大战期间，法国招去许多华工，故加紧华工教育，保障华工利益，也是该会一重要工作。在欧战期间，世界既遭到这样重大的政治经济危机，国内又受袁世凯的专横压迫，蹂躏人权，推翻民国，以至于称帝，同时日寇侵占我青岛、山东，并提出二十一条亡国条件迫我承认，国内穷苦的革命青年痛心于内忧外患之严重，莫不思探求革命理论以救国家的危亡，故一时以勤工俭学赴法留学者不下千人。当时适值俄国十月革命胜利，马克思、列宁主义革命学说遂为这般青年所欢迎，这就造成了中国共产党许多优秀干部，如我党著名的周恩来、李富春、罗迈、陈毅、王若飞同志及在大革命时或十年奋斗中所英勇牺牲的赵世炎、陈延年、陈乔年、穆青诸同志，都是中国新时代的杰出人才。这也应归功于子民先生倡导勤工俭学之力，此可纪念者二。一九一六年袁世凯倒毙，共和恢复后，蔡先生被任为北京大学校长，他遂由法返国，罗致进步人士为北大教授，如我党出色人物李大钊同志及主张白话文大倡文学革命的胡适等，起了新文化运动的革命作用。一时新思潮勃兴，学术思想为之大变。尤其是我半殖民地半封建的国家受了十月革命的影响，社会主义的思潮，汹涌于一般人士特别是青年脑筋中，使中国苦闷而没有出路的革命知识份子得到了新生命，获得了新武器，因而就有冲破旧桎梏而创造新文学、新文化的勇气，因而就有反帝反封建轰轰烈烈的"五四"运动。这就为中国历史开一新纪元。虽然这是时代所产生的必然的结果，而蔡先生领导之功自不可没，尤其是他给顽固派林纾一封公开信，把反动的思想学说打得落花流水，此可纪念者三。自一九二五——一九二七年中国大革命失败后，白色恐怖非常残暴，蹂躏人权达于极点，不仅对于我们共产党员成千成万的屠杀，就是稍有进步思想的人都难幸免。这些反动份子特别对文化人仇视更甚，如南京曾把六个优秀的青年男女文艺家活埋，使闻者伤心，见者落泪，子民先生痛心于这般虎狼的惨无人道，曾与宋庆龄、杨杏佛诸先生发起组织人权保障大同盟，以企图为国家民族保存一二分元气。虽然那些暗杀党徒以暗杀杨杏佛先生并以许多恐吓信来胁迫，他仍不屈不挠地为保障人权而奋斗，此可纪念者四。子民先生于伟大文学家鲁迅逝世后，不顾权贵之愤怒而为之料理丧葬，刊刻遗集。对拉丁化新文字尤表赞助。"九一八"日寇进攻中国以来，国难日趋严重，我党中央屡向全国人民及国民党中央提议停止内战一致对外，子民先生直接间接对于国内团结共御外侮，用力甚多，卒能于"七七"抗战以前，达到国、共合作的目的。前年四月我由欧洲回国，道经香港得与晤谈时，他犹欣欣然以国、共能重新合作共赴国难为国家民族之大幸。今当日寇深入，举全国之力以抗战，虽然争得了敌我相持阶段，而驱逐日寇出境之战斗任务还非常艰巨，何况日寇诱降之奸计甚多，明暗汉奸如汪精卫之徒不一而足，投降、分裂、倒退的现象有加无已，国家前途之危险实甚，正需国民党中明达之士如子民先生者主持大计，砥柱中流以宏济艰难。不幸先生遽尔溘逝，这不仅是我文化界的一大损失，而且是全国抗日人民的重大损失。我们只有更加努力来坚持抗战，坚持团结，坚持进步以补足这个损失，这样来纪念他才有意义。

新文字与新文化运动 *

（1940 年）

　　我们要创造广大民众所需要的新的民主主义的文化，首先就要有大众容易懂、容易学、容易写、容易念、容易认的文字。中国方块的汉字恰恰没有这五个条件，因此，近年来才有创造和促进新文字的运动。到今天大众是迫切需要新文字，不幸还有许多阻力使它不能发展，这是文化上大众化的一个严重问题。现在我想把人类及中国文字的产生、发展及其演变底历史和新文字的创造的经过情形大概说一说。

　　首先我们要了解下面三个前提：

　　第一，文字是文化的工具，它和其他艺术、宗教、文学等等一样是人类社会的上层建筑物。社会的经济基础一起了变化，则上层建筑物中，或迟或速地都要发生变革。因此，我们研究每一个国家文字变革的历史，不仅要研究文字变革的本身，而尤其要研究它的变革的经济基础。但是这里又千万不可忽视了人类活动的作用，因为它也同其他上层建筑一样，有人力的关系和经济基础与上层建筑间底相互的影响。马克思曾责备他以前的唯物论者说：

　　　　如果在一方面人类是环境的产物，那末，在另一方面，环境就是人类变更的。（《马克思论费尔巴哈》的大纲第三）

---

　　* 录自《中国文化》1940 年第 1 卷第 2 期，第 30～34 页；第 1 卷第 3 期，第 21～27 页；第 1 卷第 4 期，第 29～37 页。

恩格斯说：

> 政治的、法律的、财政的、宗教的、文学的、艺术与其他的发展，都是根基于经济。但它们之间是有相互影响的，而且它们也影响到经济的基础。（一八九四年恩格斯的信）

修正主义的伯因斯坦以为：

> 这和《政治经济学批评》一书的序言中所说的经济"基础"与建筑于这基础上的"上层建筑"的关系有些不同。（见普列哈诺夫著《马克思主义的基本问题》中文译本七十页）

伯因斯坦机械地理解马克思《政治经济学批评》的序言，他以为在经济的"基础"上所发生的社会的与思想的"上层建筑"对于这"基础"是没有任何影响的。这是非常错误的理解。恩格斯曾经很明白地驳斥了这种机械论说：

> 我们不能以为经济情形的本身，自己会机械地动作的。我们应该知道，人们自己经营着他们自己的历史，不过他们的经营是在某种环境之内，他们是被各种实际的关系所决定了的。在这些关系中间，经济的关系——虽然它们也是很受到政治方面与思想方面的重大影响，它的线索贯串了一切其他的关系。也只有这一种线索才能够引导我们去获得理解。（同上书七十二页）

因此，我们在研究文字变迁时，首先要注重社会经济基础，同时也切不可忽略了人的活动力量。这是第一。

第二，我们中国新文字运动已经有几年了。这一时期中，得到了很大的成绩和很多的经验。现在我们还要特地来研究中国旧文字的历史，这是不是把旧文字和新文字并重，如一般所谓"保存国粹""整理国故"的思想呢？不，绝对不是的。我们认为人类社会发展进化，常常是前后相联系，慢慢地蜕化出来（虽然包含有突变、渐变等过程），而不是截然两断、新旧不相关的。所以我们要创造新文字，也不可不知道旧文字的源流和它的变迁。但是我们的研究，绝对不能如像满清时代所谓"小学家""经学家"等等，只注重"考据"、"校订"或"解说"古书；也绝对不能如现代中国和各国考究中国语言文字的学者，只重在考证"古音""古训"。因为他们这些死板的、机械的、守旧的研究，都必然要陷于学院式的泥坑。我们十分了解中国旧文字在相当的时期内，是帮助了中国的经济、文化的发展，但它也同其他的社会关系一样，现在却变成了经济、文化发展的阻碍。因为社会经济的基础上有整个的社会关系、感情与思想、文学与艺术等等的上层建筑，这种上层建筑，起初也是帮助而后来反阻碍社会经济的发展，所以在基础与上层建筑中间发生了相互影响的作用。如果不了解上层建筑与经济的社会关系是随着生产力的发展而变革，反而认为中国的文字是神圣的"文字"、中国的文化是"人的文化"，那末，必定如从前张之洞之流"以中学为主，以西学为辅"的谬说，及现在胡适之辈认为"中国的文字、文学是建设了人的文化。同化了许多蛮族，平定了许多外患，同化了非人的文化……。中国人比欧洲失败的原因，只是少了一个大的和附带一个小的，大的是科学，小的是工业——我们明白了这个教训，比欧洲所缺乏的是什么，我们的努力就有目标"等等不合乎科学的说法（见一九三二年十二月《盛京时报》所载胡适作《中国历史的一个看法》）。这些崇古尊孔的人，研究历史的目的是毫无用处的，所以我们研究旧文字的历史，是以帮助新文字的发展为目的，是以研究旧文化遗留下来而现在活跃在我们实际生活中的语言文字，使它们更能科学化、通俗化，以便很快的达到创造和普及新文字，来迅速地提高工农的文化为目的。因此在研究的过程中，时时都不要忘掉了实际性和现代性。

　　第三，我们必须用马克思唯物辩证法作我们研究的方法，旧文字中一切神秘、虚伪、穿凿附会等等解说，一定要打破，要澈底地加以清洗。而且不仅处处要注重文字变迁的经济基础，更须指明它的阶级性。因为文字也同其他的社会上层建筑一样，它在有阶级的社会里，常常含有阶级的原素在里面。马克思和恩格斯在《共产党宣言》中说：

> 法律、道德、宗教，在无产阶级看起来，都是资产阶级底偏见，背后都藏着资产阶级利益的伏兵。

文字是文化的工具，自然也免不了当时社会阶级的反映，特别是统治阶级意识的反映，所以我们在研究文字史的过程中，必须揭露其中所含的阶级偏见。

以上三点是我们在研究中必须注意的。

一、中国旧文字的源流

（一）人类语言文字的发生与劳动的关系

我们知道，人类语言文字的发生，并不是偶然的，也不是一成不变的，它是由于人类劳动，经过长期的发展而逐渐进化起来的。恩格斯说：

> 劳动的发展，又促成社会各份子间的联系；由于彼此互助的结果，人类更了然于彼此合作的好处，人类至此便感觉得彼此晤谈之必要，这种要求，果然造成了相当的器官，猴类底不发达的食道，渐渐地改造起来，由简单的气管渐变为复杂的喉管，而口腔也渐能发出一个以上的连续音。

> 要正确的解释语言的发生及其和劳动的关系，最好拿动物来作一比较观，有少许动物及其中比较发达者，彼此传达消息而无须缀音语。在天然情况中，没有一种动物能自己说话，或能了解人类的语言。独于家畜则不然，譬如牛马和人相处，竟能在相当范围内了解人的语言；它们还训练出一些复杂感觉，如对主人的爱慕和感谢

等（这些感觉在它们未被人类豢养以前，是不能有的）。只可惜它们的发音器官构造特别，专向一定的方面发展，因此，它们的说话底本能竟不能不被剥夺，但是只要发音的状况较为顺利，这种缺点毕竟是可以免除几分。鸟的喉颈和人的大不相同，然而禽兽中能说话的，只有鸟类；鹦鹉挟其怪难听的恶声，又要算鸟类中之最善于说词者。（恩格斯著《从猿到人》中文译本三十七页）

语言由于劳动而发生，还可以用现在人类呼喊的声音来证明，古列夫说：

　　语言——"说话的天才"的发生，不是骤然的，是与劳动制造工具、长期发展而复杂的结果。最初的音节发现于不知不觉的呼喊之中，这种呼喊的声音，是在劳动过程中用力时夺胸部而出来的（或者在"为生存奋斗"用力时而发生的）。这种呼喊，很能辨别出来："哈"（xxa）——伐木者的声音；"呜吓"（uux）——拖重者的声音；"谷拍"（gop）——跳高者的声音；"啡"（ffei）——吹火者的声音。这就是人类语言的雏形。我们一定要注意到最初劳动是"集体的"，劳动的呼声，在"集体的劳动"的组织中含有莫大的意义。因为原始的技术非常幼稚，工具笨拙，劳动势不能不采合作的集体形式。因此，劳动便必然造成原始人类的铁环，把散漫的"群"变成了坚固的组合而形成"人类社会"。由合作的集体劳动，使交换意思的方法也要改善起来，随之以种种呼声，间杂以手势表情，以致传达之用。

　　比方"呜吓"（uux）的喊声，要是带有命令或询问的音度，则为"拉呀！""拉起来了没有？"，由此可知言语的发生，只在同类的社会里，劳动合作中，才有可能。由此可以知道动物不会说话，是因为它们没觉得有"语言"的需要，而它们之所以没有这种需要的缘故，又是因为它们不是"集体劳动"，彼此间没有什么事用得着聚谈的。著名的语言学家奴阿列（Nuare）他经过许多考察之后，证明了言语的发源及其发展，是和工作的发生并进的。这是完全正确的论调。语言最初的字根——不是名词，不是指物的实体字，而是动词，最初是描写动作的虚字（因此，《说文》是以一、丄、上等指事字开始——引者注）。指物字的发生较迟，由某种物件成为人类劳动中的必需品时才发生出来（起先按其作用发生各种工具的名词）。（参看古列夫《论恩格斯著〈从猿到人〉》中文译本第二十四—二十六页）

由此我们可以说，人类语言文字的产生，是由于为劳动合作所必需的结果而来的。

（二）世界文字发展的两个系统

文字是代表语言的东西，语言是用我们说话里面能够表示一个观念（意思）的各种词来造成的。欧洲各国的文字，都是由图画文字进到用声音符号（字母）来表示词的声音。凡是写出来的词，都是用一个或几个声音符号来造成的，这种叫作拼音文字的系统。中国的汉字注重在形体，表示一个物件的词，就是这个物件的图形，比方𢒫、☉、🌙等，就像马儿、太阳、月亮的样子。每一件事情也按照事情的意义表示出来，比方古时"上""下"两个词写作"丄""丅"。就是说一个东西放在另一个东西上面叫做上，一个东西放在另一个东西下面叫做下，这种表示事情的词也像那事情的样子，这种就叫象形文字的系统。

拼音文字如从前的希腊文、拉丁文及由拉丁文变化出来而为现在英国、法国、意大利、德国等等的文字和其他各国如亚拉伯系统的拼音文字，都属于这个系统。象形文字如古时的埃及和中国这个系统的汉字（旧文字），都属于这个系统。埃及的象形文字早已绝世了，现在只有中国和属于他这个系统的，还保存着象形文字的系统。

埃及的象形文字虽然绝世，但是我们现在还是可以知道它的大概，据房龙所著《人类的故事》（Hendrik Van loon：*The Story of Mankind*）这本书第四章上说：

埃及人所发明的许多东西之中，最主要的一件，就是怎样保存我们的语言，可以传诸后代，以为后代的利益，就是发明写字的技术。

我们现在对于报纸、书籍、杂记等类，都已经看惯了，以为人向来都能读能写的。岂知不然，写字这种技术，在许多发明之□，算是最重要的一种，乃是很新的。如果没有书籍这样东西，我们人也与猫、狗一样了。猫与狗只能教给它们的小猫与小狗一些很简单的事情，因为它们不会写字，所以它们没有方法可以利用几千年以来它们的祖先所有的经验。

在我们纪元前的第一世纪内，有许多罗马人到埃及来，他们在山谷里发现了很奇怪的小画，这些小画看来与埃及历史上很有关系的。但是罗马人对于外国的东西向来不注意，所以他们对于这些庙宇和宫殿的墙上，和芦苇制的大纸板上所刻的种种奇怪的形象，便也不去追究它的起源。当时埃及最末的几个僧侣懂得这些图画的"神圣"技术的，在几年前已经都死去了。自从埃及失了自主之后，它的国家就成了一所富藏历史档案的仓库；关于这些历史的档案，没有一个人能解释它们的意义，并且在当时于人或动物都是毫无用处的。

过了十七个世纪之久，埃及依旧是一块奥秘不可测的土地。直到一七九八年法国的大将拿破仑要去征伐英领印度的殖民地，到了非洲东部，那时还没有渡过尼罗河，他的战事就失败了。但是无意之中，这个有名的法国的远征队，倒把古代埃及的象形文字的问题解决了。

有一天，一个法国的少年军官守着罗塞达河边一个小小的炮台（尼罗河的要口），当时他守得厌烦了，想费几点钟的工夫，到尼罗河的三角洲上的废址中去搜罗些古物。你看，他竟寻出了一块石头来，他看了实在莫名其妙，这块石头上面与埃及的别的东西一样，也有小画。但是这块特别的黑色玄武石，与以先所发现的石头不同，上面刻有三种文字，一种是希腊文，希腊人是知道的，所以他想："现在只要拿埃及的象形字来与希腊的原文一比较，便可以知道它的奥秘了。"

这个方法听听固然很简单，但是费了二十余年之久，才把这个谜语解明了。在一八〇二年，一位法国的大学教授，名叫禅普亮，起首把这块罗塞达石头上的希腊字与埃及原文两相比较，直到一八二三年他才宣布说已经寻出了十四个字的意义。不过几时，因为他用功过度，便得病死了。但是埃及文字的原要已经明白了。所以我们现在知道尼罗河流域的历史比较密西西比河的历史来得清楚些。并且因此我们得了一部含有四千余年的记载。

古代埃及的象形文字（这字的意思就是"神圣的文字"），既然在历史上占有这种重大的位置（有少数的与原形略有变更的几个字已经采入欧美的文字中了），你便应该知道五千年以前为后代的利益如何保存言语的那种巧妙的方法。

你当然知道什么叫做画形字。在美国的西方平原上的每段印度故事里总有一章专用小画来描写的奇怪的故事。那种小画，是说杀死了几只水牛，某地方有多少猎人。这种故事的意思，大概都是很容易懂的。

古代的埃及文字并不是一种画形字，尼罗河岸的聪明的居民早已经过这一个阶段了。他们的图画不但是代表所描写的物象，还包括许多的意思在内。我现在再举一个例给你们听：

假使你是禅普亮，你在那里研究一叠芦苇制的纸板上的象形文字。忽然你看见一张画是一个人手里拿着一把锯子，你会说："对了，这画的意思一定是一个农夫出来砍树。"以后你又拿起一张纸板来，上面讲的是一个皇后八十二岁上死了的一段故事。在这句子中间你又看见一个人手里拿着一把锯子的图画。八十二岁的皇后的手里不会拿锯子的。那末，这个画图一定有别的意思了。可是是什么呢？

这个谜语以后被一个法国人解释出来了。他发现出来埃及人最早应用那种我们现在所谓"谐音字"——一种描写言语的"声音"的文字，这种文字使我们可以把我们所有的言语只要点几点，画几钩，便可以写成大篇的文字（这就是象形文字向拼音文字演变的开始——引者注）。

我们又要提起那个小人手里拿着一把锯子的画，"锯"（译者注：英文字 Saw）这个字的意思：一种可作木匠铺子里的锯子讲；一种是作为动词"看"（To see）的过去。

这字自从几千年以来是这样变化成的。最初这字的意思是只于代表某种器具，就是所画的形象。以后把原意失去了，又变成动词

的过去。再过几百年之后，埃及人把两种意思都失去了，而那图画成了代表一个单个字 S 了。有一句短句可以告诉你我所说的意思，这里有一句现代的英文句子用象形字写成的：

这图可以代表你头上所生的两个圆的东西 Eye（眼睛），又可以代表说话的那个人"I"（我）（译者注：英文"Eye"——眼睛与"I"——我音相同）。

这个图可以代表"Bee"（蜜蜂），又可以代表那动词"To be"（在、有），还可以作为动词的前半段，例如"Become"（成）或者"Behave"（行为）。

别的例"Be"底下接着就是：

这是代表"Leaf"（树叶）或"Leave"（离弃）或"Lieve"（相信）（译者注：这三个字的音是相同的）。"Eye"这图的意思你已经知道了。最后的一图：是一只长颈鹿。

这是画形字的一部份。象形字便从这里脱胎的。现在你看这句子便不难了，可以念了。

"I believe I saw a giraffe（我相信我看见了一只长颈鹿）。"

埃及人自从发明了这种方法以后，几千年以来逐渐地把它发展，直到他们要什么就可以写什么。他们用这种"罐头的文字"来与朋友通信、记账，记载他们的国内的历史，有了历史，使后代人民可以有前车之鉴，不致再蹈覆辙了。（《人类的故事》中文译本十七——二十二页）

照房龙这段话看来，我们还不能说就了解了埃及的象形文字。因为他说：

古代的埃及文字并不是一种画形字，尼罗河岸的聪明的居民早已经过这一个阶段了。

但是我们在这里可以得到象形文字变化到拼音文字的一种发展的过程，如他说：

> 埃及人最早应用那种我们现在所谓"谐音字"——一种描写言语的"声音"的文字，这种文字使我们可以把我们所有的语言，只要点几点，画几钩，便可以写成大篇的文字。

这正是说明用声音符号来造成拼音文字的进化作用。中国现在所用的旧文字——汉文：一方面已经失掉了象形文字的意义和功用；另一方面又成了拼音文字发展的障碍。因为初造汉文的时候，既是要象事情物件的形象，所以字形就不能不很复杂而又很笨拙，写起来自然是很不方便，往后社会一天比一天发展，事情物件必然繁多，这种最初制造的笨拙的文字自然不合用，因此中国汉文就由古文、大篆、小篆、隶书、楷书、行书、草书、正书、俗字等等改变了七八次，把从前象形的意义和好处都完全失掉了，已经不能看见字形就知道它是什么东西了，所以现在认识一个汉字必须要知道它的形、声、义三个要素，三个中间缺少一个，就不能算做认识了这个字，因此认识汉字成了一个困难事情。汉字已变成了表示单个音段的符号，而它却又不能成为拼音的符号，因为它不是声音的符号。而是单个的有声（子音）有韵（母音）的一个音段（这些分析下面再讲），反而造成了拼音的（反切）障碍，也成了中国拼音文字发展的障碍。

现在我们来研究中国旧文字的起源和它的发展。

（三）中国象形文字的产生和其变迁与解说的社会经济基础及阶级性

如果我们拿马克思唯物辩证法的观点来看，文字是适应人类实际生活中的需要而产生的。所以人类最初大半是用结绳记事，渐渐才发展到图画文字，由图画文字进到象形文字和拼音文字，这完全是适应实际生活中社会生产力的发展和生产关系而产生的，并不是什么神秘的、不可思议的东西，而中国旧书上说到文字的起源，一方面是表现得很实际的，一方面却又把他神秘化了。如《易经》上说："上古结绳而治，后世圣人易之以书契。"许慎《说文解字》序说："古者庖羲氏之王天下也，仰则观象于天，俯则观法于地，观鸟兽之文，与地之宜，近取诸身，远取诸物，于是始作《易》八卦，以垂宪象，及神农氏结绳为治而统其事，庶业其繁，饰伪萌生。黄帝之史仓颉，见鸟兽蹄迒之迹，知分理之可别异也，初造书契……仓颉之初作书，盖依类象形，故谓之文。其后形声相益，即谓之字。"这里解释文字的起源是很实际的、唯物的。

但是中国第一部最有名的讲文字的书，就是《说文》。《说文》这部书"始一终亥"，它解释第一个"一"字就把中国古代哲学思想的宇宙观包含在内面了。他说："一，惟初太始，道立于一，造分天地，化成万物。"太始又作太极。本来如果我们把"一"作为数目的开始，作为一个单位看，那末，事情是很简单的，而许氏说得这样神秘，天地万物都是由它而生成，这是什么道理呢？

老子说："有物浑成，先天地生。"又说："一生二，二生三，三生万物。"《易经》说："一阴一阳之谓道。"又说："易有太极，是生两仪，两仪生四象，四象生八卦。"朱子注解说："太极之所以为太极，却不离乎两仪、四象、八卦，如一阴一阳之谓道，指一阴一阳为道则不可，然道不离乎阴阳。"（《周易折中》卷十四第二十六页）朱子解释两仪说："仪，匹也，如俗谓一双一对。"（同上卷十九第十五页）

由上面的各说看来，中国之所谓道，就是包含一阴一阳的一个整体东西，而一阴一阳就是在一个所谓太极的整体东西之中，两个相反相成、对立而统一的东西，和辩证法的一个原则"对立的统一""矛盾的一致"相同。

列宁说：

整体之两分为二，与认识它的矛盾部份……就是辩证法的精华。……

在数学里面　＋（正数）与—（负数），微分与积分；

在机械学里面　作用与反作用；

在物理学里面　阳电与阴电；

在化学里面　原子的结合与分离；

在社会科学里面　阶级斗争。

对立的统一……乃是承认（发现）自然界中（精神与社会也在其列）一切现象与过程底矛盾的相互拒绝的、相互对立的倾向。（《列宁全集》新版第十三卷三〇一页）

对立的统一是自然界中底极重要的真理，中国古代哲学家发现了这点，而太极阴阳变化错综的理论，不但成为一切医药卜筮星算术数等等学说底根据，而且成为最高哲学的原理，而宋儒对于太极有很精密的注解。周濂溪说："物物一太极，盈天地间无处不有太极。"实际上太极就是物质的原子，这和希腊哲学家德漠克拉提的原子学说，有些类似（周子有《太极图说》，请参看），这是很值得我们研究的。但是不能说中国早已有了辩证法，因为，辩证法是有"对立的统一""数量变质量，质量变数量""否定之否定"的三个必具的法则。中国的太极阴阳之说，只不过发现辩证法的一部份，而且它被曲解为形而上学，及一切阴阳五行家术士家歪曲学说的根据，根本与现在马克思主义的唯物辩证法不同。

这个很大的哲学问题，我们要专门来研究讨论，这里不过略一提及，以唤起同志们的注意罢了。

从实际上说来，"一"字是数目的开始，又是表示一个整体的东西，无论方圆长短大小厚薄，凡是一个整体，都可以用"一"来表示，所以

"一"字是象事（就是指事）的象形文字。而许氏《说文》却把它说成太极的整体。他以为，说其整体则为最高的道，分阳分阴则造成天地，运动变化则化成万物。这就可见汉字的每一个字的造成都含有当时的社会思想、物质生活，以及政治道德、文物制度等等上层建筑的元素在内。这是我们不可不注意的。例如：

　　　"臣"　牵也，事君也，象屈服之形。

　　　"王"　天下所归往也。董仲舒曰："古之造文者，三画而连其中谓之王，三者天地人也，而参通之者王也。"孔子曰："一贯三为王。"（许氏《说文》）

至于古书上传说中国在四五千年以前，有一个伏羲皇帝，他得河出的图，洛出的书，就画成了八卦，这八卦就是中国旧文字的起源。许氏《说文》序说神农氏结绳为治，黄帝之史仓颉初造书契，但这些都是靠不住的。因为中国古代史中所谓三皇五帝之说，都是后人伪造，而近几十年来，中国发掘出殷墟古物，在许多龟甲文上，可以看出中国在殷代文字还很幼稚，则所谓仓颉造字，明明是后人所假托的，只有在周宣王时，经史籀的整理，中国文字才有了大的进步。

现在我们略略地说明传说的所谓仓颉造字的方法。据说仓颉造字有六个规则，叫作六书，《说文》解释六书说：

　　　六书者，一曰指事，指事者，视而可识，察而见意，上、下是也；二曰象形，象形者，画成其物，随体诘诎，日、月是也；三曰形声，形声者，以事为名，取譬相成，江、河是也；四曰会意，会意者，比类合谊，以见指㧑，武、信是也；五曰转注，转注者，建类一首，同意相受，考、老是也；六曰假借，假借者，本无其字，依声托事，令、长是也。

这六个是造字的规律。例如：

日　字作　◉　　象太阳的形像；

月　字作　〖月〗　象月亮的形像；

鸟　字作　〖鸟〗 ⎫
　　　　　　　　　⎬ 象鸟、鱼的形像；
鱼　字作　〖鱼〗 ⎭

草　字作　〖草〗 ⎫
　　　　　　　　　⎬ 象草、木的形像。
木　字作　〖木〗 ⎭

这些是顶早造的字，就叫做"象形"字。

　　但是有形可以象的，才可以造象形字，没有形可以象的，便又想出一种法子来，譬如：

上　字作　〖上〗；

下　字作　〖下〗；

立　字作　〖立〗。

　　上、下、立这些字，都是没有形可以象的，于是假定一画做个标准，在一画上面竖 |，便是上字，在一画下面竖 |，便是下字；至于立字这一画，又把他当做地的记号，上面写个大（〖大〗是古文的大字，大字本来的意义，就是人字，《说文》说："大，天大，地大，人亦大，故大象人形"），仿佛是人立在地上的样子。这种字叫做"指事"字，意思是说指着这事体的样子，看了这个假定的形像，可以晓得这个字的意义。

　　后来还有"会意"字，是把几个字合成一个字，这几个字的意义，就是合成一个字的意义，譬如"天"字，从"一""大"两个字，就是说天是第一大的东西，没有第二个东西能比他的。"初"字的意义，是起头裁衣服，所以从"刀""衣"两个字，就是说拿刀去裁衣服的意思。"休"字的意义，是说休息，所以从"人""木"两个字，就是说人坐在树木底下休息的意思。"老"字的意思，就是老年人，所以从"人""毛""匕"（现在楷书写老字笔画都是错的，照正体，应该写作"耂"字），就是说，人到老了，他身上的毛，如眉毛、胡须、头发，这些东西都从黑色变化做白颜色的意思（匕字就是变化的"化"字的正体）；这"象形""指事""会意"三种字，都是从"形像意义"上头造出来的，但是社会上的事体，是一天多一天，形像意义是有不够用的时候，于是又造出一种"形声"字来。

甚么叫做形声字呢？就是一边写这字的形像（就是意义），一边写这字的声音，譬如"蘇"字，本义是紫苏，是草类的东西，所以从艸（艸字就是草木的"草"字的正体）是表示这个字的形；声音如穌字一样，所以从穌，是表示这个字的声。"喉"字本义是喉咙，喉咙在嘴里边，所以从口，是表示这个字的形，声音如侯字一样，所以从侯，是表示这个字的声。"響"字本义是音响，所以从音是表示这个字的形，声音和鄉字一样，所以从鄉，是表示这个字的声。"餌"字本义，是粉做的饼，可以吃的，所以从食，是表示这个字的形；声音和耳字一样，所以从耳，是表示他的声。自从有了这形声字的造法，一切的东西都可以有名目了，这是因为无论甚么事物总有个意义，所以总可以有一个字去配它做形；一切事物都是先有声音，才造文字，所以这个字的声音叫甚么，便可以把一个同音先造的字去配它做声，这也可以说是向拼音文字变化的开端，到了"形声"的例一设，便把本国事物的名目逐渐造完备了。"假借"的例一设，便无论后来新造的东西、新发明的道理和九州万国的事物，中国古来所没有的都可以用它的意义去引申，借它字的声音做标记，一一写将出来。（上面这一段多采取章太炎的说法。）

中国象形文字，既然必须要知道每一个字的形体、声音、意义三个东西，而后才算认识了一个字，那末字形就特别重要，因为象形文字，首重形体，字的意义就是在他的形体上表现出来，中国旧文字的形体有些什么变迁呢？

　　且说造字者当时虽然造了文字，但是上古的时候，还是酋长政治，天下没有统一，兼之那个时候，还没有记字的书，所以写法却还没有一定（近来有人发现古物，证明说商朝才发明龟甲牛骨原始象形的文字），到了周朝初年（离现在约三千年光景），教育大兴，小孩子八岁就要进小学校，头一步就是教他识字，便把六书的规则教给他，所以周朝的时候，有学问的人很多，就是识字的人很多的缘故，后来周宣王的时候，有一个人，叫做史籀，他又造了一种字体叫作"大篆"，又叫作"籀文"，他把他这一种大篆做成一部书，名叫《史篇》，这个书到汉世祖的时候，已经少了一小半，后来渐渐的损失完了，现在这个书早已没有了。他这书的字体和古文有些不同（仓颉以后到《史篇》以前所造的字都叫古文），这书现在虽然没有，但是《说文解字》里边，却还收了许多，大概和古文的字相比，笔画总要来得繁多。据我们的眼光看来，大约这以前的字，各人各造，只要合乎六书的规则就行了，至于这个字的写法却是你这样造，我那样造，没有一定的形体，所以一国的文字大约还不能统一，这史籀看了，觉得不能普及，所以把一个字有许多写法，集合各种异体写成一个有定的形体，既然要这样，那末，他这文字的偏旁配合，都要有一定的规制，不是随便省几笔、做几点记号便可以敷衍的，所以这笔画不得不繁多了。史籀在中国旧文字上是有一番整齐统一的功劳。（以上多引章说。）这是封建的农业经济发展，商业渐渐兴盛起来，要求一种统一文字的表现。史籀之后，过了四百多年，到了周朝末年，当时周朝的皇帝，没有一点权力，天下大乱，诸侯中间有韩、赵、魏、齐、楚、燕、秦，七个大强国。个个独立称雄，一切制度、法律、政治，都随意乱改，就是说话和文字也是各自改变。过了一二百年，秦灭六国，一统天下，那时秦始皇的宰相叫做李斯，想统一文字，拿秦国文字做标准，来造一种字，把和秦文不同的都废除了，这种字叫做"小篆"（就是大篆的省写）。李斯自己做了一部《仓颉篇》，同时还有一个赵高做了一部《爰历篇》，胡母敬做一部《博学篇》，这三部书都是小篆的字书，一共三千三百字（可见当时文字难写，因而也不发达，所以字数这样的少）。后世总称作《仓颉篇》，现在这书也没有了，但是近世有人把别的书里所有引《仓颉篇》的集在一起，虽然不是完全的书，也还可以见其一斑，李斯虽是拿小篆来统一文字，但是那时，《史篇》这部书还在，所以大篆没有废灭（古文却在那时亡了）。又小篆的文字和古文、大篆也都相通，有小篆从古文、大篆的字，譬如"於"字本来是古文的"乌"字，小篆有菸、蒸字从於。"其"字本来是大篆的"箕"字，小篆有期斯等字从其。小篆既然有从古文、大篆的字，便可以见小篆也不是随意乱造不合法的。

自李斯用小篆统一文字以后，那时秦始皇正在烧书坑儒、厉行专制的时候，官吏奏事极多，平民动不动便要坐牢杀头。刑罚的事情，也一天多一天，于是有一个程邈造出一种"隶书"来。这是把小篆的形体随意增减。这条例一开，从此便把六书的精意破坏了。因为造篆字（古文、大篆、小篆都是）的时候，或象形、或指事、或会意、或形声，这字写成这样一个形像，总是有意义，合着六书中间的一种，决不是随随便便乱写几点几画，可以算数的；隶书便不然了，随便拿起一个篆文来，少写几笔，多写几笔，都没有什么不可以，于是形也不象，事也不知所指，意也会不成，形声的字或形是对的而声错了，或声是对的而形错了。譬如：◉本来很象太阳的形状，隶书写方了，变做"日"字，便不象了。⑩字本来象月亮的形状，隶书写长方了，变做"月"字，便不象了。🐦字本来很象鸟的形状，隶书写方了，作"鳥"，已不象形，又把"匕"形变做"灬"，于是两只脚的鸟，变做四只脚了。"牪"字本象从前面看牛的样子，"⌣"形是两只牛角，隶书写作"牛"，于是两只角做成一只角，并且是切断的了，这是形不象的。"甘"字本从口含一，本来说好吃的东西；一是指事，就是那样好吃东西的符号，隶书变成"甘"，把口变成廿字了。"弔"字是从人拿弓，因为上古时候，还没有棺材，人死了便埋在圹野，恐怕有野兽去吃他，所以人家来吊丧的，都带了弓来相帮赶鸟兽，隶书变作弔，只有弓不见带弓的人了。"賊"字从戈是形，从则是声，隶书作"贼"变成从贝从戎，形声都错了。"秊"从禾是形，从千是声，隶书作年，禾千都不见了，这是形声都不对的。照这样看来，岂不是程邈造隶书，实在是中国文字界的大罪人么？但是，他造隶书的意思，原是给官府衙门里的差人皂隶用的，所以叫做"隶书"，他当时以为随便递张呈子，写篇口供，本来是用不着在象形文字的规则上去讲究的事情，就是这样求其省快，胡乱写写，又有什么妨害呢？（以上多取章说。）

后来一切贵人、学士，及书籍、诏令都用隶字，因为他省事，比篆字方便得多，这个巨大的改变，实在是因为秦时商业资本非常发达，也是社会经济发展的结果，要求有更进步的文字来适应，所以百年以后，到汉中宗时，那些学士大夫，已经连小篆都不能认识了。那时只有五个人能够读秦朝的《仓颉篇》。到汉平帝时，就叫他们来解说古篆文字，那时学习古篆文字的有一个人叫扬雄，就做一部《训纂篇》，从《仓颉篇》以来的正体字都收在里边了。从《仓颉篇》到《训纂篇》，一共有七部书：（一）《仓颉篇》，（二）《爰历篇》，（三）《博学篇》，（四）《凡将篇》（司马相如作的），（五）《急就篇》（史游作的），（六）《元尚篇》（李长做的），（七）《训纂篇》。扬雄之后，班固、贾鲂又有著作。班固的书分十三章，没有名目，贾鲂的书叫做《滂喜篇》。这上面所讲的甚么篇甚么篇，从《史篇》起，到《滂喜篇》止，大都是四个字一句，或是七个字一句，和现在千字文差不多（这许多书中间，现在只有《急就篇》还在。开头是七个字一句，底下是三个字一句，底下又是七个字一句，末了又是四个字一句）。因为这些书都是给小孩子识字的时候念的，要他容易上口，所以句子都有一定。此外还有《尔雅》《小尔雅》《方言》《释名》《广雅》，现在要了解古书，明白古来文字的意义，这五部书都是很有用的。

但是这五部书，只讲古书文字的意义，至于这些字在六书上头是属于那一种，造这个字的时候是个什么解说，却没有讲到。到了后汉和帝时候，有一个许慎，他据《仓颉篇》以下的小篆、《史篇》里的大篆、壁中书和钟鼎上面刻的古文这三种东西，合拢来做成一部《说文解字》。照字的形分作五百四十部：譬如草类里边的字，字形必定从艸，便归在艸字部里；关于一个人行为的字，字形必定从人，便归在人字部里；关于说话里的字，字形必定从言，便归入言字部里。这艸、人、言这些字叫做部首，部首一共五百四十个字，所以成为五百四十部，这五百四十部的分法，非常精确。后来无论再做甚么字书，一部都不能加减他的。这是甚么缘故呢？因为中国的文字到小篆时候便完全无缺，现在所用的字，总逃不出《说文解字》这一部书，虽然有许多现在用的字，《说文》里面没有，这是不识《说文》正体字的缘故。譬如这个字的"这"字，《说文》正体作"者"；怎么的"怎"字，《说文》正体作"曾"字；"腔套"两个字《说文》正体作"甾韜"。这些白话里的字，《说文》里边都还找得出正体，那末文言一定可以是找得出正体字了。不过平常人不容易认识，所以中国真正认识字的人，就很少了，就认识几个字，也不能澈底了解它的意义，更难说到了解字的真正本义、引申义和它们的变化原委了，这也是汉字最难学的缘故。《说文》没出世以前，虽有文字，却没有一部可以查字的书（字典），自从许慎作了这部《说文》以后，从此字的形体，在六书上属于那一类，和造字的时候，最初的本义，一一都明白了。到清朝康熙的时代，照《说文》的部数，造成了一部《康熙字典》，这才算中国有了一部比较完备的字典。许慎的《说文》，在中国旧文字的整理上，是有很大的功劳，但是他只讲字形、字义，而没有说到字的声音。此地我们要发生一个问题，就是许慎既然是很聪明精细而又有条理的人，为什么会把字的重要原素之一的声音忘记了呢？这不是他忘记了，而是后人没有了解当时的事实。许慎的工作是一个复古的工作，因为他看见当时没有几个人识篆字，象形文字的功用快要完结了，他就出来挽救它，所以他的书完全是篆字古文，完全是旧的真正的象形文字。象形文字的特点，只要看见字的形体，就知道它的意义，并知道它应读什么声音，因为事物都是先有了声音然后用文字来代表它。所以凡人一看见这个事物，就自然知道它是甚么声音，用不着再把声音表示出来，这就是许氏《说文》没有反切来表示声音的缘故。

在历史的进化上说来，程邈的隶字，已经表示象形文字应该破坏，而代以另外一种文字的时候了。有了许氏这部《说文》，倒反而复活了垂死的文字，而阻碍了文字改革的发展。并且篆字的必趋死亡，还可以由下面两件事实看出来：一是汉末魏晋时代，有张旭、王羲之等的草书、行书、真楷，比隶书、篆文更远了；一是声韵之学，一天一天地发达起来，这是必然的趋势，因为字既不像事物之形，离了另外注上声音，就不知道该怎么读了。因此，下面我们就讲到中国文字的反切及声韵的问题。

（四）中国文字的转变与切韵及字母之发明

中国切韵拼音之学，从六朝时的沈约开始，至唐时才有字母，《康熙字典》序说："至汉许氏，始有《说文》，然重义而略于音，故世谓汉儒识文字而不识字母，江左之儒识四声而不识七音，七音之传，肇自西域，以三十六字为母。"这三十六字母就是所谓守温三十六字母，是从印度佛教的梵文拼音法脱胎出来的。这三十六字母就是见、溪、群、疑、端、透、定、泥、知、彻、澄、娘、帮、滂、并、明、非、敷、奉、微、精、清、从、心、邪、照、穿、床、审、禅、影、晓、喻、匣、来、日。

　　从此中国反切（拼音）的学问，才兴盛起来。但是旧时切韵的方法，不是普遍通行，只有极少数的人，才能领悟学会，这是因为中国不是拼音文字，就没有代表声音的符号，而要代表字母的声音，只得拿一个已成音段的字来代替字母，而这个音段，常常是至少包含一个子音、一个母音。反切之法，是要用两个字来相拼，而这两个字各含一个子音、一个母音，拼起来很不方便。譬如"公"字是"姑洪切"，如果用拉丁字把姑洪两字拼起来，姑是 gu，洪是 xung，两字合起来是 guxung，这无论如何拼不对的。如果我们知道各国拼音的方法，就可以知道反切是只要第一字的头和第二字的尾，就可以拼出这个字的音来，那就容易多了。我们可以拿一图解来说明它：

"姑洪切"是"公"字

"则候切"是"走"字

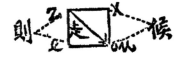

"不律切"是"笔"字

　　由上图看来，反切是要切去第一音段的尾（母音）和第二音段的头

（子音），所以叫作反切。黄侃《音略》说："反切之理，上一字定其声理，不论其何韵，下一字定其韵律，不论其何声，质言之，即上一字只取其发声，去其收韵，下一字只取其收韵，去其发声。"这就是所谓双声叠韵的反切法则。

《音韵逢源》序说："切韵之学，始于沈约，厥后唐之《广韵》，宋之《集韵》，元之《韵会》，或反切，或转注，甚至有音无字，空圈，影附，曾无善本，可奉为典常而不可易者。康熙五十四年，钦定《音韵阐微》一书，辨阴阳清浊于希微杳渺之间，实古今音韵之指南也。……《音韵逢源》一书……其法以国书（满文——引者注）十二字头，参合华严字母，定为四部、十二摄、四声、二十一母，统一切音，编成字谱。"四部就是发音的形势，分为：

（1）合口呼，例如官（guan）；

（2）开口呼，例如干（gan）；

（3）齐齿呼，例如坚（gian）；

（4）撮口呼，例如涓（gyan）。

简单说来，就是 u，a，i，y 四个字母的发音形势。

四声就是发音的声调高低转变，分为：

（1）上平声，例如光（guang）；

（2）上声，例如广（guang）；

（3）去声，例如桄（guang）；

（4）下平声，例如姑王切（guang）。

四声用拉丁字母拼起来，是没有分别的，因为它只是表示读音时的轻读重读。

十二摄就是十二个字母，或带鼻音的音段，它又用四部配成四十八音，列表如下：

（1）

光	guang	官	guan	公	gung	昆	gun
姑䴥切	guao	乖	guai	姑欧切	guou	规	gui
锅	guo	姑曰切	gue	姑	gu	瓜	gua

（2）

刚	gang	干	gan	庚	geng	根	gen
高	gao	该	gai	钩	gou	哥伊切— 古伊切	gei
歌	go	哥噎切	ge	歌诗切	g	噶	ga

（3）

江	giang	坚	gian	京	ging	金	gin
交	giao	皆	giai	鸠	giou	基衣切 基伊切	gii
基呵切	gio	皆	gie	基	gi	嘉	gia

（4）

居汪切	gyang	涓	gyan	扃	gyng	君	gyn
居䴥切	gyao	居挨切	gyai	居欧切	gyou	居威切	gyi
居约切	gyo	居曰切	gye	居	gy	居洼切	gya

二十一母就是二十一个子音，如：

敬	ging	庆	king	硬	nheng	定	ding
听	ting	宁	ning	并	bing	聘	ping
命	ming	静	zing	情	cing	性	sing
至映切	zhing	赤映切	ching	示映切	shing	幸	xing
映	jing	费映切	fing	味映切	wing	令	ling
日映切	rhing						

中国的 r，l 是一个音，所以没有 r 的子音。

（五）中国象形文字转到拼音文字底趋势

声韵学到满清时代，才出有比较完备的书，如《音韵阐微》《音韵逢源》等，这就表明中国文字已经需要改革。到了满清末年，中国经济发展更有了大的变动，旧文字实不合实用了。所以各种字母的创造，也就特别有许多人提倡和创作。最初是由于西洋教会，借拉丁字母（罗马字母）拼切土音，供教民使用，一八八〇年时代，就有苏州白、宁波白、上海白等小册子出现，后来又有厦门白等。

一八九〇年时代，广东的王炳耀、福建的蔡锡勇、厦门的卢戆章、吴县的沈学等，都仿照教会的方法，作出字母，出有单行刻本，或登在《时务报》上和《万国公报》上。一九〇〇年时代，王照用中国字造成官话字母，当时袁世凯在北洋练兵，叫兵士们学习。

随后劳乃宣把官话字母整理一番，名叫简字，端方替他在南京设学堂，大为鼓吹。此后到处有人制造，不下数十百家，伦敦学生林某，曾刻书教授伦敦大学英国学生；意大利留学生，曾发行杂志；欧洲人丁义华、戈裕德、贝尔等，各有华文字母，这都是在三十年前，教育部读音统一会炼定《注音字母》之先（参看吴稚晖作《补救中国文字的方法若何》）。

一九一二年中国第一次革命后，由教育部召集了一个读音统一会，制定了《注音字母》。

照《注音字母》的规定，中国有二十四个声母，三个介母，十二个韵母，一个声化韵母。

列表如下：

声母（二十四）

b ㄅ	p ㄆ	m ㄇ	f ㄈ	w 万
d ㄉ	t ㄊ	n ㄋ	l ㄌ	
g ㄍ	k ㄎ	ng ㄫ	x ㄏ	
gi ㄐ	ki ㄑ	ni 广	xi ㄒ	
zh ㄓ	ch ㄔ	sh ㄕ	rh ㄖ	

z ㄗ	c ㄘ	s ㄙ	

介母（三）

i 一	u ㄨ	y ㄩ	

韵母（十二）

a ㄚ	o ㄛ	e ㄜ	e ㄝ
ai ㄞ	ei ㄟ	ao ㄠ	ou ㄡ
an ㄢ	en ㄣ	ang ㄤ	eng ㄥ

声化韵母（一）

r ㄦ

当读音统一会讨论改革汉字的时候，钱玄同就主张用罗马字母，即用拉丁字母。但是许多人主张要用中国古字的偏旁笔画（如日本的イ（伊）、ロ（吕）、ハ（波）[①] 借用汉字的笔画来作字母一样）来作注音字母。就是借注音字母来注一注汉字的音，汉字是不可废的。

中国象形文字，自所谓仓颉所造的古文变而为大篆、小篆，还保存着象形文字的意义。自程邈作隶书，已失掉了象形文字的本义，数百年后，由汉、晋时代，数变而为楷书、行书、草书。这已经只是声音符号，不过不是代表现代的活的声音，而是代表旧的死文字的声音。所以从晋朝以后，声韵学虽兴，而只限于诗人文学家读书作文之用。中国文字早已和实际生活脱离。念书成了特殊的职业，于是社会上就有所谓"士"的一阶级出现，把文字作成文学看待，念书即作为一种职业。这和欧洲所谓认识文字的意义，完全不同，所以西欧人不以念书即为一种职业。这也原是中国识字底人很少的一个原因。而其主要的障碍，就是汉字的难于认识。唐时因佛教流行于中国，有守温的三十六字母出现，已有向拼音文字变化的趋势，但是保存旧文字文化的思想支配了整个东亚，所以日本的和尚，在中国留学后，回到日本，创造日本"假名"，都不能不保守

[①] 日语的ハ是对汉字"八"的简化，原文如此，此处疑为印刷错误。

汉字，而另外加以注音，这是东方文化落后的思想，而崇拜日本的人，还认为中国的文字改革，当以日本为模范，不知日本文字的拉丁化（罗马字化），已经是日本学者多年的主张，不过在封建残余之上建立的日本资本主义的国家，是没有文字革命的勇气，就是在资本主义的国家，文字革命也和土地国有一样，虽然资产阶级也有主张的，但是终究不能实现。我们现在这个时代，只有在民主的进步的政权之下，才能实现文字革命。

下面我们就讲到第二部份，中国新文字的创造。

二、中国新文字的创造

中国文字的改造虽然有了注音字母，但这不过是帮助认识汉字的一种工具，并不是根本改造中国文字。中国新文字的创造，虽然钱玄同、赵元任有些功绩，而实际上是开始于一九二八年。因为一九二七年中国大革命失败后，中国共产党员到莫斯科的很多，因此一九二八年就开始了根本改造中国文字的工作。我也曾参加这个工作，经过一年的研究，作了几次草案，结果由瞿秋白同志作成一本小册子，叫作《中国拉丁化字母》，规定字母和几条简单的规则。现在把当时的规定，节录在下面：

中国字母表如下：

a	b	c	ch	d	e	(e')	f	g
h	i	j	jh	k	l	m	n	n'
o	p	r	s	sh	t	u	w	y
z	zh							

因为中国有几个子音是拉丁字母里所没有的，所以要有以下的几个复杂子音：zh、ch、sh、jh。再者还有一个 n'。此外就全和拉丁的字母一样。至于母音，那末中国有许多复杂母音，可是都可以用拉丁字母拼出来，不必另外去造新的字母。

为着读起来便当起见，中国字母的排列，可以像下面的样子。

（1）子音表：二十六个子音

b	p	m	f	w
d	t	n	l	r
g	k	n'	h	
gi	ki	ni	hi	
zh	ch	sh	jh	
z	c	s	j	

附注：这个表大概是仿照注音字母的次序排列的。

（2）母音表：三十六个母音

a	o	e	i	u	y
ia	io	ie	ua	uo	ue
ae	ei	ao	iae	iuo	iao
ou	uae	ye	an	en	in
an'	en'	in'	un	on	iun
ien	uan	yon	ion'	uon'	ian'

拼音的规律是很简单的：

（1）g、k、h 在 a、o、u 之前是硬的，而在 i、y 之前却是软的。如 gi（几）、ki（欺）、hi（希）、hy（许）等。

（2）w 是 u 的半母音，j 是 i 的半母音。

（3）e 在 b、p、m、f、w、d、t、n、l、g、k、n'、h 之后，是"厄"的声音，等于（e'），在母音之后也是这样。e 在 zh、ch、sh、jh、z、c、s、r 之后，却是一种特别的中国母音，就是"思"字的母音。（以上是节录《中国拉丁化字母》）

一九三一年时代，中国在苏联远东的中国工人，看见苏联扫除文盲的工作积极进行，而汉字又十分困难，不能利用来提高自己的文化水平，因此迫切希望有一种新文字来适应他们的需要。一九三一年九月二十六日，中国工人召集了中国新文字第一次代表大会，在海参崴中国新改组的大戏园开幕，除各地代表外，远东中国工人到会的有二千多人，很热烈地表示欢迎中国新文字。我和林伯渠、萧三、王湘宝等同志及苏联语言学专家龙同志等多人被推为制定新文字方案的起草人，我们汇集从前各种方案及各专家研究所得，详细研讨作成方案。经过了大会几天的讨论，作出了下面的《中国汉字拉丁化的原则和规则》底决定：

一、中国拉丁化新文字的原则

（一）大会认为中国汉字是古代与封建社会的产物，已变成了统治阶级压迫劳苦群众工具之一，实为广大人民识字的障碍，已不适合于现在的时代。

（二）要根本废除象形文字，以纯粹的拼音文字来代替它。并反对用象形文字的笔画来拼音或注音，如日本的假名、高丽的拼音、中国的注音字母等等的改良办法。

（三）要造成真正通俗化、劳动大众化的文字。

（四）要采取合于现代科学要求的文字。

（五）要注重国际化的意义。

（六）大会认为要达到以上的目的，只有采用拉丁字母，使汉字拉丁化，才有可能。也只有这样才能发展形式是民族的，而内容是国际的社会主义的中国工人及劳动者的文化。

（七）中国旧有的"文言"，是中国统治阶级的言语，它和劳动群众的活泼言语是隔离的，学习文言的困难并不少于学习汉字本身。

这种特权的言语，成了中国劳动群众普遍识字的"万里长城"。所以为实现中国汉字拉丁化的文字革命斗争，同时也是为接近于劳动群众，使劳动群众明白了解底新的言文一致的文学革命斗争。

（八）代表大会反对那种对于拉丁化的自由派资产阶级的态度，说：拉丁化只是初级教育的工具，以后，仍是要教授汉字及文言文。大会认为拉丁化的中国文字和中国劳动群众的口头语，不仅有发表政治的、科学的、技术的思想之可能，而且也只有中国文字拉丁化，只有中国劳动群众口头语之书面的文字底形成，才能使他们的言文有发展的可能。

（九）大会反对资产阶级的所谓"统一国语运动"。所以不能以某一个地方的口音作为全国的标准音。中国各地的发音，大概可以分为五大种类：（1）北方口音；（2）广东口音；（3）福建口音；（4）江浙一部份的口音；（5）湖南及江西的一部份口音。

这些地方的口音，都要使他们各有不同的拼法来发展各地的文化。因为现在住在苏联远东的中国工人，大多数是北方人，所以现在先用北方口音作标准来编辑教本和字典，以后再进行其他地方口音作标准的编辑工作。

（十）大会认为有些不正确的说话，或翻译的意思不恰当，尤其是在苏联远东的中国工人，特别错误得利害，而且有些腐旧的不好的意思。例如"合作社"叫作"官小铺"，交会费叫作"打捐"等等，都必须在拉丁化的过程中，加以纠正和改进，来建设新的文字与文化。

（十一）同时，大会认为只有拉丁化，才是国际革命的、政治的、科学的及技术的各种术语有机的贯输到中国言语中的一条容易的道路。大会在这方面反对两种倾向，即：反对不需要借用外国语的资产阶级民族主义的理论；同时反对那些认为即刻要把中国一切革命的、政治的、科学的及技术的术语，一律以国际的字来代替的"左"的主张。

（十二）大会认为语言文字是随着社会经济政治的发展而发展的。它当然要有人力的推动，但它也有必经的过程和步骤。因此实行新文字并不是立刻废除汉字，而是逐渐把新文字推行到大众生活中间去，到了适当的时候，才能取消汉字。所以那些认为中国文字的拉丁化一般的是不可能的，或者说在现在不可能的观点，及那些认为在拉丁化文字未深入到群众之前，应该即刻把汉字一律废除的观点，都是不正确的。

（十三）因为拉丁化的出发点，在于根据劳动者生活的语言，所以研究中国方言的工作，在文化政治的意义上，有第一等的重要。大会认为在各方面来研究中国的方言，广大地来发展这个研究工作，是非常必要的。

大会的代表们一致宣布为文化建设的突击队员，为中国文字革命而奋斗，为世界文化革命而奋斗。

二、中国拉丁化新文字的规则

（一）字母

中国字母，照中国所有的音，完全采用拉丁字母，力求简单明了，并且不用许多符号，即使用符号，也只限于必须的。

因为中国有几个子音——zh、ch、sh、rh、ng——是拉丁字母里所没有的，所以要用几个复合子音。至于几个正母音——a、o、e，i、u、y——拉丁字母是完全有的。中国还有许多复合母音——ai、ao、ei……和带鼻音的母音——an、ang、en、eng……拉丁字母也可以拼出来。

由这些规定作成下面的字母表。

字母表

a	b	c	ch	d	e	f
g	i	j	k	l	m	n
ng	o	p	r	rh	s	sh
t	u	w	x	y	z	zh

字母有二十二个是子音，按照发音的部位列表如下：

b	p	m	f	w
d	t	n	l	r
g	k	ng	x	
zh	ch	sh	rh	
z	c	s	j	

字母有六个是母音，即：

a	o	e	i	u	y

还有十五个复合母音，即：

ai	ao	ou	ia	iao	ie	iu	ua	uo
ui	ei	yo	ye	uai	iou			

还有十五个带鼻音的母音，即：

an	ang	en	eng	in	ing	un	ung
ian	iang	uan	uang	yn	yng	yan	

（二）拼音的规则

（1）g、k、x 在 a、o、e、u 的前面是硬音，而在 i、y 的前面，可以变为软音。例如"几个"gigo，"喜欢"xixuan，"起来"kilai，"居"gy，"去"ky，"许"xy 等是。

（2）j 是 i 和 y 的半母声，w 是 u 的半母音。它们是用来分隔音段的。凡遇见前一个音段和后一个音段连接起来，而后一个音段的开始若是 i、y、u 的时候，那末，i 变成 ji，y 变成 iy，u 变成 wu，例如"原因"写作 yanjin 而不写作 yanin，"关于"写作 guanjy 而不写作 guany，"队伍"写作 duiwu 而不写作 duiu；若是 a、o、e 的时候，那末，就在这两个音段中间，加一个点（'），例如"平安"ping'an；"皮袄"pi'ao 等。

（3）中国有八个子音——z、c、s、rz、zh、ch、sh、rh——它们本身自然含有一个特别母音，故不必与母音拼合也能成一音段。而且也能独立成一个词，例如"儿子"拼作 rz，"日子"拼作 rhz，"字"作 z，"次"作 c，"四"作 s，"二"作 r，"纸"作 zh，"吃"作 ch，"是"作 sh，"日"作 rh 等是。

（4）"四声"的分别，只保存极必要的和极易混同的如买卖，"买"写作 maai，"卖"写作 mai，"那儿？"写作 naar？"那儿"写作 nar 等很少数一些字。

（三）写法的规则

（因为在本刊第一期我作的一篇《文学革命与文字革命》中已把新文字的写法略为说过。此地从略。）

上面这个决议，在政治的立场上看来，是很正确的；在创造中国新文字的基础上看来，是比较完备的。

关于制定字母，经过了许多的研究和讨论，详细的情形不必去细说，我只说一说对于中国旧的字母（守温的三十六字母、《音韵逢源》的二十一字母，及注音字母）和新字母（瞿秋白的拉丁化中国字母及此次大会决定的字母）有些甚么改变就够了。为便利研究起见，我们把新旧字母列成对照表如下：

第一，子音二十二个。

大会决定的 新字母	瞿秋白作的拉丁 化的中国字母	注音字母	《音韵逢源》 的字母	守温字母
b	b	ㄅ	毕	帮 并
p	p	ㄆ	披	滂
m	m	ㄇ	迷	明
f	f	ㄈ	非	敷 奉 非
w	w	万	微	微
d	d	ㄉ	定	端 定
t	t	ㄊ	听	透
n	n	ㄋ	泥	泥 娘
l	l	ㄌ	利	来
r	r	ㄦ		
g	g	ㄍ	敬	见
k	k	ㄎ	庆	溪 群
ng	n'	ㄫ	硬	疑
x	h	ㄏ	幸	晓 匣
zh	zh	ㄓ	支	照 知
ch	ch	ㄔ	赤	穿 彻 床 澄
sh	sh	ㄕ	施	审 禅
rh	jh	ㄖ	日	日
z	z	ㄗ	精	精
c	c	ㄘ	清	清 从
s	s	ㄙ	心	心 邪
j	j	（注）	影	影 喻

注：注音字母没有"j"母而却有"g""k""ng""x"的软音"ㄐ""ㄑ""ㄒ""ㄒ"四个字母，《音韵逢源》及守温字母也没有为这些音另立字母。

　　从上面的子音表看来，守温的字母虽然有三十六个，其实只有二十一个，其余十五个都是重复的。因为他分别清浊音及古音之繁复，所以有许多重复。《音韵逢源》已经把它们归并成为二十一个字母。注音字母没有"j"母，以为母音"i"可以代子音"j"，而却把"ㄐ""ㄑ""广""ㄒ"，即"gi""ki""ni""xi"列出来，以作"ㄍ""ㄎ""兀""ㄏ"，即"g""k""ng""x"的软音。其实这些都是拼音规则的事，不应该另立字母。至于"r"母一音，中国本来没有这个音，它都是以"l"母来代，所以守温字母和《音韵逢源》都没有这一音，而注音字母虽然添入了'ㄦ'即"r"而却不把它作子音，特别叫它作声化韵母，可是"r"这一声音在世界各国都很重要的，所以必须添进去。

我们从这个对照表看来，这大会所规定的二十二个子音字母，是能够代表中国的一切的子音的，所以我认为它是很完备的。

至于改瞿秋白所定的"n'"为"ng"，是因为中国已流行了英国、法国、德国等文字多年，它们都把"n'"的硬音拼作"ng"，我们为便利和国际化起见，所以改"n'"为"ng"。"h"既配合其他字母作为复合子音的符号，我们的原则是一个字母不能有两个用法，所以改"h"为"x"。"j"的发音同"i"，作为"i"的半母音，正好利用来分隔音段，所以"jh"母改作"rh"。

第二，母音。

（1）正母音六个。

大会决定的新字母	瞿秋白作的拉丁化的中国字母	注音字母	《音韵逢源》的字母	旧韵书的韵母
a	a	ㄚ	噶	麻　马（卦） 祃　曷（佳） 蟹　黠（合） 洽　（月）
o	o	ㄛ	歌	歌　哿　个 （觉）（质）（月） （曷）（屑）（药） （陌）（职）（合）

续表

大会决定的新字母	瞿秋白作的拉丁化的中国字母	注音字母	《音韵逢源》的字母	旧韵书的韵母
e	e	ㄜ	哥 噎 切	陌（月）（职）
i	i	一	基	支（微）齐 纸（尾）荠 真（未）霁 （贿）质（物） （陌）锡 职缉
u	u	ㄨ	姑	（鱼）虞（语） 麌（御）（遇） 屋（沃）（质） 物（月）微
y	y	ㄩ	居	（鱼）虞（语） （麌）御遇 （屋）（沃）（质） （物）（陌）（锡） （职）

（2）复合母音十五个。

大会决定的新字母	瞿秋白作的拉丁化的中国字母	注音字母	《音韵逢源》的字母	旧韵书的韵母
ia	ia	ㄚ	嘉	（佳）
ie	ie	ㄝ	皆	叶（屑）（月）麻（马）（祃）（物）
iu	iou		鸠	尤 宥
ua	ua		瓜	卦
uo	uo		锅	合 沃
ui	ue		规	队 尾 未（贿）

续表

大会决定的新字母	瞿秋白作的拉丁化的中国字母	注音字母	《音韵逢源》的字母	旧韵书的韵母
ai	ae	ㄞ	该	（佳）（灰）（蟹）（贿）（卦）泰（队）
ei	ei	ㄟ	哥 伊厄 切	灰（支）微（齐）（佳）（纸）（尾）（荠）（未）（蟹）贿（寘）（霁）（泰）队
ao	ao	ㄠ	高	豪（萧）肴（篠）（巧）皓号（啸）（效）
ou	ou	ㄡ	钩	（有）（宥）尤
ye	ye		居 月 切	月
yo	io		基 要 切	觉药
iao	iao		交	萧 效 肴巧 啸篠
uai	uai		乖	灰
iou				有

（3）带鼻音的母音十五个。

大会决定的新字母	瞿秋白作的拉丁化的中国字母	注音字母	《音韵逢源》的字母	旧韵书的韵母
an	an	ㄢ	官	咸 寒覃 旱感 琰翰 勘删（阮）潜（陌）赚

续表

大会决定 的新字母	瞿秋白作的 拉丁化的中国字母	注音 字母	《音韵逢源》的 字母	旧韵书的韵母
ang	an'	ㄤ	光	阳（养） （江）（讲） （绛）（漾）
en	en	ㄣ	根	文　真 问　吻 轸　震 （侵）
eng	en'	ㄥ	庚	庚　梗 蒸　蹥 （敬）径 （迴）
in	in		金	侵　沁 寝
ing	in'		京	青　径　敬（迴）
un	un		昆	
ung	on		公	东　冬 董　送 宋　肿
ian	ien		坚	先　盐 铣　谏 （咸）霰 艳
iang	ian'		江	江　讲 绛　漾 阳　养
uan	uan		官	阮
uang	uan'		光	
yn	iun		君	迴
yng	ion			
yan	yan		涓	元　愿

　　附注：《注音字母》把ー（i）、ㄨ（u）、ㄩ（y）三个母音，作为表示发音的形势"齐""合""撮"称作介母。

从上面这个表看来，注音字母的母音，除 a、o、e、i、u、y 六个正母音外，其余的很不完备。旧韵书也非常混乱。新文字共有三十六个母音，不但把旧的韵母通通都能表示出来，就连旧时有声音无汉字的声韵，也都能一一表示出来，这是新文字的优点。就是满文，因为它是拼音文字，也比汉字进步，我们只要看《音韵逢源》一书，就可以看得出来。

中国拉丁化新文字的创造经过情形，大概就是这样。

三、中国新文字运动的发展

当着中国文坛上自从一九三〇年提出"文艺大众化"以后，正在作大众语论战时，拉丁化新文字一出现，就得到许多先进人士的赞扬。特别是中国新时代第一个伟大的空前的文学家鲁迅，极力推崇新文字。蔡元培、孙科等七百余人赞成新文字的宣言上说："汉文如独轮车，国语罗马字如汽车，新文字如飞机。"一九三三年以来在上海、北平、广州、香港、厦门各地热心人士广为提倡，天马书店出了不少教本与丛书。鲁迅作的《门外文谈》和《中国语文的新生》，不但尖锐的提出了新文字的主张，而且非常出色的指示了我们旧文字的源流和新文字的价值。《门外文谈》一书虽最精彩，但限于篇幅，不能详尽引录，或全部附录，现在且把较短的《中国语文的新生》附载在此地。

中国现在的所谓中国字和中国文，已经不是大家的东西了。

古时候，无论那一国，能用文字的原是只有少数的人的，但到现在，教育普及起来，凡是称为文明国者，文字已为大家所公有。但我们中国，识字的却大概只占全人口的十分之二，能作文的当然还要少。这还能说文字和我们大家有关系么？

也许有人要说，这十分之二的特别国民，是怀抱着中国文化，代表着中国大众的。我觉得这话并不对。这样的少数并不足以代表中国人。正如中国人中，有吃燕窝鱼翅的人，有卖红丸的人，有拿回扣的人，但不能因此就说一切中国人，都在吃燕窝鱼翅、卖红丸、拿回扣一样。要不然，一个郑孝胥，真可以把全副"王道"挑到满洲去。

我们倒应该以最大多数为根据，说中国现在等于并没有文字。

这样的一个连文字也没有的国度，是在一天一天的坏下去了。我想，这可以无须我举例。

单在没有文字这一点上，知识者早就感到模糊的不安的。清末的办白话报，"五四"时候的叫"文学革命"，就为此。但还只知道了文章难，没有悟出中国等于并没有文字。今年的提倡复兴文言文，也为此。他明知现在的机关枪是利器，却因历来偷懒，未曾振作，临危又想侥幸，就只好梦想大刀队成事了。

大刀队的失败已经显然，只有两年，已没有谁来打九十九把钢刀去送给军队。但文言队的显出不中用来，是很慢、很隐的，它还有寿命。

和提倡文言文的开倒车相反，是目前的大众语文的提倡，但也还没有碰到根本的问题：中国等于并没有文字。待到拉丁化的提议出现，这才抓住了解决问题的紧要关键。

反对，当然大大的要有的，特殊人物的成规，动他不得。格里莱倡地动说，达尔文说进化论，摇动了宗教、道德的基础，被攻击原是毫不足怪的；但哈飞发见了血液在人身中环流，这和一切社会制度有什么关系呢？却也被攻击了一世，然而结果怎样？结果是：血液在人身中环流！

中国人要在世界上生存，那些识得十三经的名目的学者，"灯红"会对"酒绿"的文人，并无用处，却全靠大众的切实的智力，是明明白白的。那末，倘要生存，首先就必须除去阻碍传布智力的结核：非语文和方块字。如果不想大家来给旧文字做牺牲，就得牺牲掉旧文字。走那一面呢？这并非如冷笑家所指摘，只是拉丁化提倡者的成败，乃是关于中国大众的存亡的。要得实证。我看也不必等候怎样久。

至于拉丁化的较详的意见，我是大体和《自由谈》连载的华园作《门外文谈》相近的，这里不多说。我也同意于一切冷笑家所冷嘲的大众语的前途的艰难；但以为即使艰难，也还要做；愈艰难，就愈要做。改革，是向来没有一帆风顺，冷笑家的赞成，是在见了成效之后，如果不信，可看提倡白话文的当时。

四、中国新文字前途底展望

总结起来，我们更明显地看出，文字是文化的工具，它是社会的上层建筑物，它不但随着社会经济底发展而发展，并且还充分表现社会底生产关系。中国旧文字，到秦朝李斯作小篆底时候，才只有三千三百字，约二百年后，扬雄作《训纂篇》，就有五千三百四十字，其后百多年，许慎作《说文》，就有九千三百五十三字了。一方面可见古时文字的少，一方面可见秦以后社会经济很快地发展，文字也特别快地发展了。这是什么原因呢？普列哈诺夫说：

路易纳莱（Louis noire'）在一八七七年曾说："言语与理性的生活，是从为了共同目的的获得的共同活动中，从我们祖先的原始劳动中产生出来的"。他阐明这种创见时，更说"原始的言语，不代表客观世界的物体的本身，而只是代表为人类所感受到的东西，不是积极的、主动的，而是消极的、受动的"。他还说得好，"一切物件，只有它们受到人类的动作时，才走进人类的意识界，才变为人类的东西，才得到它们的名称"。简单些说，据路易纳莱的意见，人类的活动，把内容放进了言语的原始语根之内。（普列哈诺夫著《马克思主义的基本问题》汉文本五十五页）

这可见生产力不发展，语言文字是很简单，而且多是带有音韵的字眼的。所以《仓颉篇》《急就篇》等，大都是四个字一句，或七个字一句，而且多是韵文。这不仅是为便于念读，并且是语言内部的逻辑。普列哈诺夫说：

> 贝休的结论说："工作、音乐与诗歌，在最初发展的时候，是混合起来的一个东西，但这三位一体中的基本原素为工作，音乐与诗歌，都是次要的"。据他的意见，"诗歌的起源，须求之于劳动"。他指点出，没有一种言语，在一句句子中间，没有带有音韵的字眼的，为什么？因为说人类先使用散文，然后及于韵文，这是完全违反语言内部的逻辑的。那末我们怎样来解释有节奏的韵文的起源呢？贝休以为，身体的有节奏的音韵的动作，实为诗歌的内部组合的规律的模型，我们可以看到在文化低度发展的民族中间，有音韵的动作，常常伴得有歌谣。（同上六十页）

我们看中国秦汉以上的古书，多半是有韵文字，特别是《诗经》，这就可以证明贝休的结论，是不错的。同时，我们还要知道，在某种生产关系之下的人，从他那时代的政治经济上发生的体裁和礼仪，不是偶然的。普列哈诺夫说：

> 费依海尔特（Fran□ Feuergerd）说："依照占统治地位的生产方法，与这种生产方法所决定的国家形式，人类的判断，趋向到了一定的方面，为其他动物所不能达到的，所以每种体裁（在艺术方面——著者）的存在，预先假定了在某种政治条件之下生活的、在某种生产的关系之下生产的、有完全确定的理想的人的存在"。有了

这些原因，人类就很自然地与必然地，造成了合于这些原因的体裁，正像太阳一出，麻的变成白色，溴化银的变黑色，云隙中美丽的虹的出现。（同上九十一页）

在不知道阶级的原始社会中间，人类生产的活动，直接影响到他的宇宙观，与他的美感。装饰的动机，来自技术，跳舞——这类社会中最重要的艺术——常常是些生产动作的简单的重复。这在游猎的部落中间，即在为我们所研究到的经济发展程度最低的社会中间，尤为明显。所以当我们讲到原始人类的心理对于他的经济活动的依赖，我们常常引用到这类的社会。但在已有阶级的社会中间，这种活动，对于精神的直接的影响，已经变成不如此的明显了。这理由是很明显的。假如澳大利亚人中妇女的各种跳舞中之一，为他们采集树根的劳动的重演。那当然的，风迷法国十八世纪的美人的舞蹈，自然不能是这些妇女生产劳动的意匠，因为她们是什么生产的劳动也不干的，她们所操心的不过是"爱的科学"。要了解澳洲工人的舞蹈，只要知道在澳洲部落的生活中间，妇女们对野生植物的根枝的采集，有如何重要的作用就够了。但要了解米努哀脱（Minuet）（法国舞蹈的一种），那只是知道法国十八世纪的经济，还是很不够的。这里我们所说的舞蹈，是表现出非生产阶级的心理的，这类的心理，是要用很多的所谓礼教社会的"习惯与仪体"来说明的。结果似乎这里经济的原素，完全让位给心理的原素了。但是我们不要忘记，社会中非生产阶级的出现这件事的本身，就是他的经济发展的产物。（同上七十七至七十八页）

所以我们看见许氏《说文》，是比旧的字书进步了，但同时它却表现当时阶级社会的习惯与礼仪和"神道说教"的思想，例如，《说文》说：

"君" 尊也，从尹发号故从口。

"臣" 牵也，事君也，象屈服之形。

"王" 天下所归往也。董仲舒曰："古之造文者，三画而连其中谓之王，三者天地人也，而参通之者王也。"孔子曰："一贯三为王。"

"示" 天垂象，见吉凶，所以示人也。从二（二古文上字），三垂日月星也，观乎天文以察时变，示神事也。

"白" 西方色也，阴用事，物色白，从入合二，二阴数。

"封" 爵诸侯之土也，从屮，从土，从寸，守其制度也。公侯百里，伯七十里，子男五十里。

"姓" 人所生也，古之神圣，母感天而生子，故称天子，从女，从生，生亦声。《春秋》传曰，天子因生以赐姓。

"妻" 妇与夫齐者也，从女，从中，从又，又持事，妻职也。（这里表现多妻制，并规定妇女为家庭奴隶。——玉注）

"地" 元气初分，轻清阳为天，重浊阴为地，万物所陈列也，土，也声。

许慎《说文》序说："盖文字者，经艺之本，王道之始。前人所以垂后，后人所以识古，故曰，本立而道生。"中国一般人都说"文以载道"，好像认识文字，就要了解形而上的虚无玄妙之道，文字完全成了表示抽象的思想，而不是实际生活上必须的东西，不是活文字而是死文字，不是表示生活的文字，而是表示空想虚伪的文字。为什么这样呢？普列哈诺夫说：

现存制度，愈是在经济发展，而由这发展所引起的阶级斗争的影响之下动摇起来，有产阶级的社会的"有条件的说谎"，愈是广布出去。马克思说得好，生长着的生产力，和现在制度间的矛盾，愈是发展，那统治阶级的思想，愈是带有虚伪的性质。生活愈是暴露出这种思想的虚假，这阶级的言语愈是变成崇高与道德的。（同上一〇三——一〇四页）

从这里我们就可以了解，中国文字的高深虚伪，毫无实用，正是证明它成了统治阶级愚弄劳苦群众的工具。这种工具，不仅不能提高文化，倒反而阻碍文化的发展。并且汉字写起来很困难，因为中国从前造字，原是拿一个形体表示一个音段。又大都是一个音段表示一个观念，所以世界言语学家，都说中国是单音段语系（Monosyllable）。又加以它要象事物的形，字体自然就很繁杂，写起来很不容易，因此，中国的文章大都力求简短，早就和实际的言语不同。如果现在我们要照说话一样，用汉字写出来，不但是费时间，而且事实上有许多说话的声音，不能用汉字写出来。因为汉字不是声音符号。文字和语言不是一样，久已成了死文字了。这就是中国言文一致的障碍。所以二十多年前胡适等主张改文言为白话，大倡文学革命，而效果还是不大。这就是没有从中国的文字革命入手的缘故。谁想要广大地发展中国新文化，谁就非先实行中国文字革命不可。

资产阶级自由派的文字改革运动，总是不能澈底，而且也不易成功。因为他们总是不愿澈底推翻旧的东西。如主张用罗马字拼音的人，始终以保存四声来造成自己的障碍，这是很可惜的。至于那些还有复古思想藏在其中而来谈改革中国文字，其不能成功更不用说了。

总之，文字是文化的工具。它同文化一样，是社会的上层建筑物。社会经济基础一变动，它们迟早必随着变动。现在中国半封建社会的经济基础正在崩溃，需要新文化来适应。而且前一时代支配世界的资本主义，已经发展到了最后阶段——帝国主义。一方面帝国主义本身带来的必不可免的战争，另方面无产阶级社会主义十月革命的胜利，就造成了世界资本主义的总危机。现在帝国主义第二次大战又已经打起来，而占世界六分之一的苏联底社会主义建设，由第一、二两次的五年计划，胜利地完成后，又正在胜利地进行第三个五年计划。资本主义是在总崩溃，社会主义是在猛烈的发展，世界革命的洪流正在发展着，中国正进行着的抗日民族革命战争，就是世界革命的一部份。新的事实迫使我们不能不将全部以前的历史，从新加以研究。对于过去的一切，从社会的经济基础一直到它的上层建筑物，如法律、政治、宗教、哲学、文学、艺术等等，都须要重新加以探讨和评价，以得出我们应走的途径。列宁曾"认为社会主义在全世界范围内胜利的时期，当社会主义稳固起来并深入于生活中的时候，各民族的语言不可避免地要溶化成一种统一的语言。这种语言当然不会是大俄罗斯的，亦不会是德意志的，将是某种新的语言"（斯大林）。这就是说，到社会主义在全世界范围胜利及稳固后，必定有一种国际化的新的语言文字出现。它不是俄文、德文、英文或法文等等而必是一种溶合各种进步的语言文字而产生的新语言文字。我们相信，这种新文字必是拼音文字而不是方块的汉字。我们生在这一伟大变革的时代，我们要大胆地、勇敢地，在虚心研究中、在诚恳地努力实践中，得出一些经验教训来进行中国的文字革命以迎接这一新时代。

中国妇女在五四运动中走上了自己解放的道路 *

（1940 年）

如果说五四运动为中国民族解放运动开了一个新纪元，那末，我们完全有权说五四运动也为中国女子社会解放开了一个新纪元。为什么呢？因为五四运动中，中国青年女子不仅同青年男子一样，做了反帝爱国的壮举，而且做了冲破数千年封建束缚的伟绩。中国吃人的所谓"礼教"特别对于女子尽了残酷压迫的作用，什么男尊女卑、三从四德等等胡说，支配了中国数千年的社会。在五四运动时代，一方面中国正是新文化勃兴反对旧礼教，打倒孔家店，抛弃文言文，提倡白话文，一切以科学民主为依归、自由平等为原则，这就激发了千千万万的优秀男女青年，向光明的前途猛进；而另一方面，反动政府及那些自命为"卫道"之士的遗老遗少，拚命要保存黑暗势力，但这个黑暗势力的万里长城终于被青年男女攻破了。

"五四"开始的各次运动，都有女子参加，北京各女校也很活动，但每次都给学校当局阻止着。当六月二、三两日被捕大批讲演学生的新闻在报上发表后，北京女子师范学校及附属中学的学生，就商量援助的方法，不料事为该校校长所探知，就一面嘱咐工人把校门紧闭，一面召集学生训话，加以严厉的斥责。这样的办法，似乎使得该校女生再也没有

活动的余地了；但是她们的愤怒却因此更盛，就一齐拚命把后门打开，蜂拥向外冲出，沿街讲演，更是激昂慷慨，讲者"垂泪而道"，听者"掩面而泣"。下午一同到了反动政府的临时监狱北大法科的门前，齐声慰劳被捕的战士，同时她们的代表及女中的代表六七人，各用手巾提了几千枚铜元送到法科被捕学生团，接济被捕的男同学，并声明送来的铜元都是临时捐集的，所以来不及换成银元。这种热情侠义，不仅增加了男同学的勇气，而且可以说这是中国女子自己力争解放的第一声。女子师范领导女界首先发难后，接着就有京中十五女校联合呈请政府释放被捕学生，而各地学生会中亦多有女校的学生代表参加。数千年加于女子的枷锁被打破了，这就开辟了女子解放的道路。

中国妇女问题远在"五四"以前太平天国革命时代就已提出，十几万妇女参加了太平军的武装斗争。中国妇女第一次获得了某些政治权利（当时有女军师、女丞相等）和经济权利（凡十六岁以上的男女都享有分得土地的权利）。在法律上也有许多男女平等保护妇女的规定。可是，不仅随着太平天国的失败，随着太平天国上层份子的中途腐化，中国妇女失去了已获得的某些成果，而且太平天国对于男女的界限还是保存着封建的意识（如坐位有男左女右行路有男行女行之分），没有自由人间真正男女平等的思想。

戊戌政变时代康有为在广州开始组织不缠足会，一时四川、湖南各省都有天足会的组织。开办女学的呼声也各处可以听到。这一可怜的解放女子肉体上的痛苦和知识上的要求，也随着变法维新的失败而消沉下去了。

戊戌政变失败后，优秀的妇女代表直接参加了革命运动，在义和团运动时，妇女参加汉口唐才常的起义，事泄被杀者有周福贞、刘蕙芳等。一九〇七年秋瑾组织了光复军，自任协领，图谋在绍兴起义，事未成即被清廷枪杀。中山先生组织同盟会时，除秋瑾外还有何香凝、方君瑛、曾醒等参加。辛亥革命爆发时不仅北京有妇女做炸良弼及袁世凯的秘密工作，而且妇女由秘密参加革命进而直接参加武装斗争，如浙江女子军参加杭州之战，女国民军及女子决死队参加南京、汉口之役。这些事实正是说明中国妇女要以自己的力量去奋斗，争取自己的解放。

但是，中国妇女解放运动也和中国资产阶级民主主义革命一样有它的特点。特点在什么地方呢？特点就在于中国是半殖民地半封建的国家，旧范畴的资产阶级民主主义革命，在中国是找不到出路的。所以辛亥革命虽然推倒了满清政府，而革命还是未成功。这是什么原因呢？原因是中国的敌人太大，在外则有世界各帝国主义，在内则有受帝国主义支持的封建残余和依附于帝国主义的大资产阶级。不反对帝国主义则不能推翻本国的封建残余，而要反对帝国主义则必然要站在无产阶级社会主义世界革命的一条战线。因此，中国革命的性质虽然基本上现在还是资产阶级民主主义革命，它的客观要求，基本上依然还是扫除资本主义发展道路上的障碍，然而这种革命，已经不是旧的、完全被资产阶级领导的、以建立资本主义的社会与资产阶级专政的国家为目的的革命，而是新的、被无产阶级领导或参加领导的、以在第一阶段上建立新民主主义的社会与建立各个革命阶级联合专政的国家为目的与在第二阶段上建立社会主义的社会为目的的革命。因此中国革命发展的前途，一定不会成为垂死的资本主义的反革命的一部份，而必成为社会主义世界革命的一部份。正如毛泽东同志所说：

中国资产阶级民主主义革命，自从一九一四年爆发第一次帝国主义世界大战，与一九一七年俄国十月革命在地球六分之一的土地上建立了社会主义国家以来，起了一个变化。

在这以前，中国资产阶级民主主义革命，是属于旧的世界资产阶级民主主义革命的范畴之内的，是属于旧的世界资产阶级民主主义革命的一部份。

在这以后，中国资产阶级民主主义革命，却改变为属于新的资产阶级民主主义革命的范畴，而在革命的阵线上说来，则属于世界无产阶级社会主义革命的一部份了。（毛泽东著《新民主主义论》）

中国这种殖民地半殖民地半封建的国家要求得解放，中国无产阶级要求得解放和中国妇女要求得解放，都只有走世界无产阶级社会主义革命这条唯一的道路。

这就是说：要求得民族解放和社会解放，就不只是要达到新民主主义第一阶段的革命目的，而且要达到新民主主义第二阶段的革命目的。特别是无产阶级和妇女，如果不消灭人剥削人、人压迫人的私有财产制度，即阶级社会，则永远不能得到解放。如资本主义最发达的国家，在法西斯的德国里，"教堂、厨房和儿童"这就是妇女被分配于这三个范围的社会生活；在所谓民主的资本主义的英国有一句老话说："妇女的位置是在家庭里。"在"五四"时代最有文学革命声誉的中国资产阶级的代表胡适也说：妇女的美德是"贤妻良母"。总之，女子是男子的附属品，没有以平等的人格相待。自从女子受压迫以来，直到资本主义社会都是一样。只有消灭了私有制度、消灭了阶级的社会主义的苏联，才不仅在政治经济上妇女与男子完全平等，而且没有一种职务或位置，妇女不可以根据男女完全平等的基础上，同样地担任起来。苏联斯大林宪法规定："苏联妇女在经济、国家、文化及社会政治生活一切方面，都和男子享有平等的权利。""为实现关于妇女的这些权利有下列保证：妇女和男子平等地享有工作权、劳动报酬、休息、社会保险和教育等权利；国家对于母亲和儿童利益的保障、孕妇保留工资的休假以及广大的产科医院、托儿所、幼稚园网等的设备。"由此可见，只有社会主义社会，妇女才能真正得到解放。

　　中国的妇女在社会上尽了很大的责任。中国多年已是小农业与家庭工业合为一体的生产形式。家庭妇女除了生育和教养子女外，还要作绩麻、纺线、种菜、煮饭、圈养家畜、管理家政等等繁重工作。一家之生计大半依靠于女子，而且凡是社会上稍有成就的人，大半都是受了母亲的良好教育，中国社会教育大半要归功于妇女，而社会对于妇女的待遇则是奴隶牛马的待遇。世间不平的事当莫过于此，而腐儒之辈反造出许多伦理道德、恭顺、贞操等"学说"来粉饰这些罪恶。这些先生们毫不知道：一夫一妻制家族的起源不是基于自然的条件，而是基于经济的条件，即在私有财产对于原始的自然发生的共有财产而占胜利的基础上所建立起来的。封建社会或资本主义社会的一夫一妻制，决不是为和谐夫妇而出现于历史，更不是当作最高的婚姻形态而出现的。反之，它却是当作男性压迫女性，当作为以前历史所未知的两性斗争之宣言而出现的。而且贞操只责备于女子一方面，男子可以多妻，甚至规定有爵位的人有三夫人、九嫔、二十七世妇、八十一御妻，平民也可娶妾等。

　　原来人类最初是经过群婚和母权制时代，母权制的特点是男子不能继承氏族的财产，如现在我们的父权制社会一样，女子不能继承父亲的财产。照母权时期家族内的分业，取得食物及制造所必要的工具之责任，由男子担负。因此，他占有了那些工具，当离婚时，如妻之保留家具一样，他就把那些工具带去。照当时的社会习惯，男子也是新的生存资料即家畜之所有者，后来便是新的劳动力即奴隶之所有者。因为有了奴隶，财富愈增加，男子在家族的地位也愈比女子重要，且利用这个强固的地位，为他的子女的利益，因而就有推翻传统的继承法则的欲望发生。但是母权制如继续存在则此欲望难于实现。因此，非先把母权制废止不可，而母权制竟被废止了。恩格斯说：

　　这却决不如我们今日所想到的那样困难。因为这一革命——人类所曾经验过的最激烈的革命之一——并没有须侵害氏族中任何一个活着的氏族员之必要。全体氏族员仍能照常过活，只要有一个简单的决议，说从今以后，男子氏族员的子女应属于氏族，女子氏族员的子女应该除外，而转属于他们的父之氏族，就很够了。这样一来，由女系追溯血统及母方的继承权即被废止，而由男系追溯血统及父方的继承权即告成立。……母权制的颠覆是女性的世界史的失败。男子在家庭中已握着支配权，女子已被贱视、被隶属，成为满足男子欲望的工具与生产子女的机器。……历史上所表现最初的阶级对抗是与一夫一妻制中男女的对抗之发展相一致的，而最初的阶级压迫是与由男性对女性的压迫相一致的。一夫一妻制是一个伟大的历史进步。但同时因有奴隶制及私有财产制，它便开辟了这样的一个继续到今天的时代，就是虽有如何的进步，却带着相对的退步，且一个人的幸福与发展是靠别个人的苦恼与压抑以成就的。它是文明社会的细胞形态，我们得由此以研究在文明社会正在完全展开的对立与矛盾之性质。（恩格斯著《家族私有财产及国家之起源》七十一——八十五页）

　　很明显的，中国妇女如果就是做到了政治上与男子平等，经济上与男子平等，社会上一切都与男子平等也不能得到澈底的解放。因为妇女之受压迫是由于私有财产的经济条件作基础，不推翻私有制度则妇女得不到完全解放。因此妇女是家庭中的无产者，她们的利益与无产阶级的利益是一致的，她们是无产阶级社会主义革命最可靠的同盟军。

　　中国妇女自五四运动开始觉醒以来，她们同中国无产阶级一样，以崭新的姿态跳上政治舞台，不循旧资产阶级民主革命的道路而开展了中国新民主主义的革命斗争。在一九二五——二七大革命时代，在罢工中则纱厂女工不仅占了很大的数量，而且表现了坚决英勇的斗争。在十年土地革命中，农妇参加了残酷的斗争。在一二·九运动中，青年女学生表现了她们的英勇。在抗日民族革命战争中，女工、农村妇女及青年女学生和文化界女作家等，或慷慨从军，或英勇参战，或下乡宣传，或随军慰劳，或任看护，或育难童，尤其到延安来学习的青年女子成千成万，络绎不绝，在中国革命战争中，□□这一支生力军，使中国革命胜利更有保障。还不仅因为中国妇女有坚强的革命性，而且因为中国有二万万二千五百万这样大的数量底新起的女子革命军。

中国妇女现在的任务是和中国革命现在的任务相一致的。这就是说："中国革命的历史进程，必须分为两步，其第一步是民主主义革命，其第二步是社会主义革命，这是性质不同的两个革命过程。"（毛泽东）我们要达到第二步的社会主义革命，就不能不努力于第一步的民主主义革命。因为民主主义革命进行得越澈底，则越能更快地转变到社会主义革命。因此我们妇女现在的任务：就是澈底实行新民主主义革命的第一步，即坚持抗战到底，以争取国家民族的独立；力争民主宪政，以争得妇女在政治上、经济上、社会上与男子平等自由的地位；开展女子教育与文化运动以提高妇女的文化水平，组织妇女团体以发动妇女群众运动。起来！新时代幸运的二万万二千五百万妇女同胞们，中华民族解放的光明，世界革命的灯塔，照耀着你们的前途，快快地向光明的大道前进！

推行新文字与扫除文盲 *

（1941 年 6 月 4 日）

　　有历史意义的边区施政纲领，把扫除文盲推广新文字教育作为最重要的文化政策，这是有着严重的政治意义的。因为中国有百分之八十以上的人是文盲；他们既无时间又无金钱去学那艰难的汉字，以致不能不过着愚昧无知的生活，正如鲁迅所说："我们倒应该以最大多数为根据，说中国现在等于并没有文字。这样连文字也没有的国度是在一天一天的坏下去了。"今天是科学发达斗争激烈的时代，中华民族"倘要生存，首先必须除去阻碍传布智力的结核：文言文和方块字。如果不想大家来给旧文字做牺牲，就得牺牲掉旧文字"（鲁迅）。因此，施政纲领把推行新文字提到第一位。

　　边区从去年冬学以来已经开展了推行新文字的工作，收得了初步的成绩。但是还有少数人对于新文字没有足够的认识，因而还抱着消极或怀疑的态度，无形中造成了推行新文字的障碍。为了切实执行施政纲领，首先必须对各种不正确的认识加以必要的解释。

　　对于新文字的误解有许多种。最重要的一种是认为新文字是非常粗鄙的，它不过是供给下层群众勉强使用文字的初级工具。至于高深理论和优美文章，仍非汉字不能表达。这原来是迷信汉字和文言文的人一贯

---

　　* 录自《解放日报》1941 年 6 月 4 日，第 1 版，为该报社论。

的"理论"。五四时代，他们说提倡白话文会降低中国文化，因为白话文决不能表达高深的思想；现在他们又认为改革了汉字将断送掉中国文化，而实际上，白话文比文言文更适宜于表达现代的科学知识，这已经为一般人所公认的了。不过因为它还没有脱离汉字的束缚，所以终究不能写出名符其实的"白话"，而最后不能不又蜕变为"新文言"。

今天的新文字是四十年来改革汉字运动的结果，是澈底改造象形文字为拼音文字，使中国文字向着科学化、国际化、大众化的道路前进。它的任务不是简单地翻译非白话的白话文，代替不象形的象形字；而是要澈底改造中国的语文，创造与群众实际生活相关的活的文字。它必须采取新词汇、新风格，以及严格的文法、写法，来建设中国的新语言、新文学、新文化。如像普式金用大众语改造俄国贵族的语言文字一样，新文字在中国的文字革命上担负着同样伟大的历史使命。

因此，我们不但不能说新文字是粗鄙的、只为文盲用的文字，反而应当说正是由于汉字的粗笨，使得中国语文至今还停留在贫乏落后的阶段上。只有用新文字代替了方块字，才能创造出真正合乎科学、合乎文法、合乎口语，善于沟通国际文化，善于表达现代思潮的中国大众语文，而使中国的文化大大提高一步。新文字不仅在扫除文盲普及教育上是锋利的武器；而且在提高文化发扬学术上，它也是比汉字更高一级的文字工具，这是一九三三年以来大众语论战中得出的结论；也是中国前进的文化界所一致承认的真理，曾经鲁迅一再解释过的。而到今天，我们还有少数人，对于新文字在改革中国语文、建设中国新文化上的这一伟大使命，还没有给以应有的重视。

当然，这并不是说，新文字已经是尽美尽善的文字，也并不是说它在推行中不会遇到困难。不是的！新文字还是初创的东西、萌芽的东西，它还有许多不完善的地方需待研究和改善，它也还没有普遍应用到社会生活中去，因此，有些人就感到现在还是在汉字势力包围当中，认为"学了新文字没有用，不如拿这时间来学汉字"。或者认为"新文字不过是帮助学习汉字的辅助工具"，甚至说"新文字容易学，可让老年人去学；青年人记忆力强，宜学汉字，不要拿新文字来耽误他"。

这里，我们要知道汉字是过时的、趋于死亡的东西，而"在辩证法看来，最重要的，不是那在现时似乎坚固，但已经开始死亡的东西，而是那正在产生着和发展着的东西"（《联共党史》）。尤其是青年应当去迎接那新生的有发展前途的东西。

我们识得汉字的人，因为自己已经有了一种工具，每每感觉到推行新文字是徒增一层麻烦，因而对它采取了消极甚至反对的态度。这是一种懒惰性和没有顾到大众痛苦的一面；要知道我们学几个字母是不困难的，这虽然对于识汉字的人有暂时的不便，但是却省去了广大群众学习汉字的苦痛，对于他们有着无限的福利。我们不应该只为自己或为少数人着想，而应该为大多数的群众着想。

最后，还有许多人是诚心赞成新文字的，但是他们对新文字工作采取旁观的态度，认为这是热心新文字运动者的事情，自己可以不必去管它。这也是不正确的态度。过去鲁迅曾对于新文字运动的前途说道："这并非如冷笑家所指摘，只是拉丁化提倡者的成败，乃是关于中国大众的存亡的"。

新文字运动不是一件简单的工作，也不是少数人提倡提倡就会进展的。要扫除全边区全中国的文盲，要改革几千年来根深蒂固的旧文字，这决不是少数人所能胜任，而是一件长期的艰巨的革命事业；没有广泛地努力地去推行是不会成功的。尤其在今天急需提高群众的觉醒，把党的政策深入到广大群众中去，以团结人民，争取抗战胜利的时期，推行新文字和扫除文盲的工作，有着第一等的意义。

边区施政纲领是我党在伟大的抗战和革命时期中的战斗和建设的纲领。它的每一项决定，都必须上下一致地切实执行。我们并不是要在边区或全国很快地废除汉字，因为这是一个长期的事情。我们目前要作的，只是首先使绝大多数不识汉字的人能够解脱不识字的痛苦，并提高他们的文化水平。我们知道，要创造一个新民主主义的社会，在满是文盲的国度里是建设不起来的。我们必须尽量深入到乡僻区域去扫除文盲，使我们正在生长起来的一代人没有不识字的。我们要使正在生长起来的一代人，每个人的能力和政治文化水平都赶上或超过世界最文明国家每个人的能力和政治文化水平。

我和共产党 *

（1941 年 7 月 1 日）

拿时代来说，我是经过了变法维新、排满革命、旧式的民主主义革命，一直到现在的新民主主义革命。拿思想来说，我是从富国强兵，进步到三民主义、无政府主义，终究到了共产主义。这四十多年当中，真不少成败利钝、离合悲欢的事实。一方面中国的革命事业，经过了差不多半个世纪，还没有成功。这不能不使我们惋惜。一方面中国革命的前途，正因为它屡次失败，逼得它一步一步地走上了全人类解放的共同道路，成了新的世界革命的一部分。这又不能不使我们骄傲。

这就是说，中国有了人类最进步的革命理论——马列主义。中国有了强有力的群众的最进步的革命政党——共产党。这个党现在有了二十年光荣的历史。它正在领导着神圣的抗日民族革命战争，成了新的世界革命有力的一部份。它要建立中国各革命阶级联合专政的新民主主义的社会和社会主义的社会，以至于共产主义的社会。

这是不是偶然的呢？不是的，因为这一伟大的革命洪流，绝不是一二所谓英雄豪杰创造出来，而是客观的社会底物质生活条件和时代的潮流所产生。虽然这不能不有先进的人力来推动，这些先进的人物能够了解社会发展的条件，了解怎样改进这些条件。他们是中华民族最优秀

* 录自《解放日报》1941 年 7 月 1 日，第 2 版。

的儿女，他们能继承并发展中国优美的固有的文明和革命传统。中国是东方的文明古国，有五千年悠久的历史，有很丰富的人类优秀文化。不过中国的文化经过了二千多年所谓士大夫阶级的"修正改造"养成了瞒和骗的自欺欺人的伎俩，处处展示无耻、卑劣、虚伪的精神。这在鲁迅的作品中很深刻地把他们指摘出来，不得不使人痛恨这些败类。他也骂得最痛快。但这只是僵尸和刽子手等统治阶级所豢养的一部份下流文人所作的勾当。这只是中国文化黑暗的一方面，而中国文化还有它光明的一方面。这就是重正义人道，充满了杀身成仁、舍生取义的精神，爱国热忱尤为热烈，每当国家民族生死存亡的时候，就有不少的志士仁人为国家民族争生存而牺牲。如岳飞、文天祥、史可法等义烈的光辉，照耀着历史篇页，永远放着光明。因此，中国人民有很强的民族自夸心、自尊心和自信心。尽管历代统治阶级利用侏儒小丑捧出孔子来欺骗人民，而人民却不完全受他们的欺骗。从司马迁作《史记》就重游侠而轻儒者，历代民间所流传的"不合法的"诗歌小说，实有不少真正豪杰英雄的史绩，因而常有秘密结社、打富济贫、打抱不平等等统治阶级所最怕的所谓"匪人"。而这些人才是真正保存了一些人间正气。那些卑鄙的统治阶级的走狗所谓"卫道之士"，一向总是强调中国伦理道德为"永恒的真理"，就是在维新革命的营垒中，也常常有"物质文明以西欧为强，精神文明以中国为最"的谬说。因而有"中学为主，西学为辅"的主张。只有到了"五四"新文化运动时代，才有打倒孔家店的口号，这算是打到了历代统治阶级吃人筵宴的最后堡垒。但是，这时候，世界上不仅有十八世纪法国革命以来资产阶级的新思潮，而且有二十世纪十月革命崭新的无产阶级革命的新思潮。虽然有一部份醉心于资本主义文化的欧化家，还想走资本主义的道路，而中国无产阶级和最进步的人们就接受了最后的人类最进步的思想，传播了共产主义，成立了共产党。中国资产阶级民主革命虽然发生在世界资本主义国家之后，而中国接受无产阶级革命理论走上新的世界革命的共同道路，却在世界好些国家之前。因为中国是一个半殖民地的国家，它直接的矛盾对立物，就是帝国主义。所以它的反帝革命，就是无产阶级世界革命的一部份。

我在幼年时代就深深受到我二哥真实求学作人的教育。因为他讲究宋代理学，又喜欢清代汉学，把"实事求是""知行合一"为原则，深恨"八股"等空疏虚伪、欺世骗人的"学问"。因此我就读了一些比较切实的书，特别喜欢历史和新书报。我每一读到古人慷慨捐躯、从容就义的事实，心里就异常激动。常常想把"富贵不能淫，贫贱不能移，威武不能屈"，作为行动的纲领，自己有一个很强的自尊心，真正想作一个有人格、有价值的人。当时正是满清专制政府污腐崩溃、帝国主义掠夺中国最可痛心的时候，自然就迫得我不得不走上救亡图存的道路。而且我抱有"多难所以兴邦""艰难玉汝于成"的信念，正想在这千载难逢的机会去尝试。就在一九〇三年去到日本以前，还是处在闭塞的四川，还是背着因袭的重担，背着士大夫阶级和宗法社会的过去，受了谭嗣同等六君子慷慨激昂的刺激，梁启超《新民丛报》的鼓励，只有一片爱国热情，没有革命理论。到了日本以后，才觉得冲破了狭隘的天空，豁然开朗，第一次看见了全世界。这时候我欢欣鼓舞的心情，真是说不尽的愉快。饱读了民权革命的史籍、醉心于实用科学的追求，德赛二先生已经为当时一般留学生所崇拜了。同时社会主义正是时髦，无政府主义也各处广布，真像刘姥姥进了大观园，又惊奇，又快活。一九〇五年孙中山在东京，提出三民主义，把旧式单纯排满的民族主义，代以资产阶级革命的民族主义、民权主义、民生主义，中国才第一次有了资产阶级革命的理论，同时我们也组织了革命的政党——革命同盟会，我也才第一次真正走上了近代革命的舞台。

　　我是顶老实的人，既决心作革命事业，就死心塌地去干。遇到革命屡次失败，我更不屈不挠、再接再厉，不灰心，不失望，常常辛辛苦苦、勤勤恳恳地去收拾残局、徐图再举。甚至有人慨叹我为愚不可及。当着革命斗争正艰苦困难的时候，革命队伍中有人退伍、有人落荒、有人颓唐、有人叛变，我更拿"疾风知劲草，时乱识英豪"的古话来鞭策自己、鼓励同志。因为我常常拿坚忍沉毅四个字，就是鲁迅所说的"韧"字来作革命战斗的武器，因为我有诚恳的态度和艰苦奋斗的精神，很能感动和团结一般热血的青年，因此在辛亥革命前夜、三月廿九广州起义失败后，我不久还能在四川各县起义，而武汉也有革命的大爆发。

　　我老实忠厚的程度，也可以说是很蠢笨。表面看来，好像在中国这个毫无信义、奸诈百出、极端复杂的社会里，必不能活动，但是我在每一次革命运动中，都成了一个活动分子。原因就在于我能坚定不移、忍苦耐劳、至死不变，不自欺欺人，不自私自利。老老实实，凡事要求得一个"心安理得"的实际。虽然不敢拿所谓"大智若愚、大巧若拙"来比拟，而奸险的社会却喜欢坦白忠实的人。也只有诚实才能战胜奸诈，这又充分表明矛盾斗争的辩证法真理。

　　当辛亥革命南北和议成立、满清政府推倒后，许多人以为革命胜利了，而我觉得这样就算革命成功，未免使人难信。因而就认为斗争还没有完结，只有准备继续斗争。而一般革命新贵的争权夺利尤使我痛心。至于有人以高官厚禄来劝我，我愤然地说：我不畏艰险来革命是为了这个吗？□！因而宣告不作官，不作议员，宁愿走到无政府主义去。实际上这是当时自己感觉革命后仍然是虚伪和骗人的社会，而又没有改造社会的方法底一种苦闷。不久袁世凯反动，二次革命发生，我又活动起来。但有这种无组织、无理论的革命，很快就失败了。失败后一九一三年我亡命到法国去，不久帝国主义世界大战就发生，这是我第二次出国，使我更了解世界资本主义的文明是什么，使我逐渐走到第二步要解放全人类的道路。这时候国内袁氏的反动势力加强，签订日本帝国主义灭亡我国的"二十一条"来交换他的帝制，以前革命的战士们有的高升，有的退休，有的叛变，有的彷徨，而我还是"拗起梅子树不换肩"，仍旧热心奔走革命。这也是我的自尊心和自信心不甘愿屈服的老实态度，而且坚决相信"有志者事竟成"。这时候还抱有革命思想的人，自己检讨革命失败的原因和经验，都感觉从前那"革命"的组织，实在不能担负革命的任务。孙中山在日本组织中华革命党，拿党员必须绝对服从领袖才能组成革命的战斗的党为理由，要党员打脚模手印。这种只重集中而不民主、而且不以党作中心而以个人为领袖的独裁专制制度，不能使我赞同。我同无政府主义者李石曾谈过组织问题，他说无政府主义不要组织。这样只靠个人的行动而想改造社会也使我怀疑。直到一九一九年我回到四川时，得到日文的《过激派》即《布尔塞维克》一书，知道了列宁的革命理论和列宁党的组织方法，使我非常高兴。因为民主集中制和党是战斗的有组织的革命先锋队等等，多年在心中不能解决的问题，现在看见了列宁天才的指示，得到圆满的解答，这就使我坚决相信共产主义，并企图组织共产党。一九二一年中国共产党产生了。这是中国革命走到新时代的第一步，也是我在革命斗争中走上了光明大道的第一步。

中国共产党产生后，就给了中国革命以新生命。它马上就活跃起来，团结了工人阶级和智识份子中的进步份子。帮助国民党改组，完成了第一次国共合作，进行了一九二五—二七年反帝反军阀的大革命。由于帝国主义封建势力勾结资产阶级叛变和党的领导人陈独秀机会主义的领导，使革命暂时遭到了失败，但是革命更深入、更广泛地在全国开展着。我在一九二七年革命失败后，到了苏联，这是我第三次出国，到了新的世界，学习了三年马列主义的革命理论，这才真正认识了世界与人生是怎样一回事。马列主义是整个世界观。它的具体表现是辩证唯物主义和历史唯物主义。"因为辩证唯物主义和历史唯物主义,乃是共产主义底理论底基础,乃是马克思主义党底理论的基础。而认识这些基础,因而也就是说,领会这些基础,乃是我们党每一个积极活动家底责任。"(《联共党史》一二三页)"马克思是人类三个最先进国家中十九世纪三个最主要思想的继承人和天才的集大成者。这三个主要思想就是:德国古典派的哲学、英国古典派的政治经济学、法国的社会主义和一般的革命学说。就是反对马克思的人都承认他观点的澈底和完整性。这些观点总括起来就构成了现代唯物主义和现代科学社会主义——全世界文明国家中工人运动底理论和政纲。"(列宁)中国要求进步的思想家,特别是我三四十年来,曾处在空前野蛮和反动的专制压迫之下,寻求正确的理论、如渴思饮,经过了几十年训练、实验、失望、审查、参照各国经验等等磨难,真正受尽了千辛万苦之后,才获得马克思主义这个唯一正确的革命理论,真使我欣喜欲狂。在这以前,我虽然坚决相信共产主义、加入了共产党,但对于马列主义还是未能深刻的、澈底的了解。就是我们整个党的理论水平,在开始时都是不高明的。因为在大革命以前大家也只是一腔热情来相信马列主义而没有真正认识过它的理论,因而有陈独秀的右倾机会主义和李立三的"左"倾机会主义,使革命受到失败和损失。只有在大革命失败以后,我们同志一方面在理论上加紧学习,一方面在残酷的内战实际历史中学得了丰富无比的革命经验。正像列宁下面所说的一样,因为在这十五年内,任何国家都没有这样多的革命经验,革命运动各种形式——合法的和非法的、和平的和激烈的、秘密的和公开的、小组的和群众的、国会主义的和恐怖主义的□□形式——彼此交替,都没有这样迅速和复杂。任何一国都没有在这样短促的时间内,积聚这样多的现社会一切阶级斗争的形式、方法以及斗争所带的色彩;而且因为俄国的落后和俄皇政府的残暴压迫，这种斗争特别快地成熟起来了，特别迫切和顺利地领会和采用了相当的欧美政治经验的"新发明"（列宁：《左派幼稚病》第三章）。

　　正当我们中国共产党二十周年纪念的时候，正当中国反抗日本法西斯进攻四周年纪念的时候，爆发了德国法西斯向苏联的进攻。苏联为保护社会主义的祖国、保卫全世界人类的自由，进行着神圣的、正义的革命战争。中国和苏联已经是站在革命的一条战线上。这就是说，世界革命与反革命到了生死搏斗、最残酷、最激烈的关头。这个战争不仅要求我们有物质的力量来作斗争，而且要求有理论的力量来作斗争。"没有革命理论，就不会有革命运动。"（列宁）"只有以先进理论为指南的党，才能尽先进战士的使命。"（列宁）因此，我希望全中国抗战的革命战士，共同来研究马列主义的革命理论，武装我们自己的头脑来完成我们神圣的革命战士的使命。中国的学术思想，实在太空疏、太虚伪、太落后了。以我这样平凡的人，到了马列主义的宝库，都可以得到一点东西，如果我中华民族优秀的儿女，肯热心去探讨唯一正确的真理，则他们的成就，一定不可限量。敢以我的经验告诉我新旧的革命同志。

《中国史话》序言 *

（1941 年 9 月 18 日）

　　我们要提高民族的自尊心和自信心，就须要知道自己民族底历史，因为一切生物都能够爱护他自己的本身和自己的根本。人类由物质组织发展到极高度的脑子，他不仅有细密和精深的思想，而且有爱护和发扬他祖先光荣伟大事业的精神。我们只要谈到自己祖先英明雄壮的事迹，可歌可泣的言行，就会使人自然发生爱慕国家民族底意念。如果遇到国家民族危急存亡底时候，则不惜杀身成仁，舍生取义，为国家民族流到最后一滴血而光荣地去牺牲，这是我们人类消灭仇敌，征服自然，继往开来，为自己，为大众谋幸福底最可宝贵的精神。如像岳武穆底"直捣黄龙"，戚继光的荡平倭寇，我们一读到他们的史传，则不能不激起无限爱国的忠忱。因此，我们相信，民族的自尊心和自信心，常常是从历史中动人的事实得来。

　　人类底历史就是人类自己发展底过程。我们看到古人兴衰成败的各种画图，就可以了解他发展的规律，并且得到许多经验和教训来作我们行动的指针。如果不能利用前人心思才力底成果，不但不能发扬光大已有的文明，甚至往往重蹈覆辙，陷入不能自拔的泥坑而自取灭亡。所以古人常说："前事不忘，后事之师。"因此我们要应付现在复杂的环境，

---

　　* 录自《新文化》1945 年第 1 卷第 1 期，第 13 页。

明白将来发展的规律，就不仅要精通现在的一切事实，而更要熟悉过去的种种历史底情形。

现在我中华民族抗日的神圣的民族革命战争，已经进行到第五个年头，虽然我们的军事设备不如日寇，经济发展不如日寇，而却能坚苦奋斗。与号称世界第一等强国底日寇，搏斗到四五年，反而使日寇愈战愈弱，我们则愈战愈强。如果不是我民族自尊心和自信心底坚强，那能作出这样的奇迹。但日寇是帝国主义底一个强国，不是拿空洞的"民族精神"，就可以把他驱逐出境，而是要"知己知彼"，拿"实事求是"的行动，造成真实的力量，一洗南宋明末腐朽官僚卖国奸贼的罪恶，才能战胜强大狠毒的敌人。现在抗战还在艰难困苦中挣扎，很需我全民族优秀的儿女团结一致，力求进步，再接再厉，不挠不屈，才能驱逐日寇出中国。在这个很需要发扬爱国热忱，继承革命传统底时候，研究自己民族的历史，有特别重大的意义。

这本《中国史话》，简单明了，特别值得赞扬的为：编者（许立群：编者）用最新的科学的唯物史观方法来叙述中国历史底过程。这和旧历史底叙述方法有"天渊之别"，而且通俗化，大众化，使广大的劳苦群众，容易了解，能发动其为国家民族而牺牲底精神，实为抗战中可宝贵的历史读物。

（写于一九四一年"九一八"十周年沈痛纪念日）

延大举行开学典礼讲话（摘要）*

（1941 年 9 月 22 日）

　　延大成立了，这是教育上很大的转变，中共中央以及边区政府在延安推进新的教育。中国学术和教育都很空虚不实际，这是很大的毛病。满清的士大夫，都是迂夫子，只懂做八股，不跟现代事情发生关系，考上进士翰林就能做官，所以戊戌政变时，废科举、办学校及派留学生出洋，当时的青年很拥护。后来先进青年，忙着革命，没功夫做实际工作，另一方面政府不用专门人才，只要人事关系搞好就成，弄得学非所用。今天，大后方的教育仍是无甚用处，在我们革命的地方，过去因为前方需要六个星期就训练完毕，只学会一般革命的基本课程，近两年还是如此，还是很空虚。主观主义、教条主义做不好事情，不能使我们活泼地运用马列主义。目前我们要应付这个革命的时代，教学方法就感到不够。我党实行整顿学校，变成正规化，纠正不切实习惯。今后要培养能做事的了解中国国情的青年，大家要努力学习科学和外国语。

---

　　* 录自《解放日报》1941 年 9 月 23 日，第 4 版。

以三大希望纪念辛亥革命三十周年 *

（1941 年 10 月 10 日）

　　辛亥革命，民国成立，已经三十周年了，中山先生所倡导的三民主义还未实现，我们参加革命的人不能不引为惭愧。但是这三十年革命斗争，不能说一点没有收获，特别是四年来抗日民族革命战争，对内对外都收到了极大的效果，例如最近英美宣言在战后要归回租界，取消不平等条约，这是我全民四年英勇抗战的成绩，争得国际平等地位的先声。不过我和英美苏的所谓 ABCD 底反法西斯统一战线，事实上尽管在进行，而名义上终难于实现，这可见真正争得国际地位的平等，还要极大的努力，这不仅是我国本居半殖民地的地位，经济落后，而特别是我国不是真正民主的国家，没有民选的国会，没有真正的宪法，因此不能和这几个国家平等。由此可见，我们要实现民族主义必须要同时实现民权民生两主义，因为三民主义是不可分割的。而且可以说要达到民族平等主义，必须先要实现民权民生主义。因此我希望国民政府，当权的国民党，特别是国民党领袖蒋介石先生，顺应民众的要求，实现参议会的决议，立刻实行宪政，安定民生，这是我第一个希望。

　　现在世界的战争，是技术、资源、人力的战争。德国法西斯利用德国最发达的技术，因而在欧洲横冲直撞，所向无敌，虽然我们说苏联的

---

　　* 录自《解放日报》1941 年 10 月 10 日，第 3 版。

正义战，又加以社会主义举国一致的人民，发达的技术、丰富的资源，更加以英美极发达极丰足的技术资源底帮助，最后胜利一定是苏联的，但是科学技术的威力是不可否认的。中国从革命运动开始以来，常常听到提高科学的呼声，特别是"五四"时代把德赛二先生的口号提得很高。但是"以中学为主、西学为辅"，"物质文明以西欧为高，精神文明以中国为最"的偏见，到现在还没有打破。因此一般追逐时髦的人，还只重高谈阔论，没有扫净旧学术思想空疏虚伪的积习，甚至我们坚信马克思辩证唯物论的同志也不能免除主观主义、教条主义的恶习，这是中国传统思想的余毒。欧洲资本主义革命时代，先有十八世纪唯物主义和旧思想作了革命的斗争，如笛卡尔的怀疑论等，不承认一切权威和过去历史上所认为神圣的东西。一切旧的宗教、哲学、宇宙观和人生观、社会与国家的制度等等，都要受到科学的无情的裁判，都要用科学的事实的东西，把空洞的主观主义形式主义打倒，才发展了资本主义。现在我们生在社会主义革命时代，有了更高的唯物辩证法，自然要比十八世纪机械唯物论更高明，但是如果不洗净封建残余八股科举时代的揣摩风气，趋向时髦底假面具，则不仅马列主义会变成主观主义、形式主义，就是我们现在所提出来的反主观主义、形式主义也要变成主观主义、形式主义。是应该在学术思想上有一个大转变的时候了。我们必需要以科学的辩证唯物论的方法，在思想上来一个大的革命。这是我第二个希望。

至于现在战争的决定因素，还在于人力。人多固然是一个必要的条件，而人的意志坚强、团结一致，尤为必要。我们以技术不如日寇，经济发展也不如日寇，而居然能够抵御日寇残酷的进攻，到现在已有四年多了，并且还要继续抵抗下去，一直达到最后胜利，这好像历史上的一种奇迹。而实际上这正是证明人力能改造一切。谁都应该承认：中国这次能够抵御日寇，战胜日寇，其唯一可宝贵的因素，就是抗日的民族统一战线的日趋坚强。现在我们抗日的战争还处在最困难的时代，日寇的分化阴谋和武力进攻，非常狡诈，我们必须坚持团结才能坚持抗战。最近国民党领袖蒋先生明白宣布要坚持抗战到底，要收复东北及一切失地，不让日寇有一兵一卒留在中国领土内，这种精神是很可佩服的。但要达到这个目的，就必需要坚强我们的民族统一战线，必须要使各党各派有合法的地位，各阶层有民主的自由，特别是国共合作为团结的中心问题。现在还有许多妨害国共合作的问题尚待解决。我们都是在革命战线上同过数十年甘苦的同志，中国革命未完成的事业，还要我们来负担。我希望当权的国民党同志，特别是国民党领袖蒋先生能如邱吉尔一样的伟大，把以前反共的心思，变为联共的热诚，和我们共产党精诚团结，与世界反法西斯的国家民族团结，为民族解放而奋斗，为世界全人类解放而奋斗。这是我第三个希望。

伟大的时代到来了。我希望今年为我们中国伟大转变的一年！

中华民族独立解放万岁！

中国抗日民族统一战线万岁！

全世界反法西斯的联合万岁！

辛亥革命万岁！

中华民国万岁！

庆祝十月革命并纪念中国文字革命第一周年 *

（1941 年 11 月 7 日）

　　伟大的十月革命节到今天已经二十四周年了！而今年十月革命节这一天，正是中国文字革命节的一周年，同时，也是中国新文字的诞生已满十周年，意义重重，这是令人何等欢欣鼓舞的一回事哟！但是今天又遇德国法西斯匪徒，对苏联疯狂的进攻，社会主义的国家，全世界无产阶级的祖国，被压迫民族的救星，正处在惊天动地的炮火中，为人类浴血而争生存的时候，同时也是东方法西斯的日本强盗正在中国各处进攻且准备北进南进的时候，这又是何等令人动魄惊心的一回事哟！

　　科学为人类征服自然、增进幸福的有力武器，资本主义的发展，科学的进步实为绝大的原因。但希特勒匪徒，却凭借德国高度的科学水准，制造杀人的利器，作为残杀人类，侵略弱小国家，进攻世界和平正义的堡垒苏联，毁灭世界文明的凶器，幸而在苏联有世界革命舵师——斯大林以其英明正确的眼光，知帝国主义法西斯必有残酷进攻苏联之一日，非提倡科学，发展重工业，加强军事工业，锻炼坚强的红军，不足以巩固社会主义的国家，而粉碎敌人之进攻。在两个五年计划完成，三个五年计划已进行将近四年的今天，苏联早已成为工业高度发展的国家，拥有强大的红军、红色空军和红色海军。因此，才能与希特勒疯狂的法西

---

　　* 录自《解放日报》1941 年 11 月 7 日，第 3 版。

斯匪军，在数千里长和数千万众的战场上，进退周旋，如果没有苏联这一新兴的人类最进步的社会主义国家，作法西斯进攻的抵抗，则人类将沦于最黑暗的世界。现在英勇的苏联红军，已粉碎希特勒闪电战的战略计划，造成持久战和消耗战，使希特勒刽子手陷于两面作战和三面作战的苦境，最终苏联必将消灭希特勒匪徒，而取得最后的胜利。从这里得出一个结论：强盗掌握了科学，便成了作恶的东西；革命者掌握了科学，便成了革命的锐利武器。

提倡自然科学，发展重工业，加强军事工业，固然是苏联今天能够英勇抵抗希特勒匪徒，并取得最后胜利的重要原因；但这只是问题的一方面，就是说这只是物力的一方面，而更重要的还在于人力的一方面。由于苏联十月革命成功以来，最努力于国民质量的改造，将绝大多数不识字之国民，改造成为具有高度文化水准的国民。正当十年前的这个时候，我在苏联亲眼看见苏联政府雷厉风行的进行扫除文盲工作，不过四五年功夫，全国文盲即已消灭。因此，全国人民都能读书看报，不仅能以马列主义武装其头脑，成为最高度政治觉悟、高度政治质量的优秀国民，而且能全国组织起来一致团结，为保卫社会主义之祖国而牺牲奋斗！这一点在对于抵抗法西斯匪徒之进攻，而争取将来最后胜利之斗争上，其意义的重大，纵不比前者大，至少也不比前者小！

中国扫除文盲运动，自五四运动以来，已有二十余年的历史，但没有成绩，或者说成绩很少，他的原因：第一，因为汉字作了障碍。第二，因为文言文作了障碍。因为汉字和文言文都非学习十年八年不成功，而中国的绝大多数劳苦群众，绝没有这种经济能力和时间来学习这种文字，因此扫除文盲就十分困难。因此，中国扫除文盲的先决问题，还在于中国的文字革命。因为世界各文明国家，大都在资本主义封建社会或者更早以前，就已经经过了由图画文字象形文字进步到拼音文字，而文章则由封建的贵族文言，进步到通俗的、言文一致的文章。

中国文字改革运动，已经有几十年的历史，但是只到了一九三一年十月，中国新文字出现，才算是走上了中国文字革命的道路。从此以后，中国进步人士都极力企图推行新文字，但是也只有到了去年，在我们延安才真正的正式试用新文字，在乡村的广大群众中作了扫除文盲工作。在去年十月革命节这一天，在我们新文字协会成立大会和新文字教员训练班毕业典礼上，如潮涌的大会群众热烈的决定这一天为中国新文字革命节，作为我们永远的纪念，也作为促进新文字运动的一个武器。在去年十月毕业的训练班不过七十余人，而在延安县市冬学中，不到三个月，就扫除了一千五百余文盲。他们学会新文字，能写信、读书、看报，收得了很大的成绩。今年全边区训练了七百余新文字冬学教员，要在全边区进行扫除文盲工作，到明年正月，就可扫除一万五千文盲，有第一年的十倍。此后每年扫除文盲的数目，都以十倍累进，则中国文盲虽多，而扫除净尽为期也不在远。

中国文字革命，是一个伟大的艰巨的工作，只有在实践中不断地加以研究和改进，才能获得改革的效果，而且还要平心静气，在工作中学得经验，在研究上采纳忠言。过去国语罗马字的提倡者和拉丁化新文字的提倡者，在根本上用心本是相同，不过关于四声存废问题有些不同的意见，以致互相谩骂，甚至以政治的宗派的成见，来互相攻击。拥护国语罗马字的人，骂新文字为共产党的阴谋，拥护新文字的人，骂国语罗马字为顽固守旧，这都是主观主义、宗派主义在作怪。我们现在必须扫清这些错误观念，就客观的需要来解决实际问题。就四声问题来说，新文字并不是完全不顾四声，如买 MAAi、卖 MAi、几 Gi、几 Gii 等在初作新文字方案时候，即注意到四声可以利用，不过不赞成国语罗马字那样，一定要机械的死板的应用四声。现在我们在实践中发现了同音字必

须在字形上和拼音上都要使得他有一个明白确定才行，如保卫要写作
baoiwe，包围要写作 bauwei，我们要虚心来研究国语罗马字所定四声的
写法，如果可用的我们应当采用。我们希望提倡国语罗马字的人也放弃
成见和我们来共同作中国文字革命的战士。

    在两星期后新文字协会的年会中，我们将要讨论许多关于新文字改
进的实际问题。希望热心文字运动的同志，切实来研究讨论，作出今后
工作的具体计划来推行新文字。我们要用实际工作来纪念这个伟大的革
命节。

在发展科学方面对于边区参议会的希望*

（1941 年 11 月 10 日）

这次陕甘宁边区参议会的开幕，是新民主主义的初次实现，我代表全边区的科学和技术工作人员恭祝大会的成功！

民主的自由是科学发展的保姆。大众的（包括为大众服务的）科学才没有资产阶级科学的垄断和独占，才没有门阀派系的分歧和自私自利的企图，才能得到充分的发展。苏联的科学界给与我们以最好的模范，我们要追随着他们前进。

列宁说过：共产主义就是苏维埃加上电气化。我们也可以用同样的口吻说：新民主主义就是民主政治加上科学的新经济建设。现在世界的战争是科学的战争。德国法西斯蒂利用德国高度发展的科学，不为人民谋幸福，专来制造杀人的利器，倾覆了欧洲十四个国家，目前更疯狂地进攻着苏联。苏联红军之所以能够坚强地抵抗，进行持久的战争，除了苏维埃人民底坚强团结与英勇斗争所进行的是正义的、神圣的、革命的战争外，还有苏联科学的发展与工业国防的强固。在这个基础上，虽然现在希特勒获得局部胜利，而苏联则将获得最后的胜利。因为苏联必能以进步的科学消灭以科学毁灭世界的法西斯野兽。

中国对日本法西斯强盗的抗战业已四年多了，全国人民的团结与斗

---

* 录自《解放日报》1941 年 11 月 10 日，第 4 版。

争，取得了目前的相持阶段，但是，实行反攻与最后击退敌人，没有民主政治与科学的发展是不可能的。现在我们除实行真正的民主政治外，必需加紧发展科学，才能自力更生，才能驱逐日寇出中国，才能得到真正的独立与解放，才能建立新民主主义的国家。

边区的政治在从普遍、直接、平等、亲密与最进步的选举法选举出来真正代表全边区人民的参议会的指导与监督之下，必然要获得伟大的胜利。边区科学的发展和新经济建设的任务将落在全边区科学和技术工作人员的身上。我们企望着参议会给我们指出正确的工作方向与具体的建设计划，使我们有所遵循，为完成发展科学和新民主主义的新经济建设而奋斗！

新文字在切实推行中的经验和教训 *

——在新文字协会第一届年会上的报告

（1941 年 12 月 16、17 日）

同志们：

我们新文字协会成立到现在已经一年多了，在这一年中，边区新文字运动因为有了党政军各领导同志的极力提倡赞助，实际工作同志的努力切实推行，得到了不少的成绩。去年由边区教育厅开办了一个新文字冬学教员训练班，毕业的七十多个人都在延安县市进行用新文字扫除文盲的工作，收到了良好的效果。在边区各部队中、工作人员中、学校中都涌现了学习新文字的热潮，边区政府在去年十二月廿五日就发布了新文字与汉字有同等地位的决定。今年五一发布的边区施政纲领把推行新文字列在重要的地位，最近参议会又都把这些决定和纲领通过，给新文字以合法地位，这实在是一件有历史意义的重大事情，因为上下能合作，新文字就得到了发展的肥沃园地。新文字协会是一个宣传、推动、组织、联络、研究的群众团体，在这一年中它推动了新文字的许多工作，成立了新文字报社，编辑了一些教本读物，成立了各地分会，与全国各种语文改革运动团体发生联系，帮助边区政府建立新文字干部学校，特别是派了许多干部到各县去帮助政府训练今年全边区推行新文字冬学和小学

---

* 录自《解放日报》1941 年 12 月 16、17 日，第 3 版。

的教员。今年全边区的冬学教员大约有去年的十倍，如果以我们去年七十多个人就可以扫除一千多人的文盲，那末今年大约也可以扫除一万多人的文盲。每年以十倍来累进，不过四五年，边区的文盲可以扫尽，大众的文化知识可以大大的提高，这是我们新文字推行的光明前途，也是我们多年来心中的期望。但是推行新文字并不是一个局部的或一部份人的问题，而是全中国四万万五千万人的问题，也不是一个时期、几个年头的问题，而是几百或几千年和我们人类生活不可分离的问题。我们不但不敢拿这小小的成绩就自满自足，相反的，我们要切实的、虚心的来检讨自己的工作，从经验中得出教训来改正我们以前的缺点或错误，才能期望新文字推行无阻而切实有效。

第一个错误是关门主义。新文字运动一开始就带了很浓厚的政治色彩。因为开始提出拉丁化方案的是瞿秋白同志和一些共产党员，现行的方案又是在苏联远东中国工人代表大会所通过的。因此新文字就对共产党有密切的联系；而共产党也以推行新文字看作自己的责任，有些同志常常不免提出过左的口号，并且常常和政治运动联系起来，使新文字太政治化，自然就造成了关门主义的倾向。而当权的国民党有一部份人也就认为新文字运动就是"赤化"运动，看作洪水猛兽而深闭固拒，也就关起门来不许它侵入他的势力范围。一直到最近，国民党刊物还有"推行新文字比亡国还要坏"的言论，这可见误会之深到了什么程度了。平心而论，中国文字改革运动，从满清末年到现在，已经有五六十年的历史，其客观的原因又是由于汉字的难懂难学，要提高大众文化，非从文字改革入手不可。中国文字改革的开始，最初是由于西洋教会，借拉丁字母（罗马字母）拼切土音，供教民使用。一八八〇年时代，就有苏州白、宁波白、上海白等小册子出现，后来又有厦门白等。

一八九〇年时代，广东王炳耀、福建的蔡锡勇、厦门的卢戆章、吴县的沈学都仿照教会的方法作出字母，出有单行刻本，或登在《时务报》上和《万国公报》。一九〇〇年时代，王照用中国字造成官话字母，当时袁世凯在北洋练兵，叫兵士们学习。

随后劳乃宣把官话字母整理一番，名叫简字，端方替他在南京设学堂，大为鼓吹。此后到处有人制造不下数十百家。伦敦学生林某，曾刻书教授伦敦大学英国学生；意大利留学生，曾发行杂志；欧洲人丁义华、戈裕德、贝尔等，各有华文字母：这都是在三十年前教育部读音统一会制定《注音字母》之先（以上这些历史乃实可参看吴稚晖《补救中国文字的方法若何》）。

一九一二年中国第一次革命后，由教育部召集了一个读音统一会，制定了《注音字母》。虽然读音统一会的目的在统一全国读音而不是改革汉字，但是它把中国几千年来弄得很难懂而不合于科学的声韵问题，作出有系统的条理来，并且照世界各国文字的发音方法制定了声音符号。虽然它的作用是在作汉字的注音符号，但是它对汉字改革是大大的进了一步，这个伟大的功绩是不可磨灭的。把从前声韵的复杂问题，用科学去整理，规定出二十四个声母（子音），三个介母，十二个韵母（母音），一个声化韵母。现在新文字的子音母音虽然稍稍有点变动，可是大体上几乎是完全采用它的，因为它是集了中国声韵学的大成而作出来的。当时读音统一会的会员，钱玄同、黎锦熙先生等就主张采用罗马字母（拉丁字母）作中国字母的声音符号，但没有通过。到了一九二六年国语统一筹备会有国语罗马字的制定，这是根本改革汉字的开始。一九三一年，我们新文字方案的出现也不过是继承国语罗马字改革汉字的事业而更加改进。这对于我们并不值得十分矜奇，而对于一般人也无须发生恐怖的一件事实，不幸引起了许多误解，因而发生了许多障碍，这自然不是某一方面单独造成的原因。我们今天来检讨自己，发展自我批评，首先只有责备我们自己，因此今后我们必须改正关门主义的错误，不把新文字看作一党一派少数人的事情，而当作为全中国四万万五千万人的事情，只有大家同心协力才能完成这个伟大的文字改革的任务。

第二个错误是宗派主义。新文字运动是国语罗马字的一个发展。尽管这两个主张有些不同，如国语罗马字主张统一国语，而新文字则主张发展各地方言；国语罗马字主张一定要四声，而新文字则主张不一定要四声。但是在改革汉字为拼音文字，使中国文字国际化、科学化等根本问题上，是没有大不相同的。这两派的人应该是和衷共济，互相提携来达到共同的目的。不幸有上面的关门主义和政治色彩作了阻碍，而同时还发展宗派主义使他们不但不合作而且互相攻击，甚至还常常不是争论学术问题，而是参杂着政治和党派问题，这样就离开了科学的研讨而落到意气的争执。有些个别的言论骂新文字为"赤化"运动，有些骂国语罗马字为反动的主张，其实都是不对的。我们现在应该很客观的来调查研究实际情形，主张国语统一和主张发展方言，并不是绝不相容的东西，反而是相反相成的作用，就是为了联合而分开的矛盾的真理。至于四声问题，新文字方案是采取必要的而并不是绝对不许有四声的分别。我们在实际经验中，感觉同音字是有分别的必要，如打倒 DaaDao，达到 DaDao，梨子 Liz，李子 Liiz，栗子 Lihz，我们要逐渐把它们有一个不同的写法来使它清楚而定型化。国语罗马字在这方面有很多研究，我们是要采取他们的成果而好好利用，使新文字有更好的发展。因此我们要打破以前的宗派主义，不仅要和国语罗马字根本改革中国文字的同志合作，就是一些改革汉字，如简体字各种改革文字运动的人，都应引为同志而共同努力于中国文字的改革，打破一切狭隘的观念。

第三个错误是主观主义。有两方面的主观主义：一方面认为新文字是行不通，大众不会欢迎的，这种主观主义已经被事实打破了，我们不必去讨论它。还有一种主观主义就是认为新文字是很容易的，只要得到政府的赞助，热心人士的推行，就可以顺利的成功，而没有顾虑到事实的困难，只凭主观的愿望，很急躁地要见成效，很迫切地要代替汉字以至废除汉字，不承认新文字本身还有许多缺点，"自以为是"的态度非常浓厚，一遇到别人批评就谩骂，"自高自大""自满自足"的情绪到处发见。但是有些人因为这种情绪，一遇挫折就灰心失望。比方有些识汉字的人，特别是知识分子，对于新文字是赞成的，然而自己不喜欢去研究，也不喜欢应用，有时在事实上遇着新文字也感觉麻烦，无意中流露讨厌新文字的心理，甚至见于言词。比如有些人作主席时，遇着用新文字写条子来，自己看不懂，或看起来很慢，有时就不知不觉说：请大家用汉字写。这不见得是反对新文字，这是新文字还没有成为我们日常生活的文字的原因。又如，政府用汉字和新文字出布告发公文，识汉字的人，还是觉得看汉字快些。这也不是讨厌新文字，这是我们还没有看新文字的习惯和熟习新文字。再如，我们主张报纸的文字，应该横行来排版，以便养成拼音文的□习惯，但也不是一下子就可以做到的，因为汉字直排还是好看些。这些客观的事实问题，我们都该应好好的来观察，不然就会觉得不是新文字行不通，就要骂别人落后。我们应该承认，汉字有几千年的历史，它在中国人脑筋中生活中有长久的习惯，而且还有表意文字的长处，不是一下子就可以废弃，短时期就能改变习惯的。只有在新的生活新的发展的东西，比旧的更好更适用的时候，旧的东西才会死亡或废弃。我们只有把新文字研究的更完善，推行的更广泛，才能代替汉字。我们也应该承认新文字是中国几十年来文字改革运动许多人积累下来的成果，它是现在一个最好的方案，但是同时我们也应该承认，它还不是最后的方案，还有许多缺点，还要许多人士来研究改进，特别是要在实践推行中，在客观须要上，来切实研究和改进，而不要只凭主观的愿望和实际情况背道而驰。

以上是我们所犯较大的错误或缺点。下面我要说到协会今后的任务。

我以为今后协会的任务：

第一是要改正上面这些错误才能打破推行新文字的障碍。把文字改革运动的人才团结起来，亲密合作，对于不了解或抱有成见的人，用诚恳的态度来说服，广泛的联络各种语文改革运动的团体和个人，如国语推行委员会赵元任、黎锦熙、周辨明、林语堂诸先生，以至各国学者如 Bernhard Karlgren（高本汉）、Dragungnow（龙先生）等。更要和世界语的团体密切合作，因为世界语在语文改革运动上，在国际化上都对于中国文字改革有很大的利益和帮助。只有"群策群力"，才能完成语文改革的伟大任务。

第二是要更切实、更努力来帮助边区政府推行新文字。最要紧的是培养大批的在质量上相当高的新运干部，大量的编辑教本、读物、字典，出版新文字报纸等等。把各地方分会更普遍更有力地组织起来。协会本身要增加工作干部，要加强工作效能，以便真能负起推进新文字实行的责任。

第三是要加深改革文字的研究。现在最迫切的问题：（一）要新文字写法逐渐定型化，就要把同音字有一个较好的方法来解决。我们曾经几次想把四声问题做一个通则来应用。比方：用基本的拼法作平声，重一个母音作上声，后面加一个 k 作去声，入声转到另外一个音可以不要，例如 Li 梨，Lii 李，Lik 利；如果是复合母音则重复前一个母音作上声，例如 Mai 埋，Maai 买，Maik 卖。可是这样一个死板的方法，结果一定又要弄出很多繁难问题来，特别是一个字拼得很长，所谓"要精密就要繁难"。因此我还是主张不用一定的通则，而用便利的方法来解决，只要可以分别同音字形，各种方法都可以采用，比方：天 Tian，田 Tien，这样写就有分别了。这里国语罗马字可以供给我们许多材料，我们是要研究它来利用的。这个问题，我们今后要多多来研究讨论，今天不能详说。（二）方言问题要加紧来研究。据我们的经验，新文字推行后，懂得了本地的方言，同时也懂得了各地的方言。比方：陕北 Zi，Ci，Si 都念 Gi，Ki，Xi。但是我们教授时说明一下，今后他们知道陕北念 XinWenz，别的地方念 SinWenz，从此以后，他们就不觉得奇怪。任你写那一个，他们都懂得了，这是发展方言就是进行统一国语的最好例子。（三）要很快地编辑词典的草案。词典的作用，一方面是把字的写用研究的结果写出来，慢慢地写法就会确定，另方面要把我们历史上丰富的词汇，介绍到群众中去，如《词源》上所有的东西。还要把群众口语中好的东西收进来，要这样才能发展有文艺美好的文字。（四）要用新式科学的方法作出文法书，改造中国的文字。现在我们教新文字或汉字都还没有一本很好的文法书，这是很大的遗憾。黎锦熙先生作的《新著国语文法》是一本很进步的文法，我们要加深来研究作出适合现时的文法书。此外，应该研究的问题还很多，我们必须特别努力，不仅我们新文字干部学校要有研究班，现在我们研究院中，也想要特别成立新文字研究室，不久可以实现。我希望大家来加深新文字的研究工作，不仅要改正缺点，而且要求得进步。

同志们，新文字工作是一伟大的工作，也是一个艰苦的工作。我们的工作是开展了，我们庆幸我们的工作和抗日民族革命战争同时并进。由于我全国一致团结努力，抗战胜利之期已不在远，我们也希望中国文字革命的胜利和抗日战争一样能团结一致，努力奋斗，很快的得到胜利。

在新文字干部学校举行开学典礼上的讲话（摘要）*

（1942 年 3 月 18 日）

　　有些同学以为今年新文字运动还不及去年热闹，加以中间不断抽调干部下乡工作，因此颇有退后之感，须知去年，系开始的一年，特别着重于宣传。今年则着重于实做，提高质量，使每人都能负起任务，望大家真正能安心学习。我们决不要以为学会一些新文字便够了，汉字也须要学，我们应研究接受过去好的，而创□新东西，我们在过去特别强调新文字，主要是唤起人家注意，研究语言文字的人，必须把握文字发展过程。方块字已有一定形象，将来新文字的词，亦都应有一定写法。

---

　　* 录自《解放日报》1942 年 3 月 20 日，第 4 版。

在成吉思汗春祭大会上的主祭词（摘要）[*]

（1942 年 5 月 5 日）

　　成吉思汗的功绩，为蒙古人所崇拜，为世界人士所称道，他建立过地跨欧亚的一个大国家，他能团结民族来抵御外侮，始终以不屈不挠的精神和敌人搏斗，成吉思汗事业的成功，由于他能团结人民、甘苦与共，建立了新的社会秩序和正义。今天我们纪念成吉思汗，特别要学习他的团结民族和抵御敌人的民族主义精神来击毁我们的敌人。

＊录自《解放日报》1942 年 5 月 6 日，第 2 版。

庆祝王维舟同志五十六寿辰 *

（1942 年 6 月 3 日）

今天是王维舟同志的五十六岁初度日，我们回溯维舟同志半生以来英勇斗争的光荣历史——特别是最近二十年来为无产阶级及中华民族解放事业而英勇斗争的光荣历史，是值得纪念的。

维舟同志是四川宣汉人，生于贫苦家庭，未能有系统的受到学校教育。自十岁左右以至弱冠，这一长过程中，曾作过农人、店员及工人等。

一九一一年四川铁路风潮爆发，旋即引起武汉起义的火焰。革命风潮弥漫全国。当时维舟同志，为四川兵工厂一工人，为革命热潮掀动，即还返故乡，号召当地青年，发动大规模之暴动，逮捕宣汉远县清廷的官吏，建立民主革命政权，旋以众望所归，被公推为北伐大队长。不久，南北和议告成，北伐不果。以后数年间维舟同志曾在反袁护国护法各役中，在四川军政界，大露头角，至今四川军人中之军师长等或则曾为其同僚或则曾为其部属者，颇不乏人。当时维舟同志如自甘与世浮沉、陶醉于庸俗之功名富贵，当早已出人头地；然而维舟同志以革命尚未成功，更厌弃军阀毫无原则之连年混战，毅然于一九〇二年挂冠而去上海。这就成了维舟同志历史之转折点，也可以说，这一时期，在维舟同志的历史当中，有着划时代的意义！

＊ 录自《解放日报》1942 年 6 月 3 日，第 2 版。

维舟同志到上海后，即认识了无产阶级十月革命的伟大，得与马列主义的思潮相接触，维舟同志即以此作为武装他的头脑的武器。一九二一年，被朝鲜金笠同志介绍加入马列主义的组织。随即赴苏联留学入伊尔库斯克训练班。一九二三年归国，时苏联恰当内战结束后不久，创夷满目，艰苦异常，维舟同志乃在上海、北平与我和许多同志发起援苏赈济会，先后各募得数万元捐款，汇寄苏联。

一九二七年，武汉革命政府时代，维舟同志始转入中国共产党。当大革命失败后，维舟同志乃由武汉还返故乡，匿结下川东一带党的同志于其周围，广泛组织农民协会，发动游击战争，在高度白色恐怖之险恶环境中，在敌我力量对比优劣悬殊情况下，百折不挠，坚持奋斗，其中可歌可泣，类似"奇迹"之事，难以尽述！卒能使革命力量，发展壮大，使下川东十余县反革命之军阀、地主、豪绅为之震恐，寝不安席！当时驻在下川东万县的刘湘部下师长王芳舟，曾利用过去历史关系，以某种司命之名义来相诱惑，卑词厚币，备致殷勤！而维舟同志，大节凛然，立场坚定，以"士各有志"答之。王恼羞成怒，乃悬赏十万元购维舟同志之头，一面加强军事进攻，以逼使维舟同志屈服。维舟同志毅然不为所动，而表现出布尔塞维克优秀的品质。

一九三二年冬，红四方面军入川，在川北建立了广大的苏区，四川各派军阀一遇红军皆如摧枯拉朽。维舟同志认为时机已至，振臂一呼，将其下川东一带之游击部队和有组织的农民群众武装起来，不下二三万人，高扬义旗举行暴动。与四方面军里应外合，协同动作，在绥定消灭了四川老牌军阀刘存厚之全部力量。

维舟同志到四方面军时，任三十三军军长，当时张国焘是四方面军的领导人，因此国焘路线占绝对统治地位，备极嚣张。反党反中央之阴谋端倪渐露，而且无限制地残杀白区来的同志及知识份子出身的同志，以致革命运动难于开展。维舟同志守正不阿，消极反抗，致招国焘之嫉，撤销其军长职而投闲置散，甚至几遭不测！然而维舟同志沉着不乱，坚定不移，毅然坚持其原则立场和原则态度，于此足见维舟同志之党性坚强，尊重中央，拥护中央，在任何环境下，在任何条件下，俱能坚贞不贰，以观不尊重中央，而闹独立性之某些个别同志，实有天渊之别！一九三五年随红军长征，三次渡过草地，其艰苦卓绝的精神尤为难得。

一九三七年，统一战线告成，维舟同志坐镇陇东，独当一面，先后担任留守兵团三八五旅旅长、陇东分区专员，及陇东特派常委等，以一身而兼党政军三方面之重任。在此复杂紧张的局面中，而能坚持党的统一战线政策，对友党友军人士，能坚持一定的原则立场。本其满腔热血，无限忠诚，为保卫党中央、保卫边区、保卫革命后方的大西北而奋斗！

今天维舟同志年事虽已五十余，鬓发已经斑白了，但他在各方面的表现，仍然是一个青年，工作精神和学习情绪，俱经常紧张积极，完全不愧为一个老布尔塞维克的风度。现在国际国内政治形势，正处在"黎明前之黑暗"的时期中，一九四二年为伟大的历史决定年头，正需要全党及党内宝贵的老干部，百倍努力，冲破黑暗，迎接光明！我希望维舟同志本其对党、对革命、对国家、对民族一贯负责之精神，"老当益壮"，以期在此伟大的历史时机中，更能争取新的、伟大的成功与胜利！

以思想革命来纪念抗战五周年 *

（1942 年 7 月 7 日）

　　我们神圣的抗日民族革命战争已经血战五年了。当抗战初起时，我全国人民紧张的心情，每分钟都在期望着：由局部的抗战发展为全面的抗战；由一时的抗战发展为长期的抗战。因为敌强我弱，只有团结和动员全体人民的力量，坚持持久的战争以期待国内国际条件的转变，最后的胜利才一定是我们的。因为人力和时间是有利于我们的。这不是虚造骗人的吹牛，而是有五年存在着的事实作根据。还在民国廿七年抗战一周年的时候，我党领袖毛泽东同志，在《论持久战》中分析了中日两国的特点以后说道：

　　　　这样看来，日本的军力、经济力与政治组织力是强的，但其战争是退步的，野蛮的，人力、物力又不充足，国际形势又处于不利。中国反是，军力、经济力与政治组织力是比较弱的，然而正处在进步的时代，其战争是进步的与正义的，又有大国这个条件足以支持持久战，世界的多数国家与人民是援助中国的，——这些，就是中日战争互相矛盾着的基本特点。这些特点规定了与规定着双方一切政治上的政策与军事上的战略、战术，规定了与规定着战争的持久性与最后胜利属于中国而不属于日本。

---

　　* 录自《解放日报》1942 年 7 月 7 日，第 4 版。

如果我们再拿他《论持久战》的第二阶段中的一节来看，则这四年来事变的发展，恰如他的预言。他为什么会成了天才的预言家呢？因为他掌握了马克思主义的思想方法——唯物辩证法，运用它来分析客观的事实，所以他能不仅知道事变在目前是如何发展和向那里发展，而且知道事变在将来应当如何发展和向那里发展。

可以毫不夸大的说：如果没有中国共产党，没有毛泽东同志精通马列主义理论，不把它当作教条，而把它作为行动的指南，则中国不能完成抗日民族统一战线，就没有抗日民族革命战争，更谈不上胜利。他能及时抓住事变过程链子上最重要的一环，并能提出使群众易于根据经验来认识革命口号是正确的底口号。我可以举三件最大的事实来作证：第一是抗日民族统一战线底完成；第二是新民主主义国家形式底提出；第三是这次整顿三风底思想革命运动。为什么抗日民族统一战线是中国革命最重要的一环呢？因为中国是半殖民地的国家，不推翻帝国主义压迫就不能完成革命，中国虽然有地大人多这个优越条件，但经济落后"一盘散沙"，还不能成为统一的现代的国家。革命的中心问题是怎样能"唤起民众"、团结民众，尤必须使理论掌握民众，成为物质力量，这就必须根据国家民族实际的情形，民众革命斗争的经验，最新的革命理论，于适当时机提出战斗的口号。中国古话所谓"顺乎天理，合乎人情"，所谓"应天顺人"，所谓"天视自我民视，天听自我民听"，所谓"民之所欲，天必从之"等等。如果脱去所谓"天"的神秘外衣而代之以"宇宙自然和社会发展的规律"，则它就合乎真理了。中国必须有一次对外的民族独立战争，才能建立起一个现代的国家，这必须有一个适当的机会才能实现。果然时机来到了！"九一八"日寇无理地向中国开火了，毛泽东同志领导的苏维埃红军本着我民族的自尊心和自信心与人民苦于专制和内战的心理，及时提出了三个条件愿与国民党任何军队订立协约，停止内战，共同抗日。随后我党中央又陆续发表"八一宣言""一二·二五决议"提出了"抗日民族统一战线"和"统一民主共和国"的基本政治的方针，又提出了"停止内战""争取民主""实现抗战"的具体行动的口号。这些都受到了民众热烈的拥护，和坚决的实行。这才有"七七"抗战的实现，国共合作和统一战线的完成，和从来未有过的国家统一举国一致的出现。这就是中国革命的一大胜利。可惜的是抗战建国本来不分离的，而抗战实现了，民主共和国却没有实现。参政会和国民党实行宪政的决议，只是一纸空文，而究竟中国应该成立怎样一种形式的国家，一般还是模糊不清的。毛泽东同志又于前年及时地提出"新民主主义"的国家形式，这也是时局最重要的一环。因为正当宪政运动高涨，没有政治上的领导就会使群众失掉努力的方向，陷于黑夜徘徊的地位。这种国家形式是他从马列主义理论的实质出发根据中国革命运动的新历史来丰富它、发展它、推进它，而得出的新原理和新结论。因为马列主义没有为革命的殖民地半殖民地的国家形式制定教条。只有发展马列主义才能创造这种革命的殖民地半殖民地国家的过渡形式。它既不同于旧民主主义实际上是资产阶级专政的国家形式，也不同于苏联无产阶级专政的国家形式，而是几个革命阶级联合对于少数汉奸卖国贼专政的国家形式。毛泽东同志说得清楚："国体——各革命阶级联合专政。政体——民主集中制。这就是新民主主义的政治，这就是新民主主义的共和国，这就是抗日民族统一战线的共和国，这就是（孙中山先生）三大政策的新三民主义共和国，这就是名副其实的中国民国。"（《新民主主义论》）

我国民众坚持团结、坚持抗战，已经有了五年，写下了历史上最光荣的一页。现在抗战快要胜利了，我们从罗邱宣言及斯大林的命令中，都看到今年要打垮希特勒的豪语。如果今年我们同盟国能打倒德国的法西斯，则明年同盟国必能打倒日本。因此，我们的抗战，一年至多两年，一定要得到胜利。

胜利后怎样办呢？这是我们全国人人今天所关心的问题。战后统一战线还能继续吗？国共合作不会分裂吗？统一的国家还能维持不再打内战吗？国民政府蒋委员长还会受全国的拥护吗？经济政策、土地问题、民生问题、文化建设、民族问题等等。我们在毛泽东同志《新民主主义论》中及我党中央所批准的《陕甘宁边区施政纲领》中都可以得到大体的解答。而我党中央这次"七七"五周年宣言，更是明白声明统一战线不仅是抗战的而且是建国的，国共必须长期合作，并号召全国拥护统一的国民政府和蒋委员长等等，要知道我们统一战线的完成，抗战的胜利，不是容易得来，而且也是中国空前的团结，空前的大联合，洗去了"一盘散沙"的耻辱。谁要闹分裂打内战，谁就必定为全国人民所共弃。现在最实际的问题是如何加紧努力，坚持团结、克服困难，熬过抗战的最后难关争取最后胜利，并开阔我们新的前进的道路。

为什么毛泽东同志现在要提出整顿三风问题呢？这是改造个人、改造社会，为革命事业运动中最基本最重要的一环，这是思想方法的一个大革命。我们党已经有二十一年光荣的历史了，它对于中国革命是有很大的成绩，但是也遭了多次的失败。其原因是大多数党员还不能正确的掌握马列主义的思想方法——唯物辩证法。虽然中国自"五四"运动打破了统治数千年的旧理论、旧思想以后，即接受了马列主义的新理论、新思想。特别是我们共产党员，一定是遵守马列主义的思想方法。但我们大多数党员都是知识份子，常常带了小资产阶级的尾巴进来的。旧的"引经据典"的教条主义不自觉的又应用到新的理论中来了；旧的"空疏无用"只凭空想的主观主义又侵入到新的思想中来了。至于宗派主义门户之见的恶习，"揣摩风气""矜夸口谈"的臭八股作风也带到党里来，造成一种不正派的作风。虽然这些歪风不常占统治地位，现在已经是残□，但是还经常的□□我们，使我们的工作受到许多损害。特别是在中国政治上没有经过资产阶级革命的民主改造，事事没有上轨道，经济上资本主义不发展，异常落后，新的国家的建设要由我们自己来摸索，开阔新的道路，一遇到实际问题就表现我们党员毫无能力，或凭主观主义、教条主义去处理问题，处处行不通。如果不迅速的改造我们自己的思想作风，则不但我们要建设社会主义、共产主义无此能力，即当前要建设我们新民主主义的国家也无此能力。在我们边区、在各根据地，已经给了我们许多教训，因此整风问题就成了我党迫切的问题，而且也不只是我党的问题，而是全中国社会改造的问题。尤其重要的是我们的敌人相当顽强而且狡诈，如果我们的队伍不整齐、步调不一致、思想不统一、纪律不严肃，则不能打倒敌人。要保证全党的团结步调、队伍的整齐一致、纪律的严肃，只有建立在思想的一致上，才能成为自觉的无产阶级的有铁的纪律的先锋队。只有正确的思想方法才能保证其一致性。还有思想的斗争特别需要思想方法的正确，才能认识不正确的思想、战胜不正确的思想，否则反而为它的俘虏。现在整顿三风的热潮，在延安在各抗日根据地都高涨起来了。人人学习文件、个个自行反省，都感觉到有莫大的益处。我把文件一面读一面反省自己，起初觉得许多话好像恰恰说到自己的缺点，有些难过，细细想后，认为这正是找着了自己的毛病，趁此有了良方，医它一下岂不很好，反而为之大快。泽东同志说"惩前毖后、治病救人"，我就要这样去做。因此我恍然觉得我们现在整风的工作，就是中国古圣先贤所谓"克己复礼""正心诚意"的修养。所谓"诚其意者，毋自欺也"（《中庸》），虽然旧思想是唯心的，但他的严于自己省察、行为不苟，是可宝贵的。如果我们不自欺欺人，则我们这些小资产阶级知识份子，对于国家民族尽了什么责任呢？这样来一个反省，恐怕不汗颜的没有几个。我自己一反省就觉得"才无一技之长，手无缚鸡之力"，而还往往"夸夸其谈""哗众取宠"，党八股的余毒很深。这能免"欺世盗名"之谓吗？我虽从事革命四十余年，只有力求前进到底不懈这一点足以自信自慰，其他能力太缺乏了！我想革命职业家不但要脚踏实地"实事求是"，而且必须有一专长来为社会服务，如果单足能干领导工作，而不能作实际工作、事务工作，"钦差大臣"满天飞，这就是官僚主义，旧政治之所以日趋腐化而不可救药，就在这里。中国旧时社会最坏的习惯，就是稍有聪明才智的人都变为知识份子而脱离生产事业，结果，小的变流氓，大的变政客，都为社会的毒害。而从事生产的广大群众则蠢蠢无知、任人鱼肉。统治阶级专用愚民政策，中国积弱大都出于这一点，我们现在要改造社会，必须从改造个人起，改造个人必须从改造思想起，所以我认为毛泽东同志这一整顿三风思想革命的运动，是一伟大的及时的运动，这应当作为抗战五周年一个大纪念。

吴老献词 *

（1942 年 9 月 1 日）

"九一"运动大会全体同志们：

现在全世界有理性的人们，正在和武装到了牙齿的法西斯猛兽作残酷的搏斗，非有钢铁一般的身体和艰苦卓绝的精神不能得到最后的胜利。我们既有整风运动以健全我们的思想，尤须要有体育运动以锻炼我们的身躯，才能打破黑暗的世界，创造光明的世界。如果我们全中国的青年男女，既有伟大的精神，又有强壮的身体，以四万万五千万人民之众，就是旋乾转坤也有这种魄力，岂但消灭这资本主义垂死时代的法西斯蒂。今天我们新体育会第一次运动大会开幕了！努力吧！同志们！你们是新世界的英勇战士，新时代的优秀儿女，光明的前途是掌握在你们手里的。

敬献一千元以慰劳全体同志的辛勤，并庆祝运动大会的成功！

---

* 录自《解放日报》1942 年 9 月 5 日，第 4 版。

辛亥革命的经验教训 *

（1942 年 10 月 10 日）

　　辛亥革命已三十一周年了。"革命尚未成功，同志仍须努力。"（中山）在抗战紧急关头，我们更深刻研究辛亥革命的经验教训，不仅为"惩前毖后"所必需，也为"治病救人"所必要。成功一方面姑且不说，只说失败一方面。

　　辛亥革命失败原因，除《中国现代革命运动史》所指出"一、革命统一战线分裂；二、没有真正动员广大群众；三、革命对反革命妥协；四、帝国主义援助反革命"之外，我认为没有统一集中的党来领导革命是革命失败最基本的原因。或者有人说：同盟会不是当时最好而领导革命的党吗？不错，同盟会在当时是起了空前的伟大的革命作用。它把各个革命组织统一起来成立革命同盟会。一方面继承中国历史上优良革命传统，一方面还走上了资产阶级民主革命道路。在这一时期，它是最进步的革命党，而且有中山的民族、民权、民生三大主义把反满反帝份子、民主立宪份子、社会主义份子都包括进来，结成革命各阶级各党派的联合战线。这是它成功的要素。但正因此，在思想上就缺乏统一的意志，在行动上也无统一的计划，而在组织上既不民主，又不集中，更没有全党服从中央的统一精神，个人主义、英雄主义、派别之争、门户之见，

---

　　* 录自《解放日报》1942 年 10 月 10 日，第 3 版。

尤为利害。当时我是同盟会的评议员，知道的很多，我们看以下几种文件也可以证明。

在辛亥三月廿九广州起义失败后，宋教仁、陈其美等发表中部同盟会宣言说：

> 自同盟会提出种族主义以来，革命之思想，统政界、学界、军界以及工商界，皆大有人在。顾思想如是之发达，人才如是之众多，而势力犹然孱弱不能战胜政府者，其故何哉。有共同之宗旨，而无共同之计划，有切实之人才，而无切实之组织也。何以言之。如章太炎、陶成章、刘光汉等已入党者也。或主分离，或主攻击，或为客犬。非无共同之计划有以致之乎。而外此之入主出奴，与夫分援树党，各抱野心，更不知凡几耳。如徐锡麟、温生才、熊成基辈，未入党者也。一死安庆，一死广州，一死东三省。非无切实之组织有以致之乎。而前此之"朝秦暮楚"，与夫轻举妄动，抛弃生命者，更不知凡几耳。前之缺点，病不合，推其弊，必将酿历史之纷争。后之缺点，病不通，推其弊，必至叹党员之寥落。前一缺点伏而未发，后一缺点则不自今日摧残过半才始。（邹鲁编《中国国民党史稿》一二五—一二六页）

从这一宣言，可以看出党在思想和行动上不统一，组织上不健全，手工业方式和小组织习气曾自上至下地腐蚀着党；当时思想上的离散，乃是党内生活之特征。章太炎在武昌起义胜利后，即倡"革命军起、革命党消"之说来瓦解党。当中山自欧归至上海，乃召集党员开会讨论，发布意见。这意见书上说：

> 党之责任，盖不卒于民族主义，而实卒于民权民生主义。……惟吾党之众散处各地。……声气未通，意见不相统属，议论歧为万途。……当临时政府组织之际，其祸乃大著。……军兴以来，智勇

之士，雄骏之伦，与时俱起，廊庙之上，战阵之中，所需正急，吾党宜广益其结纳，罗致硕人，以闳其力。惟必先自结合，以成坚固不破之群。势已厚集，则来附者自多。……是则本会之改造，与吾党之联合，固逼于利害，忍而不能舍者。而吾党偏怯者流，乃倡为革命军起、革命党消之言，公然登诸报纸，至可怪也。……（同上七六——七八页）

由此可见，同盟会实未能成为统一集中的革命党来领导革命。在南北和议、革命与反革命妥协后，党内思想上的离散和组织上的混乱，是更为加强了。无政府主义派主张高蹈远引，发起不做官、不做议员、不嫖、不赌、不吃鸦片、不纳妾的六不会，把革命的中坚、纯洁的青年引到脱离政治的地步，不了解"一切革命的根本问题总是国家政权问题"（列宁）。因此南京临时总统府秘书处对于和议不满的同志都要求出洋留学，表示清高，我也是其中之一。而同盟会改为国民党以后，所有官僚政客、投机份子，都拉来入党，甚至袁世凯最下流之走狗赵秉钧也拉入党内来。所以中山先生在（民二）二次革命失败后，坚决的要成立中华革命党以进行革命。他在宣言中说："务在正本清源，（一）进斥官僚；（二）淘汰伪革命党，以收完全统一之效。"（同上一六五页）他痛心于从前党"内部份子意见分歧、步骤凌乱，既无团结自治之精神，复无奉命承教之美德，致党魁有似于傀儡，党员有类于散沙。……此次重组革命党，以服从命令为唯一之要件，凡入党人员，必自问甘愿服从文一人、毫无顾虑而后可"（同上二九六页）。因此党员的选择务以服从总理一人为唯一之条件，而且要立誓约、打手模，这又引起了党内有力同志黄兴等的反对，造成党内的分裂。这里：一方面固然是由于黄兴等虽然是坚决的革命实行家，而却受了自由资产阶级的思想和经验主义的毒害很深，不懂得党内组织上和思想上不统一的害处；而另一方面则由于中山虽感觉党有统一集中之必要，而却没有列宁布尔塞维克党组织原则的理论。把全党服从中央的精神作为服从个人、服从领袖的狭隘意义，并用会党落后的神秘的意识，强迫人立誓约、打手模，以致不仅分裂了老干部，而且阻碍了许多优秀青年入党。所以在倒袁和"五四"运动中，中华革命党都无声无嗅而被人轻视。但这不是中山组党的企图不对，而是组党的原则不尽妥善。他强调党的统一集中，党员要有愿牺牲性命、自由、权利为革命奋斗到底，和同生死、共患难的精神。但他没有认清党要集中，还要民主。他没有想到铁的纪律是建立在党员自觉的基础上，而这种自觉又是基于思想的一致性，运动目标的明确性，实际行动的统一性。当然中国为时代环境所限制，我们不应拿今日的眼光对诸先烈有过高要求。在中山先生备尝艰苦并体会其经验教训而又认识了列宁党组织原则以后，民国十三年就毅然改组国民党，还提出联俄、联共、工农三大政策，使三民主义有新的更伟大的意义而成为新三民主义；实行国共合作，提出打倒帝国主义、打倒军阀的口号，来团结一切革命的力量。因此革命各阶级的统一战线又形成而产生了一九二五—二七的大革命。中山先生是能利用自己的经验，顺应时势的要求，来进行革命、改进自己的。如果他不死，一九二七年国共合作不破裂，则中国革命一定是另一局面。

我认为同盟会及国民党在中国革命中之所以有力量，就在于它能担负起团结革命各阶级各党派联盟的任务。中国这种半殖民地半封建国家的革命运动，正需要这一种革命联盟，因为"现在所要建立的中华民主共和国，只能是一切反帝反封建的人们联合专政的民主共和国。这就是新民主主义的共和国，也就是真正革命的三民主义，即孙中山三大政策的三民主义共和国"（毛泽东著：《新民主主义论》）。我们从辛亥革命，一九二五—二七的大革命，以及这次抗日民族革命战争看来：只要革命统一战线一完成，革命就有力量而得到很大的胜利；统一战线一破裂，革命就立即会失败。毛泽东同志说："在中国的事情非常明白，谁能领导人民推翻帝国主义与封建势力，谁就能取得人民的信仰，因为人民的死敌是帝国主义与封建势力，而特别是帝国主义的原故。在今日，谁能领导人民驱逐日本帝国主义，并实施民主政治，谁就是人民的救星。"（同上）这就是我们共产党为什么要坚持统一战线，强调国共合作来完成抗战建国事业的原因。

民国成立卅一年来，虽然是灾难重重，却仍能巍然矗立，并与日寇抗战五年有余而成为世界反法西斯统一战线极能坚持的一个主力。这不是偶然的。正因为革命尚未成功，我中华民族的优秀儿女不惜牺牲奋斗，前仆后继，摸索救国救民的真理。幸而十月革命胜利，马列主义这个最好的真理就传布到中国来，作为解放我们民族的最好武器，而中国共产党则是拿起这个武器的倡导者、宣传者和组织者。这个普遍真理与中国革命的具体实践结合后，就为中国革命开一新纪元。虽然我们中国共产党是马列主义的布尔塞维克化的集中统一的党，它成立二十一年来在中国革命中有伟大的成绩，但是要应付现在世界反法西斯这种残酷的战争和中国这样复杂的环境，在理论上只是机械的了解马列主义而不去掉主观主义、教条主义的残余，在行动上不去掉宗派主义、个人主义的残余，则不能完成革命的伟大任务。如果不利用血的经验教训"惩前毖后"，则革命仍不能免于失败。要去掉这些毛病，只有正本清源，从最根本处着手。要正本清源，必先有正确的世界观、人生观。要有正确的世界观、人生观，必先有马列主义的思想方法——唯物辩证法。要掌握唯物辩证法，必先要去掉旧染之污、实行思想革命。思想革命而后能掌握唯物辩证法。有唯物辩证法而后能有正确的世界观、人生观。只有经过了思想革命的党，才能思想一致、行动一致，成为统一集中、有铁的纪律的党。因为党员从思想方法的正确中，才能有真正统一的思想、统一的行动；

才能有高度自觉的遵守纪律的真诚，个人服从组织、全党服从中央的美德。因为他是从内心的真理出发而不是受外力的强制和压迫。这样才配说"我们是由特别的材料制成的共产党人"（斯大林）。现在我党正进行着毛泽东同志提出的整顿三风运动。这就是思想革命的运动。这一运动的历史意义：不仅在于整齐我们党的部队使它成为意志统一、行动统一、纪律统一所团结的部队；而且在于改造我们社会的每一个人，使他了解作人作事的真理，成为新社会的一个健全份子来组成新的社会。如果想创造新社会的人都来参加这个运动，必定成为不可战胜的力量。正如马克思说："理论只要一掌握群众，就立刻成为物质的力量。"

今天我们纪念辛亥革命，不能不追念先烈牺牲奋斗的忠诚，中山先生创造民国的伟绩。尽堪告慰的是：自国内团结抗战以来，全国军民，艰苦奋斗，不惜牺牲，可歌可泣，能继承先烈之光荣；国际地位日益提高；战胜日寇已不在远。但世界一切事物都是变动不居的，战争也是一样，只有思想正确而又能随机应变的人，才不只是能说明世界，而且能改变世界。失败乃成功之母，前事为后事之师。没有前贤无以开先河，没有后哲无以开新路。我们要惩前毖后，鉴往知来，及时努力，不失良机，毋甘小成，毋忘远大。尤须认清这次反法西斯世界大战意义之伟大、任务之艰巨，不可存丝毫怠忽之心、依赖之念，一定要达到中山先生求中国自由平等之目的。我希望继承中山先生创造民国事业的国民党，利用团结抗战之良机，国际援助之势力，本中山先生三民主义、三大政策、团结合作的精神，与我党及各党各派精诚团结、勇猛精进，完成抗战建国的伟业。

纪念鲁迅先生逝世六周年 *

——在纪念会上的讲话

（1942 年 10 月 26 日）

鲁迅是中国空前的伟大的革命思想家和文学家。他的伟大，在我看来，有以下四点：第一，他想以思想革命来建设新思想；第二，他想以社会革命来建设新社会；第三，他想以文学革命来建设新文学；第四，他想以文字革命来建设新文字。

为什么我说他想以思想革命来建设新思想呢？我们看他的文章完全是反映着四十年来中国的思想斗争的历史。瞿秋白同志说："鲁迅从进化论进到阶级论、从绅士阶级的逆子贰臣进到无产阶级和劳动群众的真正友人，以至于战士，他是经历了辛亥革命以前直到现在四分之一世纪的战斗，从痛苦的经验和深刻的观察之中，带着宝贵的革命传统到新的阵营里来的。"（瞿秋白：《鲁迅杂感选集》序言）中国革命半世纪以来，灾难重重，革命尚未成功，我中华民族的优秀儿女不惜牺牲奋斗，前仆后继，摸索救国救民的真理。幸而十月革命成功，马列主义这个最好的真理传布到中国来，我们民族解放和社会解放的革命运动就得到了最好的武器。但是辛亥革命前的这些勇将们，现在还剩得几个？说近一些，五四时期的思想革命的战士，现在又剩得几个？"有的高升，有的退隐，

---

* 录自《解放日报》1942 年 10 月 26 日，第 4 版。

有的前进，我又经历了一回同一战阵中的伙伴不久还是会这么变化"（鲁迅：《自选集》序言）。这是他最痛心的话。因为他的思想能跟着时代前进，终于得到了人类最进步的思想方法——马列主义的思想方法，来建设新思想。这才使他走上了人类真正解放的道路，这才使他从进化论最终的走到了阶级论，从进取的争求解放的个性主义进到了战斗的改造世界的集体主义。这就是他在思想革命上的伟大。

为什么我说他想以社会革命来建设新社会呢？他最痛心于中国社会的黑暗重重、种种虚伪——他用最锐敏的眼光，最锋利的笔法，把独夫、民贼、么魔、小丑的真像揭露出来。秋白同志说："反虚伪的精神是文学家的鲁迅、思想家的鲁迅的最主要的精神。他的现实主义，他的打硬仗，他的反中庸的主张，都是用这种真实，这种反虚伪做基础。他的神圣的憎恶就是针对着这个地主资产阶级的虚伪社会，这个帝国主义的虚伪世界的。他的杂感简直可以说全是反虚伪的战书，譬如别人不大注意的《华盖集续编》就有许多猛烈而锐利的攻击虚伪的文字，久不再版的《坟》里的好些长篇也是这样。而中国的统治阶级特别善于虚伪，他们有意的无意的要把虚伪笼罩群众的意识；他们的虚伪是超越了全世界的记录了。'中国的一些人，至少是上等人，他们的对于神、宗教、传统的权威，是"信"和"从"呢，还是"怕"和"利用"？只要看他们的善于变化，毫无恃操，是什么也不信从的，但总要摆出和内心两样的架子来。要寻虚无党，在中国实在很不少……他们什么都不信，但是他们"虽然这样想，却是那么说，在后台这么做，到前台可以那么做"……这叫做"做戏的虚无党"。'（《华盖集续编》）虚伪到这地步，其实是顶老实了。西洋资产阶级的民族主义者或者民权主义者，或改良妥协的所谓社会主义者，至少在最初黎明期的时候，自己也还蒙在鼓里，一本正经的信仰着什么，或者理论，或者宗教，或者道德——这种客观上的欺骗作用比较的强些。——而中国的是明明知道什么都是假的，不过偏要这么说说，做做，骗骗人，或者简直武断地乱吹一通，拿来做杀人的理论。自然，自从西洋发明了法西斯主义，他们那里也开始中国化了。呜呼'先进的'中国呵。"（秋白同上）

鲁迅痛恨这个社会，他希望以地火（革命）来烧毁它，他在《野草》的"题辞"上说："我自爱我的野草，但我憎恶这以野草作装饰的地面，地火在地下运行，奔突；熔岩一旦喷出，将烧尽一切野草，以及乔木，于是并且无可朽腐。但我坦然、欣然。我将大笑、我将歌唱。"但鲁迅并不是只图破坏旧社会而是要建设新社会。他的新社会的理想就是社会主义的社会。所以他倾心于苏联社会主义的建设。这在他的译著中到处都可以看到。

为什么我说他以文学革命来建设新文学呢？他在《坟》的"题记"上说："偶尔看见了几篇将近二十年前所做的所谓文章。这是我做的么？我想看下去，似乎也确是我做的。……倘在这几年，大概不至于那么做了。又喜欢做怪句子和写古字，……倘是别人的，我恐怕不免要劝他'割爱'。"

他是读书很多能作文言文的，因此，他深知它是害己害人的东西，非改革不可。

"五四"新文化运动时代，文学革命的浪潮很高。但是"新文化运动的领袖，大家都不免要想做青年的新的导师；而诚实的愿意作一个'革命军马前卒'的，却是鲁迅。他自己'背着因袭的重担，肩住了黑暗的闸门，放他们到宽阔光明的地方去'……他没有自己造一座宝塔，把自己高高供在里面，他却砌了一座'坟'，埋葬他的过去，热烈的希望着这可诅咒的时代——这过渡的时代也快些过去。他这种为着将来和大众而牺牲的精神贯穿着他的各个时期，一直到现在，在一切问题上都是如此。

举一个例说罢。白话运动初起的时候，钱玄同之流不久就开倒车，说《三国演义》那样的文言白话夹杂的'言语'，就是'合于实际的'模范，理想不可以过高。而另一方面，也有人着重的说明文章的好坏不在于文言白话的分别，而都靠天才，或者要白话好还应该懂古文，这样，每一个新文学家，都在运用'天才'创造新白话文的模范，鲁迅说：'这实在使我打了一个寒噤……自己却正苦于背了这些古老的鬼魂，摆脱不开'，而'许多青年作者，又在古文诗词中摘些好看而难懂的字面、作为变戏法的手巾来装璜自己的作品'（《坟》）。'新文学兴起以来，未忘积习而常用成语如我的和故意作怪而乱用谁也不懂的生语如创造社一流的文字，都使文艺和大众隔离。'（《三闲集》）他自己以为只不过是'桥梁中的一木一石，并非什么前途的目标、范本'，'应该和光阴偕逝、逐渐销亡'，然而正因为如此，他这'桥梁'才是真正通达到彼岸的桥梁，他的作品才成了中国新文学的第一座纪念碑；也正因为如此，他的确成了'青年叛徒的领袖'"（秋白）。他想建设的是什么新文学呢？我们在他《论现在我们的文学运动》中就可以得到答复，他说："'左翼作家联盟'五六年领导和战斗过来的，是无产阶级革命文学的运动。这文学和运动一直发展着，到现在更具体底地、更实际斗争底地发展到民族革命战争的大众文学。民族革命战争的大众文学是无产阶级文学的一发展，是无产阶级革命文学在现在时候的真实的更广大的内容。这种文学，现在已经存在着，并且即将在这基础之上，再受着实际战斗生活的培养，开起漫澜的花来吧？因此，新的口号的提出，不能看作革命文学运动的停止，或者说'此路不通'了。所以，决非停止了历来的反对法西主义，反对一切反动者的血的斗争，而是将这斗争更深入，更扩大，更实际，更细微曲折，将斗争具体化到抗日反汉奸的斗争，将一切斗争汇合到抗日反汉奸斗争这总流里去。决非革命文学要放弃它的阶级的领导的责任，而是将它的责任更加重、更放大，重到和大到要使全民族，不分阶级和党派，一致去对外，这个民族的立场，才真是阶级的立场。托洛茨基的中国的徒孙们，似乎胡涂到连这一点都不懂的。但有些我的战友，竟也有在作相反的'美梦'者，我想，也是极胡涂的昏虫。"他指出我们的创作常说出近于出题目做八股的弱点，他以为"民族革命战争的大众文学决不是只局限于写义勇军打仗，学生请愿示威等等的作品。这些当然是最好的，但不应这样狭窄。它广泛得多，广泛到包括描写现在中国各种生活和斗争的意识的一切文学，因为现在中国最大的问题，人人所共的问题，是民族生存的问题，所有一切生活（包括吃饭睡觉）都与这问题相关；例如吃饭可以和恋爱不相干，但目前中国人的吃饭和恋爱却都和日本侵略者多少有些关系，这是看一看满洲和华北的情形就可以明白的，而中国的唯一的出路，是全国一致对日的民族革命战争。懂得这一点，则作家观察生活，处理材料，就如理丝有绪；作者可以自由地去写工人、农民、学生、强盗、娼妓、穷人、阔佬，什么材料都可以，写出来都可以成为民族革命战争的大众文学"（同上）。他反对主观主义、宗派主义，他是极力提倡文学大众化的，但他不主张"迎合大众"。他说："说起大众来，界限宽泛得很，其中包括着各式各样的人，但即使'目不识丁'的文盲，由我看来，其实也并不如读书人所推想的那么愚蠢。他们是要知识，要新的知识，要学习，能摄取的。当然，如果满口新语法、新名词，他们是什么也不懂；但逐渐的捡必要的灌输进去，他们却会接受；那消化的力量，也许还赛过成见更多的读书人。"（《门外文谈》）因此可以说他要建设的文学是民族化、民主化、科学化、大众化的文学。

为什么我说他想以文字革命来建设新文字呢？他曾说："中国现在的所谓中国字和中国文，已经不是大家的东西了。古时候，无论那一国，能用文字的原是只有少数的人的，但到现在，教育普及起来，凡是称为文明国者，文字已为大家所公有，但我们中国，识字的却大概只占全人口的十分之二，能作文的当然还要少。这还能说文字和我们大家有关系么？……我们倒应该以最大多数为根据，说中国现在等于并没有文字，这样的一个连文字也没有的国度，是在一天一天的坏下去了。我想，这可以无须我举例。单在没有文字这一点上，知识者早就感到模糊的不安的，清末的办白话报，'五四'时候的叫'文学革命'，就为此，但还只知道了文章难，没有悟出中国等于没有文字。今年的提倡复兴文言文，也为此。他明知现在的机关枪是利器，却因历来偷懒，未曾振作，临危又想侥幸，就只好梦想大刀队成事了。……和提倡文言文的开倒车相反，是目前的大众语文的提倡，但也还没有碰到根本的问题：中国等于并没有文字。待到拉丁化的提议出现，这才抓住了解决问题的紧要关键。……中国人要在世界上生存，那些识得十三经的名目的学者，'灯红'会对'酒绿'的文人，并无用处，却全靠大众的切实。智力，是明明白白的。那末，想要生存，首先就必须除去阻碍传布智力的结核：非语文和方块字。如果不想大众来给旧文字做牺牲，就得牺牲掉旧文字。走那一面呢？这并非如冷笑家所指摘，只是拉丁化提倡者的成败，乃是关于中国大众的存亡的。要得实证，我看也不必等候怎样久。"（《中国语文的新生》）鲁迅还有《门外文谈》《论新文字》《关于新文字》《答曹聚仁先生信》等专论新文字的文章，都表示他坚决地要以文字革命来建设新文字。

所以毛泽东同志说："鲁迅是在文化战线上代表全民族的大多数，向敌人冲锋陷阵的最正确、最勇敢、最坚定、最忠实、最热忱的空前的民族英雄。鲁迅的方向，就是中华民族新文化的方向。"（《新民主主义论》）

纪念十月革命廿五周年 *

（1942 年 11 月 7 日）

　　"行看星星之火，燃成熊熊之焰"，这是列宁在《火星报》出版的"题词"。经过十七年，列宁所点燃的火星，果然燃起了伟大的十月革命的火焰，不但把贵族地主的沙皇制度和资产阶级的政权烧毁了，而且开了社会主义社会的新纪元。再经过二十五年的今天，这火焰正在全世界更伟大的燃烧着，特别在斯大林格勒燃得格外激烈，演出人类空前的伟大战史。法西斯的飞机、坦克、大炮、炸弹虽能把地面翻转，而不能战胜受过火星锻炼的布尔塞维克。这火星究竟是什么东西呢?

　　这火星虽是喻言，也可以当作实在的东西，它就是宇宙的正气，也就是孟子所谓浩然之气。它是至大至刚，是集义所生。它能战胜一切邪气。它是宇宙间的真理。它是革命的理论。群众一认识了这个真理和理论，他们就会自觉的为保存正气而去杀身成仁，舍生取义，成为大仁大勇，而且立即成为神妙莫测的力量。如保卫列宁格勒、莫斯科、斯大林格勒的英雄们所演出的一样。正如马克思说："理论只要一掌握群众，就立即成为物质的力量。"这次世界大战是一个试金石，只有苏联人民经得起考验。不管希特勒的武器如何利害，诡计如何多端，终不能战胜苏联。这就是列宁火星的力量。这就是只有马克思的辩证唯物主义才能打倒反

_____

* 录自《解放日报》1942 年 11 月 7 日，第 4 版。

动的机械唯物主义。只有正义的战争，才能打倒非正义的战争。

现在世界反法西斯蒂大战正在各处激烈进行中。"行看全球真正熊熊之焰，毁灭轴心所谓'赫赫之功'。"列宁点燃的热烈火星正照耀在千千万万人的头上。我们必须努力以正义人道的烈焰，消灭法西斯的野蛮黑暗。

回忆杨松同志 *

（1942 年 11 月 26 日）

我和杨松（吴绍镒同志）同志熟识，是从一九二九年起。应当是在莫斯科中国劳动共产主义大学，正当托洛斯基份子在十天党大会上捣乱得很厉害的时候。有一天大会中，他坐在我后面一排，猛然听见他起来大声斥责托派，我深为感动。当时托派是暗藏着，许多人受其欺骗；站在党正确路线方面的，只有少数同志。我和林老与他意见相同，就同他接近，知道他当时是一个优秀的青年团员，俄文中文都很好，任翻译职务，人很聪明诚实，有少年老成的气度，因此我们更加亲密。一九三〇年我同林老等到海参崴工作，苏联远东方面托派很多，我们与之作了激烈的斗争。杨松同志在莫斯科列宁学校，也和托派周达文等斗争。一九三二年周达文等到远东边疆党部来，杨松同志被派到海参崴职工国际太平洋秘书处主编刊物，我们接近的时候更多，同托派斗争也更尖锐。这可见他能站在党的正确立场，与反革命派作不调和的斗争。我受他的益处是很大的。这时正是苏联用新文字扫除中国工人文盲的时候。他对新文字的推行很赞助，认为这是提高工农大众文化水准的武器。我在远东科学分院作了一次中国文字改革的报告，他在发言中认为：我们新文字运动是要根本改善中国语言文字的运动，是要使它通俗化、大众化，

---

* 录自《解放日报》1942 年 11 月 26 日，第 3 版。

达到言文一致的目的。

他对于自己错误的态度是值得赞扬的。当"一·二八"上海十九路军与日寇抗战十多天，他在海参崴党校做一个书报，对于十九路军的抗战作了不大正确的估计。我当时就起来批评他，杨松同志随即接受我的批评，承认错误，并认为参考了很多书，反而犯了教条主义的错误。他对于我不但不以反对他而抱不满，反而以"道吾过者是吾师"的态度，对我更敬重。这种对于自己错误的态度是值得学习的。

杨松同志在一九三四—三六年是在指导东北游击队。他曾经不避艰险，几次秘密到东三省去工作。他长于作文，作事又细心，常担任报社工作，译的书籍也不少。但他常对我说他作的实际工作很少，特别是很少作群众工作，很想到敌后方去锻炼自己，克服小资产阶级的陋习。他是一个很好的共产党员。他在壮年的时代就死了，这不但是我党的一个大损失，也是中国的一个大损失。

吴玉章自传 *

（1942 年）

　　我原名吴永珊，号玉章，字树人，一九三五年至一九三六年在法国，用岳平洋、平洋、岳镇东、镇东、震东、Joseph（约瑟夫）等假姓名，在苏联用 Буренин（Burenin）布列宁等名字。

　　在中国入党时用吴玉章作党名，在苏联入党时用 Н（尼可拉）·И（伊里奇）·Буренин（布列宁）作党名，出席共产国际第七次代表大会时用王荣，现名吴玉章。

　　我在一八七八年生于四川荣县双石桥蔡家堰，代以耕读传家。父分得祖业约五十亩，理家井然，又酷爱书，望儿辈读书有成。母农村女，未念书，甚敦厚。我有二哥二姊，大哥同父一样，读书理家，二哥与我则专门读书，未作农民。仲兄早慧，十九岁即举秀才。我七岁丧父，十三岁又失慈母，自此即依兄嫂长成。我二兄都有志，后均为革命同盟会员。仲兄于民二闻二次革命失败，愤恨自缢死。长兄于八一南昌暴动到汕头，后我军失败回泸，一九三七年亦逝世。现我父母兄弟姐妹都已亡故。我分得祖业十余亩及一部份住宅，别无其他产业。我二十三岁离家，家贫，有时几不能举火，全赖我妻勤俭治家，养育子女。我有一女

---

　　* 录自《历史研究》1981 年第 4 期，第 13～24 页。1942 年，吴玉章在延安亲笔写了这份自传。原件为李新所提供，现由红岩革命纪念馆保存。该刊发表时，只对标点符号和个别错漏字作了订正。

一子，女早嫁（有四女二子，长次二女已来延，现在三局学习）。

子名震寰，十七岁我即以勤工俭学送去法国，毕业于德国"恩鲁布儿"电科专校，在德国大水电工厂作五六年工程师，一九三三年到苏联，一九三七年同我赴法作国际宣传工作，一九三八年同我回武汉，现作长寿水电处工程师。他本于一九三〇年即加入法国共产党，后因专门技术人员参加组织不便，才未正式过组织生活。现家中仅我妻一人守家，凭祖业可以生活，使我自来毫无室家之累。我三四十年在外能安心革命工作，始终不倦，此亦是一原因。以上为我家庭状况。大概一八九二年，中日战争前，仲兄同我正到成都尊经书院念书才半年，值母急病死，仲兄服膺宋儒理学，性笃厚纯孝，母死庐墓三年。每晚我与兄萤灯对坐，共读历史，一同论及文天祥、岳飞、史可法等古人忠义节烈、至诚感人之言行，未尝不废书兴叹，以致痛哭。常自思欲效古人之高风亮节，作一番非常事业。后痛感甲午战之失败，遂关心国事。及至变法维新之说传来，我们即成此一新政运动之宣传者。戊戌政变时，仲兄在成都尊经书院热狂宣扬，我因家贫在一富绅家作教馆，亦热烈宣传新政。不久事败，六君子被杀，冷笑家从旁非笑，取名我为"时务专家"，气不为馁。一九〇二年我与仲兄冒险出外，一九〇三年正月到日本留学。值成立拒俄学生会，请清廷出兵逼沙俄退还旅顺口，我同仲兄均参加了此团体，后成为革命性的军国民教育会。一九〇五年孙中山到东京，我们即组织革命同盟会。过去常以忠君爱国为念，但又以为一人一代效死而卑之。现得三民主义的革命理论，对革命倍加积极坚强了。在同盟会我作评议员（时分评议、执行二部）。一九〇八年革命高潮低落，党员涣散，有孙、黄、章等派别之争。我此时专致力于团结党员，并发行《四川杂志》以助党机关《民报》之被禁，并印些小刊物如《革命丛报》等。时暗杀组织随革命之低落而发展，我同方君瑛、曾醒与现作卖国贼的陈璧君、汪精卫等，组织了炸李准、端方、清摄政王等工作。一九一〇年夏，我秘密到北京，组织劫狱（因汪、黄炸摄政王被捕）未成，即同熊克武、但懋辛、井勿幕四人到香港，与黄兴、喻云纪、胡汉民等商讨广州起义。一九一一年三月二十九日广州起义时，我在日本担任购运军火，我随最后一批军火抵广州时已起义，致使未及参加战斗即失败。随后我又返日到冈山第六高等学校。时四川铁路风潮汹涌，党要我回川，我于七、八月间（旧历六月）抵川。我与内地同志在本乡荣县宣布独立，攻克邻县威远，进攻自流井，因敌不住火器强我的当地巡防军，二次均败。时清政府派端方莅川平乱，武昌趁机起义。旧历十月初，我到内江，适值端方队伍经过，与共进会人决定在资州杀端方，我在内江同时起义。时成都、重庆亦同举义旗，川省革命随成。是年冬，中华民国临时政府在南京成立，孙中山为临时大总统，我被派为四川代表至南京。一九一二年正月我抵南京，孙中山要我作总统府秘书。时南北和议将成，秘书处人或到北京另谋新职，或不满和议另找出路，皆无心作事，我收拾残局，始终忠于职守，未因潮流之高低而作事有冷热。一九一三年袁世凯毁法，并暗杀宋教仁，而二次革命以兴，我亦热心奔波，不久事败，我被通缉，一九一三年冬逃往法国。不久欧战爆发，我入巴黎法科大学。在法李石曾、蔡元培等约我一同组织华法教育会，扩大留法勤工俭学会，并开办华工教育，改良法国招工条约等等，蔡任会长，李任书记，我任会计。一九一六年正月间云南起义，我由法国议员介绍至伦敦会英国社会党议员，请彼在议会提议不借款与袁，此后袁氏以不得借款，兵事又失败，六月六日暴病气死。一九一六年十月，蔡元培要回国任北大校长，约我同归。我抵安南、云南，为华法教育会募集数千基金。一九一七年二月到北京开办留法预备学校。七月张勋复辟，国会南迁，孙中山为大元帅，发动护法之役。熊克武统一了四川，派我作四川代表，出席广州军政府政务会议。一九一八年五月军政府改组为七总裁制，政学会杨永泰等拥岑春煊为领袖，排斥孙中山的革命派。时我极力维护革命势力，与政学会作了无情的斗争。一九一九年"五四"以前，留日学生为反对"二十一条"而发展救国运动，我赞助他们，便在上海办《救国报》，又帮助《劳动声》等种种社会主义刊物。"五四"运动我亦热狂参加，并号召在法留学同志反对《凡尔赛和约》签字。时十月革命成功，无产阶级革命的洪流泛滥到中国。一九一九年冬我回四川，时川省与全国一样，酝酿着内部斗争（南洋派和中华革命党派的斗争），虽经我尽量调处，终于一九二〇年混战起来。时我看日文的《过激派》即《布尔塞维克》讲及列宁党的组织和十月革命后提出的"不作工不得食"的口号，异常喜欢。一九二〇年重庆自治运动筹备会请我办理自治会，我即草就一篇《全川自治联合会宣言》，加入这些新的东西，登在《新蜀报》上，引起了全川人民的注意与欢迎。现在看来，其中虽有某些不正确的空想，但确是传播新思潮的利器。一九二一年四月大会成立，此一轰轰烈烈的全川自治联合会比省议会更有力，以致刘湘、杨森等想利用之选省长，我未应。潜用收买代表图贿选，我即机警的以制定省宪问题决定立即解散此团体。刘湘恨我入骨，要通缉我。一九二二年成都高师有逐校长贺伯忠之风潮，学生要求我作校长。在校我组织"中国青年共产党"，有二十余人参加，杨尚昆同志之兄杨闇公为最积极最好。一九二四年正月，刘湘、杨森攻下成都，高师为杨森接收。是年五一节前，成都工农决定作一大纪念，杨森喜沾新派之名允准了，后有人告杨此运动乃我组织，想夺政权，杨大怒又要捕我，同志们力劝我出走，我同刘伯承、熊晓岩潜行至贵州、湖南。一九二五年初在北大见赵世炎同志，知道中国共产党成立的情形，即由世炎同志和李国暄、童庸生等介绍入共产党，并把四川的"中国青年共产党"之组织完全解散，函告他们个别加入共产党。

而傅双无等以我处置不当，应用团体加入，取得党的重要位置，我坚决反对此种在党内保存小团体及争取位置的主张，日后果然这些人不了解列宁党的组织而有社会民主党的倾向。至于好分子如杨闇公等都加入了中国共产党。时党因我同国民党历史关系很深，派我作国民党中的工作。"五卅"惨案时我正在其中作了些宣传运动工作，国民党上海执行部提议要我回川组织国民党（因四川国民党为西山会议派石青阳、谢持等所包办），我允承，又去广东同廖仲恺、胡汉民、汪精卫等商妥。八月我抵重庆，得杨闇公等同志的帮助，很快改组了国民党，选出第二次代表大会的代表，且在二十天内开办了重庆中法大学附中，使国共合作在四川活跃起来。十一月底我领导四川代表到广州时，只到海外华侨代表彭泽民等三十多人，湖北代表董必武、向忠发等四人，其余各地甚至广东本地代表还未选出。大会由十月延期到十一月，又由十一月延期到翌年（一九二六年）正月一日，而看情形正月一日仍不能开会，因有西山会议派极力破坏。我到广州问汪精卫筹备大会之情形，他颓丧地说自廖仲恺被刺，胡汉民出走，西山会议派又捣乱，恐大会开不成。我说如大会不按时开，则国民党有解体之虞。当我路过上海时，在我党中央报告了四川工作情形，党认为满意，并函告广东党组织可委我以重任。由谭平山提议，国民党以我担任大会秘书长，时距开会时间仅二十多天。大家以为无论如何准备不及，非改期不可，我坚不允。他们问我有无把握，我答只要你们尽量帮助我，一定有把握。于是顿时各方就活跃起来，报上鼓吹，出大会专刊，打电到各地催选代表，果然在一九二六年一月一日大会胜利开幕了。轰轰烈烈开了二十天，作出了最进步的宣言决议，开除了西山会议派的反动分子，执行了党的严厉纪律，这才把孙中山死后动摇了的国民党基础稳定住。这是我党的力量支持了国民党。大会开过后，我要回川整理党务，大会选举我为国民党中央执行委员，广州报上时时有我的名字，一般人对我印象极好，尤其是孙夫人宋庆龄、廖夫人何香凝因我拯救了国民党，非常感激。我离广州后不久即发生三月二十日的中山舰事变，汪精卫出走，蒋介石专横。五月初国民党开二中全会以蒋作党主席，七月出师北伐蒋又任总司令，于是党政军大权在握，形成独裁制。八月我回广州，何香凝一见我大哭说：你一走后闹出了这么多乱子。且告我她托顾孟馀作请汪回国复职运动，要我同顾相商。我同顾商定，发起开国民党执监委员联席会议来解决时局严重问题。十月初，广州开执监联席会议，议决了请汪回国，提出党内民主的口号。时邓演达、张发奎、李济深等都拥护此一主张，且蒋攻江西久不下，蒋的威风减煞，党的威权扩大了。十二月，政府部份人员迁至武汉，在汉组织临时政府，我同孙夫人、孙科、宋子文、徐谦、顾孟馀、恽代英、陈友仁等到武汉。但蒋介石扣留一部份政府人员在南昌，主政府设南昌，使政府在他肘腋之下可挟制操纵。一九二七年一月三日，武汉群众与英水兵冲突，武汉政府以强硬手段收回汉口英租界，九江英租界亦同时收回，世界人士及全国人民均以另眼相看，认武汉政府为革命之中心。蒋在正月九日到武汉，于欢迎会上受大众"何时把政府全体迁来武汉"的质问及鲍罗廷的批评，回南昌后即打电武汉，要求第三国际撤换鲍罗廷，我们坚决反对，于是武汉南昌之斗争日烈。二月初，我们发出提高党权、实行民主、打倒昏庸老朽、反对个人独裁等宣言，号召开国民党三中全会来解决时局问题，此宣言得到了各处的响应。三月初，国民党三中全会在武汉开幕，顺利的解决了一切问题：取消蒋介石党主席职，以九常委合议制来代替；取消总司令制，以军委会来代替；组织新政府，请汪回任国民政府主席。时值上海三次暴动成功，上海市政府成立，南京同时攻下，革命势力泛滥在扬子江流域，武汉政府威风震动了全中国、全世界。由于我党机会主义陈独秀的领导及资产阶级深感革命对他的威胁，情愿受帝国主义的引诱而叛变。三月二十四日，蒋由南昌到九江，用流氓手段捣毁九江国民党党部。随赴上海，一路使流氓杨虎等捣乱。四月九日小贼头何应钦到南京，四月十二日蒋在申发起了反革命武装进攻，蒋到南京成立了反革命的政府。从此革命分成了两个营垒，武汉的革命反对南京的反革命。

在武汉时代，对我很有信仰，三中全会选我为国民党常务委员兼秘书（时中央秘书三人，陈公博、谭平山不管事，实只我一人）。因各方面有同志帮助，诸事进行的很顺利。从四月十八日汪精卫这不祥之物来武汉后，重心转移到他。汪日渐反对农民运动。五月有许克祥叛变的马日事变，夏斗寅、杨森进攻武汉，被我们同志叶挺率武汉军校子弟兵打得大败。但汪精卫、唐生智、谭延闿等不准进兵长沙，要用和平方法解决，而陈独秀机会主义亦大叫农民运动过火，不许进攻长沙，于是武汉反革命抬头了。时陈独秀在党的机关报《向导》上登了高一涵一篇文章，说我是共产党员，于是国民党恨我入骨，事事同我为难，反共气焰日炽。六月初，我们北伐军攻下郑州，冯玉祥到郑州，汪、唐、谭等即往商议反共，何键在汉阳兵工厂发反共传单，冯蒋徐州秘密会面，于是武汉政府又投入南京怀抱。七月十五，国民党开分共会议，十五日晨我把一切事情向秘书长于若愚交代清，并修书汪精卫说明去职理由，随到九江、南昌组织八一南昌暴动，同叶、贺军南进，我任革命委员会秘书长。十月到汕头，军事失败后到了流沙，开会议分配工作人员停当，我由香港回申。党中央以我熟人太多，不能在国内活动，遂于十一月派我到莫斯科。

到莫斯科在我思想上理论上是一大进展。我以前革命大半是为了不满现状，想改造现在环境，是出于"爱国爱民"不甘受人压迫的英雄思想，对于革命出路及社会发展等理论无啥认识，只凭热心毅力干，而不知方向是否正确。读马列主义书籍后，如得明镜，在思想上豁然开朗，有了正确的宇宙观、人生观，我心窃喜从此得改造，自己对革命更有信心与把握。到莫京，我入病院割痔疮，休养将及半年，故六大未能参加。

一九二八年夏，林伯渠同志到莫京，米夫约我同林去中山大学中国问题研究室工作。在图书馆看到了许多在中国都难找的中国古书，我俩抄了许多，搜集有关土地田赋之材料，写成小册子，发表我们关于土地问题之意见。随后我同伯渠同志入中国劳动共产主义大学特别班，同班有何叔衡、徐特立、叶剑英、夏曦等同志。在学习中我对列宁主义、辩证唯物论、政治经济学特别有兴趣，得教员特别优等评语。时校中有托派秘密组织，企图作反党阴谋。一九二九年三月，校内讨论支部工作，各班小组都批评支部工作有许多缺点，特别反对支书别尔曼同志。他有能力，立场亦正确，反党分子利用日常生活的不满及其小缺点来攻击支部，企图夺取支部领导。时特别班有夏曦、江元青二人作支部委员，方维夏为候补委员。江、方二人受反党分子影响，攻击支部，在班上扩大了批评。我班推我同夏、江三人起草决议，他二人不忙，在讨论决议之前晚，我按小组讨论情况，匆忙起了一草，晚十二时夏曦来看决议后说："不好，并不是不要说支部的缺点，而是有人想利用此缺点来反党，特别是反对立场正确坚定的别尔曼支书，我们的决议首先要说支部的路线是正确的，然后批评工作缺点，如此反党分子即无根据来推翻支部了。"于是我俩共同起草一决议，并决定由我提出。翌晨我把决议内容告诉同房的林老、江浩二同志，并说有人企图打倒支部，我们不要中了奸计，林老非常赞同，江浩则反对。中午班上讨论决议，争得很厉害。三人起草，先讨论我同夏二人的决议，我诚恳地发了言，说明讨论首先看路线是否正确，讨论缺点也要，但是次要的。因平时同志们和我都很好，大多数都未被反党分子拉去，所以虽有方、江等拚命反对，结果还是通过了我的决议，这是我们与反党分子斗争的开始。过了三个月开支部总结大会时，中国有一批新学生来，且有坏人，于是反党分子更得势了，联共"左"、右派反党的联合，影响到校内来。校内"左"、右派反党分子暗中勾结，右派借反托的幌子来拉拢人。大会开了十天，闹得很厉害，虽我同何老在大会上揭发了彭泽湘等右派反党分子的阴谋，但他们还是占绝对大多数。在墙报上他们把这些站在党正确立场的人"讽刺"为布尔什维克，且说布尔什维克只有二十八人了。后经联共党正确的领导，反党分子推翻党部的阴谋没有成功。大会后即放暑假，学生都去南俄克里米亚海边休养，在休养中托派更有组织了，九月返校反党分子活动更烈。我因右脚跌伤在医院中，何老来院哭告我，班上推翻了前次决议，我走后他们只有林老、徐老、夏曦等几人。我大愤。后校中开始清党，特别班亦纠正过去错误，推翻了他们反党决议，解散了小组。一九三〇年七月清党完，我们也同时毕业，九月我同林老、江浩、唐彬等十二人由联共党派往远东工作，我到伯力共产主义大学中国班作主任。三一年初我到海参崴党校，是年六月刘斌同志到海参崴与我谈拉丁化新文字问题，想用新文字来扫除中国工人的文盲。我在海参崴作了新文字报告，引起许多人兴奋和注意。十月中央派肖三同志及列宁格勒科学院龙同志、史萍青、刘斌等来海参崴，我们发起开远东中国工人第一次拉丁化中国字代表大会。到会工人一千多，热烈欢迎新文字，由大会制定了新文字字母及原则和写法规则等，新文字具体完成。另外我写了《新文字的新文法》和《中国旧文字的起源和新文字的创造》（在《新文字论丛》上发表时改名《新文字与新文化运动》）二书。时海参崴成立苏联科学分院，推我为该分院中国部主任，在该院我作了一次中国新旧文字的报告，三三年又在列宁格勒科学院作一次报告，大家均甚满意。从前派到远东的人大半是托派，我们这一批是有和他们斗争的任务，因此我们到远东即帮助较好的干部如张锡畴（Гуйскесі）、陈道南（Смакагсв）等和托派斗争。三一年秋，列宁学校托派周达文、董亦湘派来远东边疆党部工作，时远东出版部委我编一本中文教本，我因无暇写即摘录斯大林及一些名人讲演，并选录了沈泽民同志在莫斯科编的中文教本上几篇文章，草率的编成一本中文选集。此书刚出版，即被周、董等抓住，在党内告我，说我犯了机会主义错误，我大惊，急究所指错误，发现在自己作的文章里有一错误，即只简单地说苏联消灭富农，未说在农业集体化的基础上来消灭富农；且在沈所编书中选的几篇文章，关于中国革命问题、国家问题、道德问题等均有错误，这由于我相信沈精于理论，立场正确，故他作的定无问题，并未考究，而剪下编在书中。我痛恨自己铸此大错，花半月时间，夜以继日地研究马恩列斯有关这些问题的理论，深刻痛切地把我所有的错误的来源坦白忠诚地写成一篇声明书向支部提出。同志们因我承认、改正错误的忠诚、透澈、果决，是布尔什维克光明磊落的态度，未给我任何处罚；且以我自我批评的例子作为所有党员的模范和教训。一九三二年秋，教育部派人来考察远东教育情形，于大会上我引列宁致加普利岛学校学生信中说："一切学校里边最重要的是教课的思想，政治方向。什么东西决定这种方向呢？完全和绝对由教员成份决定。"此强调教员成份的说法又被海参崴另一校中托派所反对，两方大辩论，争的几乎动武，结果特派员说是我的正确才算了事。四中全会反立三路线精神由杨松同志带到了海参崴，我写了论中国土地农民问题的小册子，驳斥李立三写的报告的错误。在同杨松同志的接触中，未因亲密而忽略了批评。"一·二八"抗战时，我批评了他报告中说"十九路军有美国背景在后，是帝国主义的战争"的说法。一九三三年六月我到莫斯科，本想回国参加实际工作，因我党驻国际代表团要我担任东大中国部主任，九月又至东大工作。三五年六月在莫京听到"何梅协定"及平津日寇屠杀我爱国人民及上海《新生》事件等等难忍的消息，我们急电王明同志共商对策，出了展开革命新局面的"八一宣言"。时方振武秘密来莫京，代表团派我与之见面，出示"八一宣言"，大感动，潜到美国去宣传。在国际七大会上，王明、康生、周国森、李光和我都发了言，各国代表时起欢呼，国际的友爱团结，使人无限感动，无限兴奋。出席大会时我用假名王荣。大会结束后，代表团派我秘密去巴黎扩大巴黎《救国报》，在巴黎办一印刷厂以加紧宣传统一战线政策。十月从列宁格勒动身，经许多曲折，十一月初到巴黎，正拟开展工作，忽法政府命令停止此报，如起诉复刊已属不能。因这不是法律问题，而为政治问题，而且时间也等不及。我即电商代表团的同意改为《救国时报》。在中文只添一"时"字，在法文则用同样的意思另用几个字，急把苏京寄来纸版改一报头，居然按期于"一二·九"纪念日出版。此报大受欢迎，并设法寄回中国，亦起了很大作用。我在莫斯科时，陈云同志为我介绍向商务印书馆买汉字铜模，一九三六年三月铜模运到巴黎，于是巴黎印刷所亦成立。是年一月我在巴黎召开中国旅欧共产党员代表会，到英、德、比、荷及法国各重要地方代表共十余人，我作了关于抗日民族统一战线和党的新政策的报告，讨论组织各国华侨抗日救国会和筹备抗联等计划，使多年散漫沉闷的各国同志有了党的新政策，各国同志有了联合及代表团之领导，气象为之一新。时各代表向代表团提议成立"中国代表团驻欧办事处"以统一领导各国中国党员，但因这样会违反国际组织原则，代表团未允。三月世界学联在伦敦开大会，因要不再蹈前次在北京因顾全统一战线而损独立性的覆辙，我去信德国支部，力说我们一方面要顾到统一战线，另方面要保持党的独立，断不可为统一战线而束缚自己手足，并要他们到伦敦后找侯雨民同志商量办法。不意新换了刘光德同志，原收信人他迁，待后转到，信已被拆。在我代表出席大会时，国民党特务由德国用"民族先锋社"名义将影印的这信分散会场，说大会为共产党所召集。幸而柯乐满同志驳斥了他们，未被破坏。随着德国冲锋队捕刘光德同志及许德瑗等同情分子五人，系驻德大使特务程天放勾结法西斯干的。我们发动了各团体向德抗议，要求使馆保人，不久许等释出，而刘则被驱出境。代表团得此消息，急电我返莫斯科，因我在法无居留证，是非法居住的。平时我每日必设法去报馆一趟。因我一生小心谨慎，举止大方，故未露破绽。一九三六年四月代表团派吴克坚同志代我工作，七月我返苏去赵毅敏同志主持之东大分校任教员。时亟需马列主义观点之历史，我即着手编中国史，并在校中讲授，即成自史前时期到明朝的一部讲义，国际教务处又要我写中国历史大纲。"双十二事变"及以后之和平解决，我党中央政策之正确，气度之伟大，震惊全球，全国舆论与人心莫不为之折服。是后国共合作，奋起抗战，使举国振奋，国际同情。时国际及中国代表团想派人去欧美作宣传工作，决定派我同法国共产党代表康民俄去西欧，国际并号召各国支部及各国劳动人民帮助中国人民反日侵略战争。三七年十一月同儿子震寰从莫斯科起程，十二月到巴黎，会同饶漱石、陆璀、吴克坚、卢竞如共六人分任工作。时闻李石曾在巴黎，往见，邀我同彼赴苏见要人及催苏出兵，未应。与李同往比京，向中国出席九国公约之代表团主坚持抗战。我在巴黎作了许多公开讲演，在国际援助西班牙大会上，在十二月二十二日法国"中国人民之友社"所召集的援助中国抗战大会上，特别在十二月十一日世界反战反法西斯委员会特为我招待法国新闻记者席上，我作了较详细的报告。后以此讲稿补充修改印成英、法文的小册子，题为《中国能战胜日本》。三八年二月，世界反侵略中国分会电派我出席伦敦世界反侵略大会。我同饶漱石、震寰到伦敦，会同陶行知、李石曾、王礼锡等出席大会，当时我作了一篇《中国抗日战争的新阶段》，饶用赵建生名出了《为自由和平而战的中国工人阶级》。当时中国使馆的国际宣传工作全是过时的、不合潮流的宣传，使人看了作呕，我们则很受人欢迎。二月同陶行知、漱石、震寰等庆幸的谒伦敦马克思墓。三八年三月二十日同震寰起程回国，共赴国难。道经新加坡、西贡，在华侨中宣传讲演，起了不少影响。四月二十一日到香港，二十四日乘机抵汉口。十一年前活动的旧地而今重莅，使我生无限的感想。抵汉后，同志间不必说，即是新知故交、青年、白头，亟问世界大势及国际间对我抗战的情形；特别是问苏联是否出兵，我即把苏联的处境及其援助民族革命的国策详细说明。对旧交（张季鸾、张群）我很恳切的和他们讲我党的政策，勉我们共同奋斗。六月三日我由汉飞重庆，动身时恩来同志留给我一纸，说中央社有一电说国民党监委会恢复我们的党籍，我们已交涉好，不许报载，你到渝如该地报已登出，则以此紧急声明要报馆登。我即去，午后抵渝时，许多人欢迎我。旧交周钦岳（《新蜀报》主笔）告我国民党恢复党籍事报上已登，多人约我到青年会作长谈，时几个报馆负责人均在座，我即说明三点理由不能接受：第一是两党合作关系是否恢复民十三年之办法并未决定；第二事前未通知与征求我党中央及我们的意见；第三这恢复党籍中有张国焘、陈独秀等为我党开除的，和我们同类相待未免滑稽，更不能忍受。大家听了有理，我即以下面的声明书给他们看，请登。

毛泽东、周恩来等七人紧急声明：

顷闻中央社重庆电，中国国民党监察委员会三日上午八时开十四次常会通过恢复陈其瑷等二十六人党籍一案内列有周恩来、林祖涵、吴玉章、毛泽东、董必武、邓颖超、叶剑英等七人姓名。按鄙人等系中国共产党党员，国共两党虽在政治上已告合作，但组织上两党合作关系是否恢复民十三年之办法并未商定，而对恢复鄙人等国民党党籍，事前更未通知与征求本党中央及鄙人等意见，因特郑重声明：中国国民党中央监委此项决议关系鄙人等七人部份，鄙人等实不能承认。周恩来、林祖涵、吴玉章、毛泽东、董必武、邓颖超、叶剑英等七人同启。

六月三日此声明当即由重庆办事处周怡同志分送各报馆作为广告登出。当时张继在渝，一闻此信即请各报缓登，第二天一早即来找我，苦口说此声明万不可登，否则影响合作甚大。我说明各种理由，他说是他们的错误，好在还须经过中央委员会批准才能成立，可容缓图。于是我打电与恩来同志，他打电与蒋，随即由国民党中央委员会间接声明取消此案了事。在渝一星期，每因忙于赴会讲演，我即利用此等公共场所、会议讲台，广泛的宣传抗日民族统一战线的前途及世界反法西斯的力量，抗战必胜。同时也宣传苏联社会主义建设的胜利及其援华之真诚，说到社会及中国发展之前途，本着国际及我党新政策讲话，带些书籍及我的《抗战言论选集》送人。加以辛亥时代旧同事很多，还居高位，即在野亦算名流。如同盟会二十余人在"留春幄"欢迎我，谢持、黄复生二人风瘫不能行，尚乘舆莅会，可见我新政策是能感动人的。十一日飞成都，宾客盈门，到处欢迎，大有目不暇给之势，这真是我宣传的好机会。报馆、电台的人也要我谈话广播，足足忙了八九天。二十日返荣县家乡，二十一日到家，在乡场双石桥群众欢迎会上作了讲演。二十二日在家招待四邻农民、故旧亲朋，作一番讲演，劝他们为国出钱出力多去当兵。因此，以后我们县里志愿兵最多，引起国民党疑惧，以为另有用意，县长受批评，几乎处罚。二十二日县长定邀我赴欢迎会，全城挂旗志庆，一早我在公园作了很长的讲演，连了又作二次讲话，到晚始赶回家。二十四日晨即要乘车赴重庆，赶赴"七七"开的参政会。二十五日到渝飞汉口，到汉后我们与救国会、青年党、国社党、第三党及黄炎培、胡景伊等轮流请客，讨论对于参政会提案，收效颇大。因此我们以区区七人能团结出席人数的半数以上，有三四十人的坚固堡垒，同情者有七八十人，故我们提案常常得四五十人甚至七八十人的连署。国民党须有二十人连署的规定未能难倒我们，相反的我们团结抗战进步灼见的提案大都通过了。在参政会我们的威信极高。大会开了十天，由于过劳和酷暑，七月底我痔疮大发，八月初入武汉疗养院。

在此有一事堪注意，在开大会前几天傅斯年、梁实秋等想在参政会提弹劾孔祥熙案，其用意是在去孔拥汪精卫上台。七月一日傅约我去梁实秋家谈话，说孔昏庸无能，且多劣迹，参政会为民意机关，应提出弹劾，想拉我党出面。傅问我意如何，我答我不能代我党发表意见，但我个人觉有三点须考虑：1. 参政会是民众渴望多时的统一战线之萌芽，将来可发展为民意机关，但现还不是，政府给它的权有限。是否能如国会可倒阁尚属问题，何况大敌当前更须举国一致，参政会有团结各党派的作用，是大家辛苦得来的，它的任务以团结抗战为第一，不能和政府取对立态度。2. 孔固然不好，但还能随蒋一致抗战，倒孔后又易以何人？如换一人与蒋意见不一致的（如汪）则更坏。3. 今日蒋实为政府之主持人，孔无能力，实不过蒋的代理人，倒孔无异倒蒋，我们拥蒋以其有能力且能决心抗战，应互相信任，才能战胜敌人，倒孔不引起他反感尚不可，何况必致反感？如果闹成僵局，使亲痛仇快，岂不更糟？傅大发脾气，且约四号开一会征求我党意见。我归即告我们同志，开党团会议，认为我的意见正确。四号我即往提出我党不赞成此举。一场风波才平，否则首次参政会定要闹乱子。

我八月八日飞西安，二十二日见阔别十一年，在南昌起义失败时分别，在抗战高涨时重见的朱总司令，真说不出如何欢欣鼓舞。九月初到延安，见了许多年共同奋斗而未得见面的同志，使人悲喜交集。十月一日我出席党扩大的六中全会，听了毛主席《论新阶段》的报告，认为此是我们抗战的总方略，是最重要有历史意义的文献。在大会上我作了一个国际对我抗战的同情和国际宣传的发言。全会推举我和林老、董老为中央委员。因重庆二次参政会又届，六中全会未开完，我即同王明、博古、林老等赴西安飞渝。时武汉失守，蒋已到渝。参政会后我同博古、林老、董老、王明等六人应蒋之约恳谈有五六点钟，蒋力劝我们去国民党作强有力的干部，为国家民族共同奋斗，不必要共产党，并说共产党不去，他死不瞑目。辩论很久，他且特别对我说：你是老同盟会，国民党的老前辈，还是回到国民党来吧！我说：我相信共产党是相信马列主义社会科学的真理，深知只有共产主义才是社会发展的正确道路，不能动摇，如果"二三其德"，毫无气节，你也会看不起吧！他这一说服手段毫无效果，反使我们知其反共之决心。此后果有"防止异党活动"的密令。此次参政会有二事值得注意：一为讨论陈嘉庚来电"日寇未退出我国土之前，凡公务人员对任何人谈和平，概以汉奸国贼论"的提案时，汪精卫反对此提案，引起一场大闹。此时汪投降之机已见。二是邹韬奋所提"请撤消图书杂志原稿审查办法案"连署者达七十四人，占出席人数半数以上，大会竟通过了。国民党中央大发雷霆，作一决议——"以后不得党的许可，党员不得连署"。此决定后，我们连署不易了。一九三九年五月，我到北碚休养了半年，十一月回延，十二月二十二日党中央开庆祝斯大林六十寿辰大会上，发起成立中苏文化协会延安分会，我被推为会长。四〇年一月十五日，党中央为我六十生辰设盛宴，使我感到无上的光荣。毛主席的讲话尤使我兴奋感激，答辞中我说到我参加革命的经过及庆幸走到信仰共产主义成为光荣的中国共产党之一员是人生最大的幸福。我之所以能如此，一方面受了中国旧文化的熏陶，一方面是受了新文化的改造。我勤求真理，不愿随俗浮沉。我是老实人，对人对事都必忠实。我愿以共产主义的道德来发扬光大中国的旧道德。时边区文协开代表大会，毛主席发表《新民主主义论》，我认为是我党第二个有历史意义的文献。在文协大会上我作了新文字的报告，大家赞成在边区推行新文字，大会举我为文协会长。党中央要我作鲁迅文学艺术学院院长，我才疏力弱，只负一名义而已。我非常热心推行新文字，我和边区教育厅商定，今年冬季在延安县全用新文字扫除文盲，试办一年。十月开办新文字教员训练班，我亲自去教，朝夕讲解，不但教了新文字，而且团结组织了他们。十一月七日开新文字协会成立大会及训练班毕业，六十余人分在延安县、市去工作，成绩很好。因过于兴奋和积劳，十一月底我病了，几乎不起。翌年一月始有起色。国民党拟在四〇年十一月开国民大会，可促使实行宪政。在延开宪政促进会，我被推为会长。自己动手专为培养推行新文字干部创办了"新干校"。一九四一年夏，党中央开办延安大学，以我为名义校长，实际均副校长赵毅敏同志在努力。一九四二年二月我党领袖毛泽东同志以马列主义的思想方法和革命理论来改造训练全党党员，发出了整顿三风的演讲，这是我党第三个历史文献，使党员、非党员在思想上来一个革命。一九四二年十月由党西北中央局召集了高级干部数百人，开了三个月的高干会议，把过去党的工作，特别是西北党的工作来一番深刻的检讨，把过去犯的主观主义、教条主义、党八股及"左"右倾机会主义作了一总清算。我在这会上得了不少教训，因为过去在国内的时间很少，未参加实际工作，在此次检讨争论中，把理论与实际联系起来，真是胜过研读十年马列主义。高干会中毛主席写成的《经济问题与财政问题》的文章，也可说是毛主席第四个有历史意义的文献。我党有此领袖也同联共党有斯大林一样，有了高明的舵师，革命一定会胜利。

整风中，人人写思想自传，号召坦白运动，在此发现了国民党派来党内不少特务，我党以宽大政策来号召拯救被陷害的青年。现已有不少改过自新了，此为反共分子初料所不及，所谓"作伪心劳日拙"。新的残酷的斗争来了，我又要欢欣鼓舞来迎接这斗争。我又会同数十年的战斗一样，又看到新的胜利。

回忆我一生，从孩提时我自尊心、自信心就特强，小时作事即有始有终，始终如一。稍长又受兄长熏陶，养成坚忍沉毅的个性，仲兄给我读《见义不为无勇也》一篇文，深受感动。时我也慕曾、左等"中兴名臣"，思想上是模糊的，即随后崇康梁变法维新，也不过旧思想之继续。到一九○○年看赫胥黎《天演论》、达尔文《进化论》后，思想上才起一变化，笃信"优胜劣败""适者生存"的理论，此种英雄主义、发展个性、思想自由、打破传统的呼声在沉郁的旧社会中，当时还有其革命意义，此等思想引导我走上了革命。在日本看卢骚《民约论》及幸德秋水的《社会主义神髓》，十八世纪法国的思想、二十世纪社会主义的思想及无政府主义的思想搅混一团。见中山三民主义，以为好，愿为之奋斗。辛亥革命前即有派别之争，失败后，党内涣散，分派别，斗争尤烈。我素不参加任何派别斗争，但还未认识到思想一致性的重要。一九一三至一九一九年我未参加何党派，似无政府主义的信仰者，是我苦闷而未得出路时代。一九一九年我看了日文的《过激派》(《布尔什维克》)才走向马列主义。

我的思想最初是忠君爱国，后发展为资产阶级民主革命(三民主义)，最后到共产主义。于今我数十年追求的真理得到了，我将尽我一生永远为这真理的实现而奋斗。

我觉得我有些优点，但同时又是缺点。如我忠诚坦白，但因此常乏警惕性，易受人欺；有恒心毅力，但因此作事迟缓，不敏捷；志趣远大，但又因好大不顾实力，常常不能完成计划；特别是"党八股"的毛病深，写文章总是长而拙；我坚苦而耐劳，克己为人，往往因此不应让步者亦让步；我能好恶人，但不能"好而知其恶，恶而知其美"，特别在使用干部上常受其害；不为威胁，不为利诱，能知足安分，存心作一好人，能随时代潮流并进，心志纯洁，大公无私，十七岁以前很沉默寡言，但以后又变为多言，现在还是有时不必多言而哓哓不已，有时应言而又隐忍不发。在会议时特别在参政会中，既无急智，又无辩才，因而碌碌无所表现。因我的心思迟钝，不能应付急变，虽然有例外，但并不多。我之愚有时为常人所不及，但这样愚有时反变为智。例如我姑母的一个儿子，又是我的姐夫，大我二十余岁，与我仲兄同时得举秀才。我幼年肯听他的话，他关心我亦切。他笃信佛，好善乐施，去年以八十八岁高龄死后，乡间有失去生佛之感。他常对我家说，我辛亥革命、"五四"运动、大革命时代的战友，有的飞黄腾达，有的退隐山林，只有我老死不变，茹苦含辛，朝夕的奔忙，既不为名，又不为利，真是愚不可及。是的，我数十年同事的"革命英雄"们至今还剩得几人？我奋斗不懈，为的是追求人生的真理，人类的解放，常人颇难了解，而我终于得到了人类最宝贵的马列主义，彻底了解了宇宙和人生的究竟，比那些糊涂一生的人快活得多。"求仁得仁"，我正以此自傲自慰，毕竟谁是聪明谁是愚笨呢？这也可以说，愚之极却开了智之门，又是辩证的真理。我有学而不厌的好处，虽然有不少的缺点，我愿在党的领导下，同志们的批评下，和自己的努力学习下，发扬我的优点，克服我的缺点，以完成我革命的志愿。

〔附注〕前年组织部要我为党的七大写一自传时，陈云同志曾告我：你病后可缓缓地写。当时写了一本，迟到最近才把它写完，还不算完备就有约三万字。这个自传是把它缩减以符五千字之限，但已逾限了。而内容往往只是一个提纲，不能详写事实。如不明白请看为七大写的较详的自传。我写了一篇《六十自述》，比较更详，写完后当送上。

怎样利用提高文化的工具 *

（1943 年 1 月）

　　现在我们要提高工农大众的文化是最迫切的问题，特别是干部和在职干部的文化更需要赶快的提高。但是我们边区区乡一级的干部，这些成年人既无多的时间来学习，又希望学一天就得到一天的用处，如果学了半年还用不上，就觉得白费时间而不高兴学了。因此，教学的方法就需要有一个改进，不但要使他们容易学，而且要使他们容易用。

　　怎样才能使他们容易学呢？我认为要利用新文字来学习汉字。现在我们虽然努力推行新文字，但它还没有广泛地应用到社会生活中去，今天我们还是在汉字包围之中，废除汉字还需要很长的过程，而且新文字和汉字并不能截然分为两个不相关联的东西。相反的只有两个互相结合，各取所长，等到新文字深入到社会生活中去，可以无需乎汉字的时候，汉字才能废除。因此，今天我们要学新文字，又要学汉字。有人以为既要学汉字就不必枉费时间去学新文字，这是他不知道新文字有帮助学汉字的作用。为什么新文字可以帮助学习汉字呢？因为每一个汉字有形、声、义三个东西。形是字的写法（样子），声是字的声音（读法），义是字的意思，这三个东西不知道就不能算认识了这个字。而三个东西中间，最难弄得清楚的就是发音，因为汉字发音是写不出来的，由于他

---

　　* 原载于《新干通讯》1943 年 1 月第 1 期，录自《吴玉章文集》上，重庆出版社 1987 年版，第 650～654 页。

不是记音符号。旧书上常用"反切"或"读若某"等方法来表音，这不但不准确，而且也难懂，有的音还有古今的读法和各地方的读法不同，所以这是一个顶麻烦的问题。新文字对学汉字，可以起到帮助的作用，正就是这一点。有了新文字拼音，又直接又明了，它就帮助了学汉字一大半的功夫。因为形是自己可以认识的，义是问教员可以讲明的，只有声或因教员的方音不同，或是书上的反切不懂，常常弄不明白，教了也不容易记住，所以得用新文字来学习汉字，可以省一半的力气，而且还确实可靠。现在我们出了一本从新文字检汉字、从汉字检新文字的小字典，对于学习汉字是很有益处的。这是第一个方法。第二个方法就是从发音的本原可以得到字义的本原，这就是说"六书"中间"形声"字，不只它的形有意义，就是它的声也有意义。这就是说："形声"字，十中的八九，都兼得有会意的作用，所谓"入耳心通"。比方：戋（zian）有小的意思，小竹片叫作笺（zian），小木片叫作牋（zian），小请客叫做饯（gian），轻轻用脚踏叫做践（gian），小货币叫作钱（cian），水小时叫作浅（kian），小丝缕叫作线（sian），竹木细条作成的东西叫作栈（zhan），住客的小房叫作客栈。为什么有 zian、cian、sian 不同的发音呢？因为 z、c、s 是同一系列的音可以通用。如同 g、k、x 一样。zhan 是 zian 的硬音。还有音同的字，虽然形不同而义往往相同。比方："地"（di）字，不从"氏"（di），而含有"低""底"的意思；"弟"（di）字也因为身材和年龄比兄低下而叫作弟；"滴"（di）字也是表示从上面滴下来的。这可见 di 的一音所表示的东西，大都含有在下的意思。又用"M"（母）发音的字，大概都有模糊不清或否定、消失的意思。比方，暮（mu）、墓（mu）、殁（mo）、盲（mang）、莫有（mojou）、没有（mojou）、渺茫（miaomang）、迷糊（mixu）、麻胡（马虎）（maxu）、糜烂（milan）、泯没（minmo）、磨灭（momie）等。又八（ba）的声音和别（bie）、背

（bei）、不（bu）、罢（ba）都是从 b 音来，所以也有相同、相通的意思。

上面可从"形声"字的声旁来领会出它的意义。另有个方法，我们更可以从它的形旁来了解它的意义，这是形声本来的用意。例如：青（king）这一个声音，原来是花木草木初生时的意思。同这一声的字很多，表示水的"清"，就在"青"字旁边加上一个"氵"（水）旁来表形；表示人心的"情"感，就加上"忄"（心）旁；表示天"晴"，就加上"日"旁；表示飞虫的"蜻"蜓，就加上"虫"旁。这都是形声兼了"会意"的字。这样的字很多，汉字中"形声"字要占百分之九十以上。我们要用这个方法来认识汉字，是最好的方法，就是说一个汉字你认识了半边，你再去想那一半边，大概你就认识了。但是哪一边偏旁是表形，哪一边是表音的呢？主要的还是要从它的发音去考察。因为它的发音大都是合乎我们的口语的。可是，汉字有一个大缺点，单从字形上看不出它的声音来。现在有了新文字就好办了，只要在新文字汉字检字表中一查，你就知道这个字读什么音了。所以新文字是帮助学汉字的有力工具，就在这里。

说到教的方法是要大大改良，不能用老一套。首先，要把汉字的发音弄请楚。实际上我们大多数的人，包括很多学问很好的人，讲话的话音也是不清楚的，就是他的发音不正确。这就是由于中国自来没有拿发音方法来教人，也没有合于科学的发音书籍。难怪有许多人对认字与说话的发音，都弄不清楚。我以为将来中国语言改革，必定要从使发音正确开始。今年我们已经出版了一本《新文字发音方法》，有图解，有说明，可以供大家参考研究。

第二，是要用汉字造字的方法来教学生，就是说要用"六书""双声""叠韵"的方法。这就使学生容易学，而又切实的多。比方：象牛角尖一样的屮（che）字，是象草木初生的形，只要农民一看就会知道它的意思，两个屮的"艸"就是古时候的草字。本从木，在木下面加"一"，表示根本的意思，所以本的篆文写作🌱（ben）；要表示末尾的意思，就在木字上面加"一"作🌿（mo）。用"一"来指明这件事，这就是"指事"字。两个木叫作林（lin），三个木叫作森（sen），这是表示树木多的森林，这都是"会意"字。《说文》说："木（mu），冒（mao）也，冒地而生，东方之行"，"日（rh），实也"，"月（ye），阙也"，这都是"象形"。又说"东（dung），动（dung）也，从日在木中"，这是"会意"。上面说的是用"六书"的方法，还可用"双声""叠韵"的方法教学。比方：慷慨（kangkai）、磊落（leiluo）、加减（giagian），这是"双声"；葫芦（xulu）、灿烂（canlan）、老少（laoshao），这是"叠韵"。如果用这些方法来教学生，一定生动有趣。

第三，是教学生单个的字，同时就可以教学生一些词汇。比方：教一个情字，就可带教些"人情""感情""爱情""私情""情面"等词汇；教一个请字，就可教些"请示""请求""请愿""请客"等词汇。这样才会教一点使学生有一点用处。

第四，是用短句子来说明字的用法，使学生认识了一些字马上就可以应用。

第五，是教学生多读。要选择几篇浅显的很短的作得好的文章，要学生熟读，使学生口头心里能经常有一个模范文章存在。还必须要教员示范，把每个字的发音弄的清清楚楚，高声朗诵，轻重缓急，都有节奏。

第六，是要教学生多写。写分两方面：一种是写字，一种是写文章。作句子、作短文，或写笔记，或写信、写报告，他要对着自己想讲的话写，汉字写得来就写汉字，写不来就用新文字写拼音，甚至于可以用一个符号代。假如遇到汉字的笔画太难写，就可以用新文字代，如像凿子的"鑿"（co）十分难写，用新文字只要一个弯一个圈（co）就够了。这还不简便吗？初学写作的学生，让他乱七八糟新文字、汉字混在一块儿都可以，至于别字白字，省写简体，甚至于如"衛"写作"卫"，"部"写作"阝"，"織"写作"织"等，我们新造的很多字，都可以用。文字本来是一种符号，何必责备初学的人呢？只要他肯学，学会以后自然他会写出很好的文章。

现在各国的文字都参杂了许多外来语，我们中国现在也有许多译音字夹杂在文章中，如摩登 modern，摩托 moter、德律风 telephone、逻辑 logic、苏维埃 Soviet 等很多，与其用汉字来翻译，使人莫明其妙，到不如老老实实把原文写出来，使人还容易懂些。我想将来世界交通便利，社会进化了，必然会产生一种新社会的语言文字。这种世界语文将不是英国语、法国语，也不是俄国语，而将是各国语言混杂的一种话，好象上海洋泾浜的英国话和洋泾浜的中国话差不多，有"四不象"的神气，而只是使人能了解意思。经过了许多年，有了许多学者的一番整理，然后能成一种世界共通的最好的语言。所以我以为我们现在要提高工农大众的文化，只要他们能表达自己的意思，学会一切的科学，用什么文字都可以。

现在提高干部和在职干部是站在教育工作的第一位，但是具体实行这一口号的方法还很少，特别是对于很多的区乡干部，如果对于学习汉字的问题不解决，是很难达到这一目的的。因此，我提供这一点意见，希望我们大家来试验一下。这就是我提出的新的教学方法。

废除不平等条约四个要件*

（1943 年 2 月 8 日）

    在全世界正义与暴戾搏斗的今天，在苏联红军及法西斯的斗争伟大胜利的今天，在我中华民族团结抗战已五年有半的今天，我们来庆祝不平等条约的废除，是有更重大的意义。百年来这紧圈在中华民族颈项的枷锁，一方面曾使列强利用它来逐渐的由资本主义的侵略进到帝国主义财政资本的侵略，由割地、赔款、开埠、设领、治外法权、关税协订、设租界、立教堂、内河行轮、机会均等、建筑铁路、租借矿山、监督海关、稽查盐税，以至不割让条约、势力范围、租借地、优先权、联合借款、独占投资等，甚至制造事件，作军事政治的进攻。种种花样翻新的帝国主义锁链，使中国半殖民地殖民地化。另一方面，伴随着这侵略而来的，是民族解放运动的前仆后继、再接再厉、可歌可泣的反帝英勇斗争，百年来如一日，以致今日能有不平等条约的废除。在这长期、复杂、艰苦困难的民族革命斗争中，我们遭受了无数次失败和无限的痛苦，然而却在这些艰难困苦中，得到了许多经验和教训。这种经验教训，不但是我中华民族解放很可珍贵的宝库，而且对于世界一切殖民地半殖民地的解放运动，甚至对于世界革命，都是很可宝贵的宝库。这种经验教训，概括说来，有以下四个：

---

    * 录自《解放日报》1943 年 2 月 8 日，第 4 版。

第一，在思想上要有正确的认识——百年来的中华民族解放斗争在思想上是经过了许多的转变，这自然是因为帝国主义是资本主义发展的最后阶段，而且是在二十世纪开始时才形成的，我们当然不能、也不应该在思想上责备前人而菲薄先烈的牺牲奋斗。但在这一过程中，在民众方面，从平英团到义和团是排外仇教的思想，而在统治阶级，则始而排外自大，继而媚外卖国。这且不论，就最近五十年来，最初不外富国强兵免为弱国的思想。稍进，也不过如康梁辈效法日本的变法维新，更进步的同盟会也只是模仿法兰西大革命，而没有了解中国的统治阶级和帝国主义是千头万绪的联系着，不了解殖民地解放运动是世界革命的一部份，不在世界革命中求胜利，就不能推翻帝国主义的统治，不推翻帝国主义的统治，就不能铲除封建军阀的残余。因而戊戌政变固然失败，辛亥革命也未成功。只有到了十月社会主义革命胜利后，马列主义传到中国，特别是列宁的《帝国主义是资本主义的最后阶段》的大著，民族自决的口号和帮助民族解放运动的主张传到中国以后，我们才了解了帝国主义的存在以殖民地半殖民地的存在为条件，而民族解放，只有在推翻帝国主义，才能得到完全的胜利。这是从马克思主义的宇宙观、人生观所得到的结论，这就不仅使我们认识了真正的敌人，而且在思想上对于社会历史的发展，也有了正确的认识。中国的青年受了极大的影响，遂发展成为五四运动，使中国革命开了一个新纪元。中国共产党也在这时候产生了，在中国的思想上来了一个伟大的革命，使中国革命才有正确的理论和正确的领导。

第二，在政治上要有坚固的团结——有正确的思想，才能运用正确的战略和策略，不仅共产党用马列主义的战略与策略来进行中国革命运动，就是国民党总理中山先生，也从他奋斗了十年的经验中，深知要求得中国的自由平等，必须唤起民众及联合世界上以平等待我之民族来打倒国内外的敌人——军阀和帝国主义，因为军阀和帝国主义这一连环套不打倒，是不能达到革命胜利的。但是如果国内有伟大政治作用的政党不坚固的团结起来，来领导民众，团结民众，则不能与帝国主义、军阀作殊死的斗争。因此，英明的中山先生接受了中国共产党国共合作的提议，毅然改组国民党，坚决和共产党合作，提出联俄、联共、工农三大政策，来发展他的三民主义，这样就把中国的民族资产阶级、小资产阶级、工人、农民联合了起来，成为四个阶级的革命联盟，因而就产生了一九二五—二七年的大革命，收回了汉口九江的租界，打败了北洋军阀，革命的势力普遍到全中国。可惜因国共分裂，使革命遭了挫败，日本帝国主义马上就来一个济南事变，以至九一八日寇用武力强占我东北四省，整个华北几陷沦亡。全国人民都知国家危在旦夕，呼吁必须团结御侮，救亡图存。自九一八事变以来，我党即号召以民族革命战争，抵抗日寇侵略。民国二十四年，又发表"八一宣言"，号召全体同胞。为抗日救国，结成抗日民族统一战线，并再三向国民党提议两党重新合作，以救危亡。国民党英明领袖，也能顾全大局，使国共两党重新合作，联合各党各派，及全国民众，结成抗日民族统一战线，来坚持团结坚持抗战。自七七抗战以来，已五年有半，不仅坚强了中国人民的民族自尊心和自信心，而且获得了世界一致的尊崇，使中国国际地位日益提高。现在中国已与全世界反法西斯的国家结成同盟，成为世界反法西斯主要力量之一，我同盟国的英美能放弃在华一切特权，取消不平等条约，由此可见，只有团结，只有奋斗，才能取消不平等条约。

第三，在国内要发扬民众的力量——很明显的，殖民地半殖民地的国家，因其受帝国主义的束缚比较落后，在各方面比起帝国主义的势力来，是要弱的多。但是什么力量能支持他来和帝国主义作斗争呢？最可靠的就是民众的力量。当七七抗战之初，日寇曾大言不惭的说要在一个月内征服中国，世界人士也认为中国不能抵抗到三个月以上，国内的一些唯武器论者，也说中国不能抵抗。但我们毕竟抗战了，而且坚持了五年多，给了日寇以坚决的打击，这自然是我全国将士艰苦奋斗的结果，也是能顺应民众的要求，发扬我全民力量的表现。特别是在华北、华中，不管日寇三光政策的如何残酷，不管"扫荡"的如何频繁，我英勇的八路军、新四军和爱国的民众，仍能坚持着苦战，仍能在敌后建立根据地，其可歌可泣的事迹，书不胜书。例如冀中的军民，在房舍里，在地道中，与敌人作生死的搏斗，此种壮烈精神不让于斯大林格勒、列宁格勒及其他保卫苏联的英勇奇迹。这却是说明了民众力量的伟大。只有发动和正确的利用这广大无边、不可战胜的力量，才能使战争得到胜利。

第四，在国外要联合以平等待我之民族——远在十月革命胜利的第一天，苏俄即宣言取消帝俄时代与我国签订的一切不平等条约。列宁在《论民族自决权》一文中，早阐述了它的范围和内容，不论白种人和有色人种，不论"文明人"和"野蛮人"都应有民族自决权，都应予以平等的待遇，这就打破了帝国主义借口"开化"落后民族的欺骗，也打破了第二国际机会主义对民族问题偏见。而且苏联是以援助世界的民族解放运动为国策。在我国抗日战争中，苏联对我国的帮助，无论在精神上和物质上，都是极大的。不管有些对共产党有成见的人怎样歪曲事实，总不能磨灭苏联对我们一贯的以平等待我的事实和切实的援助。今日不平等条约的废除，也是我们联合苏联来同日寇斗争的结果。我们今后更当密切与苏联联合，来消灭德、意、日法西斯强盗。现在英美愿以平等待我，我们是很欢迎的，且要联合这些以平等待我的国家共同打倒法西斯而奋斗。

今天，我们欢欣鼓舞，来庆祝这百年枷锁的解除。但同时还要记得日寇还未逐出中国，还侵占着我大半土地，而且最近更促使走狗汪精卫，

演一幕取消不平等条约的傀儡剧，并欲收回上海，我不愿作奴隶的同胞
所能栖息的孤岛——法租界，这不但要欺骗沦陷区的人民，而且是要屠
杀我同胞之阴谋毒计。因此要使中美、中英新约不成一纸空文并打破日
寇的欺骗阴谋，澈底实现平等自由的中国，就必须要加倍努力，驱逐日
寇，收复失地，在国外联合苏、美、英及全世界反法西斯的国家，在国
内发动民众，发扬民主。中山先生遗嘱中说："最近主张、开国民会议，
及废除不平等条约，尤须于最短期间，促其实现。"现在不平等条约已经
废除了，希望真正的民主能在全国普遍的实施起来，来更加发扬全国民
众的力量，以战胜日本帝国主义，并建立自由平等幸福的新中国。

在红军震动全世界的胜利中来纪念红军节 *

（1943 年 2 月 23 日）

我们抱着无限崇敬与热烈的心情来庆祝伟大红军的第廿五周年和最近红军在全国获得辉煌的胜利！从红军创始到现在，虽然时间只短短的过了二十五年，虽然他还是这样的年轻，但他雄健的威力，从他初生的第一天起即经过残酷的战斗□□。特别是在今天他正经历着历史上人类亘古未有的考验——他正与挟有最新式武器和几乎倾全欧洲力量的希特勒恶魔作着整个人力物力上的总角力！红军在他卓越的舵师斯大林领导下和忠勇的全国人民团结一致，愈战愈强，变成了不可思议的力量，不仅挡住了敌人疯狂的进攻，并且一次又一次的打击敌人，消灭敌人，创造了史无前例的惊人奇迹。"红军已获得最锐敏的乐观主义者也没有预料到的胜利"（十五日伊斯丹□《□报》）。就是法西斯匪徒自己也只能被迫承认红军的伟力和自己处境的不良，惯为希特勒吹牛的同盟社，近日也只好哑口无言，最近继斯大林□□□三十三万希特勒匪徒的□□□战绩而后，于十天内把库尔斯克、罗斯多夫、卡尔科夫等等，一□□巨大而有战略重要意义的城市收复，这益加说明了布尔塞维克的红军没有攻不破的城寨，并强固了全世界有识人士对苏联能战胜法西斯强盗的信念！

---

* 录自《解放日报》1943 年 2 月 23 日，第 3 版。

苏联红军为什么能够这样坚强，这样不可战胜呢？

谁都知道苏联是世界历史上第一个社会主义的国家，工人自己掌握了他们的命运，不仅在经济上经过了三个五年计划，使一个工业落后的国家变成了世界最先进的国家，而且在思想上以马列主义的思想方法改造了举国的人民，使他们具有一致的思想，共同的目的，统一的行动。他们是新时代的创造者，他们认清了与资本主义垂死时代的法西斯作斗争是新时代产生和旧时代灭亡的生死斗争，他们热爱他们自己的祖国超过了爱自己的生命，因为苏维埃政权的政策是适合人民利益的政策，人民自己的武装——红军，就必然自觉的一贯到底的拥护这个国家，拥护这个政策。

由于十月革命的结果，解除了一切历史上给人民的枷锁，消灭了人压迫人、人剥削人的制度，苏联已无阶级压迫、民族压迫的存在。人民经过了二十五年的锻炼，工人农民知识份子团结成为坚不可破的整体，红军始终一贯地忠实和忠诚于自己的人民，所以人民就爱戴和拥护红军。在这次与法西斯野兽生死搏斗中，不仅在前线的红军表现了可歌可泣的英勇，而且在后方的全国人民也更进一步的坚强和努力。斯大林最近说："人民已变得更有效力，更少散漫，更守纪律，他们已学会在战时方式下工作，而且认识了他们对祖国和前线防卫者——红军的义务，我们从未有过这样强大和组织良好的后方。"

尤其重要的是布尔塞维克的党及其英明领袖斯大林的领导和千千万万的忠勇将领和士兵，创造了空前的战略战术，击破了希特勒"德军不可战胜"的狂言。

还有敌占区的爱国人民，开展了神出鬼没的游击战争，破坏了敌人的后方，牵制了敌人的力量。

至于全世界现正是革命与战争的激流汹涌澎湃的时期，世界民主国家和正义人士组成了全世界反法西斯统一战线，这也帮助了为正义而战的苏联红军。

这些就是苏联不可战胜的原因。

现在我们中国的民族解放战争，正是世界反法西斯战争的一部份。我们和苏联和英美等友邦结成反法西斯的统一战线。苏联的胜利即是我们的胜利，我们的胜利也就是苏联的胜利。我们今天纪念红军节，不仅欢欣鼓舞来庆祝红军的胜利，而且必须深刻了解苏联红军不可战胜的因素和经验教训，学得他们的战略战术来把日本法西斯逐出中国国境。我国团结抗战已坚持了五年有半，我八路军、新四军在敌后艰苦奋斗，其壮烈的精神不亚于苏联红军。我们相信只要坚持团结，英勇抗战，再接再厉，不屈不挠，我全国同胞能够作到思想一致，目的一致，行动一致，无论日寇武力如何比我强大，我们一定能和苏联红军一样获得光辉的胜利。

二面镜子 *

——为纪念韩国独立运动廿四周年而作

（1943 年 3 月 1 日）

　　今天是朝鲜三一独立运动第廿四周年纪念会，是朝鲜人民不堪日本帝国主义的奴役与荼毒而发出反抗怒吼的日子！是不甘做亡国奴的无数朝鲜爱国志士为唤醒国魂而被暴日屠杀的日子！虽然赤手敌不住刀枪，虽然独立没有成功，但它将永远占领韩国历史上光辉壮烈的一页！

　　四十年来，我们从朝鲜亡国的史实中可以得到二面镜子：一面镜子照出了日本帝国主义灭亡他国的一切阴险狡诈的手段和诡谲狰狞的面容；另一面镜子照出了殖民地半殖民地民族解放运动的困苦与艰难。当二十世纪初——资本主义发展为帝国主义的时代——垄断掠夺代替了自由竞争，世界各角落已被列强瓜分殆尽，后起的日本帝国主义不得不用最卑鄙最露骨的手段来肥硕他自己。他实行侵略的大陆政策，先灭朝鲜，继取"满蒙"，进而吞并全中国，以图独霸东亚。一九〇三年末他与俄国开战，是借口保护朝鲜独立开始，而于一九〇五年战胜俄国订立《朴资茅斯和约》，却以取消朝鲜独立告终。这一幕滑稽戏演得太露马脚了！我们中国人看得很清楚，并引起了很大的义愤，特别是在日本留学的中国学生，当时我也在日本，亲眼看见了这场令人指发的亡国惨剧。这就说明

---

　　* 录自《解放日报》1943 年 3 月 1 日，第 3 版。

了为什么当时中国留日学生反对日本特别激烈，和日本竟成了中国革命运动的策源地。

　　日本在帮助朝鲜独立的烟幕下伸其魔掌，扼住了朝鲜政治、军事、经济上的自主。这是最初步的手法。不久（一九〇五年）又改订日英同盟八条，理由是一九〇二年日英同盟缔约时，有"日英欲维持远东和平，尤欲维持清韩二国独立及领土保全"的明文。现在日战胜俄，在韩设置统监，剥夺了朝鲜的主权，故须改订条约，而所谓"维持清韩独立"的内幕原来如此。这就使中国人看到清韩二字并列，即等于亡国惨痛。这也说明了为什么一九〇五年日本发布"取缔清韩学生规则"，引起了二万多中国留日学生全体回国大风潮的一大原因。

　　这时韩国比较明白的人如李沂等，他们看出了日本的阴谋，乃痛切上疏日皇，想用言辞和仁义去感动他。他们忘记了日本是血腥的侵略者，忘记了日皇是日本侵略者的首脑，他们的心志虽可嘉，而行动实在是可悯！口蜜腹剑的日本侵略者并没有被感动，也没有——他们从来就没有过——想到要顾信义。相反的，他们以特派大使伊藤作了朝鲜的统监，口称为"维持东亚和平，为措施韩国之防御，为牢固韩国与韩皇之安宁"，提出了保护条约四项，把韩国的独立完全取消了，并暗中利用收买韩国败类卖国份子，如义亲王及一进会、甲申革命党、甲午革命党等组织，又从中挑拨怂恿这些组织，使之互相倾轧，自相残杀，乘机利用为虎作伥的李完用，实行其以韩制韩的阴谋。此后，日人更彰明昭著的占领韩军港（镇海湾），对韩贷款，又设立东洋拓殖会社以施殖民政策，一方面开发吸取韩国的资源，另方面实行移殖日本，以寓兵于农的奸计来进行特务工作。接着来的是高度的镇压和残酷的屠杀，日人摧毁韩国教育，禁焚韩国爱国思想之报纸书籍，虐杀爱国志士，杀人如割麦。另方面是日本侦探间谍的深入和恐怖，使韩人虽至亲骨肉都不敢深谈，互相猜疑。最后，图穷匕首现，伊藤逼韩皇禅位，勒缔七条协约，解散韩国军队。终于在西历一九一〇年日韩合并了，亚东半岛三千多年历史的韩国由此灭亡。

韩国灭亡了！这中间，一方面是卖国贼李完用、宋秉畯（一进党党魁）等的卖国求荣、认贼作父的卑劣无耻，另方面是韩国爱国志士的奔走呼号、慷慨赴义的风起云涌，前后有：闵泳焕等六人的殉国，崔益铉的发檄举义，韩志士捣毁卖国贼家宅的流血惨案，义士安重根刺杀伊藤的壮举，和最壮烈的一九一九年三月一日的韩国独立运动，及历年来朝鲜游击队义勇军不断的斗争等。这说明了暴戾并没有淹没朝鲜人求独立的心志，反而激起了民族不共戴天的仇恨。但可惜在这些斗争中没有把握着时代的精神，所以尽管椎心泣血，尽管英勇牺牲，终不免于失败，终不能打破帝国主义的锁链，因为他们的斗争没有正确的理论来领导（当然这点我们不能过分的苛责他们，因为列宁关于帝国主义时代民族解放的理论，到十月革命后才传到东方来），他们的斗争没有超脱旧的范畴，没有打破个人主义、英雄主义的小圈子，没有发动民众、团结民众的方法，所以他们的斗争不是消极的殉国来成全他个人狭隘的忠义，便是刺杀敌酋、无政府的个人恐怖主义，就是三一独立运动，也还没有走上新的道路。他们没有了解在二十世纪帝国主义时代的民族革命运动，已不复是陈旧的斗争方法可以得到胜利，因为帝国主义对殖民地的压迫，已结成了国际的一副枷锁。只有了解了马列主义民族解放和社会解放的理论与联系，把民族革命变成世界革命的一部份，才能达到解放的目的，也就是说在思想上要有马列主义的正确思想，在组织上要有布尔塞维克的坚强组织。虽然近年来朝鲜也有共产党的组织，但一方面由于日本帝国主义一贯的恶毒的收买政策、奸细政策，使党内几无可信之人，一方面个人领袖欲和宗派主义常常作怪，终未能结成坚强的党来作解放运动的核心。

我以为朝鲜同志今后的任务，要适应时代的潮流，把马列主义的革命运动和布尔塞维克的革命组织造成坚强的党，来团结国内各阶层人民，结成反日民族统一战线，并联合世界上以平等相待的民族共同奋斗，才能使三千余万的韩国人民得到澈底的解放。

纪念黄花岗 *

（1943 年 3 月 29 日）

　　辛亥革命运动中，最使人感动的，莫如黄花岗七十二烈士，他们表现了革命青年高尚纯洁、英勇牺牲的精神，诚如中山先生所说："吾党精业，付之一炬，实可惊天地而泣鬼神。"事虽失败，然而它的战斗精神和惨痛教训，实足以结束历年单纯军事暴动的失败，而开拓了动员民众、统一战线和改善暴动艺术的前途。所以在三月廿九一役之后，不数月四省铁路风潮汹涌，四川全省人民蜂起，武昌新军乘战起义，全国响应，清室即告灭亡。所以三月廿九一役，其牺牲大，其教训亦大，实可称为当时革命策略转变的一个关键。暴动的经过和失败及反革命屠杀我革命青年的惨痛情形，由黄兴、胡汉民的报告书中可见一二（书载邹鲁辑国民党党史稿八一二—八二四页），还有黄兴在失败的第二天，用左手（因右手受伤失二指不能执笔）写在草纸上的□余言书，详说失败的原因，痛骂胡毅生、陈炯明、姚雨平等临阵脱逃遗误大事。此书由我带至日本交给章太炎作为党史文献，现不知落于何处，殊为可惜。现在特略述我在此役中的经历和亲见的事实。

　　在暴动前一年（一九一〇年）的七月，我从日本秘密到北京营救汪精卫（他当时还是一个革命者，因炸清摄政王而被捕下狱）黄复生等，

---

　　* 录自《解放日报》1943 年 3 月 29 日，第 3 版。

与曾季友谋劫狱未成，即赴上海同熊克武、但懋辛、井勿幕到香港会同喻云纪试验炸弹，同时即与黄兴、胡汉民等筹商广州暴动。因为他们曾应中山先生之约往南洋槟榔会议归来，我们知道将集中各省同志在广州大举起义，无不兴高采烈，个个分头进行筹备，我随即返日本购运军械。三月廿七日，我亲身把最后一批军械运到香港，廿八日省电促返香港同志再赴广州，仍于廿九日起义。当时因胡毅生主张改期，遣散同志回港，现又促上省，为期过促，众议电省请延期一天。省中迫不及待，已按时举事。我于廿九夜乘轮上省，翌晨到广州，则事已失败，城门已闭，不能入城，只得再返香港。

在购运军械过程中，我深深感到同志们热烈的情绪和英勇牺牲的精神，例如福建的方声洞、陈可钧、陈与燊、陈更新、林觉民、林尹民等，四川的喻华伟、颜德基、曾子玉、王子骞、余际唐等，都争先恐后，要求运送军械到香港，以便参加暴动。在运送过程中，就有不少英勇奋斗的事实。许多同志在暴动中牺牲了！尤令人不能忘的，有二个特殊的青年，一是喻云纪，一是方声洞。

喻云纪肄业于日本千叶医校。人极聪明，擅长音乐照相，可是行动有些浪漫，又喜欢讲究服饰，我初见时以为是一纨绔子弟。由于我对他的弟弟华伟的救济，使他惊奇感佩，他竟变成了一个革命的志士，并把他的技术天才贡献给革命事业。原来他的弟弟是一个十七八岁的青年，肄业于日本东斌学校，一九〇八年河口起义，他听到消息，急欲与同志数人前往，我壮其志，为其布置一切。他抵安南时，河口起义已失败，乃辗转赴腾越干崖谋举，事亦不成。他因染疟疾到星加坡，来函告病重急须三百元。当时云纪正来东京与我同住，见我典衣借债，筹款兑去，使他第一次了解革命党人为共同事业而奋斗，对于同志比父子兄弟还要亲切，遂要求入党，并朝夕研究炸药。从此他就前后判若两人，改变了他以前的浪漫生活，变成了刻苦、简朴、忠实、诚笃的革命者。他发明了炸弹自动发火的方法，他能造当时最新式的炸药。他是我们在南京汉口谋炸端方的工程师。他同黄复生冒险到北京开守真照相馆，埋置炸弹谋炸摄政王，只因药品电线不够，同陈璧君再回日本购运，而北京机关被获，汪黄被捕。陈当时因秘密与汪结婚，对汪之被捕，直若中风病狂，诬蔑喻同志怕死，使喻异常痛心。当时我们对陈，以为她是很难得的革命女子，都特别优待她，而她就以此骄横自恣，任意诬蔑同志。云纪在广州准备暴动，苦心孤诣造了许多炸弹。当胡毅生逼迫黄兴改期后，他同林时爽到黄处主张仍按时起义。当他出发暴动时，只着衬衣，背一大箩炸弹，同熊克武、但懋辛等炸破督署后面厚垣，立刻冲入，逢敌便炸，所向披靡，转战一夜，终以各方失败而被捕。在敌人审问时，他慷慨直陈革命大义，并说革命不久一定成功，"人可杀，学术不可杀""反革命必被革命所粉碎""不成功，则成仁"的坚决精神，使刽子手李准亦不能不佩服革命党人格的高尚。当喻烈士被陈璧君诬蔑时，他曾愤激流涕，对我说："将来事实自可证明，看谁是怕死。"果然，今日汪逆夫妇作了比秦桧夫妇还更可耻的汉奸、卖国贼，成了狗彘不食的贱货，而喻烈士则与日月争光矣。

　　一是方声洞，他的哥哥方声涛、姐姐方君瑛和寡嫂曾醒，都是革命党员。君瑛为秘密的实行部长。声洞入千叶医校，初时反对他们参加革命，家中为君瑛订婚，强迫她结婚，君瑛极不愿，党许其退婚，与家庭断绝关系。我为她作退婚书，声洞对我此举，尤为不满。但是后来他看见革命党人再接再厉、前仆后继的精神，日益感动，以为只有在小说中才能看见这种英勇的人物，从前以为革命党都是坏人，现在才知英雄豪杰多在党中，遂坚决要求入党，并要求送械到广州参加暴动，即在此次英勇殉国。

喻云纪和方声洞两个烈士的事迹，使我感觉到青年是纯洁的，是勇敢的；不仅已经有了革命修养的青年，能临难不苟，英勇牺牲，而且一时被错误思想所沾染的青年，在他看见了革命的真理以后，一样地能毅然接受，创造为国家民族奋不顾身的惊人奇迹。

在抗战以来，我全国青年英勇战斗，流血牺牲，这正继承了黄花岗的光荣传统。可是也有一部分青年，受了错误思想（如"一个党一个主义"等）的影响，不懂得为了取得抗战的胜利，全国青年必须不分派别信仰，一致亲密团结起来的道理，以致多多少少做了一些妨碍团结的事情，这是不利于国家民族的，也是有负于黄花岗烈士的精神的。我衷心地希望，并相信在这些青年中一定有许多人也会看见真理，接受真理，翻然觉悟，以后再不做有碍团结的事情，并反过来为团结抗战而工作。

抗战是异常艰苦的事业。要争取抗战的最后胜利，需要全国同胞的团结，更需要全国青年的团结。青年是国家的精英。我们要爱护青年，便必须珍贵青年的团结，而一切有害于这种团结的措施，都是不对的。我们爱护青年，便必须培养他们的民族气节和为真理为学术而奋斗的精神（喻烈士所说的"人可杀，学术不可杀"，正是这种精神），而一切束缚青年思想、损害青年民族气节的措施也都是不对的。

共产党改造了我的思想 *

（1943 年 7 月 2 日）

　　如果说我生来就有革命的思想，那是自欺欺人的话。如果说共产党发扬了我旧的好思想，洗掉了我旧的坏思想，那是真正的事实。因为我是一个小资产阶级知识份子，很小的时候就有很强的自尊心和自信心，想为人类社会作一番事业。稍大，又受了我哥哥理学的熏陶和孔孟经典的教育，深信伪封建道德学说是至高无上，五伦八则、正心诚意、修齐治平、中庸忠恕之道，是万古不易的真理。不久，我哥哥又教我必须研究文字训诂之学，极力反对寻章句、作八股，必须如黄（梨洲）、顾（亭林）、王（船山）、李（二曲）、颜（习斋）诸学者，性理与经济兼通，思想与实行并重，务要讲求经世致用之学，勿中玄虚烦琐之弊。既长，又喜读历史，见每个朝代莫不是有崇礼尚义之风气则兴，有寡廉鲜耻之风气则亡，而考其所以成此种风气的原因，则往往由于一二贤者之提倡，其风气之溃则归谓于"人心之不古"，孔孟伦理哲学之不昌，王道之不行，功利之竞进，以为其造因都是后世一二功利之徒破坏了古代固有的学说，只有如孟子之辟杨墨、正人心，稳定中国三千年来一脉相传的正统思想之基础，才能使国家有郅治之隆。但是历代有不少伟大的人物，如诸葛武侯、范仲淹、张居正等，其澹泊宁静，大公至诚，以及慎独、

---

　　* 录自《解放日报》1943 年 7 月 2 日，第 4 版。

主敬、求仁、习劳等思想，都使我非常崇拜，而究其结果终不能挽救国家之危亡，人心之陷溺，由此又使我怀疑空谈仁义道德是否可以救国救民。甲午中日战争，我国败于日本，一时变法维新之说大昌，这就开始了我思想的转变。因为大家认为，日本小国，一变法就成为强国，这是救亡图存一条正确的道路。但这变法维新之思想极不一致，而主要的还是张之洞之流"中学为主，西学为辅"之说占优势，因为中国人始终认为：中国社会组织和社会风气比任何国家任何民族都更优良，所以能久存于世界，中国所少者，不过物质的文明，只要照日本一样去变法，就会富强。但是新的思想一发展，就不会这样简单，世界一切新的学说，一时纷然并呈，物竞天择、优胜劣败的进化论，天赋人权、平等自由的民主论，尤为一般青年所醉心。于是我由康梁变法维新的思想，进到民主革命的思想。一九〇五年中山先生提出三民主义，在日本东京成立革命同盟会，我非常高兴的加入，以为这是救中国的唯一的革命的方法，这是我思想行动走上革命的第一阶段。

当时同盟会的誓词，是"驱除鞑虏，恢复中华，建立民国，平均地权"。革命打击的目标，是满清专制政府。这就给中国蕴蓄多年的排满思想和新兴的资产阶级民主革命思想以革命的理论。革命有了理论就像得了新血液一样，不但老大的病夫马上健康起来，而思想目标也一致了，革命行动也愈演愈激烈，和中国从前的一切革命运动迥然不同。我在当时只感觉从事革命的愉快，愈失败愈坚强奋斗的决心，愈艰难愈引起胜利的信念，因为理论加强了自信心。"理论只要一掌握群众，就立刻成为物质的力量"（马克思）。一九一一年，果然把满清帝制推翻了，可惜的是当时大多数人以为：推倒满清，成立了中华民国，革命就成功了，把政权交与北洋军阀袁世凯也好，只要有民选的国会来监督政府就行了。宋教仁就是这种主张的最有力者。殊不知帝国主义时代，国会议员已经成了财政巨头的代理人，可以收买。而中国军阀政客用的手段是更为巧妙的，袁世凯用顾鳌筹备国会，他在途中，在未开会前，已经收买得不少议员，谁说中国人比世界各国人落后呢?！自从南北和议成，政权归袁氏后，同盟会和其他几个党派改组为国民党，以图国会的多数，革命的思想混乱了，革命的组织解体了。不久，袁世凯暗杀了宋教仁，又违法借款。二次革命爆发了，马上就被袁氏镇压下去。一时反动势力抬头，尊孔读经，复古祀圣，以中国的伦理道德为世界任何国家所不及，凡倡新说，事革命，有外来的思想者，都是毁法乱纪的暴徒乱党，甚至不认为是中国人，必须铲除净尽，厉行白色恐怖，屠杀进步青年，颠倒是非，紊乱赏罚，动以国法罪人，而自己制法犯法则不以为怪，伪造民意，帝制自为，横征暴敛，假公济私，排除异己，鹰犬四布，严禁言论出版集会结社之自由，以为"天下莫予毒矣"。云南起义，全国响应，众叛亲离，冰山立溃。袁氏既倒，段祺瑞起，酿成张勋复辟，段与徐世昌等军阀官僚，靦颜无耻，竟窃革命之名，行反动之实。但是这些反动势力，不仅不能摧毁新思潮的萌芽，反而促进了新思潮的发展。大风暴来了！世界第一次大战的结果，涌现了十月革命。"五四"前夜就有了《新青年》早期的新文化运动来反对林纾等顽固的国故派，到了俄国十月社会主义革命胜利的事实传到中国，发生"五四"大运动，民气大发扬，社会主义的思想广泛地流入了中国。一九二一年七月一日，中国共产党诞生了，它在中国历史上破天荒第一次向中国人民提出反帝反封建的纲领，这才使中国革命认清了真正的敌人，也正合广大人民的心理。英明的中山先生，从他多年艰苦奋斗的经验中，不仅完全同意共产党这个纲领，而且想吸收新的青年，新的血液，来改造他所领导的中国国民党，赞成国共合作，提出联俄、联共、扶助农工三大政策来改组国民党，所以才能有一九二五—二七年的大革命。我从革命实践中得了不少教训。二次革命失败后的几年，非常苦闷，一听到俄国社会主义革命胜利，非常兴奋，极热心打听苏俄消息，并搜寻关于列宁的事功和他的著作。"五四"时代，我不仅为列宁主义的崇拜者，而且也是社会主义的宣传者。中国共产党成立，我即热烈的加入。加入共产党后，我在思想上算是起了一个最大的革命，从前不能了解的问题都能了解，从前不能解答的问题都能解答，因为有了马克思的辩证唯物论和历史唯物论把宇宙和人生的一切问题都能用科学的最切实的方法来说明解答。在对历史上的每一个社会制度和每一个社会运动，都不要以"永恒正义"或其他某种成见来估计，一切都以条件、地点以及时间为转移，因此就没有什么所谓"一脉相传的正统思想"。

我常常把我们共产党员的修养和处事的方法，与中国古圣贤所谓"修己治人"之道相比较，只有过之而无不及，而且只有共产党员才能真正实行人类最高的道德，那些诬蔑共产党员的人才是不配讲旧道德的人，因为共产党的铁的纪律乃是基于思想的一致和自觉的遵守而成长起来，与古人慎独、毋自欺切合，不是口头是一样行动又是一样自欺欺人之辈所能相比拟。我们知道，私有制度一发展，社会就产生了阶级，阶级一定有矛盾、有压迫，有人剥削人，只有消灭了私有制度，才能消灭人剥削人、人压迫人的现象，才能消灭阶级。说中国社会没有阶级，说阶级学说是外国的、不适于中国，是不合事实的。因此，在阶级存在的社会，政权在那一个阶级手里，一定要压迫其对立的阶级，所谓"全民政治"，不过是统治阶级欺人的假话。既然有阶级存在，政治上必然有利害相关的阶级相结合或结党，以代表其意见，实践其权利，因此必须给各党各派合法的存在和言论集会结社的自由，才能算民主政治。否则就为一党专政或一人专政，就只有"民国"之名，而无"民国"之实了。我们共产党要消灭阶级的压迫，消灭民口的压迫，这正是中国古圣先贤"民胞物与""一视同仁"最澈底的忠恕之道。

关于民生问题，共产党是提倡发展生产，顾及劳苦工农，实行减租减息，精兵简政，力图减轻人民负担，使人人丰衣足食，正合乎"节用而爱人"的古训，认为"庖有肥肉，厩有肥马，民有饥色，路有饿莩"苦乐悬殊的现象是十分危险。至于我党的组织是革命的先锋队，每个党员必须在政治上有相当的觉悟，具备入党的条件，愿意为革命牺牲奋斗，才能入党，宁少勿滥，如果全国人民都为党员，就无异取消了党。

我从前也认为，一二贤豪可以转移风气，改造人民，很赞同英雄造时势的说法。以为人民是愚昧无智，所谓"民可使由之，不可使知之"。但共产党则认为不是英雄创造时势，而是时势创造英雄，因此不是英雄创造人民，而是人民创造英雄，并推动时势前进。只有能够了解社会发展的条件，如何改进这些条件，他才不失为英雄，否则必成为时势之败将。

我加入共产党以来，在学习中，在革命实践中，自己觉得我幼年时代所学的好思想，更以马列主义来发扬了，巩固了；我错误的不正确的坏思想，也逐渐洗掉了许多。去年我党领袖毛泽东同志发动了整顿三风的运动，整风运动是一个有历史意义的伟大运动，也就是使我党更加民族化，使马列主义更能切实应用于中国具体环境中，使理论与实际联系，使革命——特别是抗日民族战争很快得到胜利。现在共产国际解散，是为使各国共产党更加能适应其民族发展的需要而灵活地应用马列主义，我们更要加强整风的工作，使每个党员都能用马列主义的思想方法，澈底地完成思想革命。

以民主政治来完成抗战建国的伟业*

（1943 年 7 月 9 日）

　　当世界大战开始一个新阶段的时候来纪念我国抗战六周年，我们抱着无限的欢喜和迫切的希望。欢喜的是苏英美团结更加巩固与对德意法西斯决战即将实现，现在两大阵线力量的对比已经变化到于反法西斯阵线有利。这将不只是德意法西斯的失败，也是日本法西斯的失败，因为法西斯是同一个战线，其主力失败也就是一切法西斯的失败。希望的是我国艰苦抗战已经坚持了六年终于与全世界反法西斯的国家民族结成了同盟，使我国际地位提高到与苏英美并称为四大强国，为得要名符其实的在战后□能与苏英美并驾齐驱，足以当四强之名而无愧，期我们必须在抗战中能驱逐日寇出境，在胜利后真是一个民主自由的新共和国。要达到这个目的，我们必须老老实实地检查一番我们的国情看是否能达到这个目的。

　　首先我们要说这次世界大战的性质，我们都听熟了这一次世界大战和第一次世界大战不同：第一次世界大战是帝国主义战争，双方都是非正义的，是重新瓜分世界的强盗战争，这次世界第二次大战，在法西斯侵略者是非正义的战争，在反法西斯侵略者是正义的防卫的战争。但这太抽象了、空洞了，我们必须把法西斯的实质说出来，我们反对法西斯

---

　　* 录自《解放日报》1943 年 7 月 9 日，第 4 版。

是反对些什么东西？也就是说反对在政治上那些不合理的、不合乎正义的措施。因为"战争是政治以另一种（即暴力）手段的继续"，这是克劳什维次《战争论》的一句名言，所以战争必须研究其政治的内容，才能对当前战争的意义提出正确的观点。

法西斯上台执政，是用资产阶级的公开的恐怖专政来代替资产阶级的民主制度，取消国会，取消最后一点资产阶级民主，实行一个党、一个领袖专政，建立自己政治的垄断权，用暴力消灭其他各政党。

法西斯是拥护极端帝国主义者的利益的，可是它在群众面前，却假装是被凌辱民族的保护者，利用民族的爱国雪耻的心理，例如德国法西斯则利用"反对凡尔赛制度"的口号，日本法西斯则利用"反对英美压迫东亚民族"的口号来欺骗群众，都以建立"新秩序"的谎言以实行其民族侵略主义。

法西斯的上台，本来是为要打击无产阶级的革命运动，打击民众的义愤，可是它却把自己上台冒充为代表"全民"来反对资产阶级和"拯救"民族的革命运动。

法西斯是毫无限制地剥削群众的，进行经济民族主义政策，夺取大部份国民收入，以准备战争，但它却用花言巧语反对资本主义的欺骗手腕来笼络群众，在德国提出"公益高出私利"，在意大利提出"我们的国家不是资本主义的国家，而是各界合作的国家"，在日本提出"力争没有剥削的日本"等等。

法西斯放纵贪官污吏们任意蹂躏人民，实行最残酷的掠夺人民，来替垄断资产阶级生财致富的政策，但它在人民面前却要求所谓"廉洁政府""全民经济"以欺骗人民。

法西斯比所有其他各种资产阶级反动势力，都要更加无耻，更加虚伪，但它却满口的仁义道德，以奉公守法来责备人，要人民驯服如奴隶。

法西斯口称顾及劳动人民利益，事实上却使他们生活恶化，更加贫困，设集中营、做苦工，使人民变为最受压迫的奴隶，剥夺人民集会、结社、言论、出版的一切自由。

法西斯曾经答应给破产贫困的农民废除苛刻债务，取消地租，甚至答应把地主底田土无代价地交给没有土地和破产的农民，事实上却使劳动农民更受托辣斯和法西斯国家机关空前未有的束缚，使基本农民群众更受大地主、银行家及高利贷者达于极点的剥削。

法西斯曲解每个民族的整个历史，以便把自己形容成为这个民族史上一切高尚英勇事迹的继承者，而对于一切有伤民族观念的耻辱事实，都利用来反对法西斯的仇敌。

法西斯统制文化教育，剥夺思想自由，最严厉的禁止各种异己的言论和出版物，强迫人民受其特殊的训练，使人人都法西斯化。

法西斯最厉害的剥削青年，特别残酷无情的压迫妇女。法西斯强迫青年加入苦工营，强迫实行军事操练，以便进行侵略战争，强迫妇女到乡下去替地主富农做无代价的女仆，强迫妇女归厨房去过奴隶生活。

法西斯曾经答应改善职员、下级官吏、知识界的生活，消灭托辣斯的无上威权，和银行资本的投机，事实上却使他们的生活更加痛苦，更加朝不保夕，使他们服从法西斯最驯服的信徒，暴虐无道的新官僚，造成不堪忍受的托辣斯专政，金融混乱，物价飞腾，造成空前未有的贪赃舞弊、贿赂公行的现象。

在法西斯的苦工营里、特务地下室里、监牢里，用极残酷的刑罚拷打和侮辱革命战士，就是俄皇暗探局的最残忍的刑罚也望尘莫及，并且更残毒的是压迫许多青年男女强制为它作特务间谍。

法西斯为要把城乡无知的劳动群众夺到自己方面来，总是拿共产主义"赤化危险"来恐吓小资产阶级，因此反共就是法西斯的一个中心口号。

总之，法西斯是强盗政治的政体，是中世纪暴虐无道的野蛮制度，是逞性侵略其他民族和国家的制度。它不仅想消灭共产主义，而且想消灭自十八世纪法国大革命以来资产阶级及劳动人民所流了许多血争来的自由民主。因此现在进行着的世界战争乃是法西斯主义的政治原则与民主主义的政治原则的战争。在这次世界大战中，自由主义与共产主义团结在民主旗帜之下，结成全世界反法西斯主义的统一战线。我中华民族从"七七"开始以武装反抗日本法西斯主义的侵略以来，坚持了六年的苦战，终于得到了这样广大的同盟者，真是我们历史上无与伦比的光荣。

我们既然知道"战争是政治以另一种手段的继续"，那末战争的胜利必然是它的政治原则的胜利，我们的胜利一定是民主主义政治原则的胜利，法西斯主义政治原则的消灭。如果某一个反法西斯的国家还存在着法西斯主义的政治原则，它即幸而不被胜利的国家攻击，也必被胜利的国家所摈弃、不与为伍，因此我们就不能不检讨我国现在的政治现象。可痛心的是我国许多政治上的表现与民主的政治原则不符，反而和法西斯的政治原则有相类之处。全国人民所要求的民主自由迟迟不能实现。参政会议决及国民党决定召开的国民大会，无期延期了。一个党、一个领袖的主张力求贯澈，不给各党各派以合法权利，严厉禁止言论、出版、集会、结社的自由。希特勒主义底思想和谬论不但不被禁止，反而在出版界、在学校中大为提倡，法西斯以反共为第一，现在少数不明大义的份子也以反共为第一，贪官污吏大发国难财，使银行财政资本囤积居奇，通货膨胀，生活必需品千百倍的飞涨，以致民不堪命。国人虽为抗战救国不惜任何牺牲，但一部份人则"庖有肥肉，厩有肥马"，挥金如粪土，而绝大多数人则不得餍糟糠，易妻鬻子而不得苟延残喘。当全世界反法西斯的营垒正在千方百计准备与敌人决战之时，不闻如何筹备对敌反攻、配合盟国作战以迎接胜利驱逐日寇出境，反而以为抗战胜利已无问题，积极反共?！我不知为何敌友都分不清，如果说法西斯是我们的敌人，则与日本法西斯强盗作战最力的应该是朋友；如果说法西斯的敌人也是你的敌人，那你就不自觉的离开了反法西斯的阵线而加入了法西斯营垒。在这中间，没有回旋的余地，是很明显的。而且我们共产党、八路军、新四军亦何负于国家民族！三四年来不得一饷一弹的接济而与敌寇在华半数之兵力相周旋，建立了许多敌后的抗日根据地，保护了不愿作亡国奴的人民，使敌兵不能以全力进攻我大后方，即不论功，当亦无过，奈何必欲敌视它，甚至消灭它而后快，即不为正义人道计，不为抗战前途计，而只为自利害计，亦应翻然悔悟改弦更张。我们共产党中央再三地表示坚持团结，不仅在抗战中要与国民党合作，即战后建国亦必与国民党合作。我们在陕甘宁边区、在敌后抗日根据地忠实地实行三民主义，愿与国民党共同建立真正三民主义的中华民国。在我们反法西斯的同盟国中，也有曾经反对过共产主义的人，如英国邱吉尔首相，为了反对共同敌人，早已慷慨宣言放弃他三十五年来反共的成见，这一方面证明他一反张伯伦的政策，才能拯救了英国之危亡，一方面表现他是识时务的俊杰，才有这样伟大政治家的风度。我们中国以劣势的军备、经济落后的国家竟能与优势的军备、经济发展的法西斯日寇抗战到六年之久，不能不算人类历史的奇迹，中华民族之光荣。其所以能够致此之原因，就因为国共两党能停止内战一致对外，以为全国倡导，完成了抗日民族统一战线的理想。至诚能感人，使我数千年一盘散沙的中国，团结成为坚不可破的堡垒，以至于今日巍然与世界强国并列。很明显的，统一战线强固，则外能抵御恶寇，内能鼓舞民气，如抗战最初两年，全国都有欣欣向荣的朝气。其后汪逆精卫以共产党不允其谈和平、求妥协，情愿投降日寇共同来反共，而我抗战阵营中也有少数不明大义的份子，时时发布反共言论，制造磨擦事件，我们共产党总以国家民族为重，不惜委屈求全，坚持团结，故能有今日的局面。现在抗战胜利在望，但并不能过低估计敌人的力量，必须再接再厉，更加加强团结，加强军事力量，才能驱逐敌人出境，才不会功亏一篑。如果稍自骄满，以为外患已不成问题，又可以从事内战，则必然铸成大错，使我数千万将士、四万万同胞以头颅热血精诚血汗换来的光荣归于泡影，则为祸首者，必受万世的唾骂。成败所关，千钧一发，心所谓危，不忍不垂涕而道。我们中国人的道德最重要的是一"诚"字，诚就是不自欺欺人。我是革命同盟会的革命党员，同中山先生共同为革命奋斗多年，我是深深知道中山先生三民主义的实质。他的民权主义就是进步的民主主义，绝不是什么一个党、一个领袖专政类如法西斯主义的"三民主义"。我希望国民党的英明政治家也能如邱吉尔一样的有远见，诚心诚意与共产党合作，放弃倾向法西斯的政策，实行中山先生的民权主义——即民主政治，以完成我国光荣的抗战建国工作。

谁要想取消共产党，谁就要自取灭亡！（摘要）*

（1943 年 7 月 10 日）

　　中国今天刚刚强盛起来，胜利的曙光在望，而那些法西斯的走狗，却狂吠着要"取消"共产党、"取消"边区。中山先生在国民革命的时候，北洋军阀骂他们是"封建割据"，而他们今天却用"封建割据"的罪名来骂我们了，这种人够得上称中山先生的信徒吗？（全场一致的声音："够不上！"）

　　我跟中山先生革命四十多年，我知道中山先生的三民主义很清楚，三民主义的民权主义就是要实行民主政治。今天共产党和边区政府实行了三民主义，实行了中山先生的理想，难道有什么罪过吗？那些专事诬蔑共产党的人们，口是心非，满口仁义道德，一肚子男盗女娼，他们口里喊三民主义，实际上想实行法西斯主义，他们自称是"孔子的信徒"，高谈"至诚"，实际上祸国殃民，自欺欺人。像这样的败类，"至诚"何在？还配称中国人吗？（全场一致的声音："不配！"）

　　这些混蛋东西今天公然要来进攻边区，就让他来吧！过去满清政府的专制政治，一时威风凛凛，但是我们——革命势力把它打倒了；袁世凯伪造民意，想做皇帝，我们也把他打倒了；曹锟、吴佩孚之流，我们也把他打倒了。今天如果有人怙恶不悛，敢于进攻边区、发动内战，那

---

　　* 录自《解放日报》1943 年 7 月 10 日，第 3 版。

末就是他们恶贯满盈，难道我们还不能把他打倒吗？（台下高呼："打得倒呀！"）

我革命数十年，我把中国历史看得很清楚，什么样的花样我都看过了，真理只有一个：谁要把历史的车轮拉向后转，谁要想破坏团结、破坏抗战、"取消"共产党、进攻边区，谁就要自取灭亡！我还是劝那些人不要太不自量吧！

读《联共党史》结束语笔记*

（1943 年 7 月）

【笔者边注：领导权要活泼生动地来看，中国和这次世界大战有许多好例子。看《毛泽东救国言论选集》十一——十二页。】

这个结束语是把布尔塞维克党所经遇的具体事实详细记载以后（这就是从具体的事实得出抽象的理论），作出基本的总结来教训我们。

一、没有布尔塞维克这样的党，无产阶级革命和无产阶级专政不会得到胜利，因为没有这样的党革命就没有领导，革命没有领导革命就不能成功。这样的党不是普通的革命党，而必须是列宁的、布尔塞维克的党；这样的党是社会革命底党，是战斗的并组织无级革命胜利底党，它和普通的西欧式的社会民主党害怕革命而梦想和平的"社会改良"，跟着机会主义底尾巴走的不同，也和中国辛亥革命前的同盟会及孙中山的中华革命党那样的革命党大不同。它必须有和革命实践不可分离地联系着的马克思主义的革命理论，而且还必须有列宁的、布尔塞维克的党底组织原则。它不受机会主义的沾染，对妥协者和投降主义者作毫不调和的斗争，对资产阶级及其国家政权及帝国主义采取革命的态度。

在现在世界战争与革命的新时期，各国的革命要得到胜利，必须要有新式的党——共产党，因为这个新时期乃是阶级公开冲突的时期，无

---

* 录自荣县吴玉章故居陈列展档案，原文为手稿。

产阶级底革命发动时期，无产阶级革命时期，直接准备力量去推翻帝国主义、去由无产阶级夺取政权的时期，这个时期在无产阶级面前提出一些新的任务：按新的革命的风格去改造党的工作，培养工人以争取政权而进行革命斗争的精神，准备和吸引后备力量，与邻国无级联盟、与殖民地和依赖国解放运动建立坚固的联系，以及其他等等。在这个帝国主义时代无产阶级革命时期，无论帝国主义和资本主义国家中的无产阶级革命，殖民地、半殖民地和依赖国的资级民主革命及民族解放运动，都将成为世界无产阶级革命的一部分，因为它们都是为推翻垂死的资本主义——帝国主义而斗争。因此国际无产阶级革命在全世界革命运动中有骨肉相连的关系，而国际无产阶级革命的先锋队——共产党，也必需成为布尔塞维克化的共产党。因此斯大林论党的布尔塞维克化的十二条，是多国共产党必须熟读的；没有这些条件，则布尔塞维克化，就是空谈。

二、党要实现它是革命底组织者和领导者的作用，就必须要精通马克思主义—列宁主义底理论。马列主义理论底力量，就在于它给党以可能来在任何环境中确定方针，来了解周围各党底内部联系，来预见各党底进程，来不仅知道各党在目前是如何发展和向那里发展，而且知道各党在将来应当如何发展和向那里发展。因为它有辩证唯物论和历史唯物论这一科学的锋利的武器来达到这些目的。

精通马列主义理论，并不是熟读他们的结论和原则及应用它们于任何环境与一切实际情形，如教条教义一样，而是要深刻了解马列主义理论，是关于社会发展的科学，关于工人运动的科学，关于无级革命的科学，关于建设共产主义社会的科学，它既然是科学，就不是固定而且不能固定在一个地点——它是发展着和完善着的。

必须领会马列主义理论底实质，并学会在无产阶级阶级斗争各种条件下，在解决革命运动底实际问题时来运用这个理论。

必须善于以革命运动底新经验来丰富这个理论，要善于以新原理和新结论来丰富它，要善于发展它和推进它，要不怕根据这个理论底实质而以这富于新的历史环境的新原理和新结论来代替其某些已经过时的原理和结论。

这样才能把理论作为行动的指南，而不陷于教条主义的境况。

这里举了列宁以苏维埃共和国来代替国会制的共和国及一个国家能建设社会主义来代替在一个国家内不能建设社会主义的旧结论底两个例子。我们还可以在我们现在的抗日民族革命统一战线中找到一些例子：比如，中国从大革命失败以来，十年的苏维埃红军革命运动，得到了很大的成绩，但是日本帝国主义灭亡中国的毒计一步一步地加紧了，由东三省而热河，由热河而北方各省相继沦亡，而当权的国民党以"不抵抗"政策出卖我国领土，以"逆来顺受"接受日寇一切要求，以"攘外必先安内"来进行内战和压迫一切反帝运动，如果不把一切不愿当亡国奴的人民和愿意抗日救国的各党派、各团体、各政治家、各地方军政机关团结成为一个抗日民族统一战线，则中国必会灭亡。因此我们党中央发表了"八一宣言"，及提出建立民主共和国的决定，也就是新民主主义的国家形式，毛主席说"中国革命的历史特点分为民主主义与社会主义两个步骤，而其第一步现在已不是一般的民主主义，而是中国式的特殊的新式的民主主义，而是新民主主义"（《新民主主义论》），这个新民主主义国家是革命的殖民地半殖民地国家的过渡形式。它和旧式的、欧美式的、资产阶级专政的、资本主义的共和国不同，也和最新式的、苏联式的、无级专政的、社会主义的共和国有别，它是一切殖民地、半殖民地革命的，在一定历史时期中的国家形式，因而是过渡的国家形式，但是不可移易的必要的一种国家形式。

这种国家形式既不是资产阶级专政，也不是无产阶级的专政，而是几个反对帝国主义的阶级联合起来共同专政的新民主主义的国家形式。在今天的中国，这种新民主主义的国家形式，就是抗日统一战线的形式，它是抗日的、反帝的，又是几个革命阶级联合的、统一战线的。这虽然是国体问题，从清末以来，就没闹清楚，其实它只是一个社会各阶级在国家中的地位问题。就是一切革命人民对反革命汉奸专政的问题。虽然因为国民党当权的人主张一党专政，不肯实行民主，没有形成统一战线的新民主主义国家，但是我们党中央所在地陕甘宁边区及我八路军新四军所在的各抗日根据地，实行了三三制的新民主主义政权机构。这就使得党在自己行动中有信心使得全国人民清楚了解了应向什么道路走中国才有出路，全国人民的意志必定渐渐能团结起来、统一起来，为党所领导而前进，而不为托派反革命等所谓"一次革命论"所蒙蔽、所迷惑。毛主席说："但是还有另外一些人们，他们似乎并无恶意，也迷惑于所谓'一次革命论'，迷惑于所谓'举政治革命与社会革命毕其功于一役'的纯主观的想头。而不知革命有阶段之分，只能由一个革命到另一个革命，无所谓'毕其功于一役'。这种观点，混淆革命的步骤，降低对于当前任务的努力，也是有害的。如果说，两个革命阶段中，第一个为第二个准备条件，而两个阶段必须衔接，不容横插一个资级专政的阶段，这是正确的，这是马克思主义的革命发展论。如果说，民主革命没有自己的一定任务，没有自己的一定时间，而可以把只能在另一个时间去完成的另一任务，例如社会主义的任务，合并在民主主义任务上面去完成，这叫做'毕其功于一役'，那就是空想，而为真正的革命者所不取的。"（《新民主主义论》）这就是毛泽东同志从马列主义底理论的实质出发根据中国革命运动底新经□来丰富它而发展它、推进它而得的新原理和新结论。

如果我们党拘泥于马列主义的字句，如果它没有充分的理论上的勇气去抛弃马列主义中只适合于资义发展的国家中革命的理论，而代之以适合于殖民地半殖民地的国家中革命的理论，那末，我们就不能有国共第二次合作，就不能完成抗日民族统一战线，就不能有光荣的抗日民族革命战争的事业。

就是我们在统一战线促成和发展的过程中，如果我党中央不能掌握马列主义的正确理论，而为"左"、右倾的观点所动摇，则不能完成统一战线的任务。例如，西安事变如果党中央不采取与资产阶级妥协调和的态度，则统一战线不能完成。但是如果国共合作共同抗战后，我党中央不坚持进行独立不倚政策，□□斗争不忘联合，联合不忘斗争（即一打一拉政策），则会陷于项袁的右倾机会主义。不仅我党我八路军新四军不能有如今天的发展，而且会同皖南事变一样受到顽固份子的打击甚至于消灭。

又如近几年来苏联在应付这次世界大战争中各时期所采的斗争与联合的态度，有许多新奇活泼的事实，都是马列主义的向前发展，而不是教条主义者所能作到的。

这些都充分证明辩证的历史唯物论的一个真理："一切都以条件、地方以及时间为转移。"

三、无产阶级革命是社会革命，是要把剥削阶级消灭，创造无剥削、无阶级的社会，由社会主义进到共产主义，它是最进步的、有国际性的，因此，必须把工人阶级队伍统一起来，反对把工人阶级落后阶层推到资产阶级怀抱中去。所以马克思起草了《共产党宣言》，组织了第一国际，同当时的普鲁东、巴枯宁等无政府主义者，作了剧烈的斗争。随后第二国际社会民主党成立，它虽然在和平时期发展工人运动有了一些成绩，但它终是和平的工具，而不是战争的工具。而且它把工人阶级落后阶层推到资级怀抱，并因此□□工人阶级统一的小资级党，它为小资产阶级思想、机会主义所浸透，反而为工人阶级底统一的大障碍。因此联共党史充满了为反对小资产阶级党——社会革命党人、孟塞维克、无政府主义者、民族主义者而斗争，并将它们粉碎的历史。各国的共产党和第二国际社会民主党斗争，是一个很重要的问题。共产国际和第二国际斗争也占最重要的位置，因为不这样就不能作到工人阶级队伍的统一。中国工人阶级发展的很晚，幸而没有受到社会民主党的毒害，而且中国共产党一开始就接受布尔塞维克党的传统，常受共产国际、联共党，特别是斯大林同志的指导，所以我们的党是很健全的。但是不仅国民党有黄色工会等等来分裂我们的工人队伍，而且托洛茨基匪徒还钻入我们党□和中国革命运动中，起了很大的作用。如王实味[①]之徒，还能迷惑一部分党员，至于国民党□日寇利用托派作奸细，自不待言。如果我们不粉碎这种反革命汉奸的活动，则抗日与革命都不能完成。

四、党的内部生活，如果不和机会主义者作不调和的斗争，如果不粉碎自己队伍中的宗派主义、投降主义，就不能保存自己队伍底统一和纪律。我们党反陈独秀机会主义、盲动主义、李立三路线、张国焘路线等等，都作了毫不调和的斗争，因此我党才有今日的壮大。今后还当毫不懈怠的对于机会主义、宗派主义作斗争，不可在自己党内容忍机会主义，正如不可在健全身体上容忍毒疮一样。党是工人阶级底、革命底领导部队，是工人阶级底、革命底前方堡垒，是工人阶级底、革命底战斗参谋部。在工人阶级底、革命底领导参谋部中，是不可容许那些缺失信念的、机会主义的、投降主义的和叛徒们立足的。不然，则革命斗争一定会失败。

---

① 1991年2月7日，公安部《关于对王实味同志托派问题的复查决定》对1946年王实味被定为"反革命托派奸细分子"的结论予以纠正，给予平反昭雪。

五、党不怕指出自己的缺点，不隐瞒自己的错误，不怕自我批评和批评。而要善于及时地、公开地承认自己的错误，并诚恳的纠正自己的错误。

六、党要和群众有经常的、巩固的、密切的联系。并且要经常听取群众的呼声，了解他们迫切的要求。要向群众去学习。只有这样才能成为真正群众的党。如果脱离群众，则党就成了空架子。

谈《斯大林论党的布尔塞维克化》*

（1943 年 7 月）

关于斯大林论党的布尔塞维克化要和党史结束语合起来看。因为这是针对着德国共产党说的。虽然不免有些偏重在德共的特殊语境，而一般的共产党都是适用的。如第一条党是无产阶级底阶级联合的最高形式。党负责领导无产阶级一切组织的使命，不为职工会一直到国会党团等所左右。

第二，党，特别是它的领导者，必须完全精通与革命实践不可分离地联系着马克思主义的革命理论。这里不要领会为每个党员都必须精通马克思主义，以这样的条件作为党员资格的审查或作为入党的资格，这样就会多收知识分子而把工人多数关闭在党外，前几年联共党章修改时，曾经受过批评的。

又精通马列主义不可犯教条主义。所以第三说到制定口号必须根据革命运动的具体条件和国内的与国际的具体条件周密分析的结果。制定口号就是实现党的政治领导。这种口号必须适合环境的需要、人人心中的要求。中国旧时所谓"顺乎天理，合乎人情"。天理就是宇宙自然发展的规律。有马克思辩证唯物论的方法，就可以看清事变在目前是如何发展和向那里发展，并可以预见事变在将来应当如何发展和向那里发展。

---

* 录自荣县吴玉章故居陈列展档案，原文为手稿。

用这样的方法制出口号来，必定能收很大的效果，同时也就实现了党的领导作用。例如，我党提出了"抗日民族统一战线"与"统一民主共和国"这种基本的口号，又提出了"停止内战""争取民主""实现抗战"的口号，作为全国行动总目标与具体方针，没有这种目标与这种方针，是无所谓的政治领导的。我们的口号正确与否只有群众革命烈火才检查得出来。所以第四讲到检查口号。

第五，我们的工作作风不可陈腐，应该随时用革命的步调启发群众的革命热潮，随时在精神上行动上教育与锻炼广大群众。

第六，要接近群众，又不可作群众的尾巴。

第七，胆要大，心要细。坚决奋斗、随机应变，不放过一切可利用的机会，不间断一刻向前进的斗争。非法的与合法的斗争要取得联系。

第八，坚强自己的队伍。要发展自我批评。

第九，要不断地培养和提拔干部。

第十，要清除党内机会主义份子，保守党的统一与纯洁。

第十一，要保持党的统一，首先要思想有一致性，运动的目标有明确性，而其基本条件就是要全体党员思想的一致，自觉地创立起铁的纪律。

第十二，必须检查决议和指示执行的情形，不要使它成为一纸空文。

这些都是很具体的指示，我们时时刻刻用来审查自己和全党同志。

读《整顿学风党风文风》笔记*

（1943 年 7 月）

　　这是一篇有历史意义的文章。首先我们要拿这篇文章的体裁结构来看：第一说明为甚么要有共产党和他应具备的条件；第二确定党的总路线的正确和他的成绩；第三指出党还存在有缺点。随即着重指出必须反对主观主义以整顿学风，反对宗派主义以整顿党风，反对党八股以整顿文风。学风也是党的学风，文风也是党的文风，所以都是党风。一切归根于党，只要党的作风完全正确，一定可以打胜敌人。这就是提纲挈领的一个总论。下面就分开来讲学风、党风、文风。（以时间不够文风另作一讲。）

　　说到学风，就认为主观主义是一种不正派的学风，他是反马列主义的。这不仅是学校学风问题，而是思想方法问题，是第一个重要问题。接着分为理论家、知识份子、理论与实际联系三个问题来讲，充分发挥了、说明了这三个问题的理论与实质。

　　说到党风就是宗派主义问题。我党经过二十年的锻炼，现在并没有统治的宗派主义，但对党内、对党外，都还有宗派主义的残余存在。拿党内宗派主义的残余来说，首先，就是闹独立性，不懂得党的民主集中制。虽然现在已不是张国焘、李立三那样闹独立性极端严重的宗派主

―――――――――

　　* 录自荣县吴玉章故居陈列展档案，原文为手稿。

义，但一部分同志只看见局部利益，不看见全体利益，把个人放在第一位，党放在第二位，结果必至于闹独立性，这是不可不预防的。因此：（一）每个党员必须使个人利益服从于全党利益；（二）局部必须服从全体，万不能闹独立性；（三）外来干部与本地干部必须团结；（四）军队干部与地方工作干部必须和衷共济、团结一致；（五）军队与军队、地方与地方、这一工作部门与那一工作部门，必须互相照顾，不可闹本位主义；（六）老干部与新干部必须互相帮助、互相原谅。要以共产主义的精神，防止宗派主义的倾向，使我们的党达到队伍整齐、步调一致、团结统一。

拿党外关系来说，也应该消灭宗派主义的残余。我党在团结全国人民的事业上，二十年来作了艰苦的伟大的工作，抗战以来，这个工作的成绩更加伟大。但一部份同志还不免有宗派主义的倾向，看不起人家，妄自尊大，忘记了要密切联系群众而不脱离群众的教训。

关于文风，即反对党八股问题，在另外一个会议上来讨论，这篇文章上没有讲。

随后指出反对三风的总的、唯一的方法，就是学习和宣传唯物主义与辩证法，也就是第一个重要的思想革命问题。因为党八股是藏垢纳污的东西，它是主观主义与宗派主义的一种表现形式，而一切宗派主义思想都是主观主义的，都与实际革命需要不相符合。因此我们最扼要的，是要拿反对主观主义、改正思想作关键。我们要反对主观主义，就要宣传唯物主义，就要宣传辩证法。也就是说要学会马列主义的宇宙观和人生观，才能认识主观主义，而加以有力的反对。

最后指出必须用"惩前毖后""治病救人"的态度来整顿三风，才是正确有效的方法。

其次我们拿这篇文章的内容实质来看：

　　一、"主观主义、宗派主义、党八股，这三股歪风，有它的历史根源，现在虽然不是全党统治的东西，但是它还经常作怪，还在袭击我们，因此，有整顿之必要，有抵制之必要，有加以分析说明之必要，有研究之必要。"

　　我以为所谓历史根源有两种：一种是因为中国还是 ①

　　一、不是要有普通的革命党，而是要有共产党这样性质的革命党。

　　这就是说，不要像中国辛亥革命前的同盟会和孙中山的中华革命党那样的革命党；也不要像法国甲可宾、白郎基和普通的西欧式的社会民主党那样的革命党；而是要新式的革命党，这样新式的党，就是马列主义的党，就是布尔什维克党。这要参看《联共党史》结束语（一）和《斯大林论党的布尔什维克化》。

　　中国共产党产生在十月革命以后，一开始就接受了布尔什维克党的革命理论和党的组织原则，并且当时是一九二一年，正在"五四"新文化运动高涨，打破了旧的传统思想，特别是打破了孔子的尊严以后，所以他没有西欧社会民主党的毒素，而且他经常得到共产国际的指导，又在革命斗争中得到了许多实际经验，虽然有陈独秀、李立三、张国焘等不正确的路线而能很快的纠正了，所以我们党的总路线是正确的。因此党在群众中有很大的威信，党在中国革命中有很大的功绩。现在有八十万党员成为抗日民族革命战争的中坚，这是不可否认的事实。但是要真正成为布尔什维克的党，能够战胜一切敌人，则我们还该知道自己的缺点。

---

　　① 该文稿此处疑有缺字。

国民党特务假造民意阴谋独裁，
袁世凯的覆辙殷鉴不远（摘要）*

（1943 年 8 月 17 日）

　　追述辛亥革命、共产党产生、国民党改组、北伐战争大地主大资产阶级叛变，与西安事变后国共重新合作的经过，揭破反共分子与国民党特务对于中国革命历史的曲解。

　　拿袁世凯的假造民意与国民党特务的假造民意相比较，说袁世凯要做皇帝时各县所谓代表曾投了一千九百九十三票拥护他做皇帝，结果还是不免惨败，现在国民党特务宣传要取消边区也是如此。

　　国民党特务机关背叛孙中山先生与压迫孙夫人的罪恶，控诉特务机关宣传和实行法西斯主义，违反同盟国公约的罪恶，控诉特务机关陷害青年破坏边区的罪恶，要求蒋介石先生和全国人民起来取消一切反共反人民反民族的特务机关。

---

　　* 录自《解放日报》1943 年 8 月 17 日，第 1 版。

由北伐到抗战 *

——揭露《中国之命运》第四章的谎言

（1943 年）

"法西斯蒂曲解每个民族的整个历史，以便把自己形容成为这个民族史上一切高尚英勇事迹的继承者和继续者，而对于一切有伤民族观念的耻辱事实都利用来反对法西斯主义底仇敌。在德国出版几百种书籍，其唯一目的就是按照法西斯主义的精神，来假造德国民族的历史。"（《季米特洛夫文选》第 83—84 页）

我看了蒋介石先生的《中国之命运》，特别是其中"由北伐到抗战"的一章，使我立即联想到季米特洛夫上面一段话来。由北伐到抗战，距现在不过十多年，一切事实大家都还记得清清楚楚，我和许多人都曾亲身参加过这些斗争，要想一手掩尽天下耳目，只有暴露其假造历史的手段拙劣罢了。我不明白，为什么反法西斯同盟阵营里偏有这种法西斯式的言论行动，但既然有了，我们就有一种责任加以揭穿。

一、三民主义的真释

因为作者在这一段历史里，屡次提到三民主义，我现在就首先说一说三民主义。

如果只是空洞的抽象的说三民主义，那是好像不变的；如果说到三

---

* 录自《吴玉章文集》上，重庆出版社 1987 年版，第 845～866 页。

民主义的内容与实质，则并非是"永远不变"的。在辛亥革命以前，三民主义的内容是"驱逐鞑虏，恢复中华，建立民国，平均地权"。这时所谓民族主义，只是推倒入主中原的满族政府，反对满清贵族对汉人及其它兄弟民族的压迫，并没有反帝国主义的意义。相反的，还想得到列强的赞助。所以，在《民报》第三期所提出的"六大主义"中，第六项就是"要求世界列国赞成中国革命之事业"。因此，当时规定凡在有外人势力的地方起义，必须通告外人。革命一旦成功，承认一切条约，以免外国之干涉。到了中华革命党时代，其党章第二条说："本党以实行民权、民生两主义为宗旨。"则这时干脆只有二民主义了。只有在 1924 年国民党改组时，中山先生才把三民主义的内容确定，所以中山先生在闭会词中说，这次在广州开会，是要"重新来解释三民主义"。可见三民主义是随时代而演进的。

中山先生所谓"重新解释三民主义"是什么意思呢？正如我党领袖毛泽东同志说——

这种三民主义不是任何别的三民主义，乃是孙中山先生在《中国国民党第一次全国代表大会宣言》中所重新解释的三民主义。我愿顽固派先生们，于其"限共""溶共""反共"等工作洋洋得意之余，也去翻阅一下这个宣言。原来孙中山先生在这个宣言中说道："国民党之三民主义，其真释具如此。"就可知只有这种三民主义，才是真三民主义，其它都是伪三民主义。只有《国民党第一次全国代表大会宣言》里对于三民主义的解释才是"真释"，其它一切都是伪释。这大概不是共产党"造谣"吧，这篇宣言的通过，我和很多的国民党员都是亲眼看见的。

这篇宣言，区分了三民主义的两个历史时代。在这以前，三民主义是旧范畴的三民主义，是旧的半殖民地资产阶级民主革命的三民主义，是旧民主主义的三民主义，是旧三民主义。

在这以后，三民主义是新范畴的三民主义，是新的半殖民地资产阶级民主革命的三民主义，是新三民主义。只有这种三民主义，才是新时期革命的三民主义。（毛泽东：《新民主主义论》）

中国革命的经验告诉我们，革命的成败利钝完全决定于路线的是否正确。什么东西才能保证路线的正确呢？只有革命的理论。而革命的理论是要从历史实际和革命实际中抽出来的。中山先生遗嘱说："余致力国民革命，凡四十年，其目的在求中国之自由平等。积四十年之经验，深知欲达到此目的，必须唤起民众及联合世界上以平等待我之民族，共同奋斗！"这就是说，他的"唤起民众"，他的联俄、联共、扶助农工三大政策，是他从丰富的革命经验中得出来的。中山先生在国民党第一次全国代表大会中，再三注重新方法。什么新方法呢？就是要效法俄国革命的方法。因为中山先生深感中国革命累次失败。自俄国革命成功，1919年中国爆发了群众的"五四"运动，中国革命开始了一个新纪元，而1921年中国共产党成立，破天荒第一次提出反帝反军阀的政纲，并且认为半殖民地的革命问题，已经不是纯粹资产阶级民主革命的问题，事实上业已变成为国民革命，亦即民族民主革命的问题，而且这个问题要待列入世界革命的议事日程中才得解决。中国革命也成为世界革命的一部分。并且苏维埃俄国又先后派了马林、越飞、鲍罗廷等与中山先生接洽，使他非常高兴愉快，毅然决然要以俄为师，并与共产党合作。因而就决定了联俄、联共、扶助农工三大政策的新方法，三民主义从此成为新三民主义，中国革命从此才有国民革命的名称，其意义就是包括对内打倒封建军阀，对外打倒帝国主义。国民革命的三民主义，当然是也必须是联俄、联共、扶助农工三大政策的三民主义。

孙中山先生革命的三民主义路线，不断受到国民党右派的攻击反对。

当国民党改组时，就有地主买办阶级右派的代表冯自由等反对三大政策，特别是反对联共。中山先生毅然开除冯自由等以打击右派，毫无迁就调和的态度。中山先生之伟大即在此；1925—1927 年大革命之所以轰轰烈烈，震动世界，推倒北洋军阀也在此。但是右派虽然受到打击，却并没有消灭，特别是中山先生学俄国革命只是学它的革命方法，而不是学它的革命理论，这就给戴季陶以曲解三民主义的可能。中山先生死后，右派即在西山开会，又提出反共反广州左派的路线。反动分子还想利用中山先生和革命之名，戴季陶就著书立说，要建立纯粹的三民主义的中心思想，实际就是反对三大政策，反对左派，反对共产党，更为右派路线作下"理论"的基础。戴季陶所谓孙中山三民主义的哲学基础，竟只是仁慈忠孝的伟大人格，一种唯心论的道统说，宣扬孙中山继承了尧舜禹汤周孔的道统，而戴季陶又继承了孙中山的道统。国民党实行三民主义的责任，竟只在把革命当做慈善事业，当成一些"君子"（戴季陶之流）爱民的"仁政"。这无非是"上等阶级要利用农工群众的力量来达到他们自己的目的，却不准农工群众自己有阶级觉悟"。他们口口声声孙文主义、三民主义，实际就是以戴季陶主义代替孙文主义、三民主义。从此，右派在革命途中进行破坏的工作层出不穷。虽然北伐取得了胜利，而革命还是失败了。

民国十三年时，孙中山先生写信给蒋介石时就说："我党今后之革命，非以俄为师，断无成就。"可《中国之命运》的作者，在书中侈谈三民主义时，却不谈三大政策，而谈所谓"中国固有的德性""崇高的文化"和什么"公"什么"诚"，顽固地以戴季陶主义取代三民主义。对于大革命失败的原因，他在"由北伐到抗战"一章中说："不能逃于'诚者自成'与'不成无物'的公例，其结果没有不失败的。"可一谈事实，却作了完全恶意的歪曲。公者，无私之谓也；诚者，不自欺欺人之谓也。我也本着这个精神，和作者重新回顾一下这段历史吧。

二、三二〇事变前后

自从中山先生改组国民党，国共合作成立，就推动了革命大步前进。虽然 1925 年中山先生逝世时，革命根据地还只限于广州之一隅，而革命之潮流，却澎湃于全国。自从上海工人反日大罢工引起"五卅惨案"，全国各地反帝运动风起云涌。汉口惨案，特别是沙基惨案激动了二三十万香港工人罢工回省，成立了省港罢工委员会，断绝省港交通十四个月，使香港成为死港。无产阶级的英勇坚决的斗争，表现了对革命的无限忠诚。农民运动在广东也发展起来。黄埔军校的学生在最初几次战争中即已表现了他们的英勇。广东国民政府可以说完全是由工农兵来支持。因此，革命的根据地虽不大，革命的威力却震慑了中外，这是革命路线正确才得此现象。右派的西山会议虽然开了会，但得不到任何效果。1926年 1 月，国民党开第二次代表大会，胜利的完成了继承中山先生遗志的使命，开除了西山会议派中的最反动分子。于是西山会议派改变方针，如戴季陶之流又与汪精卫勾结回到广东来，假"孙文主义学会"之名，专以反共的造谣、诬蔑、挑拨离间为事。由于革命形势的发展，革命阵营的内部分化也日趋深刻了，前此号称"左派"的蒋介石先生，因为大权已经到手，真面目逐渐暴露出来了。蒋介石先生是国民党中大地主大资产阶级的代表，现在更可以说是中国一切最反动的代表（当然，他至今还在抗日，这是和汉奸汪精卫不同的，正是在这一点上，我们还尊他为"委员长"和"蒋介石先生"）。他当权以来，把各种军阀、官僚、政客、流氓、土劣、文丐都拉入国民党内，更加以托匪、汉奸、特务、法西斯分子的吸收和训练，可谓集反革命之大成，而他却口口声声夸言革命。因为他是上海交易所的老板，最富于投机权术、残忍阴谋，却假仁假义，装出大公至诚的样子。他比一切国民党右派都更阴险狡诈，而以"左派"面目作幌子。当中山先生决定"以俄为师"，派他到莫斯科去，他曾写信与廖仲恺先生，极力诋毁苏俄；而他要利用苏俄的帮助，却在表面上说"中国革命必须受第三国际领导"。中山和仲恺先生办黄埔军校，原是为培植党的军事人才，而他只想树个人的党羽，以至不愿当校长来同党代表廖仲恺抗争。及仲恺先生被刺后，他就把校长作为神圣，要学生绝对服从，从此黄埔同学被他认为是他个人的私产。他是制造反共阴谋的专家，而他对黄埔学生讲演总是说："无论国民党、共产党，革命的血都流在一起。"又说："离开共产党，国民革命亦不成。"以此掩盖他的反共面目。但事实胜于雄辩，1926 年 3 月 20 日，设圈套把中山舰骗到黄埔，逮捕舰长李之龙的是谁？为了达到驱逐共产党人的阴谋，反诬"共产党有阴谋"的是谁？为要制造反共空气，讹言"有一种倒蒋运动"的是谁？监视苏联军事顾问、教官的是谁？大捕共产党员、党代表的又是谁？这些事情的经过，我们都亲眼看见，谁是祸首，谁是无辜，谁是"残忍阴谋"，谁是"诚实被欺"，我们都看得清清楚楚。

也许有人会怀疑：你是共产党，当然只说你自己好。那么，这里我引蒋先生自己的话来答覆。事变之后，各方责难。蒋先生被迫有所辩解。他声述关于三二〇事变之苦衷时说："我要讲也不能讲，因为这种内容太离奇，太复杂了。万万想不到的事情，都在这革命史上表现出来……我因为全部经过的事情，决不能统统讲出来，且不忍讲的……还有很多说不出的痛苦，还是不能任意的说明，要请各位原谅！……今日还有我不忍说的话，我只有我个人知道。"这一连串的苦衷隐私，吞吞吐吐、痛苦忸怩，使人们奇怪，为什么素称"精明果敢"的蒋介石先生竟为这一事厚颜而忸怩，表现出那么一副困窘可怜的狼狈像！在事变之前，蒋先生就散播什么"共产党阴谋"，含沙射影地说"有一派人想诬陷我，并且拆散本校""我自汕头回到广州以后，就有一种倒蒋运动"。事变之后，你掌握了什么"罪状"？为什么不能理直气壮、痛快淋漓地指出来？为什么还要在二中全会上假惺惺地"自请处分"呢？因为事情已昭如日月，有我们看见这事变的人为证，蒋先生的自白也是另一方的佐证。制造三二〇事变的不是蒋先生含沙射影所指的共产党，而正是蒋先生自己的杰作！蒋先生的声述白白的"痛苦"了一场，白白的扮了一回丑角。因为无论你怎样巧妙的涂改历史，你总是枉费心机的。真如"小偷补壁洞，越补越大"！

三、北伐时期

三二〇事变第一次暴露了蒋介石先生的真面目，同时也暴露了国民革命中资产阶级的动摇与反革命性。三二〇事变后，右派在广东的反共活动更猖獗了。到了五月十五日，国民党开二中全会，在蒋先生主持下通过了一个"整理党务案"，这是国民党改组以来在党内第一个有系统的打击共产党，打击国民党内革命势力，取消国民党改组后的民主集中制而代以个人独裁制的方案。七月出师北伐，蒋介石先生又任总司令，于是党权军权政权都操于一人之手。九月，国民党开执、监委员联席会议，决定要实行民主；因为大家都已感觉独裁的危险。1926 年 10 月，因北伐军攻下武汉，国民政府决迁武汉，并于次年 1 月 1 日实现。但这时右派以武汉工人运动高涨，不能独断独行，因而想把政府设在南昌，置于其军事势力之下。有一部分政府委员和中央委员到南昌，即被扣留。但另有一部分委员于 12 月 9 日即由湖南到武汉。其时军事大为发展，常德已经攻下，许多事情急待解决，因此由到了武汉的政府委员和中央委员组织一联席会议，以处理党政临时紧急任务，也就是一个临时政府。不数日宜昌攻下，四川各军来归，革命声势益振。1927 年 1 月 3 日，武汉英国水兵挑衅，数十万工人包围英租界。经武汉政府强硬交涉，收回了英租界，九江英租界也同时收回，工人用自己的铁臂夺回了自己的领土和主权。也只有这样才能真正的配得上称"废除不平等条约"！这一震动全世界的事件，使全世界全中国都认为武汉是革命的中心，就是最反动的革命敌人张作霖发表谈话，也不敢不承认收回租界是对的，他也赞成。革命的大义已经普遍到了每一个中国人。

蒋介石先生为了观察武汉群众对他的心理，于 1 月 9 日到武汉，在数十万群众欢迎大会上，先生受了"何时把政府迁来武汉"的质问和鲍罗廷的批评。愤愤归到南昌后，来电要向第三国际请求撤换鲍罗廷，且不让政府设在武汉。武汉革命的国民党坚决反对，于是政府设在南昌和武昌之斗争极烈。2 月 9 日，国民党湖北省党部及在武汉的中央委员召开积极分子会议，发出了一个紧急通告，以提高党权、反对独裁、发展工农运动、召开三中全会以解决紧急问题为号召，各地党部热烈赞成，遂于 3 月 7 日在汉口开国民党三中全会，由全会决议取消蒋介石先生所创立的党的主席职，以九个常委，并于常委中选三人为秘书，执行中央党务；取消总司令职，以军事委员会总理军务；改选国民政府委员；等等。蒋介石先生则企图分裂国民党，在南昌自立新中央，并于 1927 年的 2 月在庐山召集军事会议，拉拢许多初加入国民党的旧式军人，和他们拜把换帖，结为兄弟。既想利用革命达到向外取得地盘的企图，又想以军事力量限制革命的发展。武汉革命的国民党在三中全会上打击了他这个企图，执行了革命的正确路线，虽然不彻底，仍然推动了革命向前发展。

三中全会刚闭幕，3 月 20 日上海工人三次暴动胜利，占领了上海。由武汉政府任命了上海市政府委员组织了上海市政府。同时第二军、第六军占领了南京，武汉政府势力影响及长江流域以南的半个中国。但革命的危机却更紧迫了。一方面是各帝国主义联合起来压迫革命，并在革命营垒中寻找其同盟；一方面是民族资产阶级更向反革命的方向演化。当革命军攻下南京时，帝国主义者就炮轰南京，这就是中国革命斗争力量新分化的信号。这时，帝国主义军阀的代理人黄郛、王正廷等到了南昌，与蒋介石先生进行接洽。帝国主义者所以实行南京屠杀及最后通牒，为的是要表明：它正在找寻中国资产阶级的帮助来共同反对革命；蒋介石先生所以屠杀上海工人，举行政变，为的是要回答帝国主义的号召，表示他已经准备好了，作为地主买办和大资产阶级的代理人与帝国主义妥协，并一道反对工农。这就是蒋介石先生四月初由南昌到上海屠杀工人和在南京成立反革命的国民政府的真实内容。它对于帝国主义的酬报就是承认帝国主义炮轰南京是合法的?！把张宗昌、孙传芳等受帝国主义的指使扰乱南京之罪，嫁祸于共产党。第二年三月且与各国订约，要通缉共产党员林祖涵。帝国主义炮轰南京后，正苦于武汉政府的抗议，无法答覆，蒋先生去为之解围，一计对付二方面，讨好了帝国主义，打击了共产党。这就是《中国之命运》所谓"英美法意之间，在国民政府迁都南京之后，就于这些事件，都能得到相当的解决"！这不是破坏反帝统一战线，破坏革命，破坏反帝政纲，违反中山先生取消不平等条约的使命吗？是的！这就是他所说的"解放中华民族"，这就是他所"贯彻的三民主义"！这位自封的中山先生的"忠实信徒"还说："在此时期，我们要沉痛回忆国父在第一次全国代表大会的开会词，于此不能不重加复述的，就是开幕词里面所说的，'有一件事要大家注意，就是从前本党不能巩固的地方，并不是有什么敌人用大力量来打破我们，完全是我们自己破坏自己。……所以全党的力量非常涣散，革命常因此失败'。这就是说：没有内忧，则外患便无由侵入，一国如此，一党亦是如此。当国民革命中心力量集中与统一的时期，不独军阀望风崩溃，即列强对中国国家民族的认识，也可以深入一层，外交进行更是顺利。不幸正在这革命成败的重要关头，而国民革命军内部遭遇了分裂，国父付嘱的重任，国民共赴的大业，几至失败于中途，这是一件最痛心的痛史。"骂得好痛快，但正是作者"夫子自道"，自己骂自己，因为这段痛史是这样用血记录着的：蒋介石先生在南昌，即派黄埔学生杨引之到四川，怂恿刘湘制造重庆三三一惨案，王陵基屠杀大会群众数百人，即数岁小学生亦不免。蒋介石先生于 3 月 24 日到九江，嗾使杨虎等流氓捣毁国民党党部，群众请其制止，他还假惺惺地托言"军人不干政"。随即到安庆，而安庆党部被毁。蒋到了上海，帝国主义慑于革命事业的可怕，知道他对革命路线不满，正好利用他在革命内部来分化革命力量，遂勾结蒋以图打倒革命。果然，蒋介石先生于 4 月 12 日先使流氓包围总工会，使与工人纠察队发生武装冲突，他即派兵以维持秩序为名，收缴了工人武装，并惨杀赵世炎、陈延年、陈乔年等许多共产党同志，这比希特勒火烧国会的阴谋还要狠毒。随着就在南京成立反革命的国民政府，与武汉国民政府对立。蒋介石先生又说："在这个时期，使中国国民党的基础几至于破坏、国民革命的生命几至于绝灭的事件，就是民国十五六年间汪兆铭和中国共产党在中国国民党中及国民革命军中积极的进行分化工作。"他还含沙射影地说："我到今天还不明不白，究竟是汪兆铭利用共产党呢？还是共产党利用汪兆铭呢？还是汪、共互相利用呢？"这有什么不明白的，只要把"共产党"改为"蒋介石"就明白了。这有事实可证明：吴稚晖等监察委员说，汪精卫于四月初回上海，即向他们哭诉道："我也是反共的，不过方法不同。我此次到武汉必有所表现，我们是殊途同归。"这还不够说明真相吗？至于汪陈宣言，正是我党机会主义者陈独秀与反革命妥协、背叛革命的证明。"宁汉分裂"的一幕惨剧，不仅如蒋先生所说，是汪兆铭一手造成，而且是汪蒋共同造成，这不是更合乎事实吗！不久后汪精卫也叛变了大革命，汪蒋合作实行所谓"清党"，不仅共产党员即一切革命的战士都大受屠戮。号召国民革命的国民党旗帜，在十年内战中就成了反革命的旗帜了！

四、十年内战，日寇进攻

1925—1927 年轰轰烈烈的中国大革命，以蒋介石、汪精卫的相继叛变而失败了。但是北洋军阀已到了末日，国民党则继承了他们的衣钵，因此他们不被国民党征服，而是投降国民党，摇身一变都成了国民党忠实党员。这时国民党已不是各革命阶级联盟的革命党，而是变成了新军阀官僚买办大资产阶级反动的党了。革命并未成功，军阀混战不断，蒋、汪宁汉之战，蒋、桂之战，蒋与汪、冯、阎之战，兵祸连结者好几年，国内四分五裂的局面始终存在，如两广，如云贵，如四川都是和南京政府对立的。因为都打国民党旗帜，蒋介石先生就自以为是统一了。

大革命失败后，蒋汪合流的"清党"，是帝国主义者、封建军阀和大资产阶级所结成的反动营垒，联合一切反革命势力，给中国工农的严重打击。蒋汪的背叛和进攻，曾经破坏了许多革命的中心，高压了工人运动，扰乱了中国革命共产主义先锋队的队伍，屠杀了一大批领导工农斗争的干部，使得城市中已不能容革命者立足。但已经发展的工农运动，特别是乡间的农民对于反帝反封建的革命还是汹涌澎湃地进行，因而湘、赣、鄂、豫、川、陕、闽、粤等边区才有土地革命的斗争。共产党领导了这些革命群众，建立了没有帝国主义，没有封建军阀，实行民主政治，造成独立、自由、民主、幸福的崭新的苏维埃区域。这是中国广大工农劳动群众艰苦保存革命力量的象征，也是现在中国能坚持抗战到六年的真实力量。蒋先生对于共产党和工农革命这样痛恨，必欲消灭而后快。他治下的南京政府不是去实现中山先生开国民会议及废除不平等条约的遗嘱，所极力图谋的是如何反共、反人民，如何集中兵力向苏维埃红军进攻。他聘请德国国防军将领塞克特来计划进攻红军和德国警察厅长来传授特务训练，组织暗杀团、蓝衣社、CC、复兴社等法西斯团体来排除异己，危害人民。他咒骂工农土地革命是"封建割据"，是"暴动"，无数次的进兵"围剿"。并反诬说："军行所至，赤地千里，以破坏我国和平的农村。"其实，这就是蒋先生一百万"剿共"军的德政呀！共产党坚持反帝反封建，究何负于国家民族？可蒋先生对外抛弃了中山先生的联俄政策，甚至与苏绝交；对内抛弃了联共和扶助农工，集中极大兵力向苏区进攻。蒋先生在三次"围剿"时说："不灭红军，誓不生还！"又说："不消灭共产党，死不瞑目！"先生之志则大矣，先生之欲则不达。共产党始终并未如你所愿望的被消灭，反而在斗争中更壮大了！

当国内连年内战，蒋先生疯狂"剿共"之时，日寇于1931年"九一八"突然进攻，一夜就亡了东三省，随即又有"一·二八"日寇在上海的进攻与十九路军的孤军抗战。国家危殆极了！而蒋介石先生还命部下撤退不抵抗。我苏维埃政府和红军提出停止内战、一致对外的三个条件，愿与国民党任何军队共同抗日，不惟未得国民党的答覆，反而加紧"剿共"。宁肯与日寇订立《上海协定》《溏沽协定》《何梅协定》等等一长串丧权辱国最可耻的条约，以"攘外必先安内"为口实，坚决进行内战。日寇着着进逼，由东三省而热河，由热河而平津，由平津而华北五省，大好河山殆将送尽；而蒋介石先生的不抵抗政策，南京政府仍坚决执行。民众不能忍受了，红军于1935年北上抗日，不惜作二万五千里之长征。又于1935年发出"八一宣言"，再一次号召停止内战，一致抗日，得到了国内外同胞的欢迎。1935年"一二·九"北平学生要求抗日的大运动，风动了全国。而蒋介石先生却视为士气"浮嚣"，以惩治为名大大屠杀爱国青年，使"爱国有罪"的冤狱遍于全国。爱国军队群起要求抗日，前后有福建事变，两广出兵，可是这一切都不能改变政府的不抵抗政策。蒋先生反骂一切爱国运动的人为"催战论"，比之为"明末亡国的罪人"。

自九一八事变以来，中国内政、外交上都在两条战线上斗争。一条是广大民众的要求为我党所代表的抗敌的路线；一条是没落特权阶级为国民党统治阶级所代表的投降的路线。民众要求继续大革命未完成的反帝反封建的事业，以对外坚决抗战，对内停止内战，实行民主，联合各党各派结成抗日民族统一战线，以求国家的统一。只有决心抗战才能求得国家统一，只有国家统一才能实行抗日，两者是不可分离的。而国民党则以"攘外必先安内"，以反共为第一，采取不抵抗政策，让日寇着着前进，并压迫抗日言论与行动，为日寇肃清道路。例如《新生》登了《闲话皇帝》，竟奉日本之命令，封报馆，囚主笔。"救国会"发表宣言，主张停止内战，团结抗日，则逮捕其领袖七人，投诸牢狱。宋庆龄、蔡元培等组织保障人权大同盟，竟暗杀其秘书长杨杏佛。至于屠杀男女青年，活埋文艺作家，更不知凡几。这和清末的"宁赠友邦，不予家奴"有何分别？政府动员百万大兵"围剿"红军至五六次之多，这与袁世凯、段祺瑞、吴佩孚的武力统一又有何分别?！

蒋先生为他抗战前的对日投降辩解，瞎说一阵外交和备战的苦心，这完全是骗人的。什么外交政策呢？当五卅惨案发生后，我们讨论宣传政策时，戴季陶就提出过"联络日本，单独对英"的口号。力说中山先生常说英国才是中国的真正敌人，中国之沦为半殖民地，完全是由于鸦片战争及其后英国对中国的统治，其它各国都是次要的。所以我们要联络亚洲各民族反抗白种人的统治，日本是亚洲黄种人的唯一强国，所以我们要联络日本，单独对英。这不和日本宣扬的大亚细亚主义、中日共存共荣同一个调子吗！蒋介石先生的外交就是戴季陶的降日政策。所以，自济南五三惨案以来，一贯的对日本退让，蒋先生说："五三事件，国民政府与国民革命军受尽了日寇的侮辱……今日只有忍辱负重。"既是如此，他又真正备战吗？蒋先生1934年7月在庐山军事训练团讲话说："他（日本）军事上的真正目标不是在我们中国。……他现在陆军的目标是苏联，海军的目标是英美，日本为要并吞我们中国，必须先征服俄罗斯，吃下美国，击破英国，才可达到他的目的，这是他们早已决定的国策。"蒋先生解释日寇"共同防共"时还说："日本帝国主义以我东北四省为据点，蚕食中国领土，挟持中国政府与欧洲轴心诸国互相策应，集中东西的兵力来夹攻苏俄。"蒋先生把日寇的大陆政策解释得对中国无害，或害处很小，似乎日寇的占领中国北部是为"防共"，是"为东亚不为共产党侵入而战"，是为了进攻苏联军事上的必要。只要不再南下妨碍他小朝廷的存在，一切都可以忍，可以妥协。偏偏日寇不照蒋先生的妙算，使他不解日寇何以要"更积极的向我们中国借口挑衅，横施压力"？其原因正在日寇分裂中国的阴谋节节得逞。欺侮中国人无团结的可能，有汉奸之可用，所以乘我不能统一的弱点，敢于轻视中国，肆无忌惮地玩弄种种把戏。殊不知中国已有马列主义的共产党与大革命和土地革命的斗争，已经把广大人民唤醒了，改造了。中国已经不是少数统治阶级可以把四万万五千万人葬送的时代了。全国人民坚强的抗日意志和中国共产党所提出的抗日民族统一战线的号召，促成了1936年双十二事变的发生，西安爱国士兵把蒋介石先生及许多要人扣留，坚决要求抗日。我共产党中央以国家民族利益为重，恐处理不当于我党号召的抗日民族统一战线有碍，派周恩来同志急飞西安，保全蒋先生生命，使这事变得以和平解决，闪现了全国团结抗日的曙光，终于使抗日民族统一战线得以成立。这是在中国历史上破天荒的一件大仁大义大智大勇的诗史。中国能够精诚团结坚决抗战，迄今已坚持六年之久，就是由于我党这种至诚感人的事实所感召，绝非如《中国之命运》所说，是一个什么伟人"深谋远虑""忍辱负重""委曲求全"等等谎言所能够贪天之功的。如果照国民党的"不抵抗"和"和平未到绝望时期绝不放弃和平"的政策，中国的土地、主权，必至早送尽了。

五、新民主主义与法西斯主义两条路线的斗争

蒋介石先生说："自七七以后，全国上下在不变的国策之下，人心振作，民意集中，社会的风习，政治的气象，莫不丕然焕发。"并且吹了许多"原定计划""预定计划"的牛皮。再三强调他所谓的"既定的国策"，如何不被"浅薄鄙陋、浮嚣狂暴之流所煽惑而破坏"，"乃能发动全面的长期抗战"，"而我国于此乃列为四强之一"。甚至说："他（日本）的国策与战略，自开战以来，始终是受我们的控制。"

不错，七七抗战以后，中国的面目焕然一新，但决非由于蒋先生所谓的"不变的国策"。如前所述，三民主义有它的历史变化。中山先生的革命的三民主义即联俄、联共、扶助农工三大政策的三民主义，曾经因为同共产党合作与坚决执行而取得人民的信仰，发动了1925—1927年的胜利的大革命，又曾经因为排斥共产党（清党运动）实行相反的政策，即反苏、反共、压迫工农的政策，而失去人民的信仰，招致革命的失败，陷国家民族于危亡的地位。现在则因民族危机与社会危机极端严重，国民党已不能照旧不变的统治下去，全国人民与国民党中爱国分子因而有两党合作的要求。因此重新整顿三民主义的精神，恢复联俄、联共、扶助农工三大政策，在对外独立解放的民族主义，对内民主自由的民权主义与增进人民幸福的民生主义之下，两党重新合作，并领导人民坚决的实行起来。这就是我党宣言为三民主义的实现而奋斗的意义，是完全适合于中国革命历史底要求的。正是因为采纳了我党抗日民族统一战线政

策，变国民党不抵抗的政策为抗战的政策，全国才有了生气勃勃、欣欣
向荣的气象。

蒋介石先生把一切事情都称为"预定计划"，不仅战事之胜是照"预
定计划"进行，即战事之败也是照"预定计划"进行。自以为很巧妙，
好像世界上一切的人都不如他聪明，中国之所以能发动抗战，长期抗战，
以及日寇国策与战略的变更，都是他的"神机妙算""既定国策"所致。
试问：中国大部分的锦绣河山都已沦于日寇之手，是否也是蒋先生的
"既定国策"呢？如果照你的"攘外必先安内"而不接受共产党抗日民族
统一战线的国策，能够有全国一致，团结抗战，坚持到六年以上的成绩
吗？如果不是你要想消灭的共产党、八路军、新四军在敌后拖住了敌人
半数的兵力，你能保持西北半壁吗？如果不是共产党随时揭破投降妥协
的阴谋，号召全国人民来反对，你能保不有更多的汪逆出现吗？如果不
是由于我不愿作亡国奴的同胞奔走呼号，流血牺牲，受到全世界正义人
民的尊崇，英美能取消对我国的不平等条约吗？如果不是中国军民坚持
抗战，成了世界反法西斯野兽的急先锋，中国得列于世界反法西斯民主
同盟的四大强国之林吗？中国之所以有今日的局面，完全是由于我全国
同胞不愿当亡国奴，与卖国的"不抵抗政策"誓不两立，接受了共产党
号召，终于迫使政府不得不抗战所致。岂是某一个什么伟人"圣神文武"
的赐予。相反，如果这人违反国家民族的迫切要求，妄图强行武力统一，
专横一世，那必然要危及中国之命运，他也必将自取灭亡。

中国之命运乃是一最严肃的问题。它不是关于一二人或少数人的盛
衰荣辱，而是关于四万万五千万人民的生死存亡。它必须由马列主义真
理所得出的社会发展规律来决定。马列主义最好的真理就是辩证唯物论
和历史唯物论，它认为社会发展有一定的规律，不应拿"卓越人物的善
良愿望"或"德性""普遍道德"等等的要求为根据去研究社会的发展，

而应当以社会发展的规律为基础去研究社会的发展。社会历史、社会生活也和自然界一样，它的发展的规律是客观的真理，可以用科学方法得出确实的论据。不管社会生活现象如何复杂，社会历史科学都能成为例如生物学一样的实验科学。因此，只有把科学和实际联系起来，理论和实践联系起来，才能找到我们的指路明灯。中国之命运只有以科学的方法，本社会发展规律去研究，才能得出正确的论断。毛泽东同志的《新民主主义论》，就是这样一种科学的研究，它所指示的中国发展和前途，才是一条正确的路线，一条生路。而蒋介石先生《中国之命运》所指的道路，不但与新民主主义相反，也与中山先生的真三民主义相反。它是中国式的买办的封建的法西斯主义，是一条亡国灭种的路线，是一条死路。于是，我们就面临着这样两种前途、两种命运的斗争。

抗战以来，我们原期望国民党于国家危急存亡之秋，惩前毖后，翻然改变其错误政策，本中山先生真正的三民主义与我党和全国人民一起，切实推行，以救国家之危难，以图人民之幸福。抗战之初，国民参政会初成之际，全国欣欣向荣，原有达到此企图之希望。不幸蒋先生反共之成见未除，《防止异党活动办法》《共党问题处置办法》……种种秘密计划、秘密命令不断地发出。平江惨案发生了，确山惨案发生了，甚至表面调新四军渡江，实际即乘其移动，以十余师兵力围歼于茂林，自军长以下不被屠杀者皆为俘虏，演出可痛的皖南事变。国民政府公然诬新四军为"叛军"，取消其番号，囚禁其军长，竟不料"莫须有"的奇冤，又重演于今日。而新四军直到今日以至今后还是坚决在敌后抗日，无一兵一卒降敌；而所谓国军，投敌的高级将领已有三十三人，政府不但不讨伐，反为之辩护。是非之不明，赏罚之颠倒，至于此极，真是超越古今。八路军在敌后抗战，拖住了敌人在中国一半的兵力，竟不发一饷一弹，一切杀敌斗争的英勇事迹，全被封锁，不许刊登。即我党机关报偶登一二消息，亦必迫使以空白来代，使人不知有八路军、新四军、边区等名称。我党以与国民党共同来实行真正的三民主义已经无望，只得于敌后，于自己势力所及的陕甘宁边区认真实行。发布施政纲领，实行"三三制"的民主政治，精兵简政，减租减息，发展生产，加强教育，切实保障人权等，使人民安居乐业，足食丰衣。虽然反共分子顽固分子不断制造磨擦，屠杀我党党员及和平居民，我党以大敌当前，隐忍为国，以图团结而获得最后的胜利。而当权的少数国民党官员不惜倒行逆施，在其统治区内压迫青年，使全国政治法西斯化，强迫人人入党，入三青团，派遣大批特务侵入我党我军我边区进行危害工作。毒害我中华民族优秀的儿女，奸灭我不愿作奴隶的人民，妄图使国家民族再沦于万劫不复之浩劫，真是罪恶滔天；现在又以反动之《中国之命运》欺骗人民，作为解散共产党、消灭边区的"舆论"准备。据蒋先生的申诉，今日不是要不要民主而是民主太多了，且来看看蒋先生的"民主"吧：大批进步的书籍被禁了，书店查封了，出版物在"贻社会以不良影响"的借口下大量被查禁了。连说公道话的国母孙夫人也变相的被囚了。甚至"拥护革命的领袖""拥护抗日的领袖"也不准说。因为"革命"和"抗日"这字眼刺激了他，似乎要"贻社会以不良影响"，因此应纠正为"拥护领袖"，不管这领袖是不是革命，是不是抗日，反正拥护就是，不拥护就该杀。在国统区，真是拉转到了专制皇帝的时代。但蒋先生还是有他的"民主"的：特务头子张涤非等九个人开了十分钟的反共会议，不也是他的"民意"吗！大批文丐、革命垃圾、汉奸、准汉奸的血口喷人、造谣生事，不也说是"民主"吗！！特务横行不法，毒害青年，甚至还有杀人的自由，不也说是"民主"吗！！！

另外，蒋先生又指责八路军、新四军为"奸军"，应取缔；边区为"封建割据"，该取消。奸也者，与敌私通之谓也！我们查查敌人的军簿上，被蒋先生视为"奸军"的八路军、新四军并无一人；而所谓"忠军"的国民革命军，单将字号在敌人那儿服役的就有二三十位之多。我八路军、新四军在敌后英勇抗日，不得政府一枪一弹，他们艰苦地自力更生，与人民打成一片，使人民与武力结合变为人民的军队，在敌后不断作生死搏斗，抗日战绩实可惊天地而泣鬼神，谁忠谁奸事实太明显了，究竟谁应该取消，谁应该存在呢？！

至于陕甘宁边区和各抗日根据地，陕北的荒山老林，是红军到后才开拓的；抗日根据地是从日寇铁蹄下夺来，自己建设的。蒋先生竟骂为"假'民主'的口号，掩护其封建与割据；以'自由'的口号，装饰其反动与暴乱"。试问，当孙中山先生在广东屡次企图建立革命根据地，不也是被北洋军阀骂为"封建割据""破坏统一"吗？如果不是有中山先生这种割据，得训练出黄埔的军事人才，以武装革命来反对武装反革命，能推倒北洋军阀，能有今日的国民党吗？蒋先生真是"痴奴学得胡儿语，又学胡儿骂汉人"。边区和抗日根据地真正实行了中山先生耕者有其田，无封建的佃农关系，无枷锁般的保甲制，无捆绑摧残的壮丁，没有小学教员空肚子上课和大学教授赤膊等衣干的现象，没有狗进饭馆人吃人的现象。这儿厉行廉洁政治，民主施政，全体军民努力生产，不劳动者不得食，消灭了土匪、流氓、乞丐，军拥民，民拥军，党政军民团结一致，为民族独立、民权自由、民生幸福的三民主义而奋斗！为驱逐日寇出中国而战斗！这样的"割据"比起蒋先生的文明一统如何呢？我想：这种"割据"还是对的，各抗日根据地还嫌太小，多几个这样的地方才更好哩！

现在，世界反法西斯战争正在取胜，中国抗战还在紧要关头，需要全国更加努力来争取最后胜利。中国和世界各民主国家结成了反法西斯统一战线。我们知道"战争是政治以另一种（即暴力）手段的继续"，也可以说是政治路线的斗争。现在进行着的世界大战，就是法西斯主义的政治路线与民主主义的政治路线的战争。在这次世界大战中，自由主义与共产主义团结在民主旗帜之下，共同反对要把世界拉到野蛮、暴戾、暗无天日的中世纪去的血腥的法西斯主义。这是光明与黑暗的搏斗，这是两条殊途的生死斗争，丝毫不能含糊。中国既然是同盟国之一员，那就不应该反对他同盟的共产主义，而要真正的反法西斯主义。不幸蒋介石先生顽固地以反共为中心，以法西斯的"理论"为依据，难怪《中国之命运》一出，日寇法西斯和汪逆即引为同调，加以赞美和讪笑。例如7月13日同盟社东京电："《中国之命运》一书，如果说其论述之方向，那是没有错误的。但由日本人观之，它只是重复了已为帝国声明说尽了的大东亚新秩序论，迎合大亚细亚主义，抄袭汪精卫之和平建国论。此书之价值，仅在于顽冥的蒋介石自供了这些东西，以及自己将其对自己不吉的预言书公诸世界。"国民党方面不仅不以为耻，国民党的机关报《中央周刊》，还把蒋先生列在世界六大"伟人"之列，而以希特勒为创造时势的第一"伟人"！蒋先生也是位造时势的"英雄"吧，他的书中预言说："中国命运其决定即在此抗战时期，而不出这二年之中。"看来，不待世界反法西斯战争胜利结束，他就要继希特勒之后，发动反共内战了！在《中国之命运》问世的同时，7月6日中央社广播特务头子张涤非伪造的"解散共产党""取消边区"的"民意"。各地也依法炮制，文电纷驰，叫嚣不绝。同时，蒋先生撤河防军队包围边区。汉奸吴开先等到重庆，日寇诱降之说甚盛。这一切的一切都表明他要制造内战，要拖住全国人民走上死亡之路。

中国广大民众已经有了四十年近代革命的经验，已经不是容易欺骗的了。虽然近百年来受不平等条约的束缚，帝国主义的侵凌，沦于半殖民地的奴隶地位。可是，他一旦接受马列主义的普遍真理，并使它和中国革命的具体实践相结合，就使中国革命的面目为之一新。中国共产党就是这种结合的产物。我党积累了廿二年丰富革命斗争的经验，已经是有八十万党员、五十万军队，精诚团结在精通马列主义的英明领袖毛泽东同志旗帜之下，并且有数万万群众拥护的党。如果反革命的法西斯、顽固分子敢于向我们的抗日根据地，向中国唯一的一块干净土，向民众自由民主、丰衣足食的乐园伸出它的猪嘴来，我们一定打碎它的脑袋！

我们是始终坚持团结，反对分裂，坚持抗日，反对内战。我们不仅愿与国民党共同抗战，而且愿与合作建国。我党去年"七七"宣言和屡次宣言已说得很明白。我党素以国家民族为重，对于蒋先生的谬说，不愿硁硁与之较短长。但是，如果国民党少数变相的法西斯主义者及敌人第五纵队的特务走狗等不顾国家民族，硬要发动内战，硬要把黑暗的"中国之命运"强加给人民。我们党和不愿走这条死亡道路的各党（包括真正实行三民主义的国民党）各派及全国广大人民，一定誓死为我们社会发展的正确道路——新民主主义而战！

现在法西斯的祖宗墨索利尼已倒台，希特勒也到了末日，日寇不久也会倒台。胜利是中国人民的。谁敢效法法西斯，谁就必遭毁灭。如其不信，被打断了脊骨的希特勒就是下场。

中国革命胜利万岁！

世界反法西斯胜利万岁！

国民党改组前后和大革命的失败 *

（1943 年）

一、国民党改组以前

国民党是在辛亥革命后，于一九一二年八月，由同盟会联合统一共和党、国民共进会、共和实进会、国民公会所组成，目的是为争国会选举的多数。其成分非常复杂，许多官僚、军阀、买办都拉来入党，甚至袁世凯最下流的走狗赵秉钧也加入国民党，成了一个无所不包的垃圾堆。因为主张政党内阁，竟至把袁世凯派的阁员都加入国民党以作国民党的内阁，岂不滑稽！其政纲不仅把同盟会的平均地权取消，而且也把男女平权取消，以至唐群英殴打宋教仁。第一次国会选举，国民党固然占了三分之二的大多数，但因袁世凯操纵收买，连国民党想选一个议长都选不出来，不待二次革命、袁世凯解散，而国民党早已破产了。

一九一三年二次革命失败后，中山先生愤恨党员不服从他的命令，坚决要改垃圾堆的国民党为中华革命党，以继承同盟会的精神来继续革命。这自然是他比黄兴、宋教仁等高明，但他只知道革命的党要有统一的意志，严格的纪律，而不知道只有思想的一致、目的的明确、行动的统一，党员对党任务的自觉态度作基础，才能实行铁的纪律。而且要有革命的理论，才能有革命的组织。革命的党、战斗的党，必须有坚强的

---

* 录自《红色往事：党史人物忆党史》，济南出版社 2012 年版，第 53～63 页。

核心作领导，必须是民主集中制，可是中山先生只要集中而不要民主，而且要党员绝对服从他个人，并要举行落后的会党式的打手模，这就引起了许多新旧党员的反对。至于革命理论方面，中华革命党只以实行民权、民生两主义为宗旨，目的在反对袁氏的专制，更无多的阐述，没有说明革命的性质、动力和前途，至多也不过是欧洲十八、十九世纪资产阶级民主革命的旧理论，对于二十世纪帝国主义时代中国这样的半殖民地半封建的国家的革命是不适合的。

中山先生在他数十年的革命斗争中，是一个很坚决的革命实行家。我自他创立同盟会以来就和他共同奋斗，我是很佩服他的。但我们要"好而知其恶，恶而知其美"，不歪曲事实，不阿其所好，才不至违背客观的真理。中山先生固然意志很坚强，他是代表革命的左派，但他所反对的几件事情，结果还是向黄兴等右派让步，甚至和他们合作。如右派妥协的行动，第一件是黄兴在南京政府即开始与旧官僚及大绅士合作；第二件是包围孙中山让权袁世凯并政府北迁；第三件是孙、黄到北京和袁世凯筹商国是，协定什么内阁大纲八条；第四件是解散同盟会与几个非革命的政团合组国民党；第五件是向袁世凯要求组织袁派阁员都临时加入国民党的国民党内阁。这些妥协的责任，大部分固应归之右派，而左派的领袖中山先生为什么也尽量容纳右派的主张与之合作呢？直到民国二年，国民党完全失败，中山先生才公开指责党员不服从他的主张，才断然与黄兴派分裂，另组中华革命党。到了一九一九年又改名中国国民党，以别于从前的国民党，以实行三民主义为宗旨。

自民国成立以来，大家都认为革命没有成功，还须进行革命，但革命的目标是随时变换的。袁世凯专横称帝，则用"讨袁"或"护国"的口号；段祺瑞专横，国会解散，则用"护法"的口号，还有"讨徐""讨曹""讨吴""反直"等口号。最奇怪的是段祺瑞一手造成的张勋复辟，而他又在马厂誓师讨伐张勋，官僚徐世昌等称这一幕儿戏战为"再造共和"，为"革命战争"，革命的意义混乱了。这一时期，始而是北洋军阀为消灭南方革命势力，以维持国家统一为名而战，继而是北洋军阀与南方新兴军阀战；随后北与北战，南与南战，或以为统一法纪而战，或以为省自治逐客军而战，演成军阀混战局面。而一般官僚政客、卖身议员，法统之战、制宪之争，闹得一塌糊涂，一般民众真不知何所为，不知如何才能找得一条中国的生路。

无论中华革命党或中国国民党，中山先生在改组以前的政策，都是以军事行动为主，轻视民众的力量，因为注重军事，故不惜与失意的军阀、官僚、政客联盟，不仅南方的陆荣廷、唐继尧、岑春煊等，就是北洋军阀段祺瑞、卢永祥、张作霖等也都曾合作过。而结果不但受他们侮弄欺骗，甚至自己培植起来的陈炯明都直接叛变；就是他最亲信的陈英士，也不过是军阀而兼有流氓政客的才能罢了。因为轻视民众力量，不仅不作民众宣传，不援助罢工工人，甚至他的敌人吴佩孚屠杀京汉铁路工人，也未曾发过宣言来声罪致讨，对轰轰烈烈的"五四"运动，未曾表示拥护的意见，尽管这是打击他的敌人段祺瑞。相反的，对于当时的北京学生会派来的代表，初拒绝接见，及见后反大加批评，这就模糊了革命的面目，失掉了革命阶级的立场，即不为人痛恨（因为未得过地盘和政权），也已为人轻视。尤其是对于新文化运动及白话文的反对，违反了新时代的潮流，失掉了青年的信仰，国民党已为人所鄙弃厌恶。因此，当时的内政外交如此混乱，军阀混战如此频仍，已无人想寄托革命之重任于孙中山先生和国民党。这并不是偶然的，是因为中山先生这时的三民主义，对于民族则只在推翻满清（所以中华革命党不要民族主义），而不许蒙古独立，还是大汉族主义，而且有由家族发展到国族的糊涂思想。对于民权主义则要经过军政、训政时期才能实行宪政，把民众当阿斗而自己作诸葛亮，看不起民众，主张愚民政策的"行易知难"的唯心论。对于民生主义则反对马克思的阶级斗争学说，而以马克思为社会病理学家而他是社会生理学家的武断"学说"，而且常要郑重宣言保护外人生命财产、履行条约义务等，甚至还要联美或联日来革命，使人几乎不能认识是一革命的人而是反动的人了。这是由于他不承认马克思主义的科学的宇宙观和人生观。

　　但是，正如毛泽东同志说："灾难深重的中华民族，一百年来，其优秀人物奋斗牺牲，前仆后继，摸索救国救民的真理，是可歌可泣的。但是直到第一次世界大战和俄国十月革命之后，才找到马克思列宁主义这个最好的真理，作为解放我们民族的最好的武器，而中国共产党则是拿起这个武器的倡导者、宣传者和组织者。"（《改造我们的学习》）一九二一年中国共产党诞生，用马列主义的方法指出中国革命的前途，指出中国革命的性质是包含对内对外两个方面，是帝国主义时代半殖民地的国民革命（或称民族革命），而且是世界革命的一部分。"决定中国革命性质的基本事实是：（甲）中国的半殖民地地位和帝国主义的财政经济的统治；（乙）因军阀和官僚的压迫而加重的封建残余的压迫；（丙）千百万工农群众日益发展的反封建官僚压迫、反军阀、反帝国主义的革命斗争；（丁）民族资产阶级在政治上的软弱性，它对帝国主义的依赖性，它对革命运动规模的恐惧；（戊）无产阶级日益增长的革命积极性，无产阶级在千百万劳动群众中的威信的增长；（己）中国邻邦无产阶级专政的存在。"（斯大林）因此，我党就提出革命的目标是打倒帝国主义及封建军阀，革命的动力是工人、农民、小资产阶级、民族资产阶级，而革命的领导要有列宁的布尔什维克的坚强的阶级先锋的党来作核心，与各革命阶级结成联合战线，只有这样才能获得胜利。这样一来，就为中国革命开一新纪元，革命青年生气勃勃，尤其工人运动高潮，如火如荼的罢工威力，震动了全国。

中山先生毕竟是一个革命家，看见了共产党这个新生的蓬勃的革命力量，就想得其援助以一新他的腐朽的国民党。我党也以为国民党有革命的传统，而且可以结成工农、小资产阶级及民族资产阶级的革命联盟，也愿意与国民党合作。经过我党代表和林伯渠同志与中山先生接洽，同时苏俄的代表马林、越飞先后到桂林、上海，与中山先生联络。中山先生遂毅然"以俄为师"，并依靠工农广大的力量来进行革命，遂确定联俄、联共、扶助农工三大政策，重新以适合现状之要求来解释三民主义，以列宁的共产党的组织方式来改组国民党。当时国民党内许多人都反对，中山先生愤然地说："你们都反对，我就一个人去加入共产党。"可见中山先生真有革命的精神，值得大家的尊敬。幸而这时有廖仲恺先生是真正认识了改组的意义，为诚心诚意赞助中山先生改组的一人。一九二三年一月二十六日，中山先生与越飞共同发表宣言后，因越飞赴日养病，遂派仲恺先生与之同行，在日本热海花了一个月工夫，拟定了改组的一切计划。一九二四年一月，国民党改组后第一次代表大会于广州举行，发表了有名的第一次全国代表大会宣言，从此，就给了国民党以新的生命。

二、国民党改组以后，革命路线与反革命路线的斗争

自从中山先生改组国民党，国共合作成立，革命的动力集中了；以反帝反封建军阀为对象，革命的目标确定了；以联俄、联共、扶助农工三大政策的三民主义为革命的原则，革命的理论正确了，这样就推动了革命大踏步前进。

中共加入国民党时，就有"左"、右倾的两种错误思想。陈独秀领导的右倾思想，赞成加入国民党，同时主张"一切工作归国民党"，共产

党不应该有什么独立的工作。甚至说"中国共产党早生了五年",这无疑是取消主义的思想。同时有张国焘一派"左"倾的思想,则"反对在劳动群众中发展国民党的组织,主张工人应该在自己的政党旗帜之下参加民族革命,若加入资产阶级性的国民党,便不免有混乱无产阶级思想的危险"。他们起初反对加入国民党,后来赞成,但要保留产业工人不要加入。这是一样的不了解与资产阶级争夺革命领导权的策略。

这两派主张的根本思想,都是机会主义的"二次革命"的理论。前一派认为现在是资产阶级民主革命,无产阶级应该帮助资产阶级,将来的社会主义革命,等到将来再说,所以甚至觉得共产党都可以取消。后一派则认为现在是资产阶级民主革命,我们固然应该参加,可是我们的任务是准备将来的社会主义革命,所以产业工人决不应该加入国民党中去受资产阶级思想的洗染。这两种思想都是把资产阶级革命与社会主义革命看做有一座万里长城的隔离,而不知从资产阶级革命转变到社会主义革命的马列主义的路线。

因有这种机会主义路线,对资产阶级采取让步,要避包办国民党之嫌。

一九二五年冬发生西山会议派,同时民族资产阶级已有反动端倪,已经开始反对工人阶级斗争,极力控制共产党,而陈的路线乃认代表半封建势力的西山会议派为右派,而以戴季陶思想为中心的资产阶级为中派,采取向中派让步以孤立右派的策略,实际上对右派也一样让步。当时广东的党,一方面反映着阶级斗争的发展,另方面在广东的国际代表鲍罗廷在那时还能相当执行国际的指示,于广东党与中央在许多问题上发生过争论。当时广东党的路线,一方面发展群众的组织与斗争,另一方面在国民党内采取不断地向右派进攻的政策。一般人叫它为"剥笋政策"。征服了商团事变之后,马上肃清东江,削平刘、杨,继续又驱逐胡汉民、许崇智等。左派与共产党的势力一天天地发展起来，机会主义的中央却天天斥责广东太激进了，叫广东的党破坏了中国民族革命联合战线。最值得记忆的一次争论，就是在国民党第二次大会以前，广东党坚主反对右派，把当时九个著名的右派领袖，如戴季陶、孙科等都驱逐出广东，并且准备在这次会议上把国民党造成左派与共产党联合的中央。可是当时中央的主张，却确实与广东相反，认为当时革命形势（郭松龄反奉失败后）在全国各处都受到了打击，因此必须向右派让步，以保持联合战线。于是广东驱逐出来的右派领袖孙科、叶楚伧、邵元冲等到了上海，中央却马上与他们实行"谈判"（一九二五年十二月），并订立了极可耻的条件：（一）共产党员在国民党各级党部指导机关中不得占过三分之一的人数；（二）由共产党中央命令广东党部延迟二次大会，等候这些右派领袖回到广东以后再开，于是这些右派领袖又回到广东参加二次大会。

二次大会胜利地完成了许多任务，但以中央的让步路线与张国焘的不正确领导，没有达到共产党占中央委员三分之一，及左派占三分之一多和不要右派的目的，反而使右派占了三分之一以上（十五人），左派反而比右派少了，这就使左派势孤而右派得势了。孙科、戴季陶等都为中委，而蒋介石更为他们利用来打击左派，戴、叶、张静江等与蒋勾结，孙文主义学会阴谋百出，于是三二〇事变发生了。

三二〇事变完全是蒋的阴谋，竟设一圈套把中山军舰骗到黄埔，逮捕舰长李之龙，大捕共产党的党代表，监视苏联军事教官等（当李之龙因中山舰案被捕消息传到此间时，我们因为李最近曾受留党察看的处分，以为他已加入反动派了。后来见报载中山舰案乃是李之龙受命于共产党的倒蒋阴谋，我们更觉得离奇，最后接恩来来信，才知道李之龙上了反动派的圈套）。蒋是极阴险狡诈的右派，而我们误认他为中派。这一事变的意义是资产阶级要先打击无产阶级的力量，取得国民党的领导权，然后再行北伐，使北伐的结果完全符合他们一个阶级的利益。

在这一事变中，广东党与中央又有不同的意见。第一讨论这事变的原因，广东党认为是"当进攻而没有进攻"的结果，中央则反是，认为是"当退步而没有退让"的结果。第二个争论是对于三二〇事变的策略，广东党认为"退出国党就等于放弃群众，放弃革命的国党旗帜给资产阶级，这就是莫大的损失。这时应采取暂时让步，以保留在国党内，同时积极准备新的进攻，以夺取领导权"。另外上海有少数同志，认为是莫大耻辱，应即退出国党。当时陈独秀却有第三种意见，就是有名的"办而不包，退而不出"，这话的意思就是说：三二〇事变是共党的激进政策，是想包办国民党的事逼出来的，所以以后只应"办而不包"，马上退出国党是错的，但一定要向右派退让，所以只要"退而不出"——这是奴服资产阶级的机会主义的精神。

三二〇事变已经在事实上充分暴露了资产阶级的动摇与反革命的必然性。共产党经过这一事变的教训，应该更坚决地在政治上扩大自己的政治影响，积极争取小资产阶级群众，尤其要争取农民与士兵群众，使之团结在无产阶级周围，并切实批评资产阶级的动摇，积极领导群众斗争，准备自己的力量，以镇压不可避免的资产阶级反革命的到来，以夺取这一革命联盟到自己领导之下。广东省委当时对于与国民党关系的策略，虽然比中央的投降路线要正确些，但是对于扩大群众基础的工作也不十分坚决。北伐开始的时候，曾向中央提出这样的问题："在北伐过程中，到底准备推翻蒋呢？还是拥护蒋？"广东是主张前者，可是中央答复得妙："不是推翻蒋，也不是拥护蒋。"总之，这是"既然要联合战线，就应当自己让步"的机会主义原则在作怪，绝不懂得"要联合又要斗争"的原则。这次我们与国民党二次合作，如果没有毛主席的"要团结又要斗争"而实行了"一切服从统一战线，一切经过统一战线"的原则，那就不会有今天我们的胜利！

三二〇事变，这时联共中央认为："必须使右派退出，或开除他们出国民党。"然而，左派自己认错，让右派气焰更高，汪精卫出走，蒋更得势。五月十五日，国党二中全会，蒋主持，提出"党务整理案"，并议决选举中央主席（原来国民党改组是仿效联共的民主集中制。中山在众推他为总理时固辞。他在列宁逝世时很沉痛地说："政党之精神在党员全体，不在领袖一人。"他因列宁之死而触情感怀，似乎是预知他不能久领导党员，而望能实行民主集中制。现又设主席，违反中山先生之意了），西山会议的精神，一部分实现了，反动派还并不因此而骤然得势。孙科提禁止国党有左右派之分的案，遭否决。事前有共产谣言、军事暴动谣言、银行挤兑，但这时左派与共派联盟很固，民众赞成左派，单此一案还不足以决定国民党中央之右倾，还有"团结革命分子与反动派等战斗"之宣言。这是表明蒋之势力未充，还想借革命势力达他的愿望。他是上海交易所的老板，最富于投机权术。所以北方军阀"反共""反赤"，蒋介石先生当时也是大骂他们的呀！

三、北伐胜利与革命阶级的分化

一九二六年正月，国民党二次代表大会刚开，广西就拥护国民政府，两广统一了。随后贵州黔军两军参加国民革命军，湖南唐生智率军来归，这是革命军事力量的发展。

自五卅上海惨案发生以来，罢工风潮愈趋激烈，广州、省港罢工委员会成了国民政府的支柱，各地工人运动蓬勃发展。一九二六年五一召开的第三次全国劳动大会，有组织的工人已经有一百二十四万一千余人，这是革命的骨干。这是工人运动的大发展。

广东农民协会成立，声势已大振。湖南农民运动虽还在秘密时期，却使农民大大的革命化。这是农民运动的发展。

一年以来革命声势的扩大，胜于十年二十年，而且革命反帝反封建军阀的口号，一针见血，大为全国人民所欢迎，大有箪食壶浆以迎王师之势。

北方军阀与帝国主义勾结，并想用什么约法、宪法之名来把持中国政权（他们以恢复所谓"国法"与民众及中山所要的国民会议对抗。吴佩孚称护宪，使曹锟辞职，还有国会自动召集之说；这种贿选国会，军阀与英帝走狗居然想复活！张作霖另有企图，主张护法以与曹宪抗衡。他主张约法，依法召集新国会）。今天时局变了，反革命与帝国主义就要用反共之名来把持政权。这时北方局势是吴佩孚、张作霖、段祺瑞奉日帝国主义等之命，联合向北京冯玉祥的国民军进攻，不但在"三一八"发生屠杀学生惨案，而且以联军力量战胜了国民军。吴佩孚不能以武力在北方夺取完全政权，遂转而向南方发展。他向南发展之第一步，是以实力援助湖南所有的反唐军队，驱逐唐生智出湖南。第二步便是联合湘、鄂、川、滇、黔、豫、赣、闽八省反动军队围攻两广，也说要四面"围剿"以根绝"赤祸"呢！

民众有打倒军阀和帝国主义的要求，军阀又有围攻革命根据地之危险，国民政府遂于七月初出师北伐，以蒋介石先生为总司令。他在出师宣言中说："吴贼所资为号召者，厥为'讨赤'夫；'讨赤'乃帝国主义者用以对抗全世界被压迫民族，破坏全世界革命联合阵线之口号也！"蒋之赞成北伐，是想利用革命达到他的企图，即向外取得地盘，并以军事力量限制革命的发展。

民众革命的力量是无坚不破的。尤其是国民革命军第四军张发奎部队，有共产党员叶挺等作先锋，军中大半为共产党员，与人民打成一片，成为人民的军队，往往兵未至而民众已蜂起，因而第四军与唐生智的第八军，于十月初即克服武汉。如此迅速，完全是由于军队革命的牺牲精神，工农广大群众的援助的结果。革命浪潮极端迅速地使群众革命化了，成千成万工农卷入革命斗争，团结成突击的队伍。肃清中国封建残余的斗争，反对帝国主义奴役的斗争，无产阶级与资产阶级争夺领导权的斗争，日益带有极端残酷的性质。在一九二七年夏天，便达到最高程度。

当北伐初期，民族资产阶级还与革命工农和城市小资产阶级同道前进，这是全民联合战线的革命。因为资产阶级企图利用革命来达到自己的目的，这是国民党内右派反对左派激烈斗争的原因。当时我党也有广东路线与机会主义陈独秀的上海路线的斗争，广东路线是要我党党员与国民党左派亲密合作，以党的纪律打击右派向反革命走的道路，上海路线则向右派妥协投降。

中国大革命最激烈、最复杂的斗争时期，是革命发展到长江流域的时候。虽然很久以来中央就发展了机会主义与宗法家长制的领导，工人运动中都没有提拔工人同志来领导，而都是知识分子在干，但是客观上劳动群众的斗争却依然急烈的发展。赤色工会发展到将近三百万会员，吸收极多的店员、手工工人参加，农民协会只以湘鄂赣粤计算，发展将近一千万会员，国民党左派运动有极大的发展，军队中也有力量，虽然这些发展大半属于自发的，可是前一阶段中，共党加入国党的政策，以及客观上革命势力的发展，使"取得国民党，取得国民革命，取得一般小资产阶级"的策略事实上部分实现，而形成部分的革命势力。共产党以工农团体中的领导权之取得，而成为革命的先锋与主干。当时的任务，就在一面认清"五卅"以来"中国无产阶级暂时还没有革命的领导权"（一九二六年十二月共产国际杂志社论），一方面坚决地进一步而取得政权与军权的领导权。这是革命发展到长江流域的形势，中共中央便放在这种形势之前。

这时北方反革命的势力已不能阻止革命，帝国主义看见军阀不能作消灭革命运动的有效工具，于是用和平方法在民族革命势力找寻它的同盟者，因此反革命的大资产阶级甚至军阀开始转变到国民政府方面，与国民党内的反动派勾结。反动分子又起而破坏革命联合战线，欲使革命转入反革命。蒋介石要党政机关设南昌，就是想指导机关尽入其军事独裁之掌握。蒋企图分裂国民党，在南昌成立新中央，并于二月在庐山召集军事会议，拉拢许多初加入国民党的旧式军人，和他们拜把换帖，结为兄弟。武汉革命的国民党在三中全会上打击了他这个企图，执行了正确的广东路线，于是党和国民政府有了一番新气象，革命势力又为之一振。

当北伐出师时，蒋为总司令，并亲率其第一军出江西，以为黄埔学生及精锐武器都在这一军，前此打了许多胜仗，这次一定也是所向无敌。殊不知前此之所以打胜仗，一面是共产党员英勇奋斗作了模范，一面是与工农群众结合，成了不可抗的军队。自三二〇事变后，共产党员被驱逐或陷害了，所谓蒋的心腹大都是骄奢淫逸，腐败不堪，并与工农为敌，因而处处打败战。江西久攻不下。而第四军张发奎部有叶挺等共产党员作骨干，与第二、第三、第六、第七、第八等军一样，不仅有共产党员，还保存革命作风，与群众运动相结合，所向无敌。去年十月张发奎等即攻下武汉，现在二、六两军又攻下南京。蒋于迟迟攻下南昌后，见武汉政府势力完全统治了长江流域，三中全会又取消了他的党政军总揽大权，遂决心背叛革命。中国革命狂风般地发展而引起了阶级力量之分化。蒋到了上海，帝国主义慑于革命势力的可怕，知道蒋对革命路线不满，正好利用他在革命内部来分化革命力量，遂勾结蒋以图打倒革命。果然蒋借口开赴前线，下命令调二十六师离开上海，却于上海附近把忠于革命的军官换成自己的亲信，又重新开回上海来举行对工人的大屠杀。蒋之背叛革命，在南京成立政府，是表明资产阶级畏惧工人运动，退出了革命，产生了民族反革命的中心，国民党右派与帝国主义互相妥协来反对革命，投入到世界帝国主义所领导与组织的反动营垒中去了。中国革命分裂为两个政府、两个军队、两个中心：武汉革命的中心与南京反革命的中心。

汪精卫于四月初到上海，向右派哭诉道："我也是反共的。不过方法不同，我此次到武汉去必有所表现，我们是殊途同归。"汪奉了自告奋勇的秘密使命于四月十日到了武汉，我党机会主义的陈独秀也同时到了武汉，这就便利了他们危害革命。当时武汉革命的国民党也作了很多错误的事：第一是四月三、四两日，张发奎出发到南京去巩固革命的军队，既上船又调回，理由是不要太迫近上海，以免与帝国主义直接冲突，革命须向西北发展，以实行所谓"西北路线"。如果第四军到了南京，或者南京不至为叛徒所据，成为反革命的中心，革命发展的前途当又是另一种形势，革命或不至失败。第二是应不为汪精卫"左"的内奸的面目所欺骗，及毅然反抗陈独秀机会主义的投降路线，而实行更向前发展工农的革命运动，巩固工农群众组织，作为工农革命民主政权的坚实基础，来进行更坚决的反帝反封建军阀的生死斗争。共产党应与革命的国民党亲密合作，肃清国民党右派，把国家的一切政权集中在革命的没有右派分子的国民党手里，以保持共产党与国民党左派的革命联盟。共产党在和革命的国民党员在一个队伍中斗争的时候，必须比任何时候更应该保持自己的独立性，而不随他们动摇，或者作他们的尾巴。但是当时恰恰违反了这个革命路线，更不知汪精卫的内奸政策而迷惑于他的革命词句，把一切政权都交与他，他在讨蒋和第二次誓师北伐的演词中都表现他"左"的面目，麻痹了一般人（共产党也在内）的警惕性。但事实是很显然的，这就是武汉一面下令讨蒋，一方便已下令"讨共"。讨蒋和查办湘、鄂、赣各省"过激"言论行为的特别委员会组织的决议，差不多是同日同时的（四月十九日下令讨蒋，四月下旬即组织特委以"制裁违反本党（国民党）主义政策的言论行动"）。

五月中，北伐军正在艰苦战斗的时候，许克祥在长沙就举行马日政变，大杀共产党员和工农群众。同时夏斗寅、杨森叛军自宜昌向武汉进攻，夏斗寅已到武昌三十里的纸坊，杨森到汉口附近的蔡甸，情势危殆，反革命以为可以扑灭革命了。但叶挺率中央军校的子弟兵一击，就把他们打得落花流水。正要乘胜进攻长沙，而汪精卫严厉制止，说夏部已归唐生智收编，长沙事变要和平解决。而陈独秀也随汪之后极力压迫革命，汪说农民运动过火，陈也说农民运动过火；汪说工人不应该占领工厂，陈也说工人不应该占领工厂；汪说童子团胡闹，陈也照样说，甚至解散纠察队，自动缴械。何键在汉阳兵工厂发表反共宣言，反革命分子闹得乌烟瘴气。而一方面则革命怒潮空前高涨，有组织的工人已有三百五十万，有组织的农民已有一千万。特别是湖南的农民运动最有力量，农民协会成了农村的政权机关，打倒土豪劣绅，有些地方农民自动插标，分配土地。而最值得注意的是乡间治安从来没有这样有秩序，这样平静过，不仅没有乞丐、流氓，而且有夜不闭户、道不拾遗的现象。人民安居乐业，无不劳动之人，这如何不引广大人民来拥护革命呢？被驱逐的土豪劣绅都跑到武汉来诉苦、造谣、诬蔑，汪精卫就作为资本，大骂革命破坏统一，破坏政府法令。陈独秀则发出许多制止工农运动的命令，大骂过火。唯恐不能倾长江之水淹息这革命熊熊之焰！帝国主义则尽力封锁，使武汉经济恐慌，并造什么裸体跳舞、禁穿长衣等等谣言。革命和反革命的斗争十分尖锐。幸而五月底北伐军攻下郑州，革命势力已发展到黄河流域，革命将由第二阶段发展到第三阶段，殊不知反革命已经准备好了埋葬革命。郑州攻下不几天，六月五、六日，汪精卫和几个党政要人就到郑州，与冯玉祥开会。这个会议的中心问题，就是如何反共，但他们秘而不宣。十九日我在国民党中央党部接到冯玉祥密电，说已完成了到徐州与蒋会面的使命。我质问汪精卫，他还坚决地说："谁派他去？他造谣。"

"分共"的谣言一天比一天厉害，到了七月十五日"分共"的前一夜，汪召集国民党要人在他的寓所开讨论"分共"会议。孙夫人宋庆龄闻此消息，痛哭得不堪，且不愿出席，托陈友仁代述她的意见，坚决要国民党继续总理的联俄、联共、扶助农工的三大政策，绝对反对执行与三大政策相反的政策，力言总理对于这政策的决心与临终谆谆的告诫及遗嘱，如果违反这个政策，称不得是总理的信徒。陈友仁也代为争论，斗争得很激烈。在一般人的幻想以为汪精卫是孙中山先生的信徒，一定不主张"分共"。那知道，在这会上汪主张"分共"最力。谁是中山先生的忠实信徒，谁是中山先生的叛徒，这时才揭晓了。但汪于十五日正式决议"分共"后，还要掩盖他的内奸面目，大呼反共同时还要反蒋。胡汉民作文讥讽他说："反共犹须反蒋，则联共尚须倒汪，天下滑稽之事，宁有过于此耶？"胡先生太老实，太落后了，怎能了解新时代流氓和戏子所玩的新花样呢？汪伪装反蒋的最后一幕，不久也就收拾起来，与南京反革命的政府合流。一九二五——一九二七年的中国大革命，就这样告失败了。

汪精卫的叛变是表明上层小资产阶级又退出了革命。这时共产党还想同左派的革命的国民党用革命的武装力量以维持革命的胜利，于八月一日，以叶挺、贺龙两军在南昌起义，这是一个英勇的继续革命的企图。可惜在机会主义者谭平山不正确的政治指导之下，仅仅成了一个军事行动。没有用力组织群众，武装农民。柔和的政纲特别是柔和的土地政纲，不能动员群众。只在汕头、汤坑军事一失利，就完全失败了。这又一次的给革命以教训。所残余的工农武装战士编为工农红军，就是我们红军的基础。这以后，国民党已完全成了反革命的旗帜，中国大革命时期从此完结，中国革命转到工农联合更深入的土地革命的苏维埃阶段。

吴玉章同志谈宪政（摘要）*

（1944 年 2 月 25 日）

　　欲进行对日寇反攻，取得抗战胜利，一定要实行民主，实行革命的三民主义即新民主主义的宪政，这是我们历来的主张。因为抗日与民主是两个不可分离的东西，没有民主政治，休想获得抗日的最后胜利，全国进步人士都抱此意见。民国廿八年九月，国民参政会第四次大会，通过了诸政府明令定期召集国民大会制定宪法实行宪政的决议，不久，国民党六中全会开幕，接受了这个决议，并明文公布于次年（廿九年）十一月十二日召开国民大会。当时全国人民闻此消息，以为宪政不久或可实现，纷纷成立宪政期成会、座谈会等等组织，进行有关宪政问题的讨论。延安各界，如工人、青年、妇女等团体亦相机组□宪政促进会，并成立延安各界宪政促进会，以扩大此一运动。但是很可惜，国民党这一决议，事后竟被搁置至数年之久，未曾实行。

　　我们是不是因此放弃了宪政运动呢？不是的，我们要在实际行动上来表现。我们知道世界上历来的宪政，都是在革命成功之后，在有了民主事实之后，颁布一个根本大法，去承认它，这就是宪法。中国则是革命尚未成功的国家，尚无全国范围内实行民主的事实，这就必须从争取和实行民主政治着力。当权的国民党政府，既迟迟不行宪政，我们只得

---

　　* 录自《解放日报》1944 年 2 月 25 日，第 1 版。

在我党领导的边区及八路军、新四军从日寇手中收复的抗日根据地，切实的把民主政治先自实行起来。因此，三十年五月一日，我陕甘宁边区政府颁布了施政纲领，规划并实际建立了三三制的抗日各阶级的联合民主政权，各抗日根据地亦遵照了这个方向逐一实行。数年以来，在这个方面获得了巨大的成绩，如敌后各抗日根据地，我八路军、新四军虽没有获得政府一饷一弹的援助，而□□团结民众，动员人民力量，粉碎了敌人千百次的残酷"扫荡"；如陕甘宁边区，虽在重重封锁和包围之中，因实行了民主政治，不但克服了无数困难，而且党政军民团结一致，生产热情异常高涨，创造了劳动竞赛和集体合作的新经济政□□□军队能生产自给，创造了亘古未有的奇迹，而人民按□计划，机关集体生产，更能人尽其力，地尽其利，达到了丰衣足食、绝无游民之境地，使边区成为非常巩固的抗日后方。由此可见，民主的力量是不可战胜的力量。

我们对民主政治坚信不疑，认为举国上下一致合作，实行革命的三民主义的宪政，是抗战胜利的必要前提，因此，去年国民党十一中全会又提出实施宪政问题，我们还是表示欢迎，并主张积极参加这个运动，最近要开座谈会，用意亦在于此。同时，我们更愿意将陕甘宁边区及各抗日根据地实行民主所获得的一些成绩和经验，贡献给全国，作为实施宪政的参考。

根据我们的经验，人民不光是要求有一个宪法，他们首先要求是民主的事实、民主的行动，有了事实和行动以后，宪法也就容易产生。因此，希望国民党、国民政府，不仅在抗战胜利后实行宪政，而尤其要在现在即实行民主政治。

吴老报告朱母行状（摘要）*

（1944 年 4 月 10 日）

　　一、钟太夫人是出身在一个贫寒的农民家庭，在中国的社会基础上，要把这种家庭搞好，完全依靠做母亲的，特别是子女的教育，更离不开做母亲的，在这一点上，钟太夫人成为全中国母亲的典范。二、她受了长期的穷苦压迫，这使一个极慈祥宽厚的人也锻炼出强烈的反抗性，要冲破这种压迫，打垮这种压迫，因此她把希望寄托在朱总司令身上，要他反抗黑暗势力和帝国主义。她家是佃农家庭，但她异常赞助总司令去云南念书，勉励他为国家民族尽大忠大孝，牺牲家庭母子的团聚，这不是为了做官，而是为了解放被压迫的民族和人民。三、钟太夫人善顾全局的德性，也薰陶了朱总司令。一九二一年川、滇、黔是革命的领域，当时南方的革命力量很大。可是以后同盟会分裂，产生川与滇、黔的内战危机，那时他是护国军的旅长，于是奔走各方呼吁团结，结果内战得以平息。他为了团结，情愿自己不当旅长，到外国去留学，钟太夫人遗留给总司令这种顾全大局的德性，一直保持到现在。四、钟太夫人遗留给总司令一种不怕困难的坚强意志和一副强健的身体，因此，打仗时总是率师在前，仗打胜了去追击敌人又是他当前锋。任何事情遇到最困难的时候，总司令就成为战胜这个困难的担承者。五、因为钟太夫人一生

————————

　　* 录自《解放日报》1944 年 4 月 12 日，第 1 版。

勤劳生产，这种美德使得总司令在革命过程中能天天劳动，策划革命家务的建立。治家就是治国，朱总司令发展了这种美德。六、因为钟太夫人热烈期望中国民族和人民能从无边的痛苦中解救出来，这个期望使得总司令在改造中国军队上作了伟大的贡献，把军队变成孙中山先生所希望的人民的武装，使战斗和生产结合起来。希望中国千百万做母亲的、千百万做儿女的，都要学习钟太夫人和朱总司令。

哀悼为新民主主义奋斗的战士邹韬奋同志 *

（1944 年 11 月 22 日）

　　近代中国文化界，在新闻事业、出版事业上，最有成绩、最有创造能力的，要算邹韬奋同志。经验告诉我们，如果为宣传工作不是为一般营业的报纸，则一定是赔钱而且常常为反动势力所摧残。韬奋同志深知道一切，因而在"九一八"后，一面以《生活周刊》来鼓吹抗日救国，一面创办生活书店以作服务进步文化事业的中心，并借以支持杂志。因此在一九三三年末，周刊虽遭国民党当局封闭后，尚能继续创办《新生》、《大众生活》、《永生》、《生活星期刊》、《抗战》（三日刊），及《全民抗战》。这些刊物虽屡遭当局封禁压迫，而当其盛时发行至二十万份以上，打破了报界的历史纪录。它们在促进抗日民族统一战线的成立及坚持团结抗战上都起了很大的作用。这些成绩都是由于韬奋同志实事求是、艰苦卓绝的精神创造了许多新的办法所造成的。生活书店是一种合作社的组织，韬奋同志在经济上，不仅廉介不苟，而且事事清楚，有条不紊，深得大家信任，创造了工作的好模范。生活书店出版的书籍极为广大群众，特别是青年所欢迎。尤其可贵的是韬奋同志的群众观点及为劳苦大众服务的作风，他常常为群众指示解决生活问题，在刊物上特辟通讯栏以与群众通信，这是接近群众、深入群众的好方法。生活书店在全国发

---

　　* 录自《解放日报》1944 年 11 月 22 日，第 T1 版。

展至五十六分支店，以致国民党当局企图收买而不得转而查封、捕人，使其不能存在。国民党当局的反动诚可恶，而这些书报反因此而影响愈大，群众的觉悟认识也更加深刻，反为之作了宣传工作，这是反动者始料所不及的。

我觉得韬奋同志在文化事业上的作风、能力诚然可宝贵，而特别应该宝贵的是他为新民主主义而奋斗的精神。他生前不是我党党员，但他极赞同我党抗战必须实行民主政治才能动员全国人民得到最后胜利的主张，尤其深信我党提出的新民主主义，他早就认为现在的民主政治不是一般的、抽象的，而是"适应激变时代以促进国家的进步"（韬奋）的民主政治。他在翻译《苏联的民主》那本书的序上说：

> 常人想到民主，往往只想到选举制度，民意机关等等，这些当然是民主政治中的重要部分，但是真为最大多数人民谋福利的不应自足于这样狭隘的范围，应把民主的原则扩充到全体人民各部分的生活中去，这才是真正有效的民主，才真能符合于美国林肯总统所谓"民有民治民享"的民主定义。我觉得这本书所叙述的内容，应能给予我们最深刻的印象：就是在苏联今日，民主精神已广大而深入地渗透于全国人民各部分生活中去。

韬奋同志亲身到苏联游历考察，他深知道苏联是世界上最强盛的国家，而"它的强盛，并不是少数人的力量，而是苏联的民主能澈底动员了全国一万万七千万的人力来共同奋斗的成果"（韬奋）。苏德战争爆发以来，苏联能粉碎法西斯野蛮疯狂的进攻，驱逐德寇出境，更使他坚信：只有新式的民主主义才能动员全国人力来战胜敌寇，才是新世界新中国的光明前途。我党实行的新民主主义与苏联虽不一样，但它是合乎时代、适于国情的新式民主主义；因此，韬奋同志极愿为实现新民主主义而奋斗。近年他到了我敌后抗日民主的根据地视察研究，"目睹人民的伟大斗争，更使其看到新中国光明的未来"（韬奋）。在遗嘱中要求我党中央追认他入党，这就证明他认识了只有我党所实行的、为全体人民谋福利的新民主主义，才是抗战必胜、建国必成、达到新中国光明前途的正确道路。遗嘱将其骨灰送往延安，这就表明他的肉体虽化为灰烬亦不愿葬于寡头专制的黑暗地域，而愿归依于新民主主义策源地、极光明的延安，以作他死后永远的安慰，这是多么令人感动的心情呵！

我希望反对民主政治的顽固分子看了韬奋同志的遗嘱有所感动。他"最后一次呼吁全国坚持团结抗战，早日实行真正的民主政治、建立独立自由幸福的中国"。这是代表全国人民的公意。现在全国人民鉴于正面作战的节节败退，一党专政日趋贪污腐化，人民生活的朝不保夕，群众要求立刻实行民主、改组政府、改组统帅部。这正是救亡图存的救急方法，不但挽救国家民族，也挽救国民党。可是顽固分子不但不采纳，反而恼羞成怒，以政府权势武力相威吓。说句老实话，顽固分子是顽而不固的。现在人民陷于水深火热之中，早已岌岌不可终日，其所以还不忍说推翻政府者，因为它还打着抗日的旗帜，希望它能团结抗战，真正有实行民主的觉悟，以保持抗日民族统一战线，争取最后胜利。如果政府想利用人民的忍耐性，以为有五百万军队，对外不足，对内有余，以为"人言不足恤"而继续倒行逆施，要知道兵士虽然是由你们绑着来的，但他们也是人民，与人民血肉相关，一旦到了人民忍无可忍、"民欲与之偕亡"的时候，那就悔之无及了。如果不信，请看过去专制魔王的结果！

我希望我们为新民主主义奋斗的战士，看了韬奋同志的遗嘱更加努力奋斗。韬奋同志给我们以深刻的信念，使我们更坚决的向新民主主义的新中国的光明前途迈进。我们要以完成新民主主义事业来纪念我们已死的、却是新生的永远的同志。

在中国共产党第七次代表大会闭幕典礼上的讲演*

（1945 年 6 月 11 日）

　　同志们！我们党的伟大的、空前的、有历史意义的第七次代表大会胜利的完成了它的工作，今天闭幕了。在这个大会中，有毛主席的政治报告《论联合政府》，朱总司令的军事报告，少奇同志的修改党章的报告，这就是我们建国、建军、建党三个很重要的文件。这些报告都是根据毛主席的思想，就是以马克思主义的普遍真理同中国革命的具体实践相结合而发挥出来的。这种思想是毛主席在很多年的经验中得出来的，这是我们革命中最伟大的收获，这是我们革命成功的基础。

　　我讲一件事，就是我自己在革命中的一种感想。自从 1905 年中国同盟会成立了，中国才算有了一种真正的革命的政党，这个政党的形成到现在已经四十年了。这四十年的经过，我们看见很多成败利钝，好几次又成又败、有利有钝的革命。我自己也参加过很多，革命有这样多年，这样多次数。我常常感觉到为什么我们这个革命没有成功？好多年没有得到正确的解答，现在得到了。这就是说，我们缺少革命的理论，没有象今天我们党的领袖毛泽东同志这种思想、这种理论同他的革命策略。以前没有象毛主席这样一种的非常妥当非常中肯的理论，能使我们这些人照着这一个路线去作。现在，革命一定会成功，使人有很大的信心，

---

　　* 录自荣县吴玉章故居陈列展档案，原文为手稿。

有把握。因为，以前是没有这样的思想和理论，而现在有了！

这一次我们的大会，象毛主席的《论联合政府》，理论与策略各方面说的都很周到、确切。如果我们照这样去作，我们相信一定会成功的。为什么以前的革命没有成功，没有认识出这样正确的东西来呢？这是因为以前革命提出来的口号非常空洞，没有从国家社会实际方面去想，没有针对着革命的实际，定出正确的方针与策略。

比如孙中山的三民主义，在 1905 年成立同盟会时大家觉得很好。那时对三民主义的了解是：民族独立、民权自由、民生幸福。至于如何作，大家没有想出办法，孙中山也没说出很多道理来。这时候这三个口号是不是有力量呢？也有力量，因为它是综合了当时的那种革命思想、革命潮流、革命要求。就是说民族受了帝国主义和满洲政府的双重压迫，民权毫无，民生是很困苦的。那时思潮正是欧洲民主主义传到中国来，同时社会主义也传到中国来了，所以三民主义提出来能团结好多思想不同的人。但是革命究竟怎么办？中国的前途、革命的前途要怎么做？那时候是没有具体办法的。就是笼统的提出这样一些口号。其实，内部的意见极不一致。那时候迫切的要求是什么呢？就是反对外国帝国主义的压迫，反对国内反动的满清政府的压迫，所以大家就着重于民族主义；而民族主义要算是当时各派人的共同思想。把满清政府推倒以后应该怎么办呢？革命的政府应该是什么样的政府？对国内经济发展怎么样？这时大家都没有去研究的。所以，从辛亥革命军刚起来以后，党就发生了破裂，象章太炎这样的人也是革命的，他唯一的目的就是排满，所以他说"革命军起，革命党消"。辛亥革命时同盟会包括有三种人：首先包括一种最进步的，就是旧民主主义分子；并包括一些无政府主义及社会主义的人；另外包括的就是排满的人，甚至还有主张君主立宪的人。所以后来有些人帮助袁世凯做皇帝，如胡瑛、孙毓筠等。思想不统一，行动就不一致了。革命就不会成功，不会找出一个正确路线来的。所以辛亥革命只推翻了满清政府，把满清政府推倒以后，党马上就瓦解了，同时革命也就失败了。这说明什么？说明了我们没有革命理论，就不晓得革命究竟要做什么，这个社会性质是什么，究竟走向什么前途，发展到什么方向，发展的信心是什么，都不知道。这就是没有社会科学的方法来分析中国是一个什么国家，革命是什么性质，没有肯定我们中国要发展到一个什么前途，应该做什么事，怎么样做法，更不了解革命的动力是什么。所以那时候的革命只凭热情，没有一定的方向、正确策略，革命的失败是应该的。

到了 1921 年，我们党成立了。这是由于马克思主义传到中国来，由于十月革命胜利了，这是一个很大的历史推动力量，给中国革命开辟了一个新纪元。我们党成立以后，马克思主义这个革命真理、马克思主义革命的理论这时候是不是真正实行了？是不是真正得到了？没有。这是什么道理呢？因为我们党成立时的成分以小资产阶级知识分子占多数，犯了主观主义的毛病。就是说，马克思主义普遍真理没有真正与中国革命的实践相结合，所以才发生了机会主义、教条主义这些错误。那时以来我们中国革命仍然受到好多失败。毛主席的思想和理论就是在那时的实际工作中，从下层农民运动中把它体验出来。他把马克思主义和中国革命实践联系起来，他这个思想和理论不是空的，是从革命经验中，从革命工作中体验出来的。他有这个天才，他有分析能力，真正能领会马克思主义。所以我们党有些地方犯过很多错误，但是有毛主席领导的地方是成功的。这种成功是经过很多困难，经过很苦的斗争，然后才得到。毛主席这个思想方法，真正是马列主义与中国的具体实践结合起来。列宁说："没有革命的理论，就没有革命的行动。"以前我们怎么样了解？以为把革命的理论，把马克思主义的书多读一点就行了。其实这不能叫做革命理论，革命理论一定要同革命实践联系起来。我们中国应该有中国革命的理论，不能把外国的革命理论搬到中国机械的使用，就算是革命的理论。现在我们应该说毛主席的思想才真正是革命理论。

现在我们中国革命到了今天，无论国际国内形势都有利于我们，尤其是我们的党壮大了，我们的思想经过整风是大大地改造了。我们现在有一百二十多万党员，有广大的根据地，有一百万人民的军队、二百多万民兵，这是很大的力量。现在我们是在毛主席的领导之下，在我们这一次大会中，毛主席提出完备的、具体的纲领，把我们现在要做的事，正确的一点一滴的把它指示出来了，毛主席这个报告，无论党内党外人士看了都是佩服的。这是他的天才创造出来的，这使我们更有胜利的把握，更有胜利的信心。我们大会闭会以后，各个同志都要回到各人岗位上去工作，我想大家也同我一样的非常兴奋、非常高兴的，感觉到自己本着这些指示去做事一定能成功。

现在我还要讲一个问题，也是一个历史经验，就是我们的革命要不要外国人帮助？或者我们的民族革命没有外国人帮助是不是可以胜利？大家知道，以前有一个卢森堡，她曾经说过：帝国主义时代民族革命战争是没有的，只要民族革命战争一起来，那就要变成帝国主义战争。为什么呢？因为这个时代一切弱小民族都受帝国主义的统治，假使革命一起来，国内有一部分是革命的，有一部分是反革命的，那就一定会有一个外国来帮助革命，一个外国来帮助反革命，这样就变成帝国主义战争，结果怎么样呢？得不到解放，就是前门拒虎，后门进狼。所以她说不能有民族革命战争。但是列宁反驳她这个话，他说，世界一切都是变动的，民族革命战争可以变为帝国主义战争，帝国主义战争也可以变成民族革命战争。民族革命战争是可能的、革命的、正义的、应该有的。应该有什么条件呢？第一种条件，要有很大的民众。比方中国有四万万五千万人口，印度有三万万多人口，这样的国家他们能团结起来，能同帝国主义战争，他一定可以得到解放，这是一定的。就是说他本国的力量团结起来，有这样大的力量真正能够拿起来，不管什么力量也可以打倒。第二种条件，是什么机会呢？是帝国主义战争，乘帝国主义在打仗的时候，削弱了他们的力量，弱小民族自己起来也可以得到解放（比如第一次世界大战）。第三种条件，就是帝国主义本国人民起来革命，反对资本主义的统治。这时候弱小民族要解放，要来进行战争，这个民族革命战争也是可能的。那么现在看来，我们中国抗战以来，我们能抗战这样多年，我们是能支持的，而且要得到胜利。为什么？就是因为我们能把这样广大的人民团结起来。我们可以取得胜利，并且还加上第二个条件，就是说帝国主义国家，因为反法西斯的关系，也同我们成立联盟，这就愈加使我们解放事业更有利。但是这种战争，是不是会变质？就是说民族革命战争会不会变成帝国主义战争。比如说，我们中国现在得到我们同盟国的帮助，这很好。你要帮助，就帮助我们打我们的敌人、侵略者、日本帝国主义，这是一方面；另一方面要帮助我们民族解放，就应该帮助发展民主力量，使得民主能够发扬起来，全国团结起来，这样帮助才是好的。但是他们一方面反对旁的帝国主义，另方面帮助反动的政府、法西斯政府，反对民主势力的发展。这样，这个战争有可能变性质。这种情形，在日本的报纸上常常指出来说："美国帮助中国，这就是将来美国要统治中国。"虽然他们这种话是挑拨，但是我们不能不加警惕。我有一个经验，当一千九百零五年时代，我在日本时，正是中国革命发展的时期，日本有一部分人帮助我们革命运动。最主要的有大隈重信，大隈伯爵常演讲大亚细亚主义，帮助中国革命，帮助印度革命，那时我们这些革命的人非常欢迎他，说他好得很。那时日本政府压迫我们革命的人，他就出来和他们反抗，我们就认为这个人很好。但是这个人怎样呢？

1914—1915 年提出的二十一条，就是大隈当政时提出来的，这是第一个人，表示了他的帝国主义的真面目。第二个和大隈一样的是犬养毅，也帮助我们革命的，但是发动"九一八"事变的就是犬养毅政府。这两个帮助我们的人就是侵略我们的人，都是想要占领我们中国的。还有一个，叫做头山满，孙中山在好多书上，谈他帮助中国革命。但是头山满就是法西斯头子。外国人帮助，我们是欢迎的。但是这个帮助正如毛主席所讲的，我们的外交政策是建立在独立平等的地位上，互相增进国家与人民的利益及友谊。不是来侵略，不能有野心，只有这样的帮助，我们才是欢迎的。现在我为什么想把这个经验提出来？因为帝国主义的性质，就是要侵略人家，这种性质使得他们非要殖民地不可，所以我们对于这些国家的帮助，应该警惕，和社会主义国家苏联的帮助弱小民族应有严格的区别。比如，美国现在帮助我们中国军火打日本，这很好。美国曾经说过，他们帮助的军火，是不拿来打内战的。我们觉得美国这样的方针很好。但是，大家看最近报纸上，陈诚已经宣布了他要拿美国的军火来打内战。那么，美国人应该采取什么态度？应该采取不给他们军火，应该实行他的诺言，采取反对他们的态度。但是我们看一看，美国的政策怎样？他还是要扶助蒋介石这个法西斯反动的政府。赫尔利公开说不帮助我党，就是说不帮助我们真正打日本的民主力量。他们要使得蒋介石来统治我们，甚至消灭我们。这样一种办法，使蒋介石将来发展的前途是什么？就是在美国帮助下，使这个反动的政府来反人民反共。这不是增进国家与人民的利益与友谊。那时我们要不要反对他？我以为应该反对他。我们有这样大的力量，如果不起来反对他，那么我们中国民族革命战争就要变成帝国主义战争，就恰恰中了日本人讲的那个话："美国帮助中国打仗，美国就要统治中国。"所以这个危机我们要深深警惕。我们希望美国——我们的同盟国，他们不要帮助反人民的政府，他们应该帮助我们中国人民，能够以平等独立的原则对待我们，这是我们欢迎的，我们愿意配合他们作战，把我们的共同敌人打出去。但是如果他们帮助反动的政府，把他们的武器来对付我们中国人民，中国人民只好全体起来反抗，如同反对日本帝国主义一样。所以我要讲到这点，也就是根据我的历史经验教训，来同同志们谈一谈，这种可怕的前途是可能的，但是并不是一定向这个前途发展。

我们地广人多，不象希腊的容易受人欺负。我们有打破德国赛克特帮助蒋介石的经验，不怕斯可比之流的捣乱。尤其重要的是我们党有毛主席正确的政治路线领导，使我们党空前的团结起来，发展起来；使全国人民团结起来，组织起来。只要我们政策搞得好，只要实行毛主席《论联合政府》的一切，把我们全党团结起来，把全中国人民团结起来，团结在毛主席领导之下，团结在我们党领导之下，我们的革命战争一定要胜利。而且现在这个时代，已不是以前的时代，现在世界上新民主主义的潮流是非常汹涌的，而且有苏联这样强大的社会主义国家，不会让这些国内国外反动势力能够在世界上这样凶横的。所以我们有把握，有信心，只要我们党，我们全体同志，大家真正照着毛主席的方针，照着我们七大的决议努力去作，我想我们一定会得到胜利，中国革命一定要成功。

我祝贺我们中国共产党第七次全国代表大会万岁！（鼓掌）

祝贺我们党的领袖毛泽东同志万岁！（鼓掌）

中国革命胜利万岁！（大鼓掌）

吴老谈惩办战犯（摘要）*

（1945 年 12 月 15 日）

日本军国主义者横行霸道于东洋数十年，其野蛮残酷的暴行，中国人民首当其冲，在九一八以来的侵略战争中，应当惩办的战犯，何只万千，而自盟军占领日本三个多月来，所捕大小战犯不过三百一十八人，这个数目实在微乎其微！并且尚未加以审讯惩办，而最令人愤恨者，至今还有许多重要战犯仍然盘据要津，继续从事威胁远东和平的阴谋活动。如与中国人民不共戴天之仇的冈村宁次，现仍安居南京，指挥着武装的日军"维持秩序"。维持什么秩序呢？即维持残杀压迫中国人民的奴隶秩序。这使一般人不知究竟谁投降谁，真是咄咄怪事！又如日本战争经济的指导者涩泽敬三，却以大藏（财政）大臣的地位维护着财阀的统治势力；军国主义的官僚政客如丰田贞次郎、宇垣一成、石原莞尔、町田忠治等众，仍在继续保存军国主义的活动。为什么竟任令这些法西斯匪首逍遥法外呢？

三个多月的对日管制，对于实现《波茨顿宣言》条款的目标，相距很远。为了澈底消灭日本军国主义残余，更有效的执行《波茨顿宣言》条款，惟有以和日本利害关系最密切的中、美、苏、英四国共同管制日本，才能贯澈盟国的约言，保证将来远东和世界的持久和平。

---

* 录自《解放日报》1945 年 12 月 15 日，第 1 版。

　　本会^①成立以来，即积极着手调查，并电各解放区同时进行，现第一批战犯名单业已拟就。恳切希望各解放区以至全国展开广泛的控诉运动，彻底揭发敌寇汉奸罪行。

---

　　① 指中国解放区战犯调查委员会。

关于国民大会问题 *

——在政治协商会议第七次会上的发言

（1946 年 1 月 17 日）

　　关于国民大会，国民党方面提出了一个提案。方才张厉生先生已加以说明。我想首先谈一谈：第一届国民大会重要不重要？张先生发言中，说到第一届国民大会的任务，不过是制定宪法，而行宪权则属于依宪法来实行普选的第二届国民大会，语气似乎把第一届国民大会看得不重要。宪法是国家根本大法，国家百年大计就根据它来决定，是非常重要的。第一届国民大会是制定宪法的机关，自然也就非常重要了。所以我认为把第一届国民大会看得不重要，不慎重从事，是不好的。

　　第一届国民大会既如此重要，那么它的组织法和选举法也就必须使之能适合中国当前的需要和代表人民的公意。

　　第一，九年前国民党政府所颁布的国大组织法和选举法及由此选出的国大代表，当时国内是什么形势呢？那时内战仍在进行，国内不统一，许多地方不曾选举，全国普选根本不可能。但今天国内却有了团结统一的现象，各党各派，共聚一堂，商讨国是，这在民国三十五年来是空前未有的，应该利用此千载一时的机会来实行普选。

　　第二，九年前没有选举权和被选举权的人，现在是有了，不应该剥夺

---

　　* 录自《吴玉章文集》上，重庆出版社 1987 年版，第 277～278 页。

他们的权利。

第三，由选举法和组织法的条文看，它是依据国民党一党专政的方针制定的，从其中有国民党中委为国大当然代表、政府可以指定国大代表等项的规定，就明显可以看出。再就选举来说，当时各党各派都没有合法地位，无法参加选举。人民也没有获得民主权利，不能自由运用选举权，因此选举的结果，自然不能完全代表民意。如果把组织法、选举法加以修改，使之公平合理，然后进行普选，国民党取得绝对多数，我们也不会反对。不过，如果坚持用旧代表来占取绝对多数，恐怕难于得到人民的信任，亦有害于国家的根本大法。

有人说，国大代表不能重选是由于法统不能改变。我以为法统之说不能强调，因为我们现在要顾到事实。今天开政治协商会议，就必须以政治解决问题，而不能以法律解决问题，因此法统之说是不能成立的。

痛悼王若飞、博古、叶挺、邓发、黄齐生等"四八"被难烈士 *

（1946 年 4 月 16 日）

若飞、博古、希夷、邓发诸同志及黄齐生先生等：

若飞同志：正当国事危疑震撼之秋你负协商调和使命而不幸骤然牺牲，哀痛之余，我想起了"五四"运动时代，我以办勤工俭学会关系与你相识于淞沪海滨，你赴法以工求学坚苦卓绝的精神，使我异常尊敬。当中国大革命失败后，我们在莫斯科相遇，共同研讨马克思主义与中国革命问题，以期完成中国革命。一九三九年我回到延安，我们又一同研究党的组织、思想革命诸问题，我觉得直到这时，我们在毛泽东同志领导整顿三风学习之下，才打破了主观主义、教条主义而有更正确的宇宙观和人生观，改造了自己的思想，看清了世界前途、革命前途发展的方向。因而我们奋斗才有适当的策略和正确的方针。两年以来，你在大后方工作有伟大的成绩，使和平民主团结统一之事业有了一线的光明，这都是因为你有锐敏的心思、正确的理论、坚定的意志、机警的才能，方能适应这狡诈百出的战场而获得优胜。可惜的是政府四项诺言并未实现，三项协议亦未实行，东北内战还一直未停，你今番赴延即系将此极端复杂情形报告中央，商得一最良的办法以求和平、民主、团结、统一的早

---

* 录自《解放日报》1946 年 4 月 20 日，第 7 版。

日完成。不幸遭此奇祸，能不令人痛心！

博古同志：你说暂时分离，孰料竟成永别！当你苦心为宪草谋一合理解决时，殚精竭虑，寝食俱忘，破坏民主者常企图在每一缝隙中放下一个保护独裁的原子弹，百计千方使人应接不暇，更使函电无法说明，所以你有赴延报告中央之行，因而你之死，不啻为反动者之戕害，为宪法而牺牲。想起了廿年同志友爱之情，使我热泪满巾。你长于俄文英语，翻译了许多马列主义的文献，尤以近年出的《辩证唯物论与历史唯物论》，为最有价值的编译本。你创办《解放日报》为党的宣传树了不可磨灭之功勋。你是我党的少年英俊，今不幸而离去我们！

希夷同志：我想起了一九二七年我们在武汉政府时代，你率子弟兵粉碎了反革命的进袭而使革命政府巍然得存；我想起了八一南昌起义我同你率队南征；我想起了一九二八年我们同时休养于黑海之滨；我想起了一九三八年我们话别于重庆。我们经过了不少的成败利钝，而今都成了历史的过程。你以皖南事变入狱尤表现了威武不能屈的精神，上月你出狱归来，使我们多么欢欣！你最近常和我谈拉丁化新文字的改进，并说将来一定要实行，这表示了你对于中国文字革命有最大的信心。你不仅军事优越，而且文学高明。你为整军计划而乘机急进，竟以不测之风云而失干城，每一回忆使我掩面痛哭而不能禁。

邓发同志：你是省港罢工的英勇战士，是工人阶级的领导人。你是海员工人出身，和我们在莫斯科研究马恩列斯的革命理论，常能在工人学校作几个钟头的讲演，使我佩服你学习进步的过人。你方出席巴黎世界职工大会归来，正要向我国工人阶级报告世界职工运动的大方针，竟一同罹难，丧失我无产阶级的领袖，能不令人伤心！

齐生先生：你是四十余年的老教育家，培养了不少英俊，你的外甥王若飞同志就是一个标本。你的坚苦卓绝、公正不阿、不屈不挠的精神使人人崇敬。我常听你演说的结语，总是高呼"世界的光明在莫斯科，中国的光明在延安"。这充分表示了你对于新世界新民主必将获得胜利的信心。你以六十几岁高龄为拥护自由民主，代表延安各界来渝慰问较场口受伤诸先生，而仆仆风尘，为此和平使命竟碎骨粉身，谁之过也？只应归罪于造乱之人。

还有同时被难的少壮妇孺不必一一呼名，惟有希夷少女扬眉却更令人伤心，她很天真活泼而又特别聪明，每当盛大集会总以爸爸未出狱而忧心如焚，不幸父女家人只团聚一月而竟同归于尽，问天心何为如此不仁！

自从噩耗证实，每触目而惊心，常希望是梦幻，一复按是实情，说不尽的哀痛，只有不屈不挠再接再厉把他们革命未竟的事业早日完成！

忠实实行三民主义的中国共产党 *

——纪念中国共产党二十五周年

（1946 年 7 月 1 日）

　　中国共产党已经成立了二十五年，也是中共为实现新民主主义即孙中山先生革命的三民主义而奋斗了二十五年。当抗战初起，我党发布与国民党合作宣言，表示，"承认三民主义为中国今日之必需，本党愿为其澈底实现而奋斗"。有人，特别是国民党内的顽固份子，认为我们这话不是忠诚的，而他们才是百分之百的实行三民主义。但是，事实证明恰恰和他们的认识和谰言相反。

　　就中山先生的民族主义来说，其目的在使中国民族得自由独立于世界，其迫切的要求则在取消不平等条约。由于我全国人民的艰苦抗战，幸得取消不平等条约，而不意在抗战胜利后，反又被国民党当局将已经收回的主权，断送不少：承认美国海军有驻扎我国海港（青岛、秦皇岛、葫芦岛、塘沽等）之权；承认美国陆军有驻扎我国大城市（上海、天津、北平等）与铁路沿线（北宁路）之权；承认美国空军有飞行我国领空之权；重开外轮内河航行权等等。这不仅违背民族主义，而且是丧权辱国。鸦片战争后断送主权的不平等条约之缔结，是帝国主义武力压迫与满清政府的腐败无能所致，想不到日本投降后，口口声称接收主权、保护领

---

* 录自《新华日报》1946 年 7 月 1 日，第 2 版。

土主权完整的国民党当局，会如此不顾全国人民反对，而将国家主权拱手送人。

在全国人民都渴望和平渴望国家安定而国民党当局正积极从事扩大内战的今天，来注意这些丧权辱国的政策是万分必要的，因为今天还有人以遣俘、建军、建国等烟幕来遮盖其丧权辱国的丑行。很明显的，遣俘工作只要帮助一些船舰就行，建军建国只要一些技术人员就行。强大舰队、强大陆军与强大空军之驻扎我国海港、大城市、铁路线与飞行我国领空，除了帮助国民党当局运输军队，进行其对人民的战争，与代其看守海港大城市与铁路线外，还另有其目的的。这就是美国政府当局要以继续十年军事援华，以维持国民党少数人之专制独裁，其结果必使中国陷于内战、分裂、混乱、恐怖和贫困，必使中国变为美国的"势力范围"与"保护国"。而国民党统治集团为了继续独裁专制，继续自相残杀的内战，以至于亡国也在所不惜。因此，这些违反中山先生的民族主义与丧失主权危害国家的行为，全国人民必须起来坚决反对。

与此相反，中国共产党在抗战前曾再三呼吁团结抗日，并实行了北上抗日的方针，在抗战中更坚持敌后战场，收复被国民党军队遗弃了的广大国土，摧毁敌人扶持的伪政权，建立了广大的解放区，肃清了帝国主义的势力，保护了国家主权。在日本投降后，中共主张遣送日俘、解散伪军，经过政治协商建立和平、团结、民主与统一的中国。关于美国援华问题，中共主张美政府应履行莫斯科三国外长会议中关于中国问题的约束。并在目前因军事援助实际是武装干涉中国内政的情境下，中共主张"美国应立即停止目前对华一切所谓军事援助，和立即撤回在华的美国军队"。中共这些措施，都是符合中山先生的民族主义的。

就中山先生的民权主义与民生主义来说，中共主张国民党应立即结束其一党专政，实行宪政，建立一个以全国绝大多数人民为基础的民主联合的政治制度，这是和中山先生在中国国民党第一次全国代表大会宣言中所说"近世各国所谓民权制度，往往为资产阶级所专有，适成为压迫平民之工具，盖国民党之民权主义，则为一般平民所共有，非少数人所得而私也"的主张完全一致。中共并在其所领导的解放区建立了各级民选政府，并实行了共产党员不超过三分之一的三三制。在民生问题上，中共赞成保护私有财产，发展私人资本主义，实行减租减息交租交息，发展农业生产。并按照中山先生节制资本的原则，主张现阶段中国的经济，必须由国家经营、私人经营与合作社经营三者组成，并且在广大解放区实行得很有成绩。但是国民党当局在全国人民要求结束一党专政、实行民主宪政声中，却仍不愿国家民主化，不惜撕毁墨沈未干的政协决议，以继续一党专政与个人独裁。在经济方面，不顾支持八年抗战的民营工业，继续其官僚资本的统制制度，更进而开放内河航运权，让美国货物充塞中国市场，使民族工业完全窒息以死；不顾经济崩溃的危险，继续增发纸币；不顾其信誉，不顾人民的痛苦，不仅不实行豁免田赋的诺言，反而要征实征借。这是什么民权主义与民生主义呢？目前外人既驻军于海港城市与铁路线，又航行于内河。这就不仅有损国家主权，更进而国家经济命脉都要落入外人掌握之中，中国不变作菲律宾第二，也会像中南美洲各国，成为美国的"势力范围"，回复其半殖民地的地位。国家民族的生命岂可因少数统治集团的独裁利益而拱手断送呢？

国民党统治集团因中共妨碍其一党专政个人独裁，不惜造作种种诽语说中共不要国家民族，说反对美国少数帝国主义份子的错误政策为反美运动。我们坚决反对这种挑拨中美两国人民平等互惠彼此尊重其独立自由之友谊而达其一党一人私利之阴谋。中共愿与一切以平等待我之民族共同为世界和平而奋斗，更必须为中国民族的独立自由平等与富强而奋斗。

　　为了中国人民解放的事业与中国民族的独立自由，中国共产党曾经忠实实行革命的三民主义，并且还要继续忠实实行下去，以求得革命的三民主义在中国广大国土内澈底实现。

在重庆李公朴、闻一多追悼会上的讲话（摘要）*

（1946 年 7 月 28 日）

　　两先生是为了呼吁奔走国家的进步、和平、民主而死。胜利以来，国家一切的工业陷于破产，人民生活痛苦不堪，离乡背井八年的人民得不到复员，而接着来的是美货充斥，国家经济将完全破灭，这使每个人不能不默默无言，无动于心。李闻二先生出来为大家说明，代表了广大人民的呼声，而竟以此遭到暗杀。

　　有些人暗杀两位先生，是以为他们可怕，因为他们代表了广大人民。他们怕李闻二先生，是因为他们怕人民力量的长大。

　　全中国人民共同的要求是独立、和平、民主，而这要求，不会因二位先生的被杀而停止。请两位先生安息吧，我们后死的人，□想为国家保持光荣的人，一定以千百倍的勇气，来继承他们未完成的遗志。

---

* 录自《新华日报》1946 年 7 月 29 日，第 2 版。

在陶行知先生追悼会上的讲话（摘要）*

（1946 年 8 月 4 日）

主席各位先生，各位朋友，今天我们追悼陶先生，每个人都很沉痛、悲伤，也和前几天我们追悼李闻两先生时同样的沉痛悲伤，这不仅是因为陶先生虽不是为反动派杀死而仍然是为反动政治所压迫摧残以致于死，而且是因为陶先生是新文化新教育的实行家、创造者，事业未完成突然而死，这使我们不能不更加悲痛。我今天提出陶先生的三大特点，以作为我们深刻研究的参考。

第一，陶先生，是一个教育家；他是一个新文化的教育家，不是一个普通的教育家。中国自办学校以来，都采取了欧美日本的教育制度，这只是为少数的有钱人特殊阶级的教育制度，广大的平民没有受教育的机会。受到教育的人，也只是学习一些技能，或混得一张文凭，以升官发财为目的，甚至做些危害社会的事情。陶先生反对这种不合理的教育制度。他主张平民教育，人人有受教育的平等机会，这不仅是改造教育制度的问题，而是改造思想的问题，他的新文化教育的精神，冲破一切陈腐的特殊化的教育制度。在文字上，他主张通俗大众化的文字，他主张拉丁化新文字，研究拉丁化的方案，我也是主张实行拉丁化的新文字的，我和他常常讨论这种文字的实施办法。他的教育方法是一种大胆的创造。他自己相信他能做得出他所创造的东西，如生活教育社等，表现了他的天才。

---

* 录自《新华日报》1946 年 8 月 6 日，第 2 版。

今天有些挽词中比他为现代的孔子，其实孔子不如陶先生的伟大。

第二，中国办教育的人，往往把教育与政治分开，甚至不过问政治，陶先生认为教育与政治是分不开的，他一方面办教育，一方面过问政治，而且认为办教育不能不过问政治，如果一个腐败贪污的政府，暗无天日的政治，试问怎样能办好教育，广大平民教育更谈不上，因此他要争取民主政治，主张教育与政治两者不能脱离；他认为人就是"政治动物"，他不仅认为生活即教育，而且认为政治即教育。所以，他是抗日救国会的创造人之一，在七君子被捕的时候，他在国外，否则，他一定会被抓起来同七君子一道"受罪"了。陶先生苦心孤诣地办育才学校，大胆地办社会大学，他对我说，他要在中国各大都市成立社会大学，在最短期间要有学生八百万人。这种伟大的精神是为反动派所深忌的。陶先生是为主张平民教育而死，为争取民主政治而死。

第三，陶先生的教育方式和精神，是值得我们佩服的，他不仅教人会做人，而且教会人怎样去改造社会、改造中国甚至改造全世界。他办社会大学，叫学生怎样懂得社会，怎样改造社会，让全国的人民都能认识社会，在社会当中当作些什么。陶先生是有一个理想的社会，如中国古人之所谓大同，孙中山先生所说，他的民生主义，即是社会主义，又是共产主义。这种社会，使人人平等自由，大家□享幸福，不使有啼饥号寒的人存在。没有人剥削人、人压迫人的制度存在，把人类领导到最幸福的社会上去。陶先生不只这样想而正是这样作，他为社会服务和改造社会思想。陶先生的伟大就在这里。

陶先生未完成的事业，我们应该完成，同时，我们要明白、懂得陶先生事业精神的所在。今天伟大的时代已经到来，社会都到了必须解放的时候了，陶先生是时势产生的英雄，陶先生所创造的事业，一定能够达到目的的。

回忆陶行知先生 *

（1946 年 8 月）

　　回忆陶先生，我想起了一九三八年二月，我们同出席伦敦世界反侵略大会的时候，一同去瞻拜马克斯的坟墓，我们在一片荒冢里，找寻了几遍，才发见恩格斯所题的墓志，而惊叹这一旷世伟人之墓，竟这样平凡。这象征着生要和大众打成一片，死也要和大众打成一片，才是真正的伟大。这和陶先生要智识份子在人民大众之中，为人民大众服务，做人民大众的"人中人"，而不是站在人民大众头上，做人上人之思想，是相符合的。陶先生崇拜马克斯的辩证唯物论。从他把自己"知行"的名字，颠倒过来，改为"行知"，就是一个证明。他把王阳明"知是行之始，行是知之成"的唯心论，改为"行是知之始，知是行之成"的唯物论。这就表现他得到了马克斯的正确的思想方法。

　　回忆陶先生，我想起了一九三九年，我们同住北碚的时候，他为我说明办育才学校的意思，是在于培养人才之幼苗，使得有特殊才能的幼苗，不致枯萎，而能够发展。特别是为了老百姓的穷苦孩子，为了有才能而穷苦或身有缺憾的孩子，为了引导学生们团起来做追求真理的小学生，团起来做自觉觉人的小先生，团起来做手脑双用的小工人，团起来做抵抗侵略的小战士。经过陶先生的苦心孤诣、艰苦经营，六七年来，

　　---

* 录自陶行知先生纪念委员会自刊《陶行知先生纪念集》，1946 年 8 月刊，第215～221 页。

育才学校日益壮大了，这真是"有志者事竟成"。

回忆陶先生，我想起了今年三月，他对我说，要在上海及各大都市去发展社会大学。他说："我估计中国全国有四百万职业青年需要社会大学帮助他们进修。我们应该在全国展开社会大学运动，在各大都市建立夜大学和早晨大学来应济这广大的需要。"他又改孔子"大学之道：在明明德，在亲民，在止于至善"，为"大学之道：在明明德，在亲民，在止于人民之幸福"。他认为，"社会大学之道：首先要明白人民的大德；其次要亲近老百姓；第三要为人民造幸福"。他说："社会大学有两种：一是有形的，二是无形的。社会大学运动是要把有形的普及出去，并要给无形的一个正式的承认，使每一个人都承认这无形的社会大学之存在，随时随地随事进行学习。无形社会大学是只有社会而没有'大学'之名。他是以青天为顶，大地为底，二十八宿为围墙，人类都是同学，依'会的教人，不会的跟人学'之原则说来，人类都是先生，而且都是学生，新世界之创造是我们的主要的课程。"这种"民胞物与""各尽所能"之设计，不能不承认其伟大。

回忆陶先生，我想起了他的革命精神，凡一切过去的思想、学说、理论、制度等等，都要经过理性的裁判，如有不合理的，即使人人认为神圣不可侵犯的东西，他也大胆的要反对要革命，他要求人类，从思想到肉体，都要得到解放，得到自由。他对儿童教育，要解放孩子的头脑、双手、嘴、空间、时间，使他们充分得到自由的生活，从自由生活中得到真正的教育。他的生活教育的理论，就是教育革命的理论，也是革命教育的理论。他打倒一切陈腐的自私自利的学说，使教育无拘无束，活生生的实现于人类生活之中。把人的生活是有规律、有理性、有组织、有创造、有发展，和其他动物盲目的生活不同，明白的在教育意思上表现出来。这是他天才的发现。

回忆陶先生，我想起了他的创造精神。他以为人类自从腰骨竖起，前脚变成一双可以自由活动的手，进步便一日千里，超越一切动物，而且有脑子作为一切行动的总司令，就能创造一切。他的《创造宣言》说："创造主未完成之工作，让我们接过来，继续创造。"因此他就创造了：生活教育、儿童教育、民主教育、小先生制、育才学校、社会大学等等。他教人攻破二十七个难关，以达到教育的普及。他号召人们说："处处是创造之地，天天是创造之时，人人是创造之人，让我们至少走两步退一步，向着创造之路迈进罢。"

回忆陶先生，我想起了他为大众生活解放的教育宏愿。他说："少爷小姐有的是钱，大可以为读书而读书，这叫做小众教育，大众只可以在生活里找教育，为生活而教育。当大众没有解放之前，生活斗争是大众唯一的教育。并且孤立的去干生活教育是不可能的。大众要联合起来才有生活可过，即要联合起来才有教育可受。从真正的生活教育看来，大众都是先生，大众都是同学，大众都是学生。'教学做合一'，即知即传是大众的生活法，即是大众的教育法。总说一句，生活教育是大众的教育，是大众自己办的教育，大众为生活解放而办的教育。"是的，大众实在太苦于无法生活了，大众要想从痛苦生活中解放出来，只有在自己生活中学习革命教育，学会革命教育，才能得到解放。

回忆陶先生，我想起了他为民主奋斗的精神。他既认定孤立的去干生活教育不可能，而中国又是个人独裁的国家，人民大众迫切需要民主。因此，他有民主教育的运动。他说："民主教育是教人做主人，做自己的主人，做国家的主人，做世界的主人。""民主教育一方面是教人争取民主，一方面是教人发展民主。在反民主的时代或民主不够的时代，民主教育的任务是教人民争取民主；到了政治走上民主之路，民主教育是配合整个国家的创造计划，依着民主的原则，发挥个人及集体的创造力，以为全民造幸福。""无论是争取民主或是发展民主，都要靠广大人民的群策群力才会成功。这广大人民在数量上是越广大越有力量，在认识上是认识得越深刻越有力量。因此民主教育需要普及。我们所要普及的是救命的民主教育，要全国老百姓，无论男女老少贫富，都能很快的得到这救命的民主教育。"真的，人民已经到了九死一生、救死不暇的时候，实在无法再照旧生活下去！陶先生大声疾呼要全国老百姓，无论男女老少贫富，都团结起来，为争取救命的民主而斗争。全国人民必须响应他这一沉痛的呼声。

回忆陶先生，我想起了他为民族解放而奋斗的精神。他痛心于帝国主义之侵略，号召大众联合起来为中华民族解放而斗争。他很沉痛的说："中国已经到了生死关头，争取大众的生活教育，自有他应负的历史的使命。为着要争取大众解放，他必须要争取中华民族的解放，为着要争取中华民族的解放，他必须教育大众联合起来解决国难。因此推进大众文化以保卫中华民国领土主权之完整，而争取中华民族之自由平等，是成为每一个生活教育同志，当前所不可推却的天职了。"这一号召产生了八年抗日战争的英勇斗争，自去年八月日寇投降，方幸我中华民族得到解放，谁知"前门拒虎，后门进狼"。一年以来，卖国政府又将国家主权丧失殆尽。全国人民之忧患更深了。

陶先生的思想是准确的，见识是高超的，志愿是宏大的，意志是坚强的，生活是刻苦的，作事是勇敢的，对人是诚恳的。他为大众服务，也为大众所爱戴。他对于人民大众——社会的发展有极大的信心。他认为：人类生活数十万年来，天天在变化，天天在发展前进，而其发展前进的推动力，则由于人类有手脑并用之劳动，劳动生活创造一切，才由野蛮而发展到现代的文明。他主张在劳力上劳心，而不主张在劳心上劳力，他反对把二者平列起来，把劳心与劳力分为二种人。他以为，将来的社会必无专以劳心为职业的人，因此他强调在劳力上劳心，就是说用手还要用脑，才能有所创造。他要人们依靠人民、大众，相信人民、大众，不要依赖统治者，要往下看而不要往上看。他要打倒一切压迫人民大众的恶魔。他的热诚感动了千百万的大众，他能领导大众为中国的独立、民主、和平，与卖国、独裁、内战之执行者作坚决的斗争，因此遭到了独裁者的痛恨，必欲得而甘心，而特务暗杀的黑名单，把他列为第一名。虽然他还没有如李公朴、闻一多二先生之被人暗杀，而因李闻二公之死，悲痛愤激，为整理未竟事业，准备成仁，朝夕忧劳，而竟夺去了他的生命。我们相信，他已播下了千千万万的革命种子，必然要开花结果，他的肉体虽死而精神不死，他的功业将永垂不朽、万古长存！

国庆感言*

（1946 年 10 月 10 日）

  中华民国今天的国庆，可庆又不可庆。可庆的是，从辛亥革命、中华民国成立以来，虽然灾难重重，因为中华民族革命的优秀儿女，艰苦奋斗，不屈不挠，创造了辉煌的伟迹：如反抗袁世凯帝制之役，终究消灭了"袁皇帝"；北伐大革命之役，终究打倒了北洋军阀；抗日战争之役，终究战胜了日本帝国主义。这都是光荣的可庆的历史事实。不可庆的是，每次革命胜利后总要来一个反革命的逆流，使得国家民族濒于危殆，而且一次比一次危险更大。现在抗日胜利了，国权的丧失，比任何时代都更大更多；国内的战争，比任何时候都更广更烈；民生的痛苦，比任何时候都更深更巨。在这样的环境中来纪念国庆，不但不可庆，而且使人不胜悲愤，栗栗危惧。

  为什么中国革命不能一次和很快的得到完全的胜利呢？

  因为中国是一个半殖民地半封建的国家，外受帝国主义军事上、政治上、经济上的重重压迫，内受封建军阀大地主买办阶级的统治剥削，使中国革命刚一获得胜利，帝国主义者或扶助反革命，或分化革命营垒来打击革命。帝国主义必以封建军阀为工具；封建军阀必依帝国主义为护符。因此中国革命要得到完全胜利，必须是反帝、反封建的革命同时

---

  * 录自《新华日报》1946 年 10 月 10 日，第 3 版。

进行，如果不把帝国主义和封建军阀的链环套打倒，中国的革命就得不到胜利。这是三十五年来的历史证明了的。

去年八月日本帝国主义投降以后，世界最反动的法西斯国家最后被打倒了，中国人民以为从此可以挣脱帝国主义的枷锁，中国可以成为独立、自由、民主、统一和富强的新中国了。没有料到今天中国反而受美帝国主义更残酷的压迫；一年来美国干涉中国内政，有以下的事实：一、美国大量装备、训练和输送国民党军队进入华北与东北，以进行大规模残杀中国人民的内战；二、美国为国民党军护路、筑路、建设基地，训练海空军人员；三、美国于六月十四日提出的所谓"援华法案"，将国民党军变为美军附庸；四、美国于日寇投降后非法继续租借法案，大量借给国民党各种残杀中国人民的作战物质；五、长期大量驻兵中国，破坏中国领土主权完整；六、驻华美军对中国解放区的蹂躏与进攻；七、帮助国民党建立庞大的秘密警察，对中国人民及解放区进行恐怖活动；八、由美前空军司令陈纳德组织中美航空运输公司，掠夺中国航空权；九、美军在中国的暴行及杀伤人民，日必数起；十、其余奴役奸淫残害之事时有所闻。这些伤害主权奴役人民之事，比诸日寇之廿一条及其他卖国条约之残暴不知要大多少倍。

国民党反动派的宣传机关总是说：美国无领土野心；美国不是帝国主义；美国帮助中国纯是善意的使中国成为现代的国家。这些正是国民党反动当局与美帝国主义反动当局互相勾结的一个自白。一年以来，谁不知道，美国的少数垄断财阀与新兴的少数军阀等好战派想独霸世界的野心，到处都已表现出来，其欲使中国与拉丁美洲一样作为美国的势力范围，已见于贝尔纳斯所提法案。难道不是一个铁证吗？

反动派又说：美苏必战，第三次世界大战即将爆发，美国在中国所侵占的海陆空战略据点，不过是作为防苏基地。姑勿论第三次世界大战是否就要来到，即使有这一战争，我们中国为什么要供人家作为战争基地，让战火来蹂躏无辜的中国人民呢？如果中国能独立自主起来，不让人家在我们领土上进行战争，更当再进一步制止这一战争，不使中国作为战争的跳板，而作为和平的安全瓣，岂不更好吗？

我愿正告国民党少数的反动好战份子和美国少数的反动好战份子：今天的世界已经不是帝国主义、法西斯蒂、个人独裁、少数统治的世界，而是全世界被压迫民族被压迫人民起来，求得民族解放、社会解放的世界。我中华民国的人民已经经过了三次伟大的革命战争，即辛亥革命、北伐战争、抗日战争，不仅继承了和发扬了我伟大中华民族的民族自尊心和民族自信心，而且锻炼出了钢铁一般坚强的、不可战胜的政党——中国共产党。

我党之所以有力量，在于它以马克思主义的普遍真理与中国的革命实践相结合作为它的革命理论，以马克思主义科学的思想来教育与锻炼党员与群众，这就从思想上改造了千百万优秀的革命战士。

我党之所以有力量，在于它继承了世界革命和中国革命的最进步最丰富的经验，作为它的革命政策。它能应付任何复杂和反动的阴谋诡计而立于不败之地。

我党之所以有力量，在于它是完全新式的党，有严密的组织原则，有铁的自觉的纪律，有批评和自我批评来锻炼成革命的先锋队。

我党之所以有力量，在于它在八年抗日战争中，从日寇铁蹄下，解放了广大的国土，团结了一万万以上的人民，肃清了封建残余，进行了土地改革，发展了生产运动，废除了苛捐杂税，使农工商贾和全体人民丰衣足食，各得其所，各遂其生，根绝了帝国主义一切压迫的势力，肃清了贪污腐化的官僚政治，实现了民主自由，造成了真正的独立、自由、民主的解放区。

我党之所以有力量，在于它在八年抗日战争中，锻炼出了一百二十万英勇善战的人民军队，训练了二百数十万抗敌自卫的民兵，虽在毫无外援而且被国民党反动军队严密封锁的情况下，发展了自给自足的精神，自制枪弹、炸弹、手榴弹等武器，终能战胜武器精良的日寇。

我党之所以有力量，在于它和最广大的人民群众取得最密切的联系，全心全意地为中国人民服务，一刻也不脱离群众，一切从人民的利益出发，而不是从自己少数集团或自己个人的利益出发。

我党之所以有力量，在于它在解放区真正实行了新民主主义，亦即孙中山先生的革命的三民主义。我们解放区真正得到了民族独立、民权自由、民生幸福。

这次反法西斯的世界大战胜利后，已经创造了一个新时代，世界的距离已经大大缩短了，一切落后的民族和人民的知识能力都大大的提高了，一切被压迫的民族和人民都抬起头来要求自己的解放。全世界的弱小民族不是已经在每一角落正在和帝国主义斗争吗？我们中华民族已经艰苦地抗战八年，获得了光辉的胜利，绝不让帝国主义再来奴役我们，压迫我们。如果还有帝国主义法西斯蒂反动份子，不顾历史教训，硬要把中国变成他的殖民地或附庸国，我相信我中国的人民，一定要把他打得粉碎。到那时，我们才有真正可庆的国庆。

关于四川省委与报馆机构问题向中共中央的报告 *

（1946 年 10 月 16 日）

　　中央并即转宁局周董：酉真、酉文、酉寒各电均悉。缕复如下：（一）赵俊因江杨病未全愈，工作重要，年内不能离渝。（二）省委及报馆都尽量精简。此次飞机又送走男女干部三十人，内只有少数家属。（名单另邮寄京）现仍拟继续抽送一二十人，名单正在商拟中。希望你们再能交涉飞机一架。如你们认为必须抽送之干部，亦请迅速示知。（三）省委干部拟尽可能拼入报馆，兼任报馆工作。但省委机构似不宜与报馆合并，因吴张现留渝，省委招牌似无自动摘下之必要，且此举足以影响民盟之存在与活动，中间人士亦将吓退缩，对今后民主斗争更有妨碍。非到万不得已时，似不宜出此。（四）自时局严重化以来，此间工作，即作最坏之准备与布置。一方面加紧精简疏散，他方面把工作重心转移到外面。万一省委发生问题，亦不致在干部及工作上蒙重大损失。群众工作，特别是青年工作已采取化整为零，由广泛到深入，由城市到农村，掩蔽少数进步分子，争取广大中间群众等办法，并对每一个具体对象，分析其能力地位及所处环境，作各种不同的措施。总之，主要是作长期斗争打算，但亦不放弃当前应做之工作。至于上层统战工作，则为掩□下层起见，更有加强必要。（五）重庆为西南中心，此地工作之重要性，不

---

　　* 录自荣县吴玉章故居陈列展档案。原文是电报，标题为《吴（玉章）张（　）江（　）袁（　）关于四川省委与报馆机构问题向中央的报告》。

下于京沪。仍应加强，不容松懈，只是工作形式应随环境之变化而变更耳。由此间返延之干部，或有轻视此间工作之倾向，应予纠正。吴张江袁酉铣。

哭吾妻游丙莲 *

（1946 年 11 月 17 日）

　　我哭丙莲，我哭你是时代的牺牲品。我们结婚有五十年，我离开你就有四十四年。我为了要打倒帝国主义的压迫、专制政治的压迫、社会生活的压迫，在一九〇三年正月，离开家庭赴日本，随即参加革命。家中小儿女啼饥号寒，专赖你苦撑苦挣。虽然无米无盐，还要煮水烹茶，使炊烟不断，以免玷辱家门。由于你的克勤克俭，使儿女得以长成，家庭免于贫困。满以为革命功成，将和你家园团聚，乐享太平。料不到四十年来，中国的革命前途虽然走上光明，而迂回曲折，还有一段艰苦的路程。你既未能享受旧时代的幸福，又未能享受新时代的光荣。今别我而长逝，成了时代的牺牲品，能不令人伤心。

　　我哭丙莲，我哭你为我养育了一个好女儿，受到人人尊敬。她中年丧了丈夫，受人欺凌，艰苦奋斗，不愧贤能。终能克服重重灾难，使六个儿女得以长成。更可贵的是她帮助你操持家务，常在你左右，使你这零丁孤苦之人得到安慰，使我这天涯海角之人得到安心。现在使你形影相依的女儿，失掉了慈爱的母亲。

　　我哭丙莲，我哭你为我养育了一个好儿子，学会了水电工程。他十七岁离开你，二十年在外，使你时刻忧心，他秉承了我们的勤苦耿介

---

　　* 录自《吴玉章对联导读》，四川人民出版社 2010 年版，第 118～119 页。

的天性，和为人服务的精神。他有磨而不磷、涅而不缁的操守，不贪污腐化而为社会的罪人。他是"五四"运动时代学生的代表，十八岁赴法国留学，毕业后就在法国水电工厂服务八年，苏联国家计划局服务四年，都得到了好评。他为祖国的神圣抗日战争归来，因日寇封锁，机器不能输进，就谋自力更生。他自己设计，以本国器材建成了长寿的水电工程。国营事业的获利，常常是这工厂占第一名。他忙于为国家人民的事业，未能早侍奉你病弱之身，使你得享遐龄，这不能不使他抱终天之恨。

我本是一个革命的家庭。我二哥因为倒袁世凯的二次革命失败，悲愤自缢而牺牲。我大哥因为大革命失败，贫困残废而牺牲。我四侄鸣和因为土地革命而牺牲。这种种不幸，犹赖你能安慰寡嫂、团结侄辈，使家庭和顺、生齿繁荣。你待人忠厚、作事谨慎，使亲友称誉，得到人人的欢心。你不愧为贤妻良母的典型。今年六月，我闻你病重，本想率儿媳及孙儿女辈回家一省，使一家人得一团聚，以安慰你多年渴望之心，却因我为公务羁身，环境所迫，不能如愿而行。只得命陵儿买药归来，寻医治病。后闻病势经过平稳，方以为安心调养，必能获得安宁。不幸噩耗传来，你竟舍我而长逝，能不痛心。

亲爱的丙莲，我们永别了！我不敢哭，我不能哭，我不愿哭。因为我中华民族的优秀的儿女牺牲得太多了！哭不能了事，哭无益于事。还因为我们虽然战胜了日寇、法西斯蒂，而今天我们受新的帝国主义和新的法西斯蒂的压迫更甚。国权丧失，外货充斥，工商倒闭，民不聊生。而内战烽火遍地，满目疮痍，我何敢以儿女私情，松懈我救国救民的神圣责任。我只有以不屈不挠、再接再厉之精神，团结我千百万优秀的革命儿女，打倒新的帝国主义，新的法西斯蒂，建成一个独立、自由、民主、统一和繁荣的新中国。丙莲！安息吧！最后的胜利，一定属于广大人民。

吴玉章　哀悼

中华民国三十五年十月二十四日

（1946 年 11 月 17 日 ）

庆祝人民军队的创造者朱总司令玉阶同志六十大寿 *

（1946 年 12 月）

玉阶同志！正当中国内忧外患非常严重，救国救民的重担加在你双肩上的时候，来庆祝你的六十大寿，这并不是平常的一种虚文。

缅怀我们四十年同盟同志的革命生涯，你虽饱受了无数困苦艰难，却建立了辉煌灿烂的伟大功勋。

你是辛亥革命时代，云南起义的革命军人，你奋勇先登，夺得了五华城。

你是护国之役的先锋队，泸州蓝田坝一战，使张敬尧落马，吴佩孚、曹锟手足失措，袁世凯胆战心惊，终将袁氏帝制倾覆，保存了中华民国之名。

你是北伐战争大革命失败时代"八一"南昌起义的组织之一，当汕头我军失利，你在三河坝保存实力，辗转到了井冈山与毛泽东同志会合，创造中国的工农红军，使朱毛之名，震动中外，反革命的人们必欲得而心甘。

你粉碎反革命的五次"围剿"，胜利的完成了二万五千里长征。

八年的抗日战争，你创造了人民的军队——八路军、新四军和华南抗日纵队，抗拒了侵华日军百分之六十四，伪军百分之九十五，收复了

---

* 录自《正报》1946 年第 17 期，第 10～11 页。

日寇占领的大部份中国土地，解放了一万万以上的人民，使新民主主义在解放区能见诸实行。

抗战胜利以后，国民党当局企图消灭人民的军队，摧毁解放区人民的民主政权，造成了一年多的国内战争。你一面以政治协商方法争取全中国的独立、民主、和平；一面以人民的军队保持解放区人民既得的权利和社会的安宁。你统率的人民军队百战百胜，你成了广大人民的救星。

你的这些功绩，并不是偶然而成。

你为了革命必胜，建国必成，深知道必须掌握革命的理论，你同毛泽东同志在二十年革命战斗的过程中，使他创造了中国革命的理论。

这个理论之所以有力量，在于它是在中国三次伟大革命战争中，即在北伐战争、土地革命战争、抗日战争中发展和锻炼而成。

这个理论之所以有力量，在于它以马列主义的普遍真理与中国革命的具体实践不断相结合而逐渐长成。

这个理论之所以有力量，在于它是切合于中国这个半殖民地半封建国家的革命。

这个理论之所以有力量，在于它是适合于现在新民主主义时代所产生。

你服膺马克思主义的辩证唯物论与历史唯物论，这不仅使你的军队不可战胜，而且使你的革命事业一定完成。

可恨的是中国正受着美帝国主义的侵凌和国民党反动派的蹂躏，正需要你的大力来拨乱反正。

但愿你这民族与人民的救星，康强逢吉，完成中国的独立、民主、和平。

在龌龊的社会里，还要学习"人品"*

（1946 年）

本来陶先生李先生约我好几次，我都因病没有来，今天听到各位同学的总结报告，心里很高兴、很感动，在短短的三个半月中有这样的成绩，真是难得。

我们常说文化教育要大众化、民主化、自由化、科学化，在解放区已经照着作了，但大后方作起来却很困难。这还是一个政治问题，中国的教育制度，几十年来完全是抄袭欧美的，尤其是日本的，这完全是一种统制式的教育，所以直到现在中国的教育，还只有钱的人才能享受，所教育的也并不是为了人才，现在就有好些人才不是学校出来的，而目前呢，连大批特务也钻到学校里捣乱起来了。我们试问教育是为了教好人呢，还是教坏人？不客气的说，官办的教育就是害人。陶先生多年来办的生活教育是一服救药，尤其计划中的八百万社会大学学生，更是对症下药，八百万对于四万万来说，虽然还少一点，但这是重要的第一步。

这一种社会大学，可以使得老老少少男男女女，有职业的，无职业的，都可以来学习，同时也可以把教育提高到和穿衣吃饭一样的重要。这一种学习的方式对于学生固然很方便，因为他不必丢开了工作而死板板学习，也不致被资格关在门外，那怕是不识字的还是可以来读。在教

＊录自《社会大学》，北门出版社 1946 年版，第 62～63 页，是吴玉章应时任重庆社会大学正、副校长陶行知、李公朴的邀请所作的演讲。

授方面也不会受到无理的苛求，只要他研究那一门，就可以来担任那一门。这样学生来学是自愿的，不是来敷衍，不是来弄文凭的。教授来教呢，一方面可以传授自己的心得，一方面也可以从这里得到检讨。

社会大学是改造社会的一个基础，我们对她只有祝颂。所要向各位贡献一点的，就是我们不仅要学习技术，同时我们也要学习人品。现在的社会是龌龊极了，在这里面生活，难免要沾染一点坏习惯，所以我们要发动自我批评，在这个社会里，没有自我批评，就是没有改造社会的武器。

另外，刚才听到各位同学报告，大家对于哲学方面都很感兴趣，这是很好的，我们有了正确的哲学思想，就有了正确的立场，作起事来，也就有了信心，对事情的发展也就有了远大的认识，纵然在黑暗中，我们也能看见光明。所以你不要看有些反人民的家伙，好像是干得轰轰烈烈，到头来还是要给人民推下台来的。

陶先生主张改革中国文字，我是研究中国文字拉丁化的，抗战期间由于物质条件的困难，没有继续推行，将来希望能跟同学们共同研究。

对五五宪草之意见 *

（1946 年）

　　民国成立以来，今天是第一次各党各派社会贤达共聚一堂商讨宪法。我们都希望能制定良好的民主宪法，奠定中国的百年大计。关于宪法的根本方针，我们认为应该根据三民主义建国的原则，顺应世界民主潮流，适合中国当前的情况，以及举国人民的要求。我们在我们的《和平建国纲领草案》中提出了许多意见，将来应该采入宪法的也须采入。现在我只着重提出几个原则：（一）保障人民权利问题。宪法应保障人民权利，不应限制人民权利，但是五五宪草关于人民权利大都规定非依法不得限制字样，换言之，即是普通法可以限制人民权利，这是不妥当的。（二）中央与地方权限的问题。我们主张依据中山先生均权主义的原则，凡事务有关于全国性的归中央，有因地制宜性质的归地方，不偏于中央集权，亦不偏于地方分权。中央政府在五五宪草中规定了五院制，但由过去历史证明，五院事权分散，实际上都没有权，而大权独落于元首一身，这容易流于个人专制之弊。而且五五宪草中规定总统的权力太大，这些应予以修改。我们认为英美等先进民主国家所行的国会制度，其经验很可采取。再依据中国当前实际情况，将中央政权机构重新作妥善的规定。（三）地方制度问题。过去对省的地位和制度争论颇多，中国政治

---

　　* 录自《五五宪草有关文献》，中国文化服务社 1946 年版，第 16～17 页。

能否搞好，这是一个重大问题。我们主张省为自治单位，自下而上的普选。依据中山先生遗教，省长民选，省自制省宪。地方性质的事情，交付地方人士办理，才办得好。过去中央官吏到地方去，往往对地方无多帮助，甚至有时还妨碍地方的发展，这种制度应该改正。（四）确定国策。在宪法上明白规定有关军事、文化、经济各方面的民主政策。甲、军事政策应该是民主的，不是军国主义的。以民主主义的精神改造军队，使之为人民服务，而不是为一人或一派系服务。乙、文化政策应该是民主的、科学的、大众的、民族的，而不是压迫统制摧残文化的政策。丙、经济政策是民生的，是奖励保护民族资本，使其发展，使国家事业、私人事业、合作事业，都同时发展，最重要的要确定扶助农民劳工的政策。这一些都须明白规定在宪法上。

　　以上所举，都是原则性的建议，关于具体内容的详细意见，将在审查小组中提出讨论。

编后记

　　《吴玉章全集》经中国人民大学党委书记张东刚教授和校长林尚立教授的科学决策和精心规划，在中国人民大学重大规划项目"吴玉章全集"（批准号 23XNLG07）获准立项的基础上，于 2023 年由中国人民大学出版社出版发行。回顾《全集》的出版，离不开中国人民大学党委副书记郑水泉教授、副校长王轶教授的科学统筹，离不开中国人民大学信息学院吴本立教授及其家人的全力支持，离不开中国人民大学图书馆、档案馆和校史馆的文献史料收藏和整理，更离不开中国人民大学复校以来历届领导和广大师生的共同期待。

　　《全集》的面世，使编者想起 1984 年夏秋，面对迫在眉睫的高校学分制教学改革，许多令人费解的困惑亟待解答。后来我们从当年 1 月发表的两篇回忆吴玉章老校长的文章中找到了答案。这年的 1 月 14 日，《人民日报》刊登了中共中央党校第一副校长、教育部原部长蒋南翔的文章《纪念我国无产阶级教育家吴玉章同志》。文章写道："吴玉章同志既是一位革命家，又是一位教育家"，也是"中国新型高等教育的开拓者"；"他不是'为教育而教育'，也不是抱有'教育救国'的空想"，更不"走旧中国盲目抄袭欧美教育的老路"①。不久，《人民日报》刊登中国人民大学名誉校长郭影秋的文章《吴老与中国人民大学——纪念吴玉章同志诞辰

---

　　① 蒋南翔. 纪念我国无产阶级教育家吴玉章同志. 人民日报，1984-01-14（4）.

一百零五周年》。郭影秋回忆："少奇同志说：中国人民大学'与过去旧大学有本质的不同，是为工农服务，是要教育出为工农服务的干部；只有用马克思列宁主义的基本观点，实事求是的精神，才能把工作做好，学习搞好，学校办好'。"① 正是这两篇文章使我们解开心结，引导我们制定和实施了中国特色的学分制改革办法。我们敢于下这个决心，其中的力量源自吴老与时俱进的办学思想，源自吴老始终坚持党的领导者赋予中国人民大学的办学精神。此后，每当遇到难题我们都会想到吴老，想到从他的办学思想中寻找前行的路径和解疑释惑的方法。

1984 年 4 月 4 日，《人民日报》刊登中央军委副主席杨尚昆的署名文章《一辈子做好事 一贯的有益于革命——缅怀吴玉章同志》。他说："吴老从参加辛亥革命起，一生坚持革命，总是站在革命斗争的最前列，不断跟着时代前进。他一生勤奋工作和学习，孜孜不倦，从不松懈。他作风民主，和蔼可亲，十分关心爱护干部。他全心全意为人民服务，一贯有益于革命，是我们的光辉榜样，是建设社会主义精神文明的楷模。他的名字将与人民同在。"② 这段话，使编者时时想到吴老的谆谆教诲，想到怎样从他那里获得面对和解决问题的方式方法。1987 年 10 月 15 日，邓小平"为建在中国人民大学的吴玉章雕像题字：'我国杰出的无产阶级革命家、教育家、历史学家、语言学家吴玉章'"③。这一崇高的评价，更使编者懂得了怎样完整准确地理解毛泽东那段感人肺腑的话，即："一个人做点好事并不难，难的是一辈子做好事，不做坏事，一贯的有益于广

① 郭影秋. 吴老与中国人民大学：纪念吴玉章同志诞辰一百零五周年. 人民日报，1984-01-23（5）.

② 杨尚昆. 一辈子做好事 一贯的有益于革命：缅怀吴玉章同志. 人民日报，1984-04-04（5）.

③ 中共中央文献研究室. 邓小平年谱：第 5 卷. 北京：中央文献出版社，2020：509.

大群众，一贯的有益于青年，一贯的有益于革命，艰苦奋斗几十年如一日，这才是最难最难的啊！"[1]学习吴老，不仅要学习他时刻以传承中华民族优秀文化律己为人，更要学习他有始有终、追求真理、与时俱进、养成育人、融通中外、依史鉴人、继往开来等精神品格和思想观念。诸如：1917年5月27日，他在《在北京留法俭学预备学校开学典礼上的演说》中谈道："留法俭学会……其目的约有四端：一曰扩张国民教育，二曰输入世界文明，三曰阐扬儒先哲理，四曰发达国民经济。"1940年1月，他在《六十自述》中说："俗话说：'作饭不难洗碗才难。'人都喜欢作热闹事不愿作冷背事。我以为前一事的善后作得好，后一事的发展才有望，所谓历史事件有连续性。只看见事的表面，而不考究其根基，是不能了解事之所以荣枯的根源。所以我认为：前事之结束，是后事的开始，特别更要重视。"1942年，他在《吴玉章自传》中写道："我奋斗不懈，为的是追求人生的真理，人类的解放，常人颇难了解，而我终于得到了人类最宝贵的马列主义，彻底了解了宇宙和人生的究竟，比那些糊涂一生的人快活得多。"1948年8月24日，他在华北大学成立大会上的讲话中说："世界在不断地进步，不是与日俱进，而是与时俱进"。1955年11月18日，他在《为贯彻执行提高教育质量的方针而斗争》中写道："我们不但要在政治生活和教学工作中养成勤恳朴实的作风，而且也要在科学研究和学习方面养成勤恳朴实的作风。"1956年5月，他在《为迅速赶上世界科学先进水平而奋斗》中提出："……使我国的科学技术特别是那些最急需的部门接近或达到世界先进水平！"同年8月，他又在《让青年发挥更多的独立精神》中讲道："如果青年能懂得中外古今更多的新知识，就会感觉世界的变化无穷，一人的知识有限，那末他也就骄傲不

---

[1] 吴玉章同志六秩寿诞 中共中央举行祝贺大会 毛泽东同志等亲临致祝词"学习他对于革命的坚持性". 新中华报，1940-01-24（4）.

起来了。"1964 年 1 月 1 日，他在《新年话家常》中说："把我们的后代培养成经得起风险的、真正可靠的革命事业接班人。"1966 年 10 月底，他在《给青年的话》中谈道："看问题，就要学会看历史，看历史发展。"

进入新世纪，编者在搜集整理吴老相关文献史料的过程中，时刻注重吴老"一面养成自治，一面接近社会"①的养成育人思想，应用其研究和解决实践党办大学的相关问题，并且有了许多收获，先后形成了《高校学生素质养成研究》《高校学生素质养成实践》《管理理论新探》《西学东渐三十年：关于建设中国特色世界一流大学的观察和思考》等成果。此间，为使吴老的思想观念受益于人，编者与中国人民大学校史馆的领导和同事通力合作编辑整理了《吴玉章论教育》一书，此书于 2021 年由中国人民大学出版社出版；同年，编者与四川荣县吴玉章故居陈列馆合作印发《吴玉章教育箴言（五十条）》（以下简称《箴言五十条》）。中国人民大学原党委书记程天权教授为《箴言五十条》题词："真理明白，大道至简。就吴老的五十条语录，一个人能照着实践了，所向无阻，一世无碍。"多年以来，编者收藏整理各类吴老相关文献史料等约 300 万字。因此，编者期待着能够编纂出版《全集》。万事俱备，只欠东风。

张东刚书记指出："红色基因是人大的底色、本色和亮色，其内核就是坚持教育为党和人民事业服务的方向，坚守为党育人、为国育才。传承好革命传统和红色基因的核心就在于让听党话、跟党走的信念成为师生的自觉追求。"②正因如此，在弘扬吴老红色教育家精神，努力建设中国特色世界一流大学的今天，《全集》的出版可谓顺势而成。在编纂《全集》的过程中，编者无时不感念延安五老之一的谢觉哉老人于 1948 年 8 月写的《走笔答吴玉章老》一诗："高清不肯染纤尘，垂老犹然日省身。

---

① 吴玉章. 吴玉章教育文集. 成都：四川教育出版社，1989：36.
② 涂铭，魏梦佳. 走新路 创新知 育新人. 瞭望，2023（18）：17.

石比坚兮松比直，谷论虚更海论深。童颜谁谓年龄暮，鹤发同迎世界新。况有三千诸弟子，东西南北立功勋。"这首诗不能不使人想起孔子晚年回乡，一面整理典籍、专修《春秋》，一面开展教育事业，收弟子三千人，其中精通六艺的著名弟子有72人的经历。吴老一生不断跟着时代前进，他不仅始终投身于中国的革命和建设事业，更从未离开中国的文化教育事业。为了这个国家，他成功地培养了万千干部人才。回看吴老一生，先后任四川荣县小学教员、北京／四川留法俭学预备学校校长、成都高等师范学校校长、重庆中法大学（中学部）校长、四川嘉陵高中校长、黄埔军校校务委员、苏联科学院远东分院中国部主任及海参崴远东工人列宁主义学校教员、莫斯科东方大学中国部主任和教员、陕北公学筹备委员会委员和董事会成员、延安鲁迅艺术学院院长、延安自然科学研究会主任、延安新文字干部学校校长、延安大学校长、陕甘宁边区政府文化工作委员会主任、华北大学校长、中国人民大学校长兼中央社会主义学院院长、中国教育工会全国委员会主席、中国科学院学术评审委员会委员、中国文字改革委员会主任等职务。吴老坚持始终的自律精神、通古达今的人文智慧、中西合璧的思想结晶，以及他科学总结的经典语录，无不值得后辈学人永远学习、研究、总结和传承。

在《全集》文献史料的准备阶段，中国驻摩尔多瓦共和国大使、中国人民大学校友闫文滨及时提供了相关文献史料及来源信息；与此同时，中国人民大学科研处、北京理工大学校史馆、四川大学档案馆和延安大学校史馆等单位，尤其是四川荣县吴玉章故居陈列馆，均给予了无私的援助。在实现《全集》文献史料电子版转化的阶段，中国人民大学党委宣传部陈卓副部长和杨默副编审等组织师生，以高度自觉和辛勤的工作，确保了《全集》达到编纂出版所需的时间要求和质量标准。在《全集》编辑出版阶段，中国人民大学出版社的编校团队，以严肃认真、加班加

点、连续作战的方式，按时保质地实现了《全集》的顺利出版；校史馆
王丹馆长和吕鹏军副编审更是自始至终于百忙中仍坚持为保障《全集》
的编纂质量竭尽心力。令人难忘的是，每当编者遇到疑难请教专家学者
时，他们都以不厌其烦的态度给予科学审慎的回复。他们是：中国人民
大学哲学院张立波教授，马克思主义学院王向明教授、邱吉教授，中共
党史党建学院刘辉教授、董佳教授和李坤睿副教授；复旦大学马克思主
义学院杨德山教授；北京体育大学马克思主义学院李庚全教授；北京联
合大学马克思主义学院郜世奇教授；延安大学历史文化学院张雪梅教授；
四川荣县吴玉章故居陈列馆吕远红馆长；等等。需要特别感谢的还有那
些为《全集》出版默默奉献的亲属、同人和朋友，是他们为《全集》的
顺利出版提供了最有力的后援。在此，一并由衷致谢。

　　最后，需要说明的是，《全集》所收内容，均有鲜明的时代印记，反
映了特定时代的思想观念，具有独特的史料研究价值，故在编纂中我们
保持文献原貌，以给研究者提供可靠的研究资料。虽然已作诸多努力，
但是《全集》编纂尚有不充分之处，待出版补集时进一步完善。

王学军　周石

2023 年 10 月 10 日

图书在版编目（CIP）数据

吴玉章全集.第二卷/王学军,周石主编.--北京：
中国人民大学出版社,2023.12
（中国人民大学校史文库/张东刚,林尚立总主编）
ISBN 978-7-300-32349-7

Ⅰ.①吴… Ⅱ.①王… ②周… Ⅲ.①吴玉章（
1878-1966）一全集 Ⅳ.① C52

中国国家版本馆 CIP 数据核字（2023）第 221246 号

中国人民大学校史文库
总主编 张东刚 林尚立
吴玉章全集 第二卷
主 编 王学军 周 石
Wu Yuzhang Quanji Di-er Juan

出版发行	中国人民大学出版社	
社 址	北京中关村大街 31 号	邮政编码 100080
电 话	010-62511242（总编室）	010-62511770（质管部）
	010-82501766（邮购部）	010-62514148（门市部）
	010-62515195（发行公司）	010-62515275（盗版举报）
网 址	http://www.crup.com.cn	
经 销	新华书店	
印 刷	北京尚唐印刷包装有限公司	
开 本	720 mm×1000 mm 1/16	版 次 2023 年 12 月第 1 版
印 张	28.75 插页 4	印 次 2024 年 5 月第 2 次印刷
字 数	352 000	定 价 1180.00 元（全 6 卷）